A turma que não escrevia direito

Marc Weingarten

A turma que não escrevia direito

Tradução de
BRUNO CASOTTI

EDITORA RECORD
RIO DE JANEIRO • SÃO PAULO
2010

CIP-BRASIL. CATALOGAÇÃO-NA-FONTE
SINDICATO NACIONAL DOS EDITORES DE LIVROS, RJ

W446t Weingarten, Marc
A turma que não escrevia direito / Marc Weingarten; tradução de Bruno Casotti. – Rio de Janeiro: Record, 2010.

Tradução de: The gang that wouldn't write straight
Inclui bibliografia e índice
ISBN 978-85-01-08436-1

1. Mailer, Norman, 1923- – Crítica e interpretação. 2. Didion, Joan, 1934- – Crítica e interpretação. 3. Wolfe, Tom, 1931- – Crítica e interpretação. 4. Prosa americana – Século XX – História e crítica. 5. Reportagem em forma literária – Estados Unidos – História e crítica. 6. Jornalismo – Estados Unidos – História – Século XX. I. Título.

10-2423

CDD: 818
CDU: 821.111(73)-8

Título original em inglês:
THE GANG THAT WOULDN'T WRIGHT STRAIGHT

Copyright © 2005 by Marc Weingarten

Texto revisado segundo o novo Acordo Ortográfico da Língua Portuguesa.

Todos os direitos reservados. Proibida a reprodução, armazenamento ou transmissão de partes deste livro através de quaisquer meios, sem prévia autorização por escrito. Proibida a venda desta edição em Portugal e resto da Europa.

Direitos exclusivos de publicação em língua portuguesa para o Brasil adquiridos pela EDITORA RECORD LTDA.
Rua Argentina 171 – 20921-380 Rio de Janeiro, RJ – Tel.: 2585-2000
que se reserva a propriedade literária desta tradução

Impresso no Brasil

ISBN 978-85-01-08436-1

Seja um leitor preferencial Record.
Cadastre-se e receba informações sobre nossos lançamentos e nossas promoções.

Atendimento e venda direta ao leitor:
mdireto@record.com.br ou (21) 2585-2002

Para Lynn

SUMÁRIO

Introdução   9

1 Literatura Radical: Algumas Raízes de uma Revolução   19
2 A Grande Revista Americana   49
3 O Rei James e o Homem do Terno de Sorvete   85
4 Tom Wolfe em Ácido   119
5 O Centro Não Consegue Segurar   141
6 Marginal de Madras   151
7 Para o Abismo   177
8 O Inferno Enche o Saco   195
9 A História como Romance, o Romance como História   211
10 O Rei de Nova York   239
11 Viagens Selvagens   269
12 Diversão com Dick e George   303
13 Vulgaridade à Porta   323
Epílogo Depois do Baile   347

Notas   353
Bibliografia   371
Agradecimentos   377
Índice   379

INTRODUÇÃO

"Talvez devêssemos simplesmente explodir o prédio da *New Yorker*."

Jim Breslin estava falando. Era uma reunião de pauta, um *brainstorming* elétrico para gerar algumas ideias provocativas para a *New York*, suplemento dominical do *New York Herald Tribune*. Clay Felker, o editor da revista, havia mencionado que a grande revista literária de sua juventude estava muito chata ultimamente, terrivelmente chata. "Vejam... estamos saindo uma vez por semana, certo?" Felker conversava com sua equipe, que incluía o repórter de assuntos gerais Tom Wolfe, o colunista Breslin, o editor-assistente Walter Stovall e o diretor de arte Peter Palazzo. "E a *New Yorker* sai uma vez por semana. E começamos a semana da mesma maneira que eles, com papéis em branco e um estoque de tinta. Existe algum motivo para não sermos tão bons quanto a *New Yorker*? Ou melhores? Eles estão muito entendiantes."

"Bem, Clay", sugeriu Tom Wolfe, "talvez a gente consiga. Que tal explodir a *New Yorker* na *New York*?

Isso. Felker adorou a ideia, e o momento era perfeito. Naquele ano, 1965, a *New Yorker* completava 40 anos e faria uma grande festa para si mesma no St. Regis Hotel. Além disso, era hora de dar o troco. Lillian Ross havia atacado Wolfe na seção Talk of the Town, em 16 de março, num texto intitulado "Red Mittens!". Começava assim: "Zonggggggggggg! Innnnnnnnn! Balançando!" E continuava assim: "Eles são quentes! Eles vão tão longe que estão chegando ao outro lado. E não aguentam mais os adolescentes." O repórter de 34 anos havia se embevecido e se divertido com o artigo, mas, apesar disso, era justo ter um direito de resposta.

A cultura da *New Yorker* estava coberta de mistério, particularmente seu editor, William Shawn, que se recusava a dar entrevistas e se mantinha tão discreto que o programa de proteção a testemunhas seria incapaz de escondê-lo ainda mais. Mesmo assim, Wolfe pediu uma entrevista com Shawn, e o editor o aconselhou firmemente a desistir. "Se você diz a uma pessoa que quer fazer um perfil dela, e essa pessoa não quer colaborar, não queremos mais o perfil. Esperamos que você nos faça a mesma cortesia."

Certa noite, quando jantava com alguns escritores e editores num restaurante em West Village, Wolfe se viu sentado à mesa diante de Renata Adler, da equipe de escritores da *New Yorker*. Será que ela poderia ajudá-lo a investigar detalhes sobre a vida de Shawn? Mas Adler saiu rapidamente em apoio à revista, e o repórter do *Tribune* se viu tocando em um monte de fios soltos, pistas promissoras que simplesmente não dariam em nada. Mas havia fontes mais perto de casa, como se veria. A mulher de Walt Stovall, Charlayne Hunter, havia sido um dos dois primeiros estudantes negros a ingressar na Universidade da Geórgia, e agora era repórter da Talk of the Town, na *New Yorker*. Wolfe não queria comprometer a posição dela na revista, e então circulou delicadamente em torno do tema, instigando Hunter a pedir informações sem na verdade dizer a ela o que estava fazendo. Ela deu a Wolfe uma coleção de ótimas histórias sobre o processo de edição antiquado e trabalhoso da *New Yorker*. Com um freelancer, ele conseguiu uma história excelente sobre a mania de Shawn de usar garrafas de Coca-Cola como cinzeiros. Obteve também uma descrição detalhada do apartamento de Shawn de um conhecido que ali estivera, num jantar, e assim por diante.

O melhor material seria encontrado na festa de aniversário de 40 anos da revista, no salão de baile do St. Regis Hotel. Era um evento só para convidados, mas ninguém barrou o repórter do *New York* quando ele entrou diretamente. Wolfe se manteve tão discreto quanto um homem de terno branco pode ser, circulando pela periferia da festa e observando Shawn atentamente.

Quando se sentou para escrever o artigo, Wolfe percebeu rapidamente que uma paródia incisiva da *New Yorker* mostraria melhor o que a revista oferecia: uma prosa envelhecida. "Uma coisa chata só é divertida na primeira página", disse Wolfe. "Então decidi tratá-los da maneira que eles mais odiariam: como o *National Enquirer*, algo que seria totalmente inapropriado."

Usando o que chamou de "estilo hiperbólico", ele escreveu mais de 10 mil palavras, muito mais do que havia proposto originalmente, alguns milhares de palavras. Mas Felker adorou cada uma delas e mostrou o artigo ao editor do *Tribune*, Jim Bellows, para que este o aprovasse. Bellows, um jornalista entusiasmado que adorava instigar controvérsias, vibrou. Talvez não tenha se importado pessoalmente com os méritos relativos da *New Yorker*, mas reconhecia uma boa história quando a via. Quatro dias antes de a primeira parte da reportagem chegar às ruas, Bellows enviou duas cópias desta a Shawn, na redação da *New Yorker*, com um cartão no qual se lia "Com meus cumprimentos".

O que o *Tribune* recebeu em retribuição àquele gesto de consideração foi uma saraivada de balas. Shawn ficou irado com aquele jornalismo marrom venenoso. Enviou uma carta ao dono do *Tribune*, Jock Whitney, chamando o artigo de "criminoso" e "certamente difamatório", e exortando o distinto responsável pelo jornal a parar literalmente as impressoras e retirar o artigo do suplemento dominical. Se o departamento jurídico do jornal tivesse realmente razão para acreditar que a reportagem poderia motivar um processo, Whitney deveria pensar seriamente em abortá-la.

Mas Bellows não pensou nada disso. Enviou a carta na íntegra a repórteres da *Time* e da *Newsweek* e em seguida entregou a reportagem ao departamento de edição. Que todos os dominós da *New Yorker* caíssem; a reportagem de Wolfe sairia no domingo.

"Pequenas Múmias! A Verdadeira História do Rei da Terra dos Mortos-Vivos da Rua 43", gritava o título da edição da *New York* de 11 de abril. Peter Palazzo fizera um desenho de Eustace Tilley — o símbolo vitoriano da *New Yorker* com um monóculo à mão — enfaixado como uma múmia. "Eles têm uma compulsão nos escritórios da *New Yorker*, na West Forty-Third Street 25: pôr tudo por escrito", escreveu Wolfe.

No 19º e no 20º andar, os escritórios editoriais, eles têm *meninos* praticamente carambolando uns os outros — batam, velhas cabeças de bisão! — pelos cantos dos corredores, por causa do fantástico tráfego de memorandos. Eles os *chamam* simplesmente de meninos. "Menino, leve isso, por favor..." Na verdade, muitos são homens idosos, com colarinhos brancos engomados, com as pontas ligeiramente viradas para cima, gravatas de "grandes almoços", suéteres abotoados até em cima e meias rede-de-basquete pretas. E estão em toda parte, transportando esses milhares de mensagens, num amistoso trança-trança de velhos bisões compenetrados.

Wolfe explicava o complexo sistema de distribuição de memorandos da revista:

Há cores diferentes para diferentes "tarefas de unidades". Os manuscritos são datilografados em papel amarelo-milho, verde-botão-de-flor é para blá, blá blá, fúcsia discreto é para blá, blá blá, azul-jornaleiro é para blá, blá blá, e um maravilhoso *cerise* — uma espécie de vermelho-cereja — é para mensagens urgentes, que merecem atenção imediata, coisas assim. Portanto, lá estão aqueles velhos bisões mensageiros se esbarrando pelos corredores, carregando memorandos *cerise* sobre alguma reportagem que alguém está fazendo.

Wolfe descreveu Shawn como um gerente ausente, passivo-agressivo, seu escritório com "uma espécie de atmosfera de velhos tapetes de pelo de cavalo ... e uma fineza de surrado-feliz, de maçã-assada". Inventou palavras como *prestigeful* (algo como "cheio de prestígio") e usou frases fragmentadas como "William Shawn — editor de uma das revistas mais poderosas dos Estados Unidos. O Homem. Ninguém Conhece".

A segunda reportagem, "Perdidos no Matagal dos Quês", saiu no domingo seguinte e era ainda mais audaciosa. Wolfe teve a ousadia de questionar o valor literário da revista.

A *New Yorker* sai uma vez por semana, tem um prestígio cultural impressionante, paga preços altos a escritores — e há quarenta anos mantém um nível de alcance literário extraordinariamente baixo. A *Esquire* sai apenas uma vez por mês, mas supera totalmente a *New Yorker* em termos de contribuição literária, mesmo durante seus dias de foto de mulher pelada ...

Tanto em forma quanto em conteúdo, as duas reportagens eram um ataque frontal aos muros de uma instituição venerada. Shawn era um diretor moribundo, seus escritores, mortos-vivos, seus funcionários, "pequenas múmias".

Os instintos de Felker estavam bem em cima do dinheiro. As reportagens indignadas atraíram tanto desconhecidos quanto famosos, como Muriel Spark, Richard Rovere, Ved Mehta, E.B. White e até o notoriamente esquivo J. D. Salinger.

"De início, achei toda aquela atenção bastante assustadora", disse Wolfe 38 anos depois. "Lá estava eu, um repórter de assuntos gerais, que ganhava 130 dólares por semana, o que, mesmo naquela época, era muito pouco, e todos aqueles grandes nomes desabando sobre minha cabeça. Clay também ficou abalado."

De acordo com Wolfe, Shawn contratou um advogado para segui-lo, na esperança de apanhar o repórter do *Tribune* fazendo alguma coisa condenável, que pudesse difamá-lo. Quando Wolfe concordou em dar uma entrevista sobre a controvérsia a Tex McCrary, uma personalidade do rádio, deparou com uma figura de terno na primeira fila da plateia de McCrary, escrevendo tudo num pequeno bloco de anotações preto.

Dwight Macdonald, um dos mais proeminentes intelectuais do pós-guerra nos Estados Unidos e jornalista da *New Yorker* desde 1951, escreveu um contra-ataque de 13 mil palavras, publicado em duas edições da *New York Review of Books*, rebatendo metodicamente as duas reportagens de Wolfe. (Felker se oferecera inicialmente para publicar os artigos de Macdonald no *Trib*, mas este recusou — "por que publicar no *Trib* e manter a panela deles fervendo?".)

O primeiro artigo se chamava "Parajornalimo, or Tom Wolfe and His Magic Writing Machine". Macdonald atacava o estilo de escrever de Wolfe, considerando-o "uma forma bastarda, de mão dupla: explora a autoridade factual do jornalismo e a licença atmosférica da ficção. O entretenimento, não a informação, é o objetivo de seus produtores, e a expectativa de seus consumidores." Macdonald continuava:

O gênero surgiu na *Esquire*, mas agora aparece de maneira mais ostensiva no *Herald Tribune* de Nova York, que costumava ser um jornal consideravelmente respeitável, mas tem sido levado por déficits crônicos — e por uma pressão competitiva entre o respeitável e lucrativo *Times* e o menos substancial, mas também lucrativo, *News* — a algumas travessuras bastante informais. Dick Schaap é um dos parajornalistas do *Trib*. "David Dubinsky começou gritando, o que significa que estava feliz", escreve ele no início de um relato sobre uma reunião política recente. Outro parajornalista é Jimmy Breslin, o sujeito-durão-sentimental, bardo do pequeno homem e da grande celebridade ... Mas é claro que o rei dos gatos é Tom Wolfe, que se graduou na *Esquire* e escreve principalmente para a revista dominical do *Trib*, *New York*, editada por um ex-editor da *Esquire*, Clay Felker. A relação escritor-editor entre os dois é praticamente simbiótica.

Macdonald prosseguia atacando o estilo de Wolfe, alfinetando seu gosto pela "elaboração, não pelo desenvolvimento", e especulando que "Wolfe não será lido com prazer, ou de maneira alguma, dentro de alguns anos, e talvez nem mesmo no ano que vem". No segundo artigo, Macdonald realmente investiu contra Wolfe. Desmentiu diretamente suas duas reportagens na *New Yorker*: "as ideias são falsas, as informações em grande parte estão erradas, os fatos frequentemente não são fatos e o estilo em que eles são informados ao leitor é tão desordenado quanto sem sentido".

"Bem, eu procurei dar pouca importância", disse Wolfe, referindo-se às críticas de Macdonald, "mas não fiquei feliz com aquilo. Macdonald era um bom escritor e entendia a arte do ataque, mas tentei agir como se não me importasse". Será que Wolfe alimentava a ambição de um dia escrever para a *New Yorker*? "Eu não pensava nisso. Nunca me ocorreu que a *New Yorker* pudesse querer alguma coisa de mim, porque minha abordagem era muito diferente da deles."

"Pequenas Múmias" evidenciou algo que estava escondido havia anos: uma ruptura cada vez maior entre os repórteres tradicionais e os "parajornalistas" sobre os quais Macdonald escrevera de maneira tão destrutiva e com tanto desprezo. Como era o verdadeiro líder daquele grupo irreverente, bem como o escritor que tinha mais colhões, Wolfe era o mais vulnerável aos ataques. Mas, como se veria, os desdobramentos mais interessantes do jornalismo naquela década teriam muito mais a marca de Wolfe do que a da *New Yorker*.

Wolfe e muitos de seus contemporâneos reconheceram — alguns mais cedo do que a maioria — um fato evidente nos anos 1960: as ferramentas tradicionais do jornalismo eram inadequadas para descrever as tremendas mudanças culturais e sociais daquela era. Guerra, assassinato, rock, drogas, hippies, yippies, Nixon: como um tradicional repórter restrito aos fatos podia ousar dar uma ordem clara e simétrica a tamanho caos? Muitos deles não podiam e não o fizeram. Um testemunho disso foi a maneira equivocada e desajeitada com que a *Time* e a *Newsweek* lidaram com o movimento hippie, ou as constrangedoras apropriações da contracultura pelo jornalismo de rádio e TV (Dan Rather falando do Vietnã com um paletó Nehru, só para dar um exemplo flagrante).

Num período de sete anos, um grupo de escritores surgiu aparentemente do nada — Tom Wolfe, Jimmy Breslin, Gay Talese, Hunter S. Thompson, Joan Didion, John Sack, Michael Herr — para impor alguma ordem a toda aquela confusão americana, cada um deles à sua própria maneira (alguns nomes antigos, como Truman Capote e Norman Mailer, também participaram). Eles apareceram para nos contar histórias sobre nós mesmos de maneiras que nós não podíamos contar, histórias sobre como a vida estava sendo vivida nos anos 1960 e 1970 e o que aquilo tudo significava. A aposta era alta; rachaduras profundas estavam rompendo o tecido social, o mundo estava fora de ordem. Então eles se tornaram os mestres que nos explicavam, nossos arautos locais e até mesmo nossa consciência moral — os Novos Jornalistas.

Era um movimento? Não um movimento no sentido Kerouac-Ginsberg-Corso, nem no sentido expressionista abstrato. Muitos daqueles escritores eram cordiais uns com os outros, mas não dividiam apartamentos nem parceiros sexuais. Mas considere o fato de que a maioria dos livros e artigos discutidos neste livro foram escritos num período de sete anos. Não apenas quaisquer histórias, mas *O teste do ácido do refresco elétrico*, *Medo e delírio em Las Vegas*, *Slouching Towards Bethlehe*, *Despachos do front* — parte do melhor jornalismo do século XX, histórias que mudaram a maneira que seus leitores viam o mundo. Foi um fluxo sem precedentes de não ficção criativa, o maior movimento literário desde o renascimento da ficção americana nos anos 1920.

A regra número um do que ficou conhecido como Novo Jornalismo era que antigas regras não se aplicavam. Todos os líderes do movimento haviam sido educados pelos métodos tradicionais de apurar fatos, mas todos perceberam que o jornalismo podia fazer mais do que simplesmente relatar objetivamente os acontecimentos. Mais importante: eles perceberam que podiam fazer mais. Convencidos de que o potencial do jornalismo americano ainda não havia sido completamente explorado, começaram a pensar como romancistas.

Logo que Wolfe codificou essa nova tendência no jornalismo, chamando-a de "Novo Jornalismo" na antologia de 1973 que coeditou com E. W. Johnson, surgiram críticas para derrubar aquilo, confundindo a teorização de Wolfe com autopromoção. Não há uma definição firme, reconhecida, para o Novo Jornalismo, e seus críticos frequentemente destacam seu significado irritantemente indeterminado como um grande defeito. Como se pode ter um movimento se ninguém sabe o que esse movimento representa? Seria o Novo Jornalismo o jornalismo *gonzo* participativo de Hunter S. Thompson? Os bizarros contos impressionistas de Jimmy Breslin? A prosa nervosa giroscópica de Tom Wolfe? A resposta é que se trata de um jornalismo que se lê como ficção e que soa como a verdade do fato relatado. Tomando emprestado o título de uma antologia de jornalismo literário de 1997, é a arte do fato.

Os maiores Novos Jornalistas foram consumidos numa chama de Prometeu. Extremamente ambiciosos e talentosos — muitos deles romancistas frustrados ou escritores de ficção que trabalhavam como jornalistas —, eles aplicaram sua habilidade de escrita às ferramentas da reportagem e produziram uma não ficção à altura da melhor ficção. Trabalhando com editores empáticos como Harold Hayes, Clay Felker e Jann Wenner — os três maiores editores de revistas do pós-guerra — os Novos Jornalistas podiam escrever o que lhes dava prazer: 3 mil palavras ou 50 mil, o que o assunto rendesse, para um público realmente interessado no que eles tinham a dizer. Os fãs desse trabalho passaram a considerar as produções dos Novos Jornalistas escrituras sagradas. Estes se tornaram *pop stars* literários, seus nomes conhecidos pela maioria das pessoas, suas palestras em universidades de todo o país com lugares em pé esgotados. O trabalho dos

Novos Jornalistas refletia claramente sua época, mas não perdeu o impacto do novo; as coleções de Wolfe, Thompson, Didion e outros ainda sustentam muito bem os catálogos de livros de suas editoras.

Aquela foi uma época ótima para revistas e jornais, uma era pré-TV a cabo, pré-internet, em que a mídia impressa reinava soberana sobre leitores instruídos e cultos. *Esquire, Rolling Stone, New York* — os leitores dessas publicações não podiam se dar ao luxo de ficar sem uma edição delas, para não perderem alguma coisa. E a nova geração de escritores também lia. Os maiores trabalhos da era de ouro do Novo Jornalismo — a última grande época do jornalismo americano, que se estende, *grosso modo*, de 1962 a 1977 — têm tido uma profunda influência sobre aqueles que Robert Boynton chama de "Novos Novos Jornalistas", que aprenderam as melhores lições de seus colegas veteranos e hoje dão continuidade à tradição.

Foi assim que tudo degringolou...

1

LITERATURA RADICAL: ALGUMAS RAÍZES DE UMA REVOLUÇÃO

"Novo Jornalismo" é um termo evasivo. Quando Tom Wolfe fez dele o título de uma antologia de 1973 que apresentava artigos de escritores como Gay Talese, Hunter Thompson, Joan Didion e Norman Mailer, deu-lhe o significado de uma declaração de independência em relação a todos os tipos de jornalismo que o haviam precedido. Mas muitas pessoas — particularmente a multidão da *New Yorker* que havia sido chamada de "Pequenas Múmias" — criticaram Wolfe por tentar rotular uma técnica que existia fazia mais de 200 anos. Elas sustentaram que não havia nada de novo no Novo Jornalismo.

Os dois lados estavam certos. O Novo Jornalismo vinha pairando sobre a margem dos jornalismos americano e britânico desde os primeiros dias dos jornais. Também é verdade que escritores como Wolfe, Thompson e Mailer não caíram do céu completamente formados. Mas será que alguém *realmente* já havia escrito como Wolfe, Thompson ou Mailer? No entanto, nenhum movimento literário surge do nada, e aqui estão alguns dos escritores e movimentos que pavimentaram o caminho.

Na introdução de sua antologia de 1973, Tom Wolfe apresenta um argumento forte, e que servia a ele próprio, sobre a supremacia literária da não ficção criativa sobre o romance, gênero que ele achava que sofrera uma queda de status acentuada.

Ele se refere pouco a escritores de ficção como Jorge Luis Borges e Gabriel García Márquez — envolvidos demais com o mito, "neofabulistas" demais. Os escritores experimentais da moda Donald Barthelme, John Hawkes e John Barth, com seus jogos de palavras ambíguos e suas referências densas, estavam ocupados demais com seus truques literários para se importar em olhar para fora de suas janelas.

"Na Nova York do início dos anos 1960", escreveu ele, "com toda a discussão sobre 'a morte do romance', o homem das letras parecia estar emergindo novamente. Havia uma discussão considerável sobre criar uma 'elite cultural', baseada no que os literatos locais acreditavam que existia em Londres. É claro que essas esperanças foram frustradas pelo surgimento repentino de uma outra horda de visigodos, os Novos Jornalistas."

Wolfe compara seus contemporâneos jornalistas aos gigantes do século XIX Dickens, Balzac e Fielding, escritores que retrataram suas épocas com precisão, numa ficção realista social. A nova ficção do fim dos anos 1960 e dos anos 1970, ao se voltar para dentro, afastando-se do "carnaval desajeitado" da cultura americana contemporânea, deixou um enorme vazio para os Novos Jornalistas preencherem.

É suficiente dizer que a teoria de Wolfe tinha alguns buracos lógicos. Alguns romancistas estavam se firmando na paisagem cultural dos Estados Unidos com algumas das melhores obras de ficção do pós-guerra — *Ardil 22*, de Joseph Heller, e *Numa terra estranha*, de James Baldwin, por exemplo. Mas a alegação de Wolfe de que pela primeira vez os jornalistas contemporâneos estavam fazendo a hierarquia literária evoluir era verdadeira. Eles haviam percorrido um longo caminho para fazer isso.

A ideia de Wolfe de que os Novos Jornalistas eram os novos "visigodos" — uma ameaça à ordem estabelecida — remete aos primeiros dias da mídia impressa. A partir da era Tudor, na Inglaterra do século XV, a monarquia britânica manteve um controle férreo sobre a disseminação de informações públicas. A história do jornalismo é, de muitas maneiras, uma história de opressão e censura. Na Grã-Bretanha, inúmeros decretos governamentais — a iniciativa do Conselho Real de assumir um papel de censor, a supressão da imprensa por Oliver Cromwell em 1655 — forçaram os jornais à clandestinidade. Em meados do século XVII, surgiu um mercado negro em que jornais de formato padrão que relatavam acontecimentos específicos eram distribuídos clandestinamente.

Todo esse controle com mão de ferro sobre a livre circulação de ideias na imprensa criou um próspero mercado para a sátira. Mais do que os jornalistas sérios, os satiristas conseguiam fazer protestos engenhosos e escapar da censura porque eram alvos móveis que lançavam ataques brincalhões, disfarçados — a subversão como entretenimento cômico. Jonathan Swift, filho de ingleses nascido em Dublin, testemunhou a corrupção política quando era aprendiz de Sir William Temple, diplomata inglês e membro do parlamento irlandês aposentado. Em 1710, Swift se tornou editor do *Examiner*, que passou a ser órgão oficial do Partido Conservador. Crítico feroz da dominação do governo inglês sobre a Irlanda, Swift escreveu uma série de ataques violentos e emocionados à política da Grã-Bretanha. Seu ensaio "A Modest Proposal", de 1729, que defendia a prática de comer crianças irlandesas como o melhor paliativo para a superpopulação e a escassez de alimentos no país, atribuiu a abjeta pobreza aos britânicos, mas disfarçou isso numa sátira mordaz e divertida:

> Há da mesma forma ... uma grande vantagem em meu esquema, porque ele impedirá os abortos voluntários e a terrível prática das mulheres que assassinam seus filhos bastardos, ai! tão frequente entre nós! sacrificando os pobres bebês inocentes mais para evitar as despesas do que a vergonha, desconfio, o que levaria o coração mais cruel e desumano a derramar lágrimas e sentir pena.

Duzentos e quarenta anos antes do jornalismo *gonzo* de Hunter S. Thompson, Swift praticava um tipo especialmente virulento de selvageria impressa, apesar de suas ligações íntimas com a Igreja Católica.

Em 1836, aos 21 anos, Charles Dickens era repórter para o parlamento, trabalhando para o jornal britânico *Morning Chronicle*, quando seu editor, John Black, sugeriu que ele se concentrasse menos nos assuntos de Estado e mais nas ruas de Londres. Então, Dickens se aventurou a sair pela cidade, registrando os costumes da rotina das classes média e trabalhadora. O resultado foi uma série de cinco artigos chamada "Street Sketches". A série se tornou tão popular que Dickens escreveu mais 48 dessas cenas para o *Chronicle* e o *Evening Chronicle*.

Escrevendo sob o pseudônimo de Boz, Dickens criou uma série de retratos modestos que captaram os trabalhadores comuns, homens e mulheres — atendentes de banco, balconistas de lojas, padeiros, lavadeiras — que cuidavam de seus negócios com pouca cerimônia ou ambição, a maioria silenciosa de uma sociedade que aderia firmemente a um código de classe rígido e que tinha pouca utilidade para as engrenagens humanas da economia industrial. A escrita de Dickens ficava numa região imprecisa entre a ficção especulativa e a reportagem, o que lhe dava liberdade para especular sobre a vida particular de seus personagens de maneira bastante peculiar. Aqui, Dickens treina seu foco num desses homens, uma das "criaturas passivas de hábitos e tolerâncias":

> Achamos que quase vimos o pequeno escritório sujo, de fundos, onde ele entra toda manhã, pendurando seu chapéu no mesmo cabide e pondo suas pernas sob a mesma escrivaninha: primeiro, tirando o casaco preto que dura o ano inteiro e pondo aquele que criou poeira no ano passado, e que ele conserva em sua escrivaninha, para poupar o outro. Ali ele fica sentado até as cinco horas, trabalhando o dia inteiro, tão regularmente quanto o relógio sobre o console da lareira, cujo tique-taque alto é tão monótono quanto sua própria existência: erguendo a cabeça apenas quando alguém entra na firma de contabilidade, ou quando, em meio a algum cálculo difícil, ele olha para o teto como se houvesse inspiração na claraboia empoeirada com um nó verde no centro de cada painel de vidro.

Aquele era um jornalista preenchendo o vazio da vida de seu objeto da forma que achava adequada. O sucesso da série de Boz daria a outros escritores liberdade criativa para fazer a mesma coisa.

É certo que o Novo Jornalismo emergiu da sarjeta, não apenas via escritores reformistas com preocupações verdadeiras, mas também via exploradores que sorveram os preconceitos classistas da classe trabalhadora em busca de cada última gota de lucro. A arte literária da página de escândalos não pode ser ignorada. Tom Wolfe sempre considerou o melhor jornalismo de tabloide a apoteose do Novo Jornalismo. É onde o estilo exaltado de escrever, a descrição rude e o diálogo vigoroso avançavam a todo vapor.

No século XIX, o vendedor de escândalos mais inteligente e dinâmico era Joseph Pulitzer. Imigrante húngaro que conseguiu trabalho como repórter no semanário de língua alemã *Westliche Post*, de Carl Schurz, depois de chegar a St. Louis, em 1868, Pulitzer rapidamente penetrou na vida civil de St. Louis, apesar de sua origem estrangeira, tornando-se membro da Assembleia do Estado do Missouri em 1872. Nos anos seguintes, ele passou a trabalhar para o *New York Sun*, de Charles Dana (cobriu a acirrada disputa presidencial entre Rutherford Hayes e Samuel Tilden, em 1876), viajando pela Europa e comprando e vendendo ações de vários jornais. Em 1878, tirou o *Evening Dispatch*, de St. Louis, da falência por 2.500 dólares e o fundiu com o *Post*, que já havia comprado.

Pulitzer se lançou como o herói dos discriminados, oferecendo a seus leitores longas reportagens investigativas que expuseram as trapaças de barões mercenários, políticos corruptos e outros vilões da era industrial em St. Louis. O *Post-Dispatch* publicou histórias que mergulharam mais fundo, e com uma precisão de fatos maior, do que qualquer outro jornal do país. Mas também circulou livremente pelo sensacionalismo, fazendo de tudo para manter seu público de classe trabalhadora entretido. Sob a liderança do editor-geral John A. Cockerill, o *Post-Dispatch* publicou fofocas vulgares sobre famílias proeminentes da cidade, bem como relatos assustadores sobre assassinatos terríveis, casos de adultério e enforcamentos públicos. Em quatro anos, tornou-se o principal jornal de St. Louis.

Pulitzer levou seu jornalismo sério e suas fofocas baratas para Nova York em 1883, quando comprou o *New York World* do investidor Jay Gould, por 346 mil dólares. A competição era muito mais acirrada em Nova York, onde o *Sun*, o *Herald*, o *Tribune* e o *Times* brigavam por fatias do mercado. Mas Pulitzer não se intimidou com a atmosfera pesada da cultura da imprensa em Park Row, Nova York. Em vez disso, seguiu pela estrada principal e pelo caminho mais difícil ao mesmo tempo, abraçando causas que beneficiavam a classe trabalhadora: em 24 de maio de 1883, uma notícia de primeira página argumentou apaixonadamente que o acesso à recém-construída Ponte do Brooklyn deveria ser grátis para todos que a usavam.

A marca de divertimento do jornalismo do *New York World* tornou Pulitzer um magnata influente, mas na virada do século outros jornais estavam tomando um rumo mais responsável, menos subjetivo. Nem todo mundo gostava das artimanhas de Pulitzer; uma classe educada em expansão exigia da apuração de notícias uma abordagem mais substancial. Sob a liderança do editor-geral Carr Van Anda, o *New York Times* estava criando o modelo do jornalismo moderno, com seu estilo de reportagem escrupuloso e completo e seu uso da técnica da "pirâmide invertida". Essa técnica — amplamente adaptada por jornais americanos na virada do século — organizava a notícia apresentando o fato principal no primeiro parágrafo, o corpo da notícia nos parágrafos do meio e no final os detalhes picantes, inteligentes. A pirâmide invertida — que organizava o quem, o que, onde, o quando e o porquê de uma notícia num formato compacto — legitimava a exigência de precisão de fatos numa notícia. Era um sistema invulnerável, e os jornais o consideravam imbatível.

As técnicas de reportagem se tornaram mais refinadas. Agora, os jornalistas colocavam as notícias em seu contexto histórico apropriado, em vez de escrever sobre os acontecimentos num vácuo. Em suma, o jornalismo estava se tornando absolutamente respeitável e honrado. Se existia um público para as notícias bem organizadas, escritas num estilo equilibrado, não havia necessidade alguma de um repórter enfiar suas mãos sujas na lama das fofocas sem fundamento e dos truques usados para impulsionar as vendas. Em 1921, o *New York Times*, com uma circulação de 300 mil exemplares (500 mil na edição de domingo), havia provado que o jornalismo sério podia atrair leitores de maneira tão eficiente quanto o jornalismo marrom.

Mas o encanto da sarjeta é eterno. No fim do século XIX, o *New York Journal*, de William Randolph Hearst, havia superado o *World* de Pulitzer como o principal fornecedor de reportagens populistas, com uma equipe que havia sido treinada, em grande parte, no próprio *World*. Embora o tom exagerado do *Journal* prenunciasse a estridência dos tabloides de supermercado, Hearst não se opunha a contratar bons escritores que conseguiam permear o lixo com substância.

O impulso de se misturar aos discriminados era forte entre os jornalistas americanos mais ambiciosos da época. Na virada do século, o rápido crescimento do capitalismo moderno criou uma nova classe de escritores de protesto, determinados a registrar com precisão documental as indignidades daqueles que viviam à margem. Isso também resultou em cópias muito boas. Jack London se colocou diretamente no centro de sua crônica sobre a vida da classe baixa em Londres publicada em 1902, *O povo do abismo*. Disfarçado de morador de East End, bairro de Londres que na época era a favela mais depravada do mundo, esse nativo de São Francisco viveu o pungente martírio do desprezo social. O submundo de Londres é sobrenatural; a ideia de abismo é usada como metáfora em todo o livro, a favela é um buraco negro infernal de onde ninguém escapa.

"Desci ao submundo de Londres com uma atitude mental cuja melhor comparação que eu faria seria à de um explorador", escreve London no prefácio de *O povo do abismo*. "Além disso, levei comigo certos critérios simples para avaliar a vida no submundo. Os que resultaram em mais vida, em saúde física e mental, foram bons; os que resultaram em menos vida, que feriram, que reduziram e deformaram a vida, foram ruins."

Ele encontrou poucas coisas boas, e no fim do livro não teve motivo algum para achar que as condições melhorariam, a não ser com uma completa abdicação da classe dominante do país, que isolara cruelmente os moradores de East End. *O povo do abismo* é jornalismo de defesa na forma de uma crônica com uma observação minuciosa do desespero institucionalizado.

Eric Blair desenvolveu sua consciência social de uma posição relativamente privilegiada. Filho de um agente do Departamento de Ópio do Serviço Civil Indiano, ele e sua família (que certa vez ele descreveu como sendo de "classe baixa-média-alta") estavam inextricavelmente ligados ao Império Britânico e confortavelmente isolados das privações da Índia imperial — embora os contrastes do país da pobreza e da opulência do Raj fossem plenamente visíveis. Blair estava inserido na trilha da carreira educacional comum — a escola preparatória em Sussex, depois as prestigiosas escolas secundárias de Wellington e Eton —, e aquilo despertou seu desejo de ser escritor.

Em Eton, ele leu os grandes satiristas sociais Jonathan Swift e Laurence Sterne, bem como *O povo do abismo*, de Jack London, que o conduziu a sua visão política contrária ao próprio sistema que o nutrira. Em vez de seguir o caminho prescrito da classe britânica instruída (Oxford, Cambridge etc.), Blair — que começou a usar o pseudônimo George Orwell em 1933, quando escrevia críticas e ensaios para a revista *New Adelphi* — ingressou na Força da Polícia Imperial para adquirir experiência para seus escritos, servindo na Birmânia durante cinco anos. O desprezo benigno do Império pela Birmânia e seu elitismo de exclusão lhe causaram repulsa. Insatisfeito por ser um funcionário da vasta máquina do Império, ele se demitiu em 1927. Orwell não podia participar de "cada forma de dominação do homem sobre o homem", escreveu ele em seu livro de 1937, *A caminho de Wigan*. "Eu estava consciente de que tinha que pagar as consequências de um imenso peso de culpa. Queria submergir, afundar-me entre os oprimidos; ser um deles e ficar ao lado deles contra os tiranos."

Com esse objetivo a consumi-lo, Orwell se mudou para Londres com apenas uma coisa em mente — escrever sobre aquela classe oprimida. Depois de encontrar uma acomodação barata perto da Portobello Road, Orwell começou a mergulhar no submundo abandonado da cidade, exatamente como Jack London fizera. "Eu não sabia nada sobre as condições da classe trabalhadora", escreveria ele quase uma década depois, em *A caminho de Wigan*. "O aterrador declínio do trabalhador jogado nas ruas depois de uma vida de trabalho constante, sua luta sofrida contra as leis econômicas que ele não compreende ... tudo isso estava fora do alcance de minha experiência."

Orwell abandonou as facilidades da vida de classe média em Londres e alugou um alojamento coletivo na mesma favela de East End onde Jack London fizera sua pesquisa para *O povo do abismo*. Embora com a saúde fraca devido à sua experiência na Birmânia, e sofrendo com um pé infeccionado, Orwell mergulhou naquele turbilhão com mente e espírito abertos.

As experiências de Orwell — que ele acabaria relatando em seu livro de 1931, *Na pior em Paris e Londres* — duraram um período mais longo do que as de Jack London (ao todo, a vida de Orwell como trabalhador pobre se estendeu por três anos). Diferentemente de London, que alugou outro quarto num alojamento confortável, mantendo-o como um "porto de refúgio ... para o qual eu podia correr de vez em quando para me certificar de que ainda existiam roupas boas e limpeza", Orwell não permitiu a si mesmo nenhum porto seguro. Quando suas parcas economias se esgotaram, ele partiu em busca de qualquer trabalho que pudesse encontrar, e os resultados foram esporádicos. Fez amizade com vagabundos e artesãos, e se juntou a eles na busca de um trabalho que o sustentasse. Em Paris, tornou-se um *plongeur*, lavando pratos sujos num hotel-restaurante onde faltava água quente, luz elétrica e potes e panelas adequados.

> Havia ... uma atmosfera de desordem, pequenas maldades e exasperação. O desconforto estava no fundo disso. A cozinha era insuportavelmente apertada, e era preciso pôr os pratos no chão, e era preciso pensar constantemente em não pisar neles. O traseiro grande da cozinheira esbarrava em mim quando ela ia e vinha. Dela jorrava um coro de ordens incessante, irritante:
>
> "Seu idiota horrível! Quantas vezes eu lhe disse para não cortar a beterraba? Rápido, deixe eu ir até a pia! Afaste essas facas; saia com essas batatas daqui. O que você fez com meu coador? Ah, deixe essas batatas. Eu não lhe falei para tirar a espuma da sopa? Tire aquela lata d'água do forno. Deixe a louça para lá, corte esse aipo. Não, assim não, seu bobo, é assim. Isso! Você está deixando aquelas ervilhas cozinharem demais!"

Isso é Orwell, o romancista incipiente, usando as observações de alguém de dentro para preparar uma crítica social, um repórter reproduzindo a natureza maçante e rígida do trabalho serviçal com os instrumentos de um escritor. O poder descritivo de Orwell criou um quadro vivo. Ele e seus companheiros indigentes "sujavam o cenário, como latas de sardinha e sacolas de papel à beira do mar". Um vagabundo septuagenário parecia "um peixe estripado morto de fome". O tédio "entupia nossas almas como gordura de carneiro gelada". Mais do que Jack London, Orwell queria transcender os estereótipos e fazer um retrato mais sutil da vida à margem. Em *Na pior*, a pobreza não é monolítica; até mesmo os vagabundos têm seu sutil esnobismo de classe, e a autodepreciação pinga de seus comentários de desprezo sobre seus companheiros mendigos.

A ironia de *Na pior em Paris e Londres* é que sua verossimilhança é, em alguns aspectos, fabricada. Em *A caminho de Wigan*, Orwell admitiu que "quase todos os incidentes descritos ... aconteceram realmente, embora tenham sido rearrumados", embora o significado de "quase" permaneça sujeito a discussão. Na introdução da edição francesa do livro, publicada em 1935, Orwell escreveu que "todos os personagens que eu descrevi nas duas partes do livro são intencionalmente mais tipos representativos ... do que indivíduos". Como assinalou seu biógrafo Bernard Crick, Orwell admirava o talento de Dickens para "contar pequenas mentiras com o objetivo de enfatizar o que ele considera uma grande verdade". Em sua determinação para contar a grande verdade, Orwell torna mais plana a estrada cheia de ressaltos de sua narrativa, fundindo personagens numa combinação, ou criando-os se necessário.

Três décadas depois, isso se tornaria um grande dogma do Novo Jornalismo — colorir fatos e personagens como um aquarelista para chegar a uma verdade emocional e filosófica maior. Até hoje, jornalistas se agarram a essa ideia de criar combinações, e escritores de talento como Gail Sheehy têm sido duramente criticados por fazer isso. Para os tradicionais jornalistas e críticos do Novo Jornalismo, isso é a antítese da bem organizada técnica da pirâmide invertida, mas a história de Orwell chuta as limitações da pirâmide para longe. Jornalistas preguiçosos podem abusar de combinações, distorcendo fatos para transformá-los em fábulas. Porém Orwell não está excluindo nem alterando fatos, mas reordenando-os, modelando o material bruto para torná-lo mais compacto e coeso, de modo que os arquétipos possam funcionar como personagens representativos, e que sua história mantenha sua força narrativa.

Com o advento da Segunda Guerra Mundial e uma épica ladainha de atrocidades para relatar, jornalistas levaram o terror global para dentro de casa através dos jornais e das grandes revistas semanais, especialmente a *Time* e a *Newsweek*. Alguns jornalistas — particularmente Ernie Pyle, da agência de notícias Scripps-Howard — conseguiram transmitir imagens de cenas de horror com um talento especial para retratar o cotidiano. Mas havia limitações ao modo como os correspondentes podiam relatar os horrores da guerra. Num conflito global que punha as forças do bem contra as forças do mal, havia pouco espaço para nuanças e ambiguidades, e muitas oportunidades para promover o triunfalismo americano.

A *New Yorker* — uma revista que teve muitos de seus colaboradores recrutados para a guerra — fez a cobertura de guerra mais criativa. A. J. Liebling, veterano do *New York World-Telegram*, era um mestre dos perfis. Escrevia para a seção Talk of the Town da revista, o que o confinava a algumas centenas de palavras. Mas Liebling exercitou sua veia artística em artigos mais longos que escreveu para a revista, nos quais pregadores religiosos, apostadores, boxeadores, provocadores e outros tipos agitados eram retratados com carinho e humor. Liebling — que fizera algumas reportagens na França para a *New Yorker*, pouco antes de Pearl Harbor, escrevendo para a seção Letter from Paris (estava num navio-tanque norueguês que voltou para Nova York em 7 de dezembro de 1941) — retornou à Europa em 1942, dessa vez para dedicar sua energia a relatar a guerra. Seus artigos enviados de linhas de frente, tais como "The Foamy Fields" — sua clássica reportagem de março de 1943 sobre a campanha africana na Tunísia —, têm um clima semelhante aos das reportagens de Orwell. Liebling se coloca bem no meio de suas histórias e depois lança um olhar cínico, mas clínico, sobre as particularidades da vida entrincheirada na guerra.

> A lata de cinco galões, tida como frágil, é um dos artigos de uso mais diverso no Exército. Você pode construir casas com ela, usá-la como móvel, ou, com pequenas alterações estruturais, fazer dela um forno ou um armário. Seu único rival em termos de versatilidade é o casco de metal do capacete do Exército, que pode ser usado como instrumento para cavar trincheiras, tigela para fazer a barba, pia para se lavar, ou utensílio de cozinha, o que fica a critério de seu proprietário.

Um escritor que abraçou as culturas diferentes da *Time* e da *New Yorker*, trocando claramente os envios semanais com *deadline* por reportagens minuciosas, foi John Hersey, o menino-prodígio de Yale que durante a guerra cobriu uma área mais extensa — tanto geográfica quanto psicológicamente — do que talvez qualquer outro jornalista de sua geração. Filho de missionários que viviam na China, Hersey tivera uma infância limitada, sem saber das correntes culturais mais amplas que circulavam além dos muros da missão de seu pai, em Tientsin. Depois que seus pais se mudaram para Nova York, em 1924, ele estudou em escolas públicas de Briarcliff Manor e em seguida em Yale, onde foi jogador de futebol americano de destaque e colaborador do jornal da universidade.

Desde cedo Hersey tinha a intenção de se tornar jornalista; na adolescência, ele publicou seu próprio boletim informativo, o *Hersey News*, e buscou com determinação um emprego na *Time* de Henry Luce, o que era o objetivo de muitos aspirantes a repórter nos anos 1930. Para Hersey, a *Time* era "a empresa mais animada do seu tipo", e ele queria, "mais do que tudo, estar conectado a isso". Depois de trabalhar por um curto período como secretário do romancista Sinclair Lewis, ele foi contratado como office-boy da *Time*, mas logo conseguiu uma missão apetitosa quando o Japão invadiu a China, em 1937. A *Time*, que usava taquigrafia e sabia da infância de Hersey na China, empurrou-o para o serviço. Ele tinha apenas 25 anos.

A partir daí, Hersey viajou por Japão, China e Europa para a *Time*, a *Life* e a *New Yorker*; testemunhou atrocidades da Alemanha na Polônia e nos países bálticos e relatou o conflito entre comunistas e nacionalistas chineses em Xangai, Ichang e Peiping. Em 1943, ele escreveu um importante antecedente da escola de reportagem impressionista. "Joe Is Home Now" foi um artigo extraído de 43 entrevistas de Hersey com soldados que voltavam da guerra.

"Joe Is Home Now" é um precursor importante do Novo Jornalismo em tempo de guerra de John Sack e Michael Herr. Hersey não teve nenhuma pretensão de fazer uma história factual. "Acho que desde o início eu tinha a ideia — e a experimentava um pouco nos artigos que fazia para a *Life* — de que o jornalismo podia ter mais vigor com o uso de instrumentos da ficção", disse Hersey à *Paris Review* em 1986. "O tempo todo, minha principal leitura era ficção, embora eu trabalhasse para a *Time* fazendo artigos factuais."

Dois anos antes do fim da guerra, no auge da veneração do país aos "nossos meninos", tratados como heróis impassíveis, lá estava Hersey ouvindo histórias de descontrole emocional e fragmentação física, de soldados dispensados lutando para se reajustar à vida civil. Duas décadas antes da Guerra do Vietnã, os entrevistados de Hersey articulavam uma espécie de distúrbio de estresse pós-traumático. Hersey combinou seus melhores relatos para compor um único personagem, chamado Joe Souczak, e em seguida costurou uma narrativa única a partir desse material.

Publicado na edição da *Life* de 3 de julho de 1943, "Joe Is Home Now" é talvez um pouco melodramático demais para um escritor com a habilidade de Hersey; parece ter o tratamento cinematográfico de um dramalhão do pós-guerra em Hollywood, do tipo *Os melhores anos de nossas vidas*. Mas sua inovação formal é importante. Em primeiro lugar, o tom triste e sombrio da história a torna um artigo nada característico da *Life* (em contraste, a mesma edição apresenta um ensaio de fotos triunfante chamado "*Life* Goes to an Aircraft-Carrier Party"). A reportagem está invisível, escondida por uma voz onisciente que se move de cenário em cenário e reproduz o angustiado monólogo interno de Souczak. O soldado dispensado, que perdeu um braço na guerra, encontra indiferença e hostilidade o tempo todo enquanto tenta conseguir um emprego, reatar com sua namorada e se recuperar.

    O pai disse:
    — Como foi a guerra, filho?
    Joe disse:
    — Não sei, mas foi mais dura que a anterior.
    O irmão mais novo de Joe, Anthony, perguntou:
    — Quantos alemães você matou, Joe?
    Joe disse:
    — Nenhum soldado responde a isso, Tony. Não gostamos de falar sobre isso, a maioria nem sabe, o número é grande.
    Anthony se aproximou, tocou a manga esquerda vazia da camisa de Joe e perguntou:
    — O que aconteceu, Joe?

Apesar de todas as intenções e objetivos, "Joe Is Home Now" é um trabalho de ficção baseado em fatos. Numa entrevista em 1985, Hersey explicou que achava a ficção um instrumento mais poderoso do que o jornalismo por revelar a verdade por trás de acontecimentos históricos turbulentos: "O jornalista é sempre o mediador entre o material e o leitor, e o leitor sempre tem consciência de que o jornalista interpreta e relata acontecimentos. ... Então, para mim, a ficção é um meio mais desafiante e atraente para lidar com o mundo real do que o jornalismo. Mas sempre há coisas que pedem um relato direto quando o material ainda está quente demais para a ficção. Nesses casos, eu recorro à reportagem."

"Survival", um comovente artigo de Hersey para a *New Yorker* que relatava a angustiante história de sobrevivência do tenente John F. Kennedy depois de sua lancha PT ser atingida por um destróier no Pacífico Sul, tornou-se o trampolim de Kennedy para a política; quando Kennedy se candidatou à Câmara dos Representantes pela primeira vez, em 1946, seu pai, Joe, fez com que 100 mil cópias do artigo, reimpresso na *Reader's Digest*, fossem distribuídas a eleitores em Boston. A história é quase boa demais para ser verdade — Kennedy, um oficial naval forte e destemido, salvando a vida de seus colegas graças a sua absoluta determinação e coragem, valendo-se de um apurado instinto de sobrevivência e de um pouco de sorte. A reportagem se tornou um best seller chamado *PT 109* e foi adaptada para o cinema por Hollywood, transformando o retrato de Hersey sobre a coragem em um mito americano — uma mudança de rumo não intencional e de certa forma irônica para Hersey, cujas reportagens de guerra tendiam a ter como foco o anti-heroísmo.

No fim de 1945, Hersey viajou para a China e o Japão do pós-guerra em busca de histórias tanto para a *Life* quanto para a *New Yorker*. Antes de embarcar, ele se reuniu com o editor-geral da *New Yorker*, William Shawn, que lhe sugeriu escrever sobre a vida dos sobreviventes das bombas atômicas jogadas pelos Estados Unidos em Hiroshima e Nagasaki, em 6 e 9 de agosto. Shawn acreditava que uma reportagem sobre os efeitos tardios do acontecimento mais cataclísmico da história das guerras poderia alterar a percepção dos leitores sobre o que até então era uma abstração: as nuvens de cogumelo que haviam levado o Japão a se render ao triunfo dos Estados Unidos. Nenhum dos milhares de palavras que haviam sido escritos sobre a bomba realmente considerara o fator humano, o que Shawn não conseguia entender e queria retificar.

Hersey foi atraído pela ideia de documentar o impacto da bomba "sobre pessoas, não sobre prédios". Mas não sabia bem como abordar isso — como aproximar o foco de uma enorme tragédia até a escala humana. No caminho entre o Norte da China e Xangai, a bordo de um destróier, ele foi acamado por uma gripe e recebeu de alguns tripulantes um material de leitura da biblioteca do navio. Um dos livros, o romance de Thornton Wilder de 1927 *A ponte de São Luís Rei*, deu-lhe um modelo de narrativa para sua reportagem sobre Hiroshima. Hersey ficou impressionado com a forma como Wilder relatava uma tragédia — neste caso, a queda de uma ponte pênsil de cordas no Peru — concentrando-se nas cinco vítimas do acidente e investigando suas vidas até o momento em que seus destinos se cruzaram num acontecimento horrível.

Ao chegar a Hiroshima, em 25 de maio, Hersey procurou por qualquer morador da ilha que pudesse falar inglês. Como havia lido uma reportagem sobre o bombardeio feita para o Vaticano por um padre jesuíta alemão, tentou e conseguiu encontrar o padre Wilhelm Kleinsorge, que o apresentou a outras pessoas que poderiam ser entrevistadas. Ao todo, ele conheceu cerca de cinquenta pessoas e depois reduziu o grupo a seis delas — Kleinsorge, uma atendente, uma costureira, um médico, um pastor metodista e um cirurgião. Hersey passou seis semanas entrevistando-as rigorosamente e voltou para Nova York em 12 de junho.

Seis semanas depois, Hersey havia transformado suas abundantes anotações e transcrições de entrevistas numa história de 150 páginas e 30 mil palavras com o título "Some Events at Hiroshima". Sua intenção original era publicar a história em quatro edições consecutivas da revista, mas isso representava um problema de continuidade; um leitor que não tivesse lido a primeira parte precisaria de uma sinopse para entender a segunda parte, enquanto alguém que já tivesse lido a primeira parte ficaria atolado na recapitulação. Shawn sugeriu que a história inteira fosse publicada numa única edição — uma atitude sem precedentes na revista. O editor-chefe da *New Yorker*, Harold Ross, receava uma mudança tão radical; afinal de contas, os leitores estavam acostumados à mistura de assuntos sérios e leves na revista. Poderiam os leitores ficar sem as charges, em favor de uma análise longa e deprimente sobre uma tragédia humana insondável? Ross cozinhou aquele assunto durante uma semana, e em determinado momento apanhou a primeira edição da revista, que afirmava: "A *New Yorker* começa com uma séria declaração de objetivo." Aquilo selou a decisão de Ross — a revista publicaria a história numa única edição, excluindo todo o resto, mas não sem numerosos reparos e mudanças que ele considerava essenciais para dar o máximo impacto emocional.

Era costume da *New Yorker* fazer imediatamente uma prova tipográfica de todo o material bruto logo depois de recebê-lo, para Ross e Shawn visualizarem os artigos da forma que eles apareceriam na revista. Para "Some Events at Hiroshima", Ross, um editor meticuloso, fez centenas de anotações nas margens da prova para que Hersey lesse. "Foi a primeira experiência que eu tive com uma edição tão cuidadosa como aquela", disse Hersey, que frequentemente publicava histórias na *Life* sem uma única mudança editorial.

Durante dez dias, Ross e Shawn analisaram menos assuntos urgentes para a revista e ficaram enfiados no escritório de Ross fazendo furiosamente mudanças para Hersey, que reescrevia as páginas tão rapidamente quanto as recebia. Quando terminaram o trabalho, os editores haviam feito mais de 200 mudanças na história, cujo título acabou sendo reduzido para "Hiroshima". De acordo com um artigo da *Newsweek* que saiu logo depois da publicação do artigo de Hersey, "ninguém fora do escritório de Ross sabia o que estava acontecendo, exceto um técnico de composição atormentado".

Em sua lista de dúvidas enviada ao departamento editorial, Ross expôs alguns de seus pensamentos:

Ainda não estou satisfeito com o título da série.

O tempo todo eu fiquei imaginando o que matou essas pessoas, as queimaduras, a queda de escombros, ferimentos — o quê? Há um ano venho pensando nisso, e esperava ansiosamente que esse artigo me dissesse. Não diz. São quase cem mil mortos, mas Hersey não conta como eles morreram.

Eu sugeriria ... que Hersey acrescentasse o tempo — pusesse a hora e os minutos, exatos ou aproximados, de vez em quando. O leitor perde toda a percepção da passagem do tempo nos episódios e nunca sabe em que hora do dia eles acontecem, se é às 10h ou às 16h. Pensei nisso no meio das anotações e mencionei isso várias vezes. Se a impressão é de que estou implicando com o assunto, esse é o motivo.

O que Ross queria era uma cronologia exata dos acontecimentos da forma como eles haviam ocorrido em tempo real, em grande parte como a equipe de um filme documentário seguindo seis personagens sem fazer nenhuma edição de cena posteriormente. Cada vez que Hersey ficava à frente da história, ou se referia a algo que os personagens não estavam vivendo num momento específico, Ross sugeria que o trecho fosse retirado.

Hersey apresenta seus personagens descrevendo exatamente o que eles estavam fazendo no momento da explosão da bomba, dando, portanto, à sua narrativa uma especificidade inquietante. A história começa,

> exatamente às 8h15 da manhã de 6 de agosto de 1945, horário do Japão, no momento em que a bomba atômica brilhou sobre Hiroshima, a senhorita Toshiki Sasaki, atendente do departamento pessoal da East Asia Tin Works, havia acabado de se sentar em seu lugar no escritório da fábrica e estava se virando para falar com a menina da mesa ao lado.

A história de Hersey se torna uma luta dos personagens para voltar à normalidade no meio de uma atrocidade, e ele se detém nas particularidades da luta, nos pequenos atos de sacrifício e sabedoria que se tornam cruciais para a sobrevivência deles. O que torna "Hiroshima" um antecedente crucial do Novo Jornalismo é, entre outras coisas, a maneira como Hersey descreve assiduamente as reações internas de seus personagens, os pensamentos correndo por suas cabeças quando o "clarão silencioso" aparece sobre Hiroshima. A senhora Hatsuyo Nakamura, a costureira, vê-se poupada da destruição total de sua casa, mas o desastre rapidamente a atinge, e ela age rapidamente.

> A senhora Nakamoto ... atravessou a rua com a cabeça toda ensanguentada e disse que seu bebê estava com um corte sério; a senhora Nakamura teria alguma atadura? A senhora Nakamura não tinha, mas engatinhou sobre os restos de sua casa novamente e retirou um pano branco que usava em

seu trabalho de costureira, rasgou-o em tiras e o deu à senhora Nakamoto. Quando o entregava, ela viu sua máquina de costura; voltou para apanhá-la e ... jogou o símbolo de sua profissão no recipiente que durante semanas havia sido seu símbolo de segurança — o reservatório de água, de cimento, em frente à casa, que todo morador recebera ordem para construir para se proteger de um bombardeio.

"Hiroshima" não é uma celebração do heroísmo extraordinário de pessoas comuns. É sinistro demais para ser isso. Para uma revista que tendia a manter uma linha de certa maneira refinada, é extremamente descritivo ("suas faces estavam totalmente queimadas, a cavidade de seus olhos estava vazia, o fluido de seus olhos derretidos corria por seus rostos"), mas seu tom é calmo e equilibrado. Sem uma histeria inconveniente, Hersey desenha uma paisagem apocalíptica a partir de descrições precisas, monólogos internos e constantes mudanças de pontos de vista.

"Hiroshima" era um artigo radical para 1946, apenas um ano depois do fim da guerra. Deu voz e um sentido trágico ao inimigo, e suas imagens fortes ressoaram naqueles que nunca haviam pensado no drama das vítimas, ou que o haviam ignorado completamente. Em 1999, o departamento de jornalismo da Universidade de Nova York considerou "Hiroshima" a reportagem mais importante do século XX.

Lillian Ross, que também escrevia para a *New Yorker*, compartilhava a afeição de Hersey pelo estilo de contar uma história sem enfeitá-la. Natural de Syracuse, Nova York, Ross iniciou sua carreira de escritora de maneira promissora; na adolescência, já era uma colaboradora regular da revista literária *P.M.*, sob o comando da editora Peggy Wright. Lillian Ross chamou a atenção da *New Yorker* quando a revista ofereceu um emprego a Wright, e esta, que estava se casando, indicou no lugar dos seus os serviços de sua jovem estrela escritora.

Ross acreditava em funcionar como um repórter por procuração, deixando que seus entrevistados contassem a história para ela. Apoiava-se fortemente em citações diretas, em seus instintos de observadora atenta e numa prosa elegante e organizada para levar seus leitores a lerem avidamente um artigo. "Não acredito que um repórter tenha o direito de dizer o que seu entrevistado está pensando ou sentindo", escreveu ela em seu livro de 2002, *Reporting Back: Notes on Journalism*. A reportagem de 1948 "Come In, Lassie!", para a *New Yorker*, foi o primeiro artigo de revista a registrar o clima de paranoia que tomou conta de Hollywood durante a caça às bruxas comunista do senador Joe McCarthy e a elaboração da lista negra dos Dez de Hollywood (o título da reportagem se referia ao único ator da cidade cuja política era inatacável). Ross teve acesso a alguns dos artistas mais proeminentes da cidade e usou seu material para revelar as atitudes conflituosas em relação a McCarthy e ao comunismo. A reportagem contém cenas inteiras em que pouca coisa além de diálogos é usada, mas com aquele material tão rico, Ross não precisava de embelezamentos. Eis uma conversa entre Humphrey Bogart, Edward G. Robinson e John Huston no set do filme *Paixões em fúria*:

> Bogart concordou, mexendo a cabeça.
> — Roosevelt era um bom político — disse. — Conseguia lidar com aqueles queridinhos em Washington, mas eles são espertos demais para sujeitos como eu. Diabos, eu não sou político. Foi isso que eu quis dizer quando disse que nossa viagem a Washington foi um erro.
> — Bogie teve sucesso sem ser político — disse Huston, que foi a Washington com ele. — Bogie tem um veleiro de 16 metros. Quando você tem um veleiro de 16 metros, é preciso cuidar de sua manutenção.
> — O grande chefe morreu, e a coragem de todo mundo morreu com ele — disse Robinson, sério.
> — O que você acharia de ver sua foto na primeira página do jornal comunista da Itália? — perguntou Bogart.
> — Nnn — disse Robinson, com desdém.

"Come in, Lassie!" se tornaria o modelo de todas as reportagens que Ross escreveria na segunda metade do século. "'Venha cá, Lassie!' me ensinou a observar e esperar as interações de meus personagens", escreveu Ross em 2002. "Aprendi a preparar o terreno com fatos, encontrar os personagens essenciais e seus diálogos, e ir!" Em 1950, Ross usou a mesma técnica para traçar um perfil de Ernest Hemingway para a *New Yorker* intitulado "How Do You Like It Now, Gentlemen?". Ross fez um relato em tempo real dos dois dias que passara com Hemingway em Nova York — jantando com o escritor e sua mulher no Sherry-Netherland Hotel, indo às compras em busca de um casaco, observando pinturas preferidas no Metropolitan Museum of Art. Mas sem depurar sua prosa nem "limpar" citações — prática comum entre jornalistas que querem que seus entrevistados pareçam mais articulados do que são — Ross removeu camadas do mito para revelar um excêntrico determinado, apaixonado por boxe e caviar de beluga, dividido entre o cultivo de boas maneiras e um rude machismo.

Hemingway fala num dialeto estranho, em que os artigos e os verbos são engolidos (mais tarde Ross se referiu a isso como uma "linguagem indiana de piada"), metáforas de beisebol são usadas em abundância, e *flashes* de percepções sobre seu processo criativo são criteriosamente revelados ("O teste de um livro é a quantidade de coisas boas que você pode jogar fora"). Ross é uma presença, mas se mantém à sombra da narrativa; sua escrita é pura, uma direção de palco ao estilo de Hemingway que empurra os monólogos cativantes do escritor para o primeiro plano. Ross conseguiu uma intimidade de sala de visitas com Hemingway, um entendimento e uma sinceridade casuais, que nenhum repórter havia sido capaz de obter. O que é mais notável em sua técnica de entrevista é que ela considera as gravações uma heresia e depende de sua memória e de extensas anotações em seus blocos de espiral Claire Fontaine de 7 x 12 centímetros para registrar os diálogos. Considerando as peculiaridades do discurso de Hemingway e a natureza prolixa de suas frases, "How Do You Like It Now, Gentlemen?" é um extraordinário triunfo da transcrição.

"How Do You Like It Now, Gentlemen?" foi recebido com uma mistura de perplexidade e repugnância por alguns leitores da *New Yorker* quando foi publicado, na edição de 13 de maio de 1950. Ross havia simplesmente registrado o que viu e ouviu, e foi crucificada por isso. No prefácio à edição do perfil pela Modern Library, Ross teorizou que os leitores "não gostaram que Hemingway fosse Hemingway. Queriam que ele fosse outra pessoa — provavelmente eles próprios". Ela também alega que Hemingway adorou o perfil e a defendeu dos críticos. Numa série de cartas escritas a Ross após a publicação do artigo, ele assegurava que ela fizera um trabalho admirável ("Quanto ao nosso velho artigo, que vão para o inferno!").

Talvez Ross, com seu costume de evitar julgamentos, tivesse se aproximado um pouco demais da verdade.

Embora "How Do You Like It Now, Gentlemen?" se beneficie do desejo de Ross de simplesmente abrir mão de embelezamentos, a reportagem peca por uma estrutura amorfa; em sua determinação para não mudar de maneira alguma o formato de seu material bruto, Ross deixa a história sair dos trilhos de modo insatisfatório. Em sua missão seguinte, um perfil do diretor de cinema John Huston, ela não teve os mesmos problemas.

Numa época em que aqueles que trabalhavam na produção de filmes em Hollywood eram ainda misteriosos para o público em geral, Ross teve acesso total a um dos grandes diretores quando ele adaptava o romance de Stephen Craine sobre a Guerra Civil, *O emblema rubro da coragem*, para a MGM. Ela tinha uma relação amigável com Huston, e isso lhe abriria todas as portas na Califórnia (Ross nunca teve escrúpulos de cultivar amizades com seus entrevistados, talvez porque não fosse do tipo que escrevia calúnias). Quando começou a colher informações em reuniões para discussão do filme e observando a produção no rancho de Huston em San Fernando Valley, ficou claro que sua reportagem seria algo completamente diferente: um estudo para iniciantes sobre como realmente se faz um filme em Hollywood. "À medida que eu convivia com os personagens envolvidos na produção do filme", escreveu Ross em suas memórias, *Here but Not Here*, "ficava cada vez mais animada com o relacionamento entre eles, o desenvolvimento da ação, o drama da história. Era como um romance que se revelava diante de mim."

Numa carta a Shawn, Ross observou: "Huston como pessoa é quase interessante demais para ser real — ele é complicado, divertido, interessante, solitário, generoso, louco, animado, talentoso e está fora dos padrões convencionais de Hollywood, embora seja sugado e mantido por Hollywood, e as pessoas nesse negócio sejam atraídas e mantidas por ele." Ross sugeriu que a reportagem fosse escrita como um romance: "Não sei se esse tipo de coisa já foi feito antes, mas não vejo por que eu não deveria tentar fazer um artigo factual em forma de romance, ou talvez um romance em formato factual."

Enquanto Ross continuava a observar, a história se formou em sua mente. Ela se concentraria em quatro personagens principais: Huston; o vice-presidente da MGM encarregado da produção, Dore Schary; o produtor Gottfried Reinhardt; e o chefe do estúdio, Louis B. Mayer; e apresentaria a história deles como um microcosmo do modo como as coisas eram feitas em Hollywood. Aquele era um período propício para um projeto como aquele, uma vez que o velho sistema de estúdios estava prestes a se desintegrar e a televisão logo desafiaria a hegemonia do cinema como a principal mídia de entretenimento do país.

Ross estava animada com a reportagem, que para ela parecia estar se revelando, para o seu bem. Seus personagens ficavam à vontade com ela, tanto que respondiam simplesmente a todas as perguntas que ela lhes fazia. Em seu primeiro encontro com Gottfried Reinhardt, o produtor lhe explicou a natureza da hierarquia dos escritórios em Hollywood: "Eu fico no primeiro andar, Dore Schary, dois andares acima, bem em cima de mim. L. B. também está dois andares acima. Tenho uma pia, mas não um chuveiro em meu escritório. Dore tem um chuveiro, mas não tem banheira. L. B. tem chuveiro *e* banheira."

A produção era complicada, com sequências de grandes batalhas envolvendo centenas de extras. O segredo era fazer o filme dentro do orçamento e, com isso, evitar que Mayer — que fizera objeções ao filme desde o início — se intrometesse no produto final. Depois da filmagem de uma sequência em Chico, Ross ouviu por acaso a seguinte conversa:

— Bem — disse Huston quando começávamos —, o quanto estamos adiantados na programação, Gottfried?

— Um dia e meio. Reggie diz que se tivéssemos feito aquela cena do rio passando no tanque do estúdio, teria custado 12 mil dólares a mais. Albert, o maço de cigarros. Embaixo do meu casaco, ao seu lado.

— Podemos ter o rio passando na tela durante um minuto — disse Huston.

— Isso tudo? — perguntou Reinhardt, que estava dirigindo.

— É o que vale — afirmou Huston.

À medida que a produção avançava, surgia um inevitável confronto entre arte e comércio. Mayer queria acrescentar uma narração para esclarecer os pensamentos do protagonista. Huston não se mexeu. Quando o filme finalmente foi concluído, foi mal recebido em duas pré-estreias, e Mayer achou que tinha sido vingado. Durante um encontro com o produtor da MGM Arthur Freed, ele faz um comentário exaltado recorrendo ao velho e bom escapismo:

"*O emblema rubro da coragem*? Toda aquela violência? Nenhuma história? Dore Schary queria isso. É uma boa diversão? Não acho. Talvez eu esteja errado. Mas duvido que esteja. Eu sei o que o público quer. Andy Hardy. Sentimentalismo! O que há de errado nisso? Amor! Um bom romance à moda antiga!" Ele pôs a mão no queixo e olhou para o teto. "É ruim? Entretém. Leva o público às bilheterias? Não! Esses críticos. Eles são muito na moda para você e eu. Não gostam disso."

Mayer prossegue contando uma história bizarra sobre uma crítica que virou roteirista e que costumava atacar os filmes da MGM:

"Eu vi Howard Strickling correndo pelo campo de golfe. Você conhece Howard." Mayer bufou e aspirou para mostrar como Strickling corria pelo campo. "'Por que você está correndo?', perguntei a Howard. Ele me disse que a menina havia tentado cometer suicídio. Fui com ele, do jeito que eu estava, de roupa de golfe. No hospital, os médicos a estavam pressionando, tentando fazê-la caminhar." Mayer se levantou e imitou a menina. "De repente, ela me viu e deu um grito! 'Oh!' E ela caminhou. E disse: 'Oh, senhor Mayer, estou tão envergonhada. Quando penso em como eu atacava os filmes, fico envergonhada.'"

Terminou assim a história de Mayer. Freed parecia intrigado.

"Se você critica os filmes, está criticando seu melhor amigo", disse Mayer.

Ross aprendeu a lição de que a produção de filmes é uma arte de colaboração: quem paga as contas tem a última palavra. Quando *O emblema rubro da coragem* finalmente foi lançado, havia sofrido cortes e fora diluído, recuando para uma área imprecisa entre filme de arte e filme de guerra. Mas Ross precisava ainda de uma entrevista com o homem que dera sinal verde para o filme: o presidente da MGM, Nicholas B. Schenck, que morava em Nova York. Ele poderia lhe fornecer uma conclusão, uma espécie de autópsia do projeto. Quando Ross voltou para a cidade, Shawn insistiu para que ela cercasse Schenck no saguão do prédio da MGM, na Broadway 1540 — chegue às 8h e espere o tempo que for necessário até ele aparecer. Schenck se materializou na primeira tentativa de Ross, chegando numa limusine comprida. Ross se apresentou, explicou a natureza de seu projeto e perguntou se ele poderia lhe dar um pouco de atenção. Schenck não hesitou e, acompanhado de seu assessor de imprensa, Howard Dietz, encaminhou Ross a seu escritório:

"*O emblema rubro* não tem nenhuma estrela e nenhuma história", disse Dietz. "Não era nem um pouco bom."

"Eles fizeram o melhor que podiam", afirmou Schenck. "Infelizmente, esse tipo de coisa custa dinheiro. Se você não gasta dinheiro, não aprende nunca." Ele riu astutamente. "Depois que o filme foi feito, Louie não quis lançá-lo. Louie disse que, enquanto fosse o chefe do estúdio, o filme nunca seria lançado. Recusou-se a lançá-lo, mas eu mudei *aquilo*."

Schenck soprou rapidamente a fumaça de seu cigarro. "De que outra maneira eu poderia ensinar a Dore?", comentou. "Eu apoiei Dore. Deixei que fizesse o filme. Eu sabia que a melhor maneira de ajudá-lo seria deixando que cometesse um erro. Agora ele saberá fazer melhor. Um jovem tem que aprender cometendo erros. Não acho que ele vá tentar fazer um filme como esse novamente."

A reportagem de Ross, "Production Number 1512", foi publicada em cinco edições da *New Yorker*, a partir de 24 de maio de 1952. Quando foi publicada em livro, com o título *Filme*, no ano seguinte, foi saudada como uma crônica inovadora e meticulosa sobre a política que imperava nos corredores do poder de Hollywood. Ernest Hemingway considerou-a "muito melhor que a maioria dos romances". Era o artigo jornalístico com tamanho de livro que mais se aproximava de um romance desde *Na pior em*

Paris e Londres, fermentado pela prosa leve e lúcida de Ross, pela elucidação dos personagens através de descrições e pela interação entre os principais personagens através de diálogos fortes.

Quando o romancista Truman Capote viajou para Garden City, Kansas, em novembro de 1959, a pedido da *New Yorker*, para investigar o assassinato do agricultor de trigo de Holcomb, Herbert Clutter, de sua esposa e seus dois filhos, teve que montar as peças de uma história que tinha apenas duas testemunhas vivas, como se veria — os próprios assassinos.

De início, Capote se recusou a se disfarçar nas redondezas e a se misturar discretamente ao ritmo lento da cidade do Meio-Oeste. Com seu paletó esportivo, sua gravata-borboleta e suas feições andróginas enfeitadas por seus óculos de armação de tartaruga, ele era o retrato fiel do *nerd bon vivant* e letrado do Nordeste do país. Ninguém o conhecia, nem a seu trabalho; em toda a população de Holcomb, apenas duas professoras do ensino secundário já haviam lido algum de seus livros. Muitos de seus entrevistados lhe pediram para ver suas credenciais, que vinham a ser uma simples carta que ele obtivera do reitor da Universidade do Estado de Kansas. Capote, cujo trabalho já o levara à Europa, à Ásia e ao Caribe, sentiu-se um alienígena. "Para mim, era tão estranho que parecia que eu estava em Pequim", disse ele na época.

"Truman estava meio deslocado", disse Bill Brown, ex-editor do *Garden City Telegram*, que Capote recrutou para ajudá-lo a procurar pessoas para entrevistar. "A primeira vez que o encontrei, ele chegou com um casaco de mulher forrado de pele de animal e estendeu sua mão mole. Mas, embora eu ache que muitas pessoas podem ter rido dele por trás, elas colaboraram com ele."

Enquanto investigava o mistério do assassinato dos Clutter, Capote se tornou um assistente informal de Alvin Dewey, o detetive de Kansas encarregado do caso. Ambos tentavam reunir os motivos por trás dos assassinatos. Trabalhando com sua amiga Nelle Harper Lee, que atuava como sua estenógrafa, Capote percorreu o estado, emprestando seu ouvido empático a qualquer pessoa que se dispusesse a falar com ele.

"Harper era genuinamente amigável, e se alguma pessoa era rejeitada por Truman, ela sentia que podia falar com Harper", disse Clifford Hope, ex-advogado de Herb Clutter que se tornou seu testamenteiro. "Se alguém falava com Truman, Harper ficava atrás dele, fazendo anotações, pondo tudo no papel."

Capote nunca gravou nenhuma conversa e nunca fez nenhuma anotação durante os seis anos que passou investigando para escrever sua história. Ao fim de cada entrevista, ele se retirava rapidamente para seu quarto no Warren Hotel e datilografava tudo de memória e com base nas anotações de Lee. Depois, arquivava aquele material e cruzava informações. "Quem não entende o processo literário fica incomodado com blocos de anotações", disse Capote à *Life* em 1966. "E os gravadores são piores — eles arruínam completamente a qualidade do que está sendo sentido ou falado. Se você anota ou grava o que as pessoas dizem, elas ficam inibidas e constrangidas. Isso as faz dizer o que acham que você espera que digam." Quando Capote achava que havia perdido uma informação crucial no primeiro encontro, ele voltava e entrevistava a mesma pessoa repetidamente, até conseguir a informação correta.

Durante anos, Capote disse que ensinara a si mesmo a ser o seu próprio gravador. Como exercício de memória, ele punha amigos para ler e falar diante de um gravador e os ouvia; depois, escrevia rapidamente, com a maior precisão possível, tudo o que ouvira e comparava isso com a gravação. Com o tempo, afirmou Capote, as diferenças entre o que estava no gravador e o que ele escrevera se tornaram insignificantes.

Capote teve que pisar leve quando, um mês depois de chegar ao Kansas, dois desocupados chamados Dick Hickock e Perry Smith foram presos e acusados de matar os Clutter. Fazendo uso de sua abordagem imparcial e marcada por uma investigação gentil, Capote conseguiu um entendimento com os assassinos, que haviam enganado todos aqueles que trabalhavam no caso. Capote passou centenas de horas com eles, que, em troca, usaram sua cota de duas cartas por semana na prisão para iniciar uma longa correspondência com o escritor. Capote os manteve supridos de livros, particularmente obras de Thoreau e Santayana, que Perry preferia, e em troca eles o encheram de informações sobre seu passado e sobre suas seis semanas como fugitivos, além de detalhes precisos sobre os assassinatos. "Não era uma questão de eu *gostar* de Dick e Perry", relembrou Capote. "É como dizer: 'Você gosta de si mesmo?' O que importou foi que eu os *conheci*, tanto quanto me conheço."

Em março de 1960, Smith e Hickock foram condenados à morte pelo assassinato dos Clutter, mas Capote ainda não tinha sua história. Três meses de apelações adiariam a entrega de seu manuscrito a William Shawn, da *New Yorker*, mas a espera valeria a pena. Na véspera da execução, Perry e Hickock pediram que Capote a testemunhasse. Assim, o escritor participou de forma particular do término tanto de sua própria história quanto da história dos assassinos — segurando cigarros para os visivelmente trêmulos Perry e Hickock na forca, recebendo um pedido de Perry para que todos os seus bens fossem herdados pelo escritor e ouvindo um "Adios, amigo!" final de Perry exatamente antes de seu pescoço ser quebrado pelo Estado.

Agora Capote tinha seu final, e sabia exatamente como queria que a história terminasse. Com tamanha riqueza de material, não bastaria simplesmente recontar a história de maneira convencional; afinal, era apenas um assassinato numa cidade pequena, e não havia nada de especial e único naquilo. O que Capote tinha em mente era uma narrativa que mergulharia fundo nas vidas de todas as pessoas que haviam sido afetadas pelos assassinatos — não apenas os Clutter, mas Perry e Hickock, Al Dewey e sua equipe de detetives, os cidadãos de Holcomb e Garden City. Usando como modelo *Hiroshima*, de John Hursey, Capote recriaria os acontecimentos usando a voz onisciente de um romance — ou, para usar uma frase memorável de Capote, de um "romance de não ficção".

"Minha teoria", disse Capote, "é que você pode pegar qualquer assunto e torná-lo um romance de não ficção. Mas não quero dizer um romance histórico ou documental — estes são gêneros populares e interessantes, mas impuros, que não têm nem a persuasão do fato nem a altitude poética da ficção. Contei essas ideias a muitos amigos e eles me acusaram de falta de imaginação. Ah! Digo-lhes que são eles que estão sem imaginação, e não eu. O que eu fiz é muito mais difícil do que um romance convencional. Você tem que se afastar de sua visão particular do mundo. Muitos escritores ficam fascinados com seus próprios umbigos. Eu mesmo tive esse problema — que foi um dos motivos pelos quais quis fazer um livro sobre um lugar absolutamente novo para mim — onde o terreno, os sotaques e as pessoas pareceriam recém-criados."

De fato, Capote estava se aventurando por um território desconhecido a serviço da *New Yorker*, descrevendo acontecimentos que não testemunhara, diálogos que recebera em segunda mão e monólogos interiores que exigiam dele uma boa dose de licença poética. Veja como exemplo esse trecho da terceira parte do livro, quando Al Dewey investiga a cena do crime:

> Durante esta visita, Dewey parou diante de uma janela do andar superior, sua atenção presa a algo que ele via a uma distância próxima — um espantalho no meio dos ramos de trigo cortados. O espantalho exibia um boné de caçador e um vestido de chita florido desbotado pelo tempo. (Com certeza um vestido velho de Bonnie Clutter?) O vento agitava a saia e balançava o espantalho, fazendo-o parecer uma criatura dançando tristemente no campo gelado de dezembro. E Dewey de alguma maneira se lembrou do sonho de Marie. Numa manhã recente, ela havia lhe servido um desjejum alterado, com ovos açucarados e café salgado, e pôs a culpa num "sonho bobo" — mas um sonho que o poder da luz do dia não apagara.

Shawn estava cético em relação àquela prosa especulativa fantasiosa; como Capote poderia saber o que Dewey pensava naquele momento? Aliás, o que qualquer outra pessoa pensava, principalmente sobre a morte dos Clutter? Na verdade, Capote não podia responder pelos Clutter, mas tudo o mais era possível; o verificador de fatos da *New Yorker* descobriu que Capote era o escritor mais preciso com o qual já trabalhara.

"Havia imperfeições, com certeza", disse Hope. "Ele tinha eventos acontecendo em lugares diferentes, e coisas assim, mas eu não me importava realmente com nada disso. Importava-me, sim, com certos personagens exageradamente expostos, como Al Dewey, mas acho que de certa forma Al talvez tenha deixado que Truman o usasse." Bill Brown achou que o retrato dos Clutter feito por Capote era tão equivocado que eles estavam praticamente irreconhecíveis.

A reportagem de 135 mil palavras foi publicada em quatro partes, em quatro edições consecutivas da *New Yorker*, a partir de 25 de setembro de 1965; a série foi um sucesso, quebrando todos os recordes de venda anteriores da revista. Quando a Random House a publicou em livro, com o título *A sangue-frio*, proclamou a chegada de um novo gênero, que Capote chamou de "romance de não ficção". O autor lucrou 2 milhões de dólares com as vendas do livro e de um filme.

Mesmo depois de a história ser publicada com grande estardalhaço, William Shawn continuou desconfortável com a decisão de publicá-la na *New Yorker*. Para uma revista que se orgulhava de sua rígida precisão, havia fatos não substanciais em excesso, especulações fantasiosas de Capote em excesso. Muitos anos depois, Shawn ainda lamentaria o dia em que deu luz verde à ideia de Capote.

2

A GRANDE REVISTA AMERICANA

Não obstante "Pequenas Múmias", houve um tempo em que Clay Felker venerava a *New Yorker*. Nos anos 1940, quando Felker estava na escola secundária, a *New Yorker* era eloquente, tudo o que ele poderia querer de uma revista. A não ficção narrativa de Hersey, Ross, Liebling e outros colaboradores da *New Yorker* representava o ápice do jornalismo criativo, a maneira como boas histórias deveriam ser escritas. Era também um refúgio literário em relação aos jornais locais, que ele achava intelectualmente apáticos e sem inspiração. Crescendo em Webster Groves, Missouri, um abastado bairro-dormitório 16 quilômetros a sudoeste de St. Louis, Felker tinha que se contentar com o *St. Louis Post-Dispatch*, um jornal que decaíra muito ao longo de décadas, desde que seu ex-proprietário Joseph Pulitzer fizera sua mágica. Fã de beisebol, Felker grudava nas páginas de esportes do jornal.

Clay Schuette Felker nasceu em 2 de outubro de 1925 (durante anos, ele disse que foi em 1928) e cresceu no lar de um casal formado em jornalismo na Universidade do Missouri. Seu pai, Carl, advogado que não exercia a profissão, era o editor-geral da *Sporting News*, na época uma revista exclusivamente de beisebol, bem como editor da *Sporting Goods Dealer*, publicação mensal sobre comércio. Sua mãe era uma ex-editora de jornal que deixara a carreira para cuidar da família. Felker demorou pouco tempo para se estabelecer como editor novato, tendo lançado seu primeiro jornal aos 8 anos — "uma publicação equivalente a uma barraca de limonada", recordou ele.

A primeira experiência de Felker em jornalismo profissional aconteceu durante o ensino secundário, quando se tornou um aprendiz informal da *Sporting News*. Ele adorava a maneira como as palavras do jornal eram impressas na linotipo, bem como o barulho enfático das teclas das máquinas de escrever. Felker também acompanhava seu pai aos jogos do St. Louis Cardinals, onde via os jornalistas de beisebol da cidade datilografando às pressas suas reportagens, em cima da hora, na cabine da imprensa, a tempo de que estas saíssem na edição matinal. Ele vibrava com a energia do trabalho de reportagem, com seu processo industrial frenético, e sabia que queria fazer do jornalismo o trabalho de sua vida.

Felker decidiu que se matricularia na escola de jornalismo da Universidade do Missouri; três gerações de sua família haviam se formado ali. Mas seus pais foram contra: o jornalismo não era algo que pudesse ser ensinado, diziam, e sim era extraído do material bruto da experiência de vida. Portanto, era melhor ter uma educação geral sólida numa escola de qualidade. Um dia, Carl chegou em casa com uma pilha de catálogos de universidades e os espalhou diante do filho. Clay os observou por alguns instantes e escolheu o catálogo da Duke — sobretudo porque visualmente era o mais atraente.

Felker ingressou na Duke em 1942 e foi direto ao jornal da escola, o *Chronicle*, em que conseguiu um emprego de repórter. Em 1943, alistou-se na marinha, passando a exercer a dupla função de editor de esportes e escritor colaborador do jornal da marinha, o *Blue Jacket*. Em 1946, um ano depois do fim da guerra, voltou para a Duke e acabou assumindo as funções editoriais no *Chronicle*. Impôs sua vontade ao jornal, aumentando sua periodicidade de semanal para duas vezes por semana e publicando notícias de interesse nacional. Em 1948, Walter Reuther, o poderoso chefe do sindicato United Auto Workers, foi baleado no braço direito, numa tentativa de assassinato de um agressor desconhecido, e levado para o Hospital da Universidade de Duke, para tratamento. A imprensa estava proibida de entrar no quarto de Reuther no hospital; ninguém podia chegar perto dele. Mas Felker queria aquela entrevista desesperadamente. Ele recrutou seu colega de escola Peter Maas, editor da revista de humor da Duke, *Duke and Duchess*, e colaborador ocasional do *Chronicle*, para entrar lá de alguma maneira e conseguir o furo do século. Mas como fazer isso? Felker viu uma pilha de livros escolares sobre uma escrivaninha e os deu a Maas. "Você vai entrar no hospital com esses livros e vão pensar que você é um estudante", disse a Maas.

O plano funcionou. Maas entrou no hospital sem nenhuma dificuldade e encontrou Reuther num quarto sem vigilância, disposto a falar. Maas conseguiu a entrevista, que foi aproveitada pela Associated Press, e a fama de Felker de ousado editor de jornal se espalhou por outros campi. "Ah, cara, quando Felker e Maas conseguiram a entrevista com Reuther, nós todos soubemos", disse Robert Sherrill, que na época escrevia artigos para o jornal da Universidade de Wake Forest, *The Student*, e acabaria trabalhando ao lado de Felker na *Esquire*. "Aquela história acabou se tornando uma lenda entre os escritores de jornais universitários."

A trajetória para a glória profissional estava em ascensão, mas a carreira de Felker na Duke foi comprometida por um toque de recolher não obedecido. No outono de 1948, ele foi expulso da escola por ficar fora até tarde com sua namorada, Leslie Blatt, e se viu prematuramente lançado no mercado.

O que acabou sendo algo saudável, porque permitiu a Felker ter alguma experiência no mundo real. Recém-casado com Blatt e lutando para encontrar um trabalho, ele conseguiu um emprego, por meio de um amigo, como estatístico do time de beisebol New York Giants, em que ele e Blatt se aproximaram da estrela do time, Bobby Thomson, e de sua esposa. Felker também escrevia notícias para jornais sem correspondente para cobrir o time e colaborava com a *Sporting News*, para a qual escreveu a primeira grande reportagem sobre um jovem fenômeno de uma liga menor chamado Willie Mays. Felker se sentia à vontade entre jogadores de beisebol; irradiava autoconfiança e simpatia, e descobriu que isso abria portas para ele e o atraía para pessoas em posições de poder.

Felker acabou voltando para a Duke em 1950 e se formou no ano seguinte, ansioso para conquistar Nova York. Em 1952, foi contratado pela *Life* como jornalista de esportes. De início, era um trabalho pouco importante; sua função era basicamente obter histórias para outros jornalistas escreverem. Mas ele teve sua grande chance graças a um furo. Felker conseguiu obter o relatório de observação do Brooklyn Dodgers sobre o New York Yankees que continha uma informação quente: o braço de arremesso de Joe DiMaggio havia sido baleado, e ele não poderia arremessar mais nada. O Yankees nunca o perdoou, mas a *Life* gostou bastante. Agora Felker escrevia *faits divers*, entre os quais um longo perfil de Casey Stengel que ele ampliou e transformou num livro chamado *Casey Stengel's Secret*, de 1961.

Felker teve sucesso na cultura conservadora da Time-Life. "Havia um alto nível de profissionalismo na Time-Life", disse ele. "A motivação era inacreditável." Ele se relacionava bem com os executivos da empresa; até Henry Luce se tornou seu parceiro de tênis e convidado ocasional dos jogos do Giants. "Luce era um homem incrível", disse Felker. "Um dia ele me falou 'Você tem que ter uma missão quando está publicando, do contrário não tem nada'. Eu levei aquilo a sério." Repórter competente, Felker rapidamente descobriu que tinha uma grande aptidão para editar. "Eu gostava de escrever, mas não era minha verdadeira habilidade", afirmou. Felker era de fato mais um homem de ideias, alguém que conseguia ter incontáveis ideias de reportagens e conceitos para novas revistas. Era sobretudo um ouvinte brilhante. Anotava fofocas apetitosas em guardanapos de papel e, em jantares, obtinha de suas companhias informações que podiam ser usadas em reuniões editoriais. A *Life* o pôs para trabalhar em projetos especiais, como uma edição sobre a nova classe endinheirada, que ele organizou com outros quatro editores. Felker também começou a desenvolver uma ideia para uma nova revista, que ele chamava de "uma *New Yorker* com fotos". "Na época, a *New Yorker* era a coisa mais entediante do mundo", disse ele. "Era tão formal." Felker escreveu um memorando para Luce explicando sua ideia, e até trabalhou com o departamento de arte da revista numa edição fictícia, mas isso não resultou em nada. Ele também trabalhou no protótipo do que se tornaria a *Sports Illustrated*, fazendo um curso rápido em lançamento de revistas que ele aplicaria alguns anos depois.

Quando Peter Maas recusou um cargo de editor na *Esquire*, sugeriu que seu antigo colega de faculdade Felker se candidatasse à vaga.

Embora já não fosse a referência cultural que havia sido nos anos 1930, a *Esquire* ainda era um título de considerável categoria. A revista foi cofundada em 1933 por Arnold Gingrich e Dave Smart, um empreendedor de Chicago que ganhava dinheiro produzindo cartazes de propaganda para varejistas e algo chamado *Getting On*, um folheto de oito páginas sobre administração financeira que os bancos distribuíam a seus clientes.

A ideia da *Esquire* surgiu de um artista freelance chamado C. F. Peters, que um dia entrou no escritório de Smart com um esboço de *Apparel Arts*, um dos quatro folhetos de moda que Smart publicaria. Antes de desembrulhar o esboço, Peters mencionou de passagem que um de seus clientes, o comerciante de tecidos Rogers Peet, se perguntava se Smart não gostaria de produzir mais folhetos, talvez algo que ele pudesse vender a seus clientes por um preço baixo. A temporada de Natal estava se aproximando, e certamente eles poderiam usar a publicidade.

Smart e Gingrich começaram a fazer um *layout* das páginas de moda, tentando repensar uma fórmula que haviam estudado aparentemente com todas as combinações possíveis. As páginas de moda não podiam ter um novo título; eles precisariam de algum conteúdo editorial para separá-las. Smart começou a escrever manchetes numa folha de papel: "Gene Tunney no boxe", "Bobby Jones no golfe", "Hemingway pescando". O título — *Esquire, the Quarterly for Men* — logo apareceu. A revista funcionaria como uma espécie de *Vanity Fair* com moda para homens, e Smart cobraria um preço alto — 50 centavos de dólar —, porque se os homens se dispunham a pagar 50 dólares por um terno, certamente desembolsariam 50 centavos por aquela revista.

Mas Ernest Hemingway? Como eles atrairiam escritores de sua estatura para a revista? Como se veria depois, Gingrich, um ávido colecionador de livros, mantinha correspondência com Hemingway havia algum tempo, e enviara a ele algumas peças de roupa. Agora Gingrich tinha uma oferta de trabalho para o escritor, e Hemingway a aceitou. Ele poderia escrever artigos sobre vida esportiva para a *Esquire* a um preço com o qual ambos concordavam.

Outros escritores aceitaram imediatamente: John Dos Passos, Theodore Dreiser, F. Scott Fitzgerald. Smart e Gingrich haviam tornado a *Esquire* uma leitura obrigatória para o homem urbano sofisticado. Mas a *Esquire* também abordava, nas palavras de Gingrich, "o novo lazer", e isso significava páginas de moda masculina e artigos bem elaborados sobre estilo de vida, que falavam de pesca e automóveis. Era uma fórmula de ouro; no final de 1937, a circulação da *Esquire* havia aumentado para 675 mil exemplares. Quando o racionamento de papel atingiu os negócios da revista, durante a Segunda Guerra Mundial, Gingrich descobriu uma nova maneira de fazer com que o Grupo de Produção de Guerra permitisse à *Esquire* receber mais verbas para papel: imagens de mulheres para os meninos no front. Assim, a *Esquire* se tornou conhecida como uma revista literária superficial, mas Gingrich e Smart não se importavam, contanto que os números de circulação continuassem a aumentar.

A vitoriosa mistura na *Esquire* de ficção sofisticada, reportagens leves e mulheres seminuas entrou em colapso depois da guerra, quando Gingrich se aposentou, aos 40 anos, e entregou as tarefas editoriais a Smart, que, apesar de sua perspicácia para os negócios, nunca soube avaliar bem um bom texto. Sob a atrapalhada liderança do novo editor, Frederic A. Birmingham, a revista logo se transformou numa mistura confusa de "contos incríveis" de suspense e histórias de detetive baratas. Smart precisava de uma injeção de energia nova e convenceu Gingrich — que voltara de um exílio temporário na Suíça para editar uma revista chamada *Flair*, cuja redação ficava no andar superior ao da redação da *Esquire*, na Madison Avenue 488 — a voltar para a *Esquire* nos termos que ele quisesse. Isso significava total autonomia criativa e a chance de moldar a revista à sua imagem tanto de editor como de *publisher*. Gingrich concordou, e a revista voltou aos trilhos.

Dave Smart morreu três meses depois de voltar a contratar Gingrich, deixando os bens da *Esquire* nas mãos de seu irmão mais novo, John. Sem a mão firme de Dave Smart, John, um neófito nos negócios editoriais, passou espertamente a Abe Blinder, um veterano da *Esquire*, as questões financeiras da revista. Fritz Bamberger, um australiano com doutorado em filosofia, tornou-se consultor editorial, criando um departamento de pesquisa e um eficiente sistema de verificação de fatos.

Gingrich fez logo uma faxina na casa. Promoveu Henry Wolf — um austríaco que estudara com o lendário professor Alexey Brodovitch, diretor de arte da *Harper's Bazaar* — para que ele desse uma aparência mais limpa e arrojada à revista. Gingrich também recuperou um pouco do brilho literário da revista atraindo de volta escritores como Hemingway. Ele demitiu Birmingham e prosseguiu com a farra de contratações. Na opinião de Gingrich, era preciso um jovem com energia criativa ilimitada que pudesse recrutar novas vozes e imprimir a visão delas à revista, permanecendo fiel ao espírito do que ele havia construído. Ele encontrou três candidatos perfeitos para esse trabalho, um trio ao qual Gingrich se referia como "os jovens turcos": Clay Felker, Ralph Ginzburg e Harold Hayes.

Os caminhos de Harold Hayes e Clay Felker haviam se cruzado pela primeira vez anos antes, durante seus períodos como ambiciosos e jovens editores de jornais universitários. Em 1950, Felker organizou um seminário sobre jornalismo no Washington Hotel, perto do campus da Duke, em Durham, Carolina do Norte. Entre os participantes estava Hayes, que deixou a Universidade de Wake Forest e viajou duas horas para se juntar ao grupo que Felker havia reunido e que incluía o editor do *Daily News* de Nova York. Mas, de acordo com Felker, ambos eram céticos um em relação ao outro e mal se falavam. Isso daria o tom do relacionamento profissional posterior dos dois na *Esquire*, em que Felker e Hayes brigaram pela supremacia enquanto moldavam a mais influente revista dos anos 1960.

Os dois tinham muito em comum. Filho de um pastor batista do Sul, Harold T. P. Hayers nasceu em Elkin, Carolina do Norte, e morou por um breve período em Beckley, Virgínia Ocidental, antes de sua família se mudar para Winston-Salem, Carolina do Norte, quando ele tinha 7 anos. Fã de jazz e de todos os grandes romancistas do século XX — Hemingway, Fitzgerald, James T. Farrell, John Steinbeck —, Hayes se imaginava como um romancista em treinamento, e escreveu contos durante os tempos de escola secundária e de estudante da Wake Forest.

Hayes era um estudante medíocre: "Durante quatro ou cinco anos, eu me debati entre vários cursos, sendo reprovado em alguns e passando em outros o suficiente para não acabar em desgraça total." Pouco antes de se formar, Hayes serviu por um breve período na marinha, ficando em

Newberry, Carolina do Sul, e tocando trombone numa banda de jazz. Matriculou-se numa aula de contos e descobriu, para seu deleite, que aquilo lhe renderia alguma aprovação acadêmica. Incentivado por seu professor, ingressou na revista literária da Wake Forest, *The Student*, tornando-se logo editor. Hayes encontrara seu ofício e prosperou na *Student*, tendo ideias para artigos, trabalhando junto aos melhores escritores do campus e tornando a *Student* uma das melhores revistas universitárias do Sul do país.

Hayes voltou para o serviço militar durante a Guerra da Coreia, servindo por dois anos como oficial da infantaria na reserva dos fuzileiros navais, em 1950 e 1951. Pouco antes de ser dispensado, viajou para Nova York em busca de oportunidades de trabalho em revistas. Conseguiu um encontro com Harris Shevelson, editor da *Pageant*, que lhe sugeriu apresentar uma crítica da revista. O memorando detalhado e astuto de Hayes impressionou Shevelson o suficiente para ele contratar o jovem sulista como editor-assistente da revista, uma espécie de publicação de interesses gerais benigna para aqueles que poderiam assinar também a *Reader's Digest* e a *Life*.

Anos depois, Hayes se lembraria de seu período na *Pageant* como um aprendizado crucial. Ele tinha um grande respeito pela maneira que Shevelson conseguia produzir uma revista de qualidade com recursos financeiros limitados. "Sua persistente recusa a aceitar uma abordagem comum do material convencional causava um desconforto considerável em sua equipe", escreveu Hayes, "mas acredito que isso conseguia melhorar o nível do desempenho individual". Hayes deixou a *Pageant* em outubro de 1954 e se juntou à equipe da *Tempo* como editor de *faits divers*. Em suas horas livres, desenvolveu um conceito para uma nova iniciativa que deveria se chamar *Picture Week*, uma revista semanal de notícias com fotos. Trabalhando com uma equipe mínima, Hayes recebeu sinal verde para lançar a revista, e foi aí que começou a desenvolver seu gosto por reportagens não convencionais, que atingiriam os preconceitos de seus leitores e criariam polêmica. Entre as reportagens que assinou estavam "Twelve Southern Governors Answer the Question: When Will You Allow Negroes in Your Schools?", "The Appeal of the Exposé Magazine" e "Perón Can Fall", todas elas obtidas por meio dos serviços de telegrama com distribuição nacional.

Mas a política editorial ousada de Hayes não se traduziu em números de circulação saudáveis, e ele e toda a sua equipe foram demitidos menos de um ano depois do lançamento da revista. Laura Bergquist, editora da *Pageant* que tinha uma boa relação com Arnold Gingrich, editor da *Esquire*, sugeriu que este entrevistasse Hayes como um possível editor. Armado de uma pasta com artigos que assinara na *Picture Week* e na *Pageant*, Hayes impressionou Gingrich, que o pôs em contato com Tom O'Connor, seu amigo desde os tempos da *Flair*. O'Connor contratou Hayes para fazer algumas reportagens policiais para dois pequenos boletins de notícias que ele tinha em Atlanta. Durante dois anos, Hayes fez o trabalho servil de repórter, mas manteve contato com Gingrich, para o caso de surgir uma oportunidade na *Esquire*. Quando os boletins de notícias foram fechados, Gingrich contratou Hayes como assistente de edição. "Desta vez", escreveu Gingrich em suas memórias *Nothing but People*, "eu o recebi com o jornal matinal, sabendo que um liberal do Sul que também havia sido oficial da reserva do corpo de fuzileiros navais era um pássaro extremamente raro". Hayes seria "uma bigorna para a qual eu teria que achar alguns martelos".

Esses martelos, como se viu, seriam Felker e Ginzburg. Velho amigo de Fred Birmingham, Ralph Ginzburg era um sujeito esforçado e conhecedor da vida urbana, que nascera no Brooklyn e tivera uma ascensão meteórica na indústria editorial. Formado na escola de administração de empresas do City College, editara o jornal da escola, *The Ticker*, e vendeu seu primeiro texto — um artigo sobre a barraca de cachorro-quente do Nathan, em Coney Island — quando ainda estava na faculdade. Aos 23 anos, Ginzburg foi contratado como diretor de promoção de circulação da *Look*, passando a supervisionar um orçamento de 2 milhões de dólares e uma equipe de dez pessoas. Em 1957, recebeu uma missão da *Esquire*, cujos escritórios ficavam apenas alguns andares abaixo da sede da *Look*. O artigo, que se chamava "An Unhurried View of Erotica", descrevia em detalhes visuais a literatura erótica encontrada nas salas de livros raros dos maiores museus do mundo. A *Esquire* nunca publicou o artigo, mas Fritz Bamberger ficou impressionado com Ginzburg e o contratou como editor de artigos.

Ginzburg achou, entretanto, que estava assumindo o cargo de Birmingham, de principal editor. Só percebeu que sofreria um grande corte de salário em relação ao que ganhava na *Look* depois de assinar o contrato. Não seria a primeira vez que o jovem editor se sentiria prejudicado pela *Esquire*. No mesmo dia em que ele foi contratado, Felker foi recrutado como editor de *faits devers*. Ginzburg seria editor de artigos da *Esquire*, e Hayes, assistente do *editor*.

Ginzburg ficou furioso. Não apenas havia sido enganado em relação ao cargo que ocuparia como agora teria que dividir suas tarefas com outro editor. Com o ambicioso Hayes jogado nessa mistura, a *Esquire* subitamente foi agitada por furiosas batalhas de influência. Todos os três editores bajulavam desesperadamente Gingrich, numa tentativa de obter prestígio, mas o veterano editor se mantinha fora disso. "O afastamento de Arnold do calor da atividade editorial do dia a dia foi acentuado pela distância física de seu escritório, que ficava a um bom caminho, no corredor, aninhado com segurança entre os escritórios do presidente e do chefe da equipe", escreveu Hayes numa autobiografia não publicada.

Hayes, Ginzburg e Felker desconfiavam um do outro e se esforçavam para não tomar nenhuma decisão imprudente; afinal de contas, um movimento em falso poderia comprometer uma carreira potencialmente promissora na *Esquire*. Para Hayes, Felker e Ginzburg eram jovens oportunistas, que se sentiam confortáveis dentro do uniforme exigido para a mobilidade corporativa ascendente. "Eles vestiam o mesmo tipo de roupa: camisa de botão, óculos com aro de tartaruga (para Felker, essa fase de óculos foi curta; ele os usou nas primeiras semanas e depois não usou mais) e terno da Brooks Brothers." Na opinião de Hayes, Ginzburg era cru e sem imaginação; sua principal habilidade era inventar chamadas de capa provocativas e depois adequar as manchetes às celebridades, que contavam com ghostwriters para "rascunhar" suas histórias.

Para Felker, por outro lado, a competição era formidável. Hayes o considerava um editor empreendedor, tão firme quanto um colarinho engomado, um provocador com um bocado de energia intelectual e um talento especial para colecionar pessoas importantes como se fossem canetas Mont Blanc. "Clay estava sempre muito entusiasmado com escritores e ideias", disse John Berendt, ex-editor da *Esquire*. "Ele conseguia farejar uma boa história antes de qualquer pessoa. Estava sempre fora, indo a festas, confabulando, tentando encontrar o escritor certo para a reportagem certa. Tinha seu dedo em cima do pulso das coisas, simplesmente um incrível sexto sentido para tendências."

Em suas memórias, *Nothing but People*, Gingrich se referiu a Felker como "nosso editor beberrão, não porque bebesse mais do que qualquer um de nós, mas porque tinha muita disposição para festas. Clay conseguia ir a mais festas em uma semana do que qualquer outra pessoa em um mês. Mas para as necessidades da revista naquele momento, não poderia investir seu tempo de maneira melhor."

Ginzburg não se impressionava nem um pouco com Felker. "Ele me roubava ideias", disse. "Discutíamos ideias antes de nos reunirmos com Gingrich. Depois, íamos para a reunião e eu apresentava minha ideia. Gingrich dizia: 'Por que você está me dizendo isso? Clay já me falou a respeito'. Aprendi a lidar com isso rapidamente. Eu fazia o jogo, mas aquilo era muito feio." Quanto a Hayes, "era um escrevente de Gingrich, não um editor. Mas era extremamente exigente e ambicioso. Deveria ter sido gerente de vendas da US Steel. Não tinha a menor capacidade para propor ideias."

Com Henry Wolf assumindo temporariamente a vaga de editor no escritório do chefe, os três subeditores disputaram intensamente o principal cargo. As reuniões editoriais — que aconteciam toda sexta-feira à tarde no escritório de Gingrich — tornaram-se confrontos com unhas e dentes, sem que houvesse nenhum consenso sobre as reportagens que estariam na revista. As reportagens precisavam ser ratificadas numa votação que reunia os três principais editores, o editor de ficção Rust Hills e o editor de texto Dave Solomon, mas, de acordo com Gingrich, aquilo acabava sendo "um teste de força, para ver quem conseguia gritar mais alto com todos os outros".

Gingrich, por sua vez, mantinha-se ao largo das tomadas de poder que aconteciam depois das reuniões. Frequentemente, as reuniões editoriais semanais eram exercícios inúteis. Muitas vezes, cabia ao editor de ficção Rust Hills decidir com seu voto as reportagens que seriam publicadas. Quando os subeditores decidiam — em nome da civilidade — fazer reuniões preliminares antes da reunião oficial, eles quase se esmurravam. O resultado final dessa briga furiosa por espaço na revista era uma grande pilha de manuscritos que haviam sido encomendados mas não eram publicados.

A batalha entre Hayes e Felker pelo controle editorial era um choque de temperamentos. Hayes era um sujeito meio tímido e reticente, que cultivava uma convivência cordial na redação. Frequentemente, convidava seus colegas editores e escritores para uns drinques em seu escritório nas tardes de sexta-feira. Felker era mais duro. Sua estratégia editorial era mais do tipo bater-e-correr. Embora nunca alguém tenha negado sua capacidade inigualável de eliminar ideias de reportagens de seu próprio calendário social, frequentemente ele passava a bola para os escritores. Felker era capaz de se entusiasmar bastante com uma reportagem para em seguida se dedicar à ideia seguinte antes de desenvolver apropriadamente a ideia inicial. "Concluir não era algo a que Felker dava muita ênfase", disse John Berendt. "Ele era curioso com coisas que não estavam necessariamente completamente formadas, o que não fazia dele um grande gerente. Seu escritório era uma bagunça completa. Ele nunca sabia onde estava alguma coisa. Mas ambos eram gênios, apenas de maneiras diferentes. Harold não era do tipo que ficava no pé de Felker, e vice-versa."

Felker perdia mais a paciência do que alguns membros da equipe. "Clay ficava fora de si, ele realmente gritava", disse Berendt. "Harold não gritava, apenas enviava memorandos severos. Se membros da equipe chegavam tarde ao trabalho, ele simplesmente os obrigava a apresentar dez ideias de reportagens. Hayes tinha uma espécie de fúria fria, enquanto Felker explodia."

Embora Felker não fosse um editor de textos muito rigoroso, ele tinha um talento especial para estruturar uma reportagem, para encontrar o lide de uma reportagem perdido no vigésimo parágrafo. "O que Clay fazia era um grande mistério para mim", disse a escritora Patrícia Bosworth, uma das muitas protegidas de Felker. "Ele era bastante conceitualista, e isso sempre funcionava muito bem."

Hayes era mais inclinado a pensar nos efeitos da revista, gerando um pacote de reportagens que lhe desse um tom coerente e um fluxo editorial suave. "O mantra de Harold era sempre tom, tom, tom, tom", disse Berendt. "Harold era muito mais metódico, mas não tão quixotesco quanto Felker", afirmou Brock Brower, ex-colaborador da revista. "Clay tinha uma ideia, pressionava para que ela fosse executada e passava para o assunto seguinte, enquanto Harold sempre acompanhava o desenvolvimento do trabalho. É claro que Gingrich adorava, porque isso estimulava bastante as opções da revista. Harold fazia sua lista, Clay a derrubava, e vice-versa. Eles odiavam um ao outro de todas as maneiras possíveis."

Entre os três editores, logo ficou claro que Hayes e Felker eram os mais famintos, os mais ambiciosos; assim, Ginzburg foi o primeiro a ir embora. Depois de sugerir que a *Esquire* revertesse para ele os direitos de sua reportagem erótica, em vez de receber um aumento de salário, Ginzburg ampliou a reportagem, transformando-a num ensaio de 20 mil palavras que publicou na forma de livro, com introdução do crítico de teatro George Jean Nathan. Desde o início, a *Esquire* se sentiu desconfortável com a iniciativa — não queria um de seus editores tão associado a um texto tão indecente. E quando Ginzburg foi ao programa de Mike Wallace, *Nightbeat*, para promover o livro, foi demitido por John Smart. "Fiquei deprimido", disse Ginzburg. "Achei que estava fazendo um bom trabalho na revista, mas o término me obrigou a me tornar meu próprio *publisher*." Ginzburg venderia 3 mil exemplares de *An Unhbarried View of Erotica*, mas pagaria um preço alto pelo sucesso, passando oito meses preso por violar leis federais contra a obscenidade.

Felker e Hayes continuaram engalfinhados num combate mortal, mas o choque de suas energias começou a render alguns dividendos de criatividade para a *Esquire* no início dos anos 1960. A revista se afastava dos inócuos perfis de celebridades e dos *faits devers* sobre vida esportiva para entrar num território arriscado. Como dois adversários políticos de partidos diferentes que concordam nos assuntos, mas precisam fabricar discordância para se diferenciarem, Felker e Hayes pensavam da mesma forma sobre a linha editorial da revista — ou seja, achavam que a *Esquire* deveria ir além das entrevistas transcritas com material explicativo, ou dos "ensaios ilustrados" que a revista gostava de publicar com títulos como "How to Tell a Rich Girl" e "Castles for Rent". Gingrich já estava tornando a revista uma espécie de reduto de pensamentos críticos sérios, contratando Dwight Macdonald para fazer críticas de filmes, Kingsley Amis para cobrir "filmes de arte" e Dorothy Parker para criticar o mais recente livro de ficção. Felker trouxe seu colega de faculdade Peter Maas para escrever *faits devers*, bem como o sociólogo Paul Goodman, cujo livro de 1960, *Growing Up Absurd*, havia mapeado a incipiente rebelião contra os valores estabelecidos que culminaria na contracultura dos anos 1960. A ficção de qualidade era uma constante, com contribuições de figuras notáveis como William Styron, John Cheever e Robert Penn Warren.

Mas Felker e Hayes queriam que o jornalismo da revista seguisse em outra direção. Na Duke, Felker havia revirado as prateleiras da biblioteca em busca de precedentes animadores para seguir no *Chronicle* e deparou com exemplares do *New York Herald Tribune* — o maior jornal editado pelo reformista social Horace Greeley — da época da Guerra Civil.

"Passei a tarde inteira lendo aquelas coisas; nem sequer percebi o tempo passar, porque era tão fascinante", disse Felker. "Era escrito com estrutura narrativa. E percebi que era muito mais interessante do que as reportagens de jornais que eu crescera lendo." As reportagens, com descrições vívidas da vida nas trincheiras, mudaram Felker irrevogavelmente. O jornalismo americano tinha que seguir naquela direção; os repórteres deveriam ser meticulosos e precisos ao descreverem acontecimentos, ter um talento de romancista para escrever e avivar suas reportagens com um impulso impetuoso.

Ironicamente, o primeiro grande jornalista da era Felker-Hayes a se adequar a essa descrição havia sido um recruta de Ginzburg. Thomas B. Morgan, filho da segunda geração de judeus poloneses, foi educado num lar iliterato em Springfield, Illinois. Embora sua mãe tenha se formado na Universidade de Purdue, "acho que ela não chegou a ler cinco livros em toda sua vida", disse ele. Seu pai, um comerciante de móveis, não chegou ao segundo ano. Inspirado por sua professora de inglês na escola secundária, que o incentivava a escrever ficção, Morgan se formou em inglês no Carleton College, em Northfield, Minnesota, antes de ir para Nova York, em 1953, em busca de um emprego de editor de revista que subsidiasse seus escritos de ficção.

Morgan escreveu 18 cartas para 18 editores, mas apenas um deles respondeu; Daniel Mich, editor da *Look*, principal concorrente da *Life* na categoria "livro ilustrado". Morgan foi contratado como editor-associado, passando a escrever reportagens para a revista paralelamente, e quatro anos depois foi promovido a jornalista da equipe.

Morgan se tornou um jovem e intrépido repórter da *Look*, viajando para lugares tão remotos quanto a Antártida para fazer reportagens. Ele apanhava avidamente qualquer ideia que Mich lhe passasse e aprendia com rapidez, o que fazia suas reportagens soarem respeitáveis, ainda que se adequassem ao texto prosaico da *Look*, que enfatizava mais os fatos do que o estilo. "O texto da *Look* era mais ou menos jornalismo comum", disse Morgan. "Mas para mim foi um aprendizado inacreditável. Ensinou-me a ser um repórter."

Morgan prosperou na *Look*, mas precisava ainda escrever o romance que achava que existia dentro de si. Demitiu-se da revista em 1957 para escrever dois romances, mas estes só viriam a ser publicados anos depois, quando havia se estabelecido como escritor freelance. Sem dinheiro e à procura de trabalho em revistas, ele bateu à porta da *Esquire*, que o contratou para escrever textos explicativos e reportagens complementares.

Morgan encontrou sua verdadeira ambição de se tornar um escritor de perfis durante seu período na *Esquire*. Estabelecendo uma relação de colaboração íntima com Felker, ficou livre para penetrar no universo de personalidades públicas e escrevia sobre o que lhe interessava no momento. "Clay era um grande editor", disse Morgan. "Se você tinha uma boa ideia e o procurava, não precisava fazer uma grande dissertação sobre ela, diferentemente de Harold, que o obrigava a enviar um maldito ensaio antes de aprovar a ideia. Clay dizia apenas, 'Está bem, faça'. E você seguia seu caminho." A ideia de perfis inteligentes de celebridades atraía Felker, ainda que apenas porque ele sabia que os leitores da *Esquire* queriam conhecer a vida privada de figuras públicas. Mas nada de elogios exagerados; ele queria que Morgan fosse fundo e analisasse aquelas figuras complexas. "Clay era bastante comercial, mas queria textos de qualidade independentemente do assunto", disse Morgan.

Muito influenciado por Lillian Ross e seu perfil de Hemingway, Morgan estruturava seus textos como contos, com cenas individuais e amplos trechos de diálogo que às vezes se estendiam por vários parágrafos. Seus perfis de Nelson Rockefeller, Roy Cohn, Gary Cooper, Alf Landon e Teddy Kennedy o tornaram o favorito de Felker e um dos mestres da *Esquire* em perfis de personalidades.

O perfil de Sammy Davis Jr. que Morgan fez em 1959, "What Makes Sammy Jr. Run?", foi ideia de Felker, sugerida depois de o editor ver o cantor no *Ed Sullivan Show*. "What Makes Sammy Jr. Run?" foi o retrato de um homem sendo puxado por dois impulsos — o desejo de artista negro de vencer no mundo dos brancos, embora mantendo algum vestígio de dignidade. Em Davis, Morgan viu um homem que trabalhava incansavelmente para ser assimilado num mundo que se apegava firmemente aos estereótipos de Pai Tomás.

> No início de seu ato, Davis aparece de cartola cinza, terno preto, camisa preta, gravata branca, uma capa de chuva jogada sobre o ombro, um cigarro numa das mãos e um copo com um líquido da cor de uísque na outra. Ele sopra a fumaça no microfone, toma um gole da bebida e diz: "Meu nome é Frank Sinatra, eu canto canções, e temos algumas que gostaríamos de mostrar em... é..." A plateia aplaude intensamente e certamente alguém vai gritar: "Meu Deus, ele até se parece com Sinatra", ou palavras com um efeito semelhante. Um negro de nariz quebrado não se parece muito com Sinatra, embora este não seja nenhuma obra de arte. Mas a ilusão da voz, do aspecto e dos movimentos de Davis ... produz uma espécie de alucinação sinatriana.

Morgan, que nunca abriu um bloco de anotações na presença de Davis, grudou nele durante sete dias sem interrupções: logo depois da apresentação na boate, quando um Davis eufórico, mas exausto, encenava cordialidade ao ter que cumprimentar umas trinta pessoas ávidas por felicitá-lo e conversar com ele enquanto combinava com seu agente o próximo projeto para o cinema; às quatro da manhã, fechando a boate e interagindo informalmente com a banda da casa; no Sands Hotel, em Las Vegas, combinando a farra para depois do show ("Ei, baby, chame Keely [Smith] e Louis [Prima] e diga a eles que vamos lá depois do show de hoje à noite. E garotas. Precisamos de garotas").

Morgan tinha um talento especial para guardar na cabeça trechos enormes de diálogos e detalhes, que transcrevia freneticamente ao fim de cada sessão, recriando diálogos como este sem o benefício de um gravador:

Bem, Dave querido, vamos sair daqui com certeza em vinte minutos, talvez 15, em seguida pegaremos um táxi, que vai me levar rapidinho ao Danny's Hide-a-Way para um jantarzinho. Depois, outro táxi até o Hotel Fourteen, ou seja, um-quarto. Depois disso, casa, com certeza um descanso de olhos fechados, e Morfeu jogando coisinhas neles durante mais ou menos quarenta pestanejadas, até eu acordar novamente, por mim mesmo, renovado — pronto para continuar. Quero dizer, baby, está claro?

Como as ferramentas necessárias do repórter não estavam à vista, Davis compartilhou confidências com Morgan, confessando inseguranças às quais nenhum outro repórter jamais tivera acesso.

Demora um tempo terrivelmente longo para aprender a fazer sucesso nesse negócio. As pessoas o bajulam sem cessar. Você fica ligado o tempo todo. E se você é um negro, você se vê usando sua fama para acontecer socialmente. Vamos ser sinceros. Os maiores acordos com os grandes magnatas são feitos socialmente, perto da piscina, esse tipo de coisa. Se você não está lá, bem, você não está *lá*.

A *Esquire* nunca havia publicado um perfil num formato tão criativo ou tão revelador quanto "What Makes Sammy Jr. Run?". Romancista frustrado, Morgan quis chegar o mais perto possível da riqueza da ficção através de sua não ficção, e ao fazer isso ele elevou sua reportagem à categoria de literatura.

"Na época, ninguém sequer havia escrito artigos sérios sobre humoristas", disse Morgan. "Ganhei de Sammy confiança suficiente para ele abrir comigo sua vida como nunca antes fizera com nenhum repórter. Ele passou um fim de semana pescando comigo e com minha mulher em nossa casa de verão, em Long Island, e ganhei sua confiança assim. Tive a sensação de que ele nunca antes tivera um amigo jornalista."

Morgan levou seu talento de observador cuidadoso para a *Look* no inverno de 1960, quando a revista o contratou para escrever um perfil de Brigitte Bardot, a atriz parisiense que o filme *...E Deus criou a mulher* transformara em símbolo sexual internacional quatro anos antes. Ao chegar com quase cinco horas de atraso a um compromisso marcado para o meio-dia, em Paris, acompanhada do marido, Jacques Charrier, Bardot iniciou a conversa perguntando a Morgan: "Por que você está aqui?".

— Para ver você.

— Não quero dar mais nenhuma entrevista. Não posso falar com você. Sinto muito.

— Mas eu vim de Nova York para vê-la.

— Sinto muito.

Charrier disse a Morgan que esperasse no apartamento deles, na esperança de que Bardot pudesse mudar de ideia. Morgan fez uma vigília de três dias, conseguindo apenas uma fugaz visão de Bardot quando ela caminhou de um cômodo para outro. Ele seguiu o casal até St. Tropez, praticamente espreitando-o, na tentativa de encurralá-lo para uma conversa formal com a estrela. Foram necessários dez dias até que Bardot cedesse, não sem antes Morgan inventar uma história triste sobre a enorme conta de hotel que ele fizera à custa da *Look* e o fato de que ele poderia não ser reembolsado e ainda perder o emprego se voltasse para Nova York de mãos vazias.

Quando Bardot assentiu, a entrevista parecia uma ideia secundária. Morgan estava mais intrigado com os esquemas da atriz para se esconder e se esquivar, com a maneira como ela fazia um jogo de ser inalcançável. "Tive dificuldades para escrever sobre Brigitte", escreveu Morgan na introdução de uma antologia de seu trabalho, de 1965. "Totalmente perdida em si mesma, ela levou a lógica da impessoalidade à sua conclusão final — absurdo."

Então, Morgan transformou seu questionamento sobre Bardot no assunto da reportagem, fazendo de si próprio um personagem e deixando a entrevista formal totalmente de fora.

> Brigitte dava voltas e voltas em torno do carro. Caminhava ligeira, com um movimento fluido dos quadris completamente inconsciente. Ela passava, soltando negativas em francês, e fazia círculos cada vez maiores, que acabaram distanciando-a mais de dez metros do carro. Comecei a acompanhar o ritmo de sua marcha e parava de falar quando sua audição estava fora de alcance. ... Na oitava circunavegação do automóvel, ela parou — tão subitamente quanto havia começado —, sorriu e disse: "Entre no carro. Vamos para minha casa."

Morgan ganhou uma reputação de trazer à tona habilmente percepções sobre entrevistados recalcitrantes. Quando Felker encomendou a ele um perfil de John Wayne para a *Esquire*, Morgan teve que fincar os pés num set de filmagem durante uma semana até Wayne concordar em falar com ele. Acabou fazendo um retrato ferino de um reacionário de direita, desconfiado dos Kennedy e dos subversivos antiamericanos de Hollywood. Para um perfil de David Susskind chamado "Television's Newest Spectacular", Morgan observou uma semana na vida do produtor de televisão enquanto habilmente abria caminho no mundo da televisão, do teatro e do cinema. Estruturou o artigo como um roteiro, com a ação antecedida por uma palavra em caixa alta indicando a hora, como num script:

> HORA: *De tarde*: Susskind, em seu escritório, dizia simplesmente: "Veja, quando você está lidando com patrocinadores e uma agência de propaganda, você tem que chegar e pá! Eles são como mulheres. Ficam andando de um lado para o outro. Depois de você explicar que tem batom no colarinho porque sua mãe o beijou, eles o acusam de se atrasar para o jantar. Então você tem que lidar com eles. Eu odeio, mas é preciso."

Morgan traçou o retrato de um homem que não hesitava em moldar seu produto para atender às exigências conservadoras dos patrocinadores corporativos, mas que também se imaginava como um patrono da cultura de alto nível, recriando peças da Broadway na televisão com atores de nível B. Susskind ficou furioso com a reportagem, publicada na edição da *Esquire* de agosto de 1960. De algum modo, o empresário obtivera uma prova de impressão da revista e chamou Morgan à sua casa, para lhe dizer que ele precisava de um psiquiatra e para negar veementemente que usara a palavra *alcaguete* numa citação que Morgan atribuíra a ele. Depois de trinta minutos de um discurso incessante, Susskind finalmente perguntou a Morgan: "Por que você fez isso comigo? Você não vê o que isso significa? Você permitiu que os alcaguetes me pegassem!".

"Acho que Susskind pensou que eu havia caído de amores por ele", disse Morgan. "Só achei que ele não sabia quem era. A única coisa que David sempre quis, mais do que qualquer outra coisa, era que alguém dissesse que ele era importante. Eu não o elogiei, e ele queria ser elogiado."

Morgan era o projeto de reparação de Felker. Um romancista frustrado que se tornara o melhor escritor de perfis da *Esquire*. Mas agora o editor transformaria o proeminente romancista de sua geração num jornalista de revista. O primeiro encontro de Felker com Norman Mailer aconteceu na Five Spot, na Fifty-second Street, durante uma apresentação do pianista Thelonius Monk. "Mailer estava com sua mulher, Adele. Haviam bebido, estavam brigando", disse Felker, que era conhecido do dono da casa de shows, o que lhe dera a chance de se sentar com Mailer. "Nunca tinha visto uma briga como aquela. Eles estavam se batendo." Parecia um momento estranho para abordar Mailer sobre a possibilidade de ele escrever para a *Esquire*, mas Felker deu um tiro certeiro. Depois de Adele sair tempestuosamente da casa, deixando para trás os dois homens, Felker quis saber de Mailer: "Você já escreveu sobre política?" A convenção democrata de 1960, em Los Angeles, estava se aproximando, e Felker quis saber de Mailer se ele gostaria de cobri-la para a *Esquire*.

De fato, Mailer havia escrito sobre política durante um breve período no *Village Voice*, o jornal semanal do centro de Nova York que ele ajudara a fundar, em 1958; e intermitentemente, ao longo de sua carreira. Ele debutou na ficção em 1948, com a publicação do romance da Segunda Guerra Mundial *Os nus e os mortos*, baseado em suas próprias experiências em tempo de guerra, nas Filipinas, e o livro o alçou ao topo da lista de bestsellers do *New York Times* aos 25 anos.

O livro fez de Mailer imediatamente um grande romancista americano, mas sua energia era diversa demais para que ficasse apenas na ficção, e ele começava a ganhar sua fama de polemista não ortodoxo. Em seu ensaio de 1957 "The White Negro", Mailer introduziu o conceito de herói moderno existencialista, vivendo fora das restrições comuns da sociedade para evitar a aniquilação pela conformidade social, seguindo os códigos do Negro (que havia sido criado numa cultura de opressão e perigos), adaptando-se ao seu jazz, à sua maconha e até ao seu impulso de violência na ponta de uma faca. O herói moderno havia, portanto, "absorvido as sinapses existencialistas do negro e, por todos os objetivos práticos, poderia ser considerado um negro branco". Publicado na *Dissent*, revista trimestral de Irving Howe, o ensaio foi muito mais discutido do que realmente lido, mas transformou Mailer num símbolo de controvérsia e num intelectual público.

Em novembro de 1959, Harold Hayes havia comprado os direitos de publicar em série um capítulo do livro de Mailer *Advertisements for myself*. "The Mind of an Outlaw" era uma longa análise sobre as origens turbulentas de seu romance de Hollywood *Parque dos cervos* e de sua luta para escrevê-lo e publicá-lo. Felker não gostou muito da história, considerando-a prolixa e autoindulgente, e se opôs à sugestão de Hayes de que a revista a publicasse como matéria de capa. Mas, apesar de suas parcas vendas, *Advertisements for myself* se tornou uma pedra de toque de Mailer como figura pública. O livro era uma autoexplicativa antologia de trechos de romances, ensaios, poesia e observações pessoais, uma espécie de "maiores sucessos" de uma carreira ainda nova. Foi o texto intersticial, que Mailer usou para introduzir os artigos, num tom presunçoso, de autovalorização, que chamou mais atenção. Lá estava Mailer posando de pensador supremo de sua geração, de rei da filosofia cujo talento hercúleo e atitude perspicaz mudariam o mundo, elevariam o nível do debate nacional e, mais importante, curariam os Estados Unidos do mal que os atingia. "A amarga verdade é que estou preso a uma percepção que não se conforma com nada menor do que uma revolução na consciência de nosso tempo", escreveu Mailer no início do livro.

"Eu realmente acho que o livro divisor de águas foi *Advertisements for myself*", diria Mailer mais tarde. "Acho que foi, por estranho que pareça, o primeiro livro escrito no que se tornou meu estilo. Até fazer esse livro, nunca achei que tivesse um estilo. Quando desenvolvi esse estilo, muitas outras formas se abriram, para o bem ou para o mal."

Com certeza, supôs Felker, este é um escritor que pode trazer algo intrigante para influenciar a cena política nacional. E naquele momento em que a paisagem política estava mudando, com um jovem e dinâmico senador de Massachusetts trazendo o glamour de Hollywood para o Partido Democrata, certamente a abordagem de Mailer seria provocativa, talvez até digna de interesse jornalístico.

Mailer gostou da oportunidade de expandir sua diversidade literária nas águas relativamente insípidas da não ficção, e Felker lhe deu carta branca, permitindo que escrevesse o que quisesse, da maneira que quisesse. A *Esquire* lhe pagaria 3.500 dólares pelo artigo. Felker acompanharia Mailer a Los Angeles para apresentá-lo às pessoas certas.

Como se viu, Mailer não precisava da ajuda de Felker. Sua notoriedade o precedia e seus contatos em Hollywood — especialmente Shelley Winters, que conhecera no início dos anos 1950, quando adaptava *Os nus e os mortos* para o teatro — levou-o aos melhores coquetéis. Na maior parte, era política, como sempre. Mailer sempre fora cauteloso com Washington — aqueles congressistas enjoados, sem imaginação, decidindo a agenda nacional para o resto de nós —, mas em Kennedy ele viu uma fagulha de alguma coisa nova. Não exatamente um insurgente diplomático, mas talvez alguém que pudesse recuperar um pouco a vibração do país. Certa noite, espreitando da varanda de seu quarto de hotel em Biltmore, Mailer viu Kennedy chegando num comboio.

> Ele tinha um bronzeado intenso, laranja-marrom, de instrutor de esqui, e quando sorriu para a multidão, seus dentes eram incrivelmente brancos e claramente visíveis a uma distância de mais de 40 metros. Por um momento, ele saudou a Pershing Square, e a Pershing Square o saudou em resposta, o príncipe e os mendigos que pediam glamour mirando-se mutuamente entre um lado e outro de uma rua da cidade, e então, com um movimento rápido, ele saiu do carro e, deliberadamente, dirigiu-se para a multidão.

Mailer viu imediatamente o que a eleição de Kennedy poderia significar para o país — um passo para um grande renascimento do espírito americano. "Os oito anos de Eisenhower", escreveu ele, "foram o triunfo da corporação. O resultado foi uma santidade sem gosto, sem sexo e sem cheiro na arquitetura, nos costumes, na moda, nos estilos". Kennedy poderia liberar "o rio subterrâneo de desejos latentes, ferozes, solitários e românticos" que permanecera dormente durante os dois mandatos de Eisenhower, reacendendo o potencial humano que estivera escondido durante tanto tempo. Em seu artigo, que chamou de ("Superman comes to the Supermarket"), Mailer associou a dominação de Kennedy à grande crença americana na aventura desenfreada, na virtude e na autorrealização; a eleição de Kennedy poderia dar início a uma séria missão para uma nova fronteira, levando os EUA de volta a seus primeiros princípios.

Talvez aquela fosse uma dialética simplista demais para ser aceita sem maiores análises; até Mailer tinha consciência disso. Mas ele foi esperto o suficiente para temperar seu entusiasmo com uma ou duas boas doses de ceticismo; não queria que o artigo fosse interpretado como um apoio entusiasmado à campanha de Kennedy. Afinal de contas, John F. Kennedy era produto de uma máquina política estável e eficiente cujo patriarca, Joe Kennedy, tinha um passado criminoso. Estávamos testemunhando "a bravura de uma sensibilidade superior" ou ao "distanciamento de um homem que não era bem real para ele mesmo"? Nem Mailer sabia dizer com certeza.

A nova combinação do distanciamento de repórter com uma visão de romancista — sua capacidade de trazer o personagem à luz e examiná-lo sob todos os ângulos — é que faz de "Superman comes to the Supermarket" o artigo de revista mais perspicaz da era Kennedy. A absoluta expansão intelectual do artigo, aliada à tendência de Mailer a captar a atmosfera do ambiente com habilidade, confere-lhe o peso de uma grande ficção psicológica. Suas descrições do salão de convenções ("Se alguém ainda sentir o leve eco de um carnaval, isso é regurgitado pelos sentidos para a ruminação nojenta de um gás da morte do qual é preciso se livrar"), de Los Angeles ("um reino de estuque, o playground dos homens do povo — a sensação é de que foi construído por aparelhos de TV dando ordens a homens"), de Lyndon Johnson ("Quando ele sorria, os cantos de sua boca comprimiam a tristeza; quando era piedoso, seus olhos irradiavam ironia") e de outros aspectos da convenção são fora de série, mas sua análise de Kennedy e das forças sociais que conspiraram para torná-lo um candidato viável — a ligação entre Kennedy e os eternos mitos americanos — foi algo totalmente novo. Certamente, nenhum outro repórter reconheceu tão cedo o potencial de um renascimento cultural com Kennedy na Casa Branca e ao mesmo tempo reconheceu abertamente os potenciais perigos de um país se submeter tão prontamente a um sedutor culto à personalidade. O valor do artigo está na capacidade de Mailer de apresentar essas duas ideias opostas em contraponto.

"Superman comes to the Supermarket" foi um novo híbrido — análise, perfil de personalidade e polêmica. Inegavelmente era jornalismo, mas um editor de jornal teria dificuldade para classificá-lo. Anos depois, quando o termo "Novo Jornalismo" se tornou lugar-comum, Mailer admitiu que "Superman comes to the Supermarket" se encaixava bem na categoria de reportagem criativa. Na sua opinião, sua contribuição para esse formato foi "um jornalismo extremamente personalizado, em que o personagem do narrador era um dos elementos do modo como o leitor vivia a experiência. Eu achava que tinha uma vaga intuição de que o que estava errado em todo o jornalismo era que o repórter tendia a ser objetivo e que esta era uma das maiores mentiras de todos os tempos".

Felker adorou o artigo. Hayes e Gingrich mantiveram sérias reservas. Gingrich — que para início de conversa nunca foi fã de Mailer — pensou em jogar fora a reportagem, que considerou anotações dispersas de um escritor que de outro modo seria talentoso. A revista havia reservado 16 páginas para a história, e a edição tinha que ser enviada para a impressora no fim de agosto para chegar às bancas em 15 de outubro. Felker, Hayes e Gingrich se debateram durante dias, até chegar ao fim da linha. "Tínhamos três horas para enviar a revista para a impressão", disse Felker. "Gingrich continuava insistindo em que aquele era o maior lixo que já havia lido e eu insistia em que não." Felker acabou prevalecendo e a reportagem foi publicada, ainda que com uma pequena mudança, cortesia de Gingrich, que mudou o título para "Superman comes to the Supermart" sem o consentimento de Mailer.

A mudança de duas letras — de "Supermarket" para "Supermart" — quase destruiu para sempre o relacionamento profissional com Mailer. O escritor ficou furioso quando viu o título e enviou uma carta ao editor, publicada na edição de janeiro de 1961. Felker tentou tranquilizá-lo, mas isso não ajudou. "Por algum motivo, Mailer achou que nós odiamos a reportagem", relembrou Felker. "Ele simplesmente ficou enlouquecido." Mailer deixou de escrever para a revista por quase dois anos.

Independentemente da mudança no título, "O Super-Homem Vai ao Supermercado" teve um efeito sísmico sobre o jornalismo americano. Pete Hamill, na época um jovem repórter do *New York Post*, pôde perceber uma grande transformação em seus colegas no jornal. "Eu realmente pude sentir o impacto daquele artigo na sessão de reportagem local do *Post*", disse ele. "Todos os sujeitos novos diziam, 'Que diabo é isso?'. Ele simplesmente pegou o formato e o explodiu, e mostrou aos escritores que havia outras possibilidades." Mailer sabia que a reportagem era boa, e que talvez até marcasse época. Ele se dedicaria mais ao jornalismo do que à ficção durante as quatro décadas seguintes.

Felker conseguira dar um grande golpe, apesar dos protestos de Gingrich e Hayes, o que deveria ter consolidado sua posição na revista. Porém, em vez disso, seu poder foi metodicamente destruído por Harold Hayes, que procurava agradar a Gingrich. No verão de 1961, a linha entre os campos de batalha estava nítida. Hayes conquistava espaço na revista recebendo ofertas de publicações adversárias, o que levou Gingrich a agir. Ele o nomeou editor-geral em julho. Felker concordou em continuar sendo editor sênior, mas começou a procurar outros empregos.

"Aquilo me lembrava meus dias em Columbia, onde ou você era um homem de Mark Van Doren ou de Lionel Trilling", disse Dan Wakefield, ex-colaborador da *Esquire*. "Como eu era um sujeito de Greenwich Village, considerava Felker um dândi da área elegante da cidade. Eu não participava daquela vida social e não o admirava. Harold se tornou meu herói. Era um desses raros editores que não tinha inveja de escritor. Na época, muitos editores queriam ter artigos publicados, então havia bastante tensão e limites para eles. Harold não tinha nada disso."

Agora que tinha um cargo apropriado, Hayes começou a mexer na revista com pulso firme. Para Gingrich, Hayes era como um diretor de cinema: um editor que conseguia organizar magistralmente todos os elementos gráficos e editoriais de uma edição num todo agradável e unificado que refletia seus próprios gostos e sensibilidades. Mas Felker sabia que grande parte do que tornava a *Esquire* excitante podia ser atribuído diretamente a ele próprio — não apenas o artigo de Mailer, mas a contratação de David Levine, um artista que ele havia descoberto numa pequena galeria de arte no centro da cidade. Os desenhos originais que Levine fazia de figuras literárias e do mundo do entretenimento para a *Esquire* marcaram o início de sua carreira longa e célebre. Felker também editava Tom Morgan e trouxe Peter Maas, que anos depois ganhou fama literária como autor de *O caso Valachi*, o relato de um mafioso. Mas "Harold era muito ambicioso e estava me destruindo com Gingrich", disse Felker. "Ele era um editor muito bom, mas implacável."

Hayes escreveu um memorando confidencial para Gingrich, explicando seu plano de mestre para implementar "um controle mais ativo de todo o nosso material". De acordo com o memorando, a separação entre os campos editoriais da *Esquire* estava criando "uma distribuição desigual de trabalho dentro da redação". Hayes descreveu um novo sistema de cima para baixo, em que ele supervisionaria todos os aspectos da revista. "É muito difícil, e até injusto da minha parte, assumir responsabilidade e controle sobre os *features* de Clay, uma vez que ele está implicitamente autorizado por você a fazê-los como quiser. Entretanto, quero fazer isso — na verdade, quero provocar uma crise de vários megatons se esse for o melhor caminho para lidar com o problema." Todas as ideias de reportagem passariam primeiramente pela mesa de Hayes, e o orçamento geral também seria determinado por ele. Gingrich interagiria apenas com Hayes, que se tornaria o único emissário do departamento editorial. A ideia, escreveu Hayes, é "manter uma autonomia máxima com o mínimo de anarquia".

Gingrich aprovou o memorando, e Felker foi posto de lado. Em junho de 1962, Felker foi o aparente agressor numa acalorada discussão aos gritos com o comediante Mort Sahl, logo depois de uma apresentação de Sahl na boate Basin Street. Sahl não gostara de uma reportagem na revista que se referia a ele como "uma luz que queimou", e perguntou a Felker se alguém na *Esquire* tinha algum rancor pessoal por ele. A resposta de Felker foi tipicamente curta: "Não gosto de você, Mort." "Felker estava bastante bêbado na hora", recorda Sahl. "Não gostei do tom dele." Em seguida, de acordo com documentos judiciais guardados por Sahl, Felker ameaçou enterrar o cômico na revista. Felker alegou que o incidente ocorrera no vestiário de Sahl; o editor tentara convencer Sahl a reconsiderar uma entrevista com um escritor que o cômico inicialmente rejeitara. Quando os advogados de Sahl começaram a enviar cartas para a revista indicando que haveria um processo, Gingrich — que se mantinha a uma educada distância das brigas de seus editores — não pôde permitir que as explosões de mau humor de Felker continuassem se isso passasse a envolver advogados. Obrigado a interferir, ele pôs Felker para fora.

O substituto de Felker, um editor da Time-Life Books chamado Byron Dobell, tinha uma aparência séria de professor universitário e uma inteligência vivaz que se traduziu em ideias não ortodoxas para reportagens. "Mudei-me diretamente para o escritório de Clay, o que de início não foi fácil", disse Dobell. "Apesar do que acontecera com Gingrich, a equipe gostava dele. Tive que conquistar todo mundo para fazer um bom trabalho."

Mesmo sendo recém-chegado, Dobell não estava disposto a aceitar as loucuras digressivas dos principais escritores; mesmo que isso significasse alterar todo o texto. Ele favorecia as reportagens em detrimento das análises e gostava do trabalho de colaboradores confiáveis, como o correspondente político Richard Rovere e Tom Morgan, cujo artigo sobre Susskind lhe "arrancou os cabelos". Quanto a Mailer, Dobell o considerava brilhante, mas prolixo. "Ele tomava suas percepções metafísicas como verdades de Deus."

Agora que estava no comando com segurança, Heyes tinha alguns novos escritores aos quais queria dar uma chance. Um deles, Gay Talese, era um repórter do *New York Times* ansioso para bater asas, projetar-se além das limitadas duas ou três colunas de seu trabalho em assuntos gerais e expandir realmente uma reportagem tanto quanto valesse a pena.

Filho de imigrantes do Sul da Itália, Gaetano "Gay" Talese nasceu em 7 de fevereiro de 1932, em Ocean City, Nova Jersey, perto de Atlantic City. Nos anos 1930, Ocean City era uma cidade poliglota, onde irlandeses coexistiam com italianos, e cristãos com metodistas. Mas havia pouco terreno cultural em comum, e, portanto, formaram-se pequenos arquipélagos étnicos. Talese foi educado como católico italiano, mas frequentou uma escola católica irlandesa. Seu pai, Joseph, era alfaiate e dono de um negócio de lavagem a seco que se vestia com elegância até mesmo para o café da manhã, levando assim "a moda extravagante do *boulevardier* continental para os homens continentais correspondentes da costa sul de Jersey". Sua mãe, Catherine, uma matriarca elegante e exigente, mas emocionalmente distante, mantinha uma loja de roupas embaixo do apartamento dos Talese.

Ainda novo, Talese foi apresentado aos códigos da costura de classe e às maneiras como um guarda-roupa pode indicar sofisticação; já na escola secundária, usava terno e gravata. Assim, era classificado como esnobe, o que reforçava seu sentimento de isolamento cultural. "Eu tinha a pele morena numa cidade de sardas", escreveu Talese em seu livro de 1992, *Unto the sons*, "e me sentia deslocado até mesmo de meus pais, principalmente meu pai, que de fato era estrangeiro — um homem incomum na maneira como se vestia e se comportava, com o qual eu não tinha nenhuma semelhança física e com o qual nunca pude me identificar."

"Meu pai era um homem miserável durante a Segunda Guerra Mundial", disse Talese numa entrevista. "Seus irmãos estavam no exército neofascista na Itália, mas meu pai tinha um forte sentimento de patriotismo. Participou de uma comissão de cidadãos patrulheiros que procuravam navios inimigos na costa de Jersey durante a noite." Talese permaneceu distante de seu pai inconstante durante a infância. "Meu pai era um sujeito insuportável o dia inteiro, mas ia para restaurantes com os amigos e ficava bastante feliz."

Joseph conseguiu que seu filho — um estudante indiferente na melhor das hipóteses — fizesse todo o curso na escola religiosa deixando de cobrar pela lavagem a seco das batinas dos padres; em troca, Gay passava de ano com um empurrão administrativo.

O esporte salvou sua infância miserável. Talese jogava beisebol no time do ensino médio e acompanhava assiduamente o desempenho dos Yankees, dos Dodgers e dos Giants nos tabloides da cidade. Foi assim que ficou viciado em jornais. Aos 15 anos, começou a cobrir seu time de beisebol para o jornal local, o *Ocean City Sentinel Ledger*. Depois de apenas sete artigos, suas tarefas foram ampliadas e ele recebeu uma coluna para cobrir assuntos gerais de ensino médio para o jornal. A coluna "High School Highlights" abordava diversos temas, tornando-se uma espécie de comentário corrente sobre a vida acadêmica no enclave de Nova Jersey.

Talese tinha liberdade para escrever o que quisesse, e descobriu que conseguia lidar rapidamente com prazos apertados. De 1947 a 1949, escreveu mais de trezentas colunas.

Ele mal conseguiu terminar a escola secundária em condições de seguir a vida acadêmica, a ponto de o diretor de seu colégio desaconselhar uma faculdade. Talese foi rejeitado por todas as universidades locais. Toda a sua esperança de fazer um curso superior parecia perdida quando o médico da família mexeu seus botões e conseguiu pôr o jovem Talese no que se tornaria sua *alma mater*, a Universidade do Alabama. Mas agora Talese conseguia ver claramente seu caminho; não havia dúvida de que sua profissão seria o jornalismo.

Para Talese, o jornalismo era uma válvula de escape — não apenas das circunstâncias difíceis de sua infância, mas também de sua própria personalidade, que tendia à reserva. "Naquela época, eu não sabia quem eu era", disse ele. "Não tinha nenhum senso de mim mesmo." Agora, como católico italiano do Nordeste numa escola sulista, Talese novamente se via atingido por diferenças étnicas e culturais, mas escrever seria sua redenção. Se prestasse bastante atenção aos outros, conseguiria ganhar a confiança deles e fortalecer sua autoestima. Tudo era uma questão de ser empático, de ouvir atentamente. Esta era uma característica que herdara de sua mãe, que tinha sempre o cuidado de nunca interromper nenhum de seus clientes. "Aprendi [com minha mãe] ... a ouvir com paciência e cuidado, e nunca interromper, mesmo quando as pessoas estão tendo muita dificuldade para explicar, porque durante esses momentos de hesitação e imprecisão ... as pessoas revelam muito", escreveu Talese em 1996. "O que elas hesitam em falar pode dizer muito sobre elas. Suas pausas, suas evasões, suas mudanças repentinas de assunto são como indicadores do que as constrange, ou as irrita, ou do que consideram muito particular ou imprudente para ser discutido com outro alguém num determinado momento."

Na Universidade do Alabama, Talese evoluiu. Seu gosto literário amadureceu e ele começou a ler constantemente ficção americana, particularmente John O'Hara, Carson McCullers e Irwin Shaw. Admirava McCullers por suas empáticas descrições da classe inferior sulista e pela maneira como tratava personagens marginais com dignidade e um mínimo de sentimento.

Com O'Hara e Shaw, Talese aprendeu a descrever o modo de vida dos moradores urbanos numa prosa clara e elegante. Começava a estruturar suas histórias em torno de cenas individuais ou peças do cenário, e usava mais diálogos para dar vida às histórias. Em seu primeiro ano, Talese foi nomeado editor de esportes do jornal estudantil *Crimson White*, da Universidade do Alabama, e criou uma coluna de esportes para ele próprio chamada "Gay-zing", um fórum que lhe permitiu desenvolver mais sua habilidade literária de contar histórias.

Quando Talese se formou na Universidade do Alabama, em 1953, seu estilo literário de reportagem estava totalmente formado. Um colega de faculdade seu, que era primo do editor-geral do *New York Times*, Turner Catledge, sugeriu que ele entrasse em contato com Catledge para perguntar se havia trabalho. Talese foi correndo à sede do *Times*, na West Forty-third Street, e perguntou à recepcionista se poderia falar com Turner Catledge. Inacreditavelmente, Catledge convidou Talese para ir ao seu escritório, e duas semanas depois lhe ofereceu um emprego de mensageiro.

As primeiras reportagens não assinadas de Talese no *Times* foram textos não solicitados, escritos durante suas horas livres e depois encaminhados a editores do jornal. Algumas delas — como uma reportagem sobre o homem que operava o painel de anúncios do prédio da Times Square — foram publicadas, e logo Talese receberia missões de escrever reportagens inofensivas de interesse geral. Seus primeiros textos assinados — uma reportagem sobre os carrinhos com pedal do calçadão de Atlantic City e *faits divers* na revista dominical sobre a atriz Carol Channing, a nova moda de boliche e as canções populares que falavam de beisebol — foram escritos no estilo do *Times* na época — direto e de estrutura firme.

A carreira de Talese no *Times* foi interrompida por um breve período na Unidade de Tanques do Exército, no Forte Knox, em Kentucky, onde ele escrevia uma coluna chamada "Fort Knox Confidential" no jornal da base. Só quando voltou para o *Times*, em 1956, e foi designado para a editoria de esportes, foi que seu estilo de texto lúcido floresceu. Talese foi atraído especialmente pelo boxe, porque este era uma metáfora de praticamente tudo — redenção pessoal, raça, celebridade e principalmente a difícil arte de perder. Para Talese, os fracassos de um atleta eram mais interessantes do que as vitórias. "Os esportes lidam com pessoas que perdem, perdem e perdem", disse ele. "Perdem jogos, perdem seus empregos. Isso pode ser muito fascinante."

Num perfil em três colunas do boxeador porto-riquenho José Torres, Talese traçou o retrato de um solitário esperto e recluso dependente de seu empresário, o lendário Cus D'Amato, que queria transformá-lo num herói étnico, apesar dos temores de Torres.

> Enquanto os homens conversavam, o lutador premiado permaneceu sentado em silêncio numa cadeira, ouvindo. Então ele se levantou e desceu um lance de escada até a Fifty-first Street e seguiu para o ginásio de Stillman. Ao reconhecerem o lutador, porto-riquenhos acenaram para ele e alguns o seguiram até o ginásio para vê-lo treinar. O lutador é rápido e inteligente em seus murros, e mede 1,75m. Os músculos de seu peito se agitavam para lá e para cá enquanto ele se movimentava pelo ringue, dando golpes num adversário, sem maldade.

Os retratos cuidadosamente traçados por Talese se destacaram, mas ele se sentia confinado pelas limitações de espaço no *Times*. "Eu ficava limitado a 2 mil palavras no jornal diário e a 250 toques na revista dominical", disse ele. "Eu queria saber mais do que o artigo podia conter. Queria ser um corredor de maratona do jornalismo." Talese foi promovido e passou a cobrir o palácio do governo de Albany em 1959, mas se sentiu ainda mais tolhido pelas convenções do jornal, e agora seus textos eram reescritos sem piedade. Quando teve seu nome recusado para escrever a coluna "About New York", uma boa função que achou que merecia, Talese — com aprovação do jornal — começou a fazer reportagens para Harold Hayes na *Esquire*, em fevereiro de 1960.

O momento era propício. Acontece que Hayes estava à procura de reportagens sobre Nova York para um pacote especial de verão que a revista preparava. Será que Talese teria alguma boa ideia? Ele mergulhou fundo, selecionando diversos lides de seus artigos, reescrevendo-os e costurando-os num único artigo. "Atualmente, estou tentando reunir fatos incomuns sobre pessoas e coisas de Nova York", escreveu Talese em sua carta de apresentação, "na esperança de que um dia eu tenha material suficiente para um bom livro ... por favor, desculpem-me por algum erro de datilografia."

Hayes comprou o artigo e o publicou perto da capa da edição. O texto começava: "Nova York é uma cidade de coisas que passam despercebidas. É uma cidade com gatos dormindo embaixo de carros estacionados, dois tatus de pedra escalando a Catedral de St. Patrick e milhares de formigas caminhando no alto do Empire State. Provavelmente as formigas foram carregadas para o alto pelo vento ou por pássaros, mas ninguém sabe ao certo; ninguém em Nova York sabe mais sobre as formigas do que sabe sobre o mendigo que toma táxis para a Bowery; ou sobre o homem elegante que tira lixo das latas da Sixth Avenue."

A *Esquire* pagou 500 dólares por "New York" e passou a tratar Talese como um rapaz promissor, alguém para Hayes observar. Depois de escrever mais algumas reportagens com o espírito de "New York" e um perfil do gângster de Nova York Frank Costello — artigo que o jornalista do *Village Voice* Nat Hentoff disse a Hayes que era o melhor que ele já lera numa revista nacional —, Talese estava se tornando um favorito de Hayes. "Eu gostava da firmeza de Hayes, porque eu era firme", disse Talese. Seu pagamento por artigo subiu para 850 dólares; Hayes achava que Talese era inestimável por "formar um ponto de vista da *Esquire* bastante específico". Mas Talese ainda trabalhava em horário integral no *New York Times*, o que o mantinha ocupado das 13h às 19h30 todos os dias da semana, exceto sexta-feira, que era seu dia de folga. Ele tinha que comprimir o trabalho para a *Esquire* entre as reportagens para o jornal, o que lhe deixava muito pouco tempo para qualquer outra coisa — quer dizer, até os jornais de Nova York entrarem em greve em dezembro de 1962, o que lhe deu uma breve interrupção de seu trabalho e a chance de dedicar sua energia a um *fait divers* que Dobell lhe pedira para fazer: um perfil de Joshua Logan, diretor da Broadway.

Dobell achava que Logan havia usufruído por tempo excessivo uma fama exagerada; era hora de acabar com os mal-entendidos sobre aquele vendedor de clichês vulgares e produções pretensiosas, que agora estava nos ensaios de *Tiger Tiger Burning Bright*, um drama de Peter Feibleman sobre afro-americanos em Nova Orleans. Dobell não conseguia entender Talese; os dois haviam brigado pelo que Dobell achou que eram observações depreciativas de Talese sobre Hayes, o homem que transformara Talese num escritor de revista. Mas ele sabia que por trás da tranquilidade externa de Talese se escondia "um menino de rua endiabrado" que se esforçava com unhas e dentes para conseguir uma boa história.

Talese, que já examinara Logan durante a estréia de seu show *Mr. President*, em 22 de outubro, agora estava livre para observá-lo, para alegria de seu coração. "Sou um repórter que está sempre buscando a cena de abertura", disse Talese. "Nunca começo a escrever antes de ter a cena, e então me torno um homem em busca da cena final. Isso tudo tende a demorar bastante tempo."

Talese aproveitou bem seu tempo, sentando-se na parte de trás do Booth Theater com um bloco de anotações sobre o joelho (nunca usava gravador por temer se tornar muito dependente dele), observando Logan fulminar, persuadir e dirigir o palco enquanto seus atores derretiam lentamente ao calor das explosões de humor de seu diretor. Talese passou dias com Logan e o elenco, registrando todas as conversas deles, sem deixar passar uma sequer. Em seguida, organizou todas as cenas num grande painel de cortiça em seu apartamento, como um diretor de cinema que usa um *storyboard* para dirigir o fluxo da narrativa de seu filme. As cenas por si só ditariam a direção de sua reportagem; Talese se manteria fora disso.

Na reportagem, "The Soft Pyche of Joshua Logan", Talese escreveu sobre a ligação emocional de Logan com a peça de Feibleman, como isso o fez se conectar novamente a suas raízes pobres em Mansfield, Louisiana, e à fazenda onde foi criado por uma família de mulheres determinadas. Logan estava se identificando tanto com a peça, escreveu Talese, que "parecia estar envolvido mais uma vez com Mansfield, a fonte de suas antigas feridas e complexidades da infância; uma viagem, poderíamos supor, que dificilmente ele teria condições de fazer". Logan tinha muita coisa em jogo na peça, principalmente a necessidade de se manter financeiramente bem: "Embora Logan ganhe algo em torno de 500 mil dólares por ano, de alguma maneira isso mal parece ser suficiente, e certa noite, após um dia difícil de ensaio de *Tiger*, ele deixou o teatro e disse, cansado, 'Eu trabalho para jardineiros e psiquiatras.'"

O artigo continuava nesse espírito, com Logan constantemente adaptando a peça para sua própria satisfação e culminando num intenso embate com sua estrela, Claudia McNeil. Dobell e Hayes acharam que a reportagem podia estar sendo um pouco reveladora demais, talvez até difamatória, mas quando Talese a leu para Logan, o diretor aprovou cada palavra.

"The Soft Pyche of Joshua Logan" se tornaria uma referência para Talese e a *Esquire*. Talese aperfeiçoara a técnica de perfil-conto na qual vinha trabalhando havia uma década. Assim como Lilian Ross fizera em seu artigo sobre John Huston, Talese dividiu a reportagem em cenas, mas acrescentou uma camada de complexidade psicológica na descrição de Logan, um homem que venceu na vida por seus próprios esforços. Sua trajetória de Rei Midas da Broadway e a concomitante pressão para estar sempre produzindo um sucesso o haviam enrijecido, transformando-o em algo monstruoso e rude.

Talese estava captando Logan na decadência de sua carreira; antes um ícone cultural dominante, Logan perdera seu toque de Midas. Personagens decadentes fascinavam Talese, porque tinham que funcionar num mundo que antes os reverenciava e que passara a olhá-los com desconfiança. Só na derrota um homem revelava ao mundo quem verdadeiramente era. Por isso os boxeadores o atraíam. Talese monopolizou os boxeadores na *Esquire*; como repórter do *Times*, fizera perfis de José Torres, Joe Louis, Ingemar Johansson e Floyd Patterson. Entrevistara Patterson 37 vezes, considerando-o extraordinariamente articulado, alguém que podia ter percepções únicas sobre sua própria psique e a metodologia de sua técnica. Passara longos períodos com Patterson em seu campo de treinamento no norte do estado de Nova York e acabou conhecendo-o tão intimamente quanto um membro da família. "Eu me tornara quase uma figura de sua vida interior", disse Talese. "Eu era sua segunda pele."

Quando Hayes incumbiu Talese de fazer um perfil de Patterson, no inverno de 1963, o ex-campeão peso pesado de 29 anos havia sido derrotado recentemente pela segunda vez por seu inimigo Sonny Liston, e estava tendo uma séria crise de depressão pós-luta. Talese o encontrou no campo de treinamento, como já fizera antes, e Patterson não precisou ser muito estimulado para manifestar seu sentimento de fracasso e autorrecriminação. Em seu artigo, Talese apresentou Patterson como um solitário que vivia num desolado apartamento de dois quartos a quase cem quilômetros de sua família em Scarsdale, lutando contra os demônios que o perseguiam havia semanas, desde que Liston o nocauteara no primeiro round. Foi a primeira reportagem em que Talese usou grandes trechos de diálogo para contar uma história; Patterson descreveu tão bem o que realmente havia sentido no ringue com Liston que Talese não precisou embelezar o texto.

"Não é uma sensação ruim quando você é nocauteado", disse ele. "Na verdade, é uma sensação boa. Não é doloroso, é apenas uma forte tonteira. Você não vê anjos e estrelas; você está numa nuvem agradável. Quando Liston me atingiu em Nevada, eu senti, durante uns quatro ou cinco segundos, que todo mundo na arena estava realmente no ringue comigo, em volta de mim como uma família, e você se sente caloroso com todas as pessoas na arena depois de ser nocauteado. Você se sente digno do amor de todas as pessoas ...

"Mas em seguida", prosseguiu Patterson, ainda medindo as palavras, "essa sensação boa o abandona. Você percebe onde está, o que faz ali e o que aconteceu com você. E o que vem em seguida é uma dor, uma dor confusa — não uma dor física —, é uma dor misturada com raiva; é uma dor de o-que-as-pessoas-vão-pensar, é uma dor de vergonha-de-minha-capacidade."

Para Talese, Patterson parecia ser tudo o que um boxeador profissional não deveria ser: sensível, contrito, uma personalidade com traços de remorso e melancolia. Quando acompanhou Patterson em seu avião Cessna para Scarsdale, onde o lutador iria disciplinar algumas crianças brancas que vinham zombando de sua filha de 7 anos, ele achou que Patterson — que ameaçara endireitar as crianças com um gancho de esquerda — não conseguiria fazer nada além de repreendê-las gentilmente.

Mais tarde, Talese esteve com Patterson quando este voltava daquela noite com Liston em Las Vegas, e gentilmente o fez mergulhar mais fundo em suas lembranças. Quando escreveu o artigo, optou por fazer dessa parte um monólogo e o colocou em itálico, como um recurso de destaque para avisar aos leitores que eles estavam dentro da cabeça de Patterson:

> "*E então você sabe que é hora de se preparar. ... Você abre os olhos. Levanta-se da mesa. Põe as luvas, fica solto. Então o treinador de Liston entra. Ele olha para você, sorri. Percebe os curativos e diz: 'Boa sorte, Floyd', e você pensa: 'Ele não precisaria ter dito isso; deve ser um bom sujeito'.*"

Nenhum jornalista jamais havia perfurado a fachada de um atleta dessa maneira, jamais estivera tão perto do que sentia um campeão que agora se via como um covarde. Mas Talese conseguira esse acesso ao longo de incontáveis horas junto a Patterson durante sete anos, e isso produziu benefícios quando foi mais necessário. "The Loser", o artigo publicado na edição da *Esquire* de março de 1964, marcou um novo patamar para a revista, ousadamente inovador mas cheio de empatia por seu personagem. A partir de então, Talese passou a ser o escritor queridinho de Hayes, e o relacionamento dos dois teria recompensas ainda maiores à medida que os anos 1960 avançaram.

Clay Felker estava perdendo toda a diversão na *Esquire*, mas gastou pouco tempo para estabelecer uma nova posição para si próprio. Voltou às sua raízes de jornal e impulsionou o Novo Jornalismo de uma maneira sem precedentes.

3

O REI JAMES E O HOMEM DO TERNO DE SORVETE

Na época em que Arnold Gingrich indicou o caminho para a porta a Clay Felker, o editor já estava planejando seu passo seguinte, assumindo um cargo de consultor na *Infinity*, uma revista especializada para fotógrafos profissionais, gerenciando a carreira no cinema de sua mulher, a atriz Pam Tiffin, e trabalhando em meio expediente como editor na Viking Press. Ele fez ainda uma entrevista malsucedida para um emprego no *New York Herald Tribune*. O *Trib* era o tipo do desafio para Felker, uma instituição histórica que jorrava dinheiro, cheia de leitores e que buscava uma injeção de novas ideias para competir no abarrotado mercado de jornais da cidade. Não demoraria muito para Felker ter sua chance no *Trib* e conduzi-lo à sua última grande era.

A linhagem do *Herald Tribune* era uma das mais ilustres de todo o jornalismo americano. O diário foi criado pela fusão de dois jornais respeitados, o *New York Tribune* e o *New York Herald*, em 1924. No século XIX, sob o comando do editor Horace Greeley, o *Tribune* foi um dos principais defensores da reforma social. Membro do partido pró-negócios Whig até sua dissolução, nos anos 1850, Greeley se tornou uma voz em defesa do Partido Republicano e ajudou a articular a indicação de Abe Lincoln, senador de Illinois, para a presidência em 1860. Durante os oitenta anos seguintes, o *Tribune* continuou a apoiar causas republicanas, defendendo a indicação de Wendell Willkie contra Franklin Roosevelt em 1940, bem como os dois mandatos de Dwight Eisenhower como presidente nos anos 1950.

Em 1872, ano da morte de Greeley, o *Trib* passou a ser comandado por Ogden Mills Reid, ex-repórter do *Cincinnati Gazette* e editor-geral na época de Greeley. Reid articulou a compra do jornal com a ajuda de Jay Gould, conhecido investidor que monopolizou o mercado de prata em agosto de 1869. Assim teve início uma das grandes dinastias de família jornalística; três gerações de Reids manteriam a propriedade do jornal durante quase um século.

Eterno perdedor de dinheiro, o *New York Herald Tribune* nunca foi um adversário de peso nas batalhas entre os grandes jornais de Nova York ocorridas no início do século XX, quando nada menos que 15 diários disputavam os leitores. Mas sua agressiva contratação de grandes repórteres o transformou numa formidável usina editorial. Durante a Segunda Guerra Mundial, os correspondentes Homer Bigart e Tex O'Reilly enviaram relatos angustiantes de linhas de frente na Europa e no Pacífico; os jornalistas de esportes Red Smith e Grantland Rice aprimoraram seus estilos de prosa ágeis quando trabalhavam no *Trib*, enquanto Virgil Thomson, compositor ganhador do Prêmio Pulitzer, fazia críticas de música clássica para o jornal. Seus novos colunistas estavam entre os mais lidos no país. Walter Lippmann, que os Reids haviam pescado no *New York World* em 1927, formara-se em Harvard e ajudara a consolidar a *New Republic* como o principal periódico da esquerda antes de se dedicar ao trabalho em jornais. A coluna de Lippmann, "Today and Tomorrow", que fazia uma abordagem pragmática da política nacional, era vendida a centenas de jornais e rendeu ao *Trib* dois Prêmios Pulitzer e foi publicada durante trinta anos. Nos anos pós-guerra, a coluna de Joseph e Stewart Alsop, "Matter of Fact" — publicada em 137 jornais durante os 12 anos que durou —, advertiu para os males imperialistas da União Soviética enquanto esta abria caminho na Europa Oriental e defendeu a reiteração do compromisso de fortalecer o poder militar dos EUA para responder à nova ameaça comunista.

Apesar da qualidade de seu conteúdo editorial, a saúde financeira do *Tribune* era sempre instável. Durante a Segunda Guerra Mundial, houvera um significativo aumento da renda com anúncios, orquestrado pela mulher de Ogden Reid, Helen Rogers Reid, e pelo diretor de anúncios William Robinson. Mas o aumento do preço nas bancas de um para cinco centavos, numa tentativa de aumentar a renda, em 1946, impediu o *Tribune* de aumentar seu número de leitores. Quando Robinson impôs um preço de publicidade maior, o *Tribune* se viu numa posição fraca dos dois lados da contabilidade. O *Trib* estava cobrando três vezes mais que o *New York Times* pelo mesmo espaço de anúncio, mas tinha apenas 57% da circulação deste em 1950.

O jornal continuou a funcionar no vermelho durante a década, sofrendo uma perda média de cerca de 700 mil dólares por ano. Sem um príncipe encantado para salvá-los, os Reids continuaram a torrar o capital, e em 1957 a situação se tornara desesperadora. Tex McCrary, colunista de jornal veterano que estava fazendo publicidade para o *Trib*, sugeriu que os Reids procurassem John Hay (Jock) Whitney, milionário herdeiro de uma grande fortuna em ferrovias, e que então era embaixador dos EUA na Grã-Bretanha, com a ideia de lhe vender ações. Whitney, que recusara uma oferta anterior de participação minoritária feita por Whitelaw Reid, filho de Helen, agora era mais receptivo à ideia, desde que pudesse interferir no conteúdo editorial.

Por sugestão do outro filho de Helen Reid, Ogden Rogers Reid (conhecido como Brown), Whitney fez um empréstimo de 1,2 milhão de dólares ao jornal, o suficiente para cobrir o déficit que os Reids esperavam que o jornal teria no fim de 1958. Animado com o investimento de Whitney, Brown Reid — que assumira as rédeas editoriais do jornal — partiu para transformar o *Trib* num produto mais focado, com leiaute mais atraente e mais ênfase em fofocas noticiosas. Mas nada parecia funcionar; o *Tribune* perdeu US$ 1,3 milhão de dólares em 1957, o maior déficit de sua história, e seu percentual de espaço de anúncios por página caiu de 15% para 12,4%, enquanto o do *New York Times* aumentara de 23,4% para 30,6% durante os dez anos anteriores. Em meados de 1959, o jornal havia torrado o empréstimo de Whitney e estava em estado crítico.

Em vez de recuar, Whitney aumentou seu comprometimento com o *Tribune*, com a condição de que fossem feitas algumas mudanças. A primeira ordem era para que os Reids desistissem do controle majoritário do jornal. Se Whitney iria ressuscitar o *Tribune*, teria que fazê-lo em seus próprios termos, como sócio majoritário, e com sua equipe escolhida a dedo. Helen Reid fez todos os esforços para evitar o inevitável, procurando em vão um comprador que permitisse à família manter o controle, mas o tempo estava se esgotando. Finalmente Helen cedeu, e sua família seguiu o exemplo.

A procura de um editor provou ser mais difícil do que Whitney ou seu confidente mais íntimo e assessor de negócios, Walter Thayer, imaginavam. Na opinião de Thayer, o que o jornal precisava era de um choque severo no sistema; em John Denson ele encontrou o homem certo para administrá-lo.

Entre os profissionais de revistas, Denson já era uma lenda por reformar a *Newsweek*, transformando-a num desafio terrível para a *Time*. Ele fizera isso enfeitando as notícias com efeitos gráficos dinâmicos — setas, barras laterais e fotos em destaque — e um estilo de prosa leve que realçava até mesmo as reportagens mais prosaicas. Como editor, Denson tinha impulsos populistas; queria que pessoas simples e passageiros de metrô comprassem a revista.

Ele precisou de pouco tempo para cumprir seu objetivo de reformar o jornal. A orientação vertical das notícias no formato de página padrão foi abandonada; agora as reportagens podiam ser dispostas horizontalmente, atravessando a dobra superior da primeira página; ou uma série de artigos sobre o mesmo tema — um com os fatos, outro oferecendo uma perspectiva histórica — podia ser editada com um ao lado do outro. A coluna da esquerda na primeira página trazia uma seção chamada "In the News This Morning", na qual resumos curtos das notícias mais importantes podiam ser lidos rapidamente. As reportagens ficavam em boxes, ao estilo das revistas, e os títulos evidenciavam uma sutileza audaciosa.

O trabalho de Denson teve bons resultados; um mês depois de sua chegada, em março de 1961, a circulação aumentara em 40 mil exemplares em relação ao mês de abril do ano anterior. Embora as pessoas comentassem sobre o *Tribune*, a política de terra arrasada de Denson causava danos morais. E, mais importante para Walter Thayer, as mudanças em cima da hora no processo de produção custavam caro demais para serem ignoradas, enquanto a sala de composição começava a acumular um custo elevado com horas extras.

Embora Denson tenha ameaçado se demitir por pelo menos oito vezes, para em seguida ceder, acabou chegando o dia em que Whitney teve que escolher entre ficar do lado de seu confidente mais íntimo ou de seu esperto editor. Em outubro de 1962, Whitney tornou pública sua decisão. Numa declaração preparada, anunciou que Denson havia recusado "certas mudanças organizacionais" propostas — uma referência à rejeição de Denson ao plano que delegaria a responsabilidade sobre os prazos de produção a subordinados editoriais — e não estava mais no *Herald Tribune*. Jim Bellows — um veterano da Unidade Aérea Naval com passagem pelo *Columbus Ledger* e pelo *Miami News* — foi nomeado editor do *Tribune*.

Parecia que o *Tribune* estava destinado ao fracasso. Nem bem o jornal ganhara alguma força e seu editor estava demitido. Agora, uma greve de jornais derrubaria o *Trib* contra a sua vontade. Em 8 de dezembro de 1962, o sindicato dos impressores, liderado pelo firme Bert Powers, exigia a sindicalização de todos os trabalhadores do setor, depois do fracasso de longas negociações entre o sindicato e os jornais da cidade, incluindo o *Trib* e o *Times*. Whitney, por sua vez, ficou contente por ter que enfrentar a greve até que o *Trib* pudesse começar a ser publicado novamente.

Nesse ínterim, o jornal tiraria vantagem de seu tempo livre. Bellows, que admirava a criatividade excêntrica de Denson, queria continuar a conduzir o *Trib* em novas direções ousadas. Mas em vez de se concentrar na primeira página, à custa de todo o resto do jornal — tática que provara ser a ruína de Denson —, Bellows se concentraria no resto do jornal.

Num memorando ao editor de notícias nacionais, Richard Wald, Bellows escreveu que "não há molde para uma reportagem de jornal" e que a verdade por trás de uma reportagem "está na maneira como um homem disse alguma coisa, no tom de sua voz, no significado oculto de suas palavras". Assim como Denson, Bellows acreditava que a fórmula da pirâmide invertida poderia ser enfeitada sem sacrificar a integridade pela frivolidade. Bellows aprendera as lições de seu chefe derrotado e começou a recrutar jovens escritores para implementar suas ideias.

"Eu exortava os escritores a abrir os olhos para procurar o que era novo e diferente", escreveu Bellows em suas memórias, *The Last Editor*. "Porque notícia é o que é *incomum*. Achamos que é apenas *registrar* as coisas que acontecem. Mas não é. Você tem que decidir, com intuição e instinto, o que há de incomum ali." Durante 114 dias de greve, Bellows e sua equipe de confiança — que incluía Wald e o editor de notícias locais, Murray Michael "Buddy" Weiss — reconfiguraram a alma do jornal.

Ele também contratou Clay Felker como consultor no outono de 1963. "Clay foi contratado porque era muito social, conhecia muita gente na cidade", disse Bellows. "Ele também lidava muito bem com as pessoas, e eu achei que poderia contribuir com ideias que poderíamos usar."

Para a equipe do *Trib*, Bellows era uma espécie de enigma. Sua comunicação com os escritores e editores geralmente envolvia algumas frases incompletas resmungadas, seguidas de alguns gestos vagos para expressar o que ele não conseguia articular verbalmente. "Bellows nunca terminava uma frase", disse Tom Wolfe. "Você entendia a essência do que ele queria dizer, mas nunca o conceito completo." Os escritores podiam não entender bem o que ele falava, mas compreendiam claramente sua missão de sacudir Nova York com uma agressiva guerra de jornais, exatamente como aquela travada em Miami contra o *Miami Herald*. O *Trib* permanecera durante muito tempo à sombra do *Times*, e Bellows, divertindo-se com o papel de pobre coitado, contrataria jovens escritores que compartilhavam seu apetite por uma grande chance.

Uma das primeiras contratações mais significativas de Bellows veio por intermédio de uma fonte improvável: Joan Payson, irmã de Jock Whitney, que era dona do time de beisebol New York Mets. Em 1962, o Mets teve a pior temporada da história do beisebol até hoje, perdendo 120 jogos, uma história épica de ignomínia que atraiu um jovem escritor de esportes do *New York Journal-American* chamado Jimmy Breslin, cujo credo, assim como o de Gay Talese, era: "o perdedor é sempre mais importante do que o vencedor". Mas Talese era fascinado pela queda livre da fama; Breslin se interessava mais pelo tolo esforçado que nunca conseguia ir além do primeiro degrau da escada.

Aos 32 anos, Breslin, àquela altura já um veterano, com 15 anos de jornal, havia entrevistado Payson algumas vezes para seu livro sobre o Mets, *Can't Anyone Here Play This Game?* No prefácio a uma antiga coletânea de seus artigos, Breslin se lembrava de tentar encontrar Payson na Penn

Station, pouco antes de a herdeira seguir para a Flórida. "Cheguei lá e não conseguia encontrá-la em lugar nenhum. Então perguntei a um sujeito e ele disse: 'Claro, o trem dela está lá na curva'. Diabos, ela tinha dois vagões particulares indo para a Flórida e lá estava eu procurando-a no Pullman. Como eu poderia saber? Então, entramos naquela impressionante sala de visitas grande, com criados na outra sala, e ela, que segurava sua bebida, me ofereceu um drinque, e, antes que eu desse por mim, estava bêbado. Bêbado mesmo. Puseram-me para fora em Trenton. E ela simplesmente agiu como se isso fizesse parte da vida. Lindo. Que garota."

Can't Anyone Here Play This Game? se tornou um best-seller regional. Payson adorou o livro e o passou para Jock Whitney. O dono do *Trib* também se encantou com a prosa firme de Breslin, a maneira como ele descrevia os personagens pitorescos do time usando citações de línguas afiadas e um humor matreiro. Whitney levou o livro para o editor de esportes, Hal Claassen, e lhe disse para se informar sobre os direitos para publicá-lo em série. Acontece que o editor-assistente Lawton Carver já havia levantado a mesma ideia para Claassen na semana anterior. O *Tribune* adquiriu os direitos, e a carreira de Breslin no *Trib* foi lançada.

Breslin percorrera um longo caminho a partir de sua origem humilde. Filho de dois alcoólatras, ele nasceu em 17 de outubro de 1929, numa casa de madeira na 134th Street e 101st Avenue, em Jamaica, Queens. James Earl Breslin, pianista, abandonou a família quando Jimmy era adolescente. Sua mãe, Frances, conseguiu um emprego como professora de uma escola primária durante algum tempo, depois encontrou um trabalho fixo como supervisora no departamento de assistência social da cidade para sustentar Jimmy e sua irmã mais nova, Deirdre. Nunca superou o abandono pelo marido e bebia muito. Breslin se lembra de uma bebedeira em que sua mãe apontou uma arma para a própria têmpora e armou o cão para trás. Felizmente, não puxou o gatilho.

Breslin tinha uma relação tempestuosa com sua mãe, uma matriarca emocionalmente distante. Mas Frances era diferente no trabalho — era uma supervisora simpática que frequentemente convidava trabalhadores negros para ir à sua casa, apesar da reprovação de seus amigos irlandeses. Com ela, Breslin aprendeu noções de decência e como as desigualdades da cidade dividiam raças e classes.

Estudante pobre, Breslin encontrava estímulo nos esportes e nos escritores de esportes, particularmente o grande colunista do *New York Sun* W. C. Heinz e o escritor do *Chicago Tribune* Westbrook Pegler, cuja antológica coletânea de artigos Breslin adorava. Quando tinha 8 anos, começou a colecionar fofocas ouvidas na escola e criou um jornalzinho de uma folha só, feito à mão, chamado *The Flash*; uma das edições teve a manchete "Mãe Tentou Suicídio". Breslin escrevia para evitar lidar com a vida real; simplesmente conseguia sublimar tudo através do trabalho, usando-o como uma desculpa para "manter todas as tempestades de minha vida afastadas". Nunca foi um grande leitor de livros. "Certa vez, li um romance de Balzac", disse. "Demorei dois anos para terminá-lo." Linguagem era outra história; ele adorava brincar com as palavras e construir frases com elas. Depois de concluir a escola secundária, Breslin lutou para trabalhar em jornal e conseguiu um emprego no *Long Island Press*, frequentando a Universidade de Long Island à noite, porque "precisava daquilo para meus documentos no trabalho. O *Long Island Press* foi um aprendizado incrível para mim, porque eu trabalhava em todas as editorias — Cidade, Esportes, Noite. Era um trabalho incrivelmente duro por nenhum dinheiro, um trabalho exaustivo."

Breslin avançou rapidamente no jornalismo, conseguindo empregos como escritor de esportes no *New York Journal-American*, um jornal de Hearst, e no grupo Scripps-Howard. Na primavera de 1963, o jovem repórter estava cansado do ritmo dos esportes, limitado demais e um pouco fácil demais para ele. Sua primeira reportagem no *Trib*, que saiu em conjunção com a série de *Can't Anyone Here Play This Game?*, parecia uma história sobre a primeira série de quatro vitórias consecutivas do Mets, mas na verdade foi um retrato astuto de um mau elemento adorável: Marv Throneberry, jogador de base do Mets.

> Sem Throneberry estaríamos todos perdidos. Seu estilo de beisebol, conforme demonstrado na última temporada, salvou o Mets. Ele tinha que ser o seu herói. Qualquer pessoa um pouco atrasada no pagamento do empréstimo podia entender Marv Maravilhoso quando ele ia na bola alta e depois a perdia. Só quem não gostava dele era o balconista do boteco, especializado em velhas viúvas.

Certa noite, depois do trabalho, em maio de 1963, Whitney pediu a Breslin para encontrá-lo no bar Bleeck's, perto da redação do *Tribune*, para sondá-lo sobre uma potencial oferta de trabalho. Breslin foi para o encontro sem disposição para mais uma oferta de salário baixo em jornal; incentivado pelo sucesso de seu livro sobre o Mets, estava tendo ideias para um novo livro e se tornando um freelance em horário integral. "Senhor Whitney, com todo o respeito, não pode me pagar o suficiente para eu trabalhar para o senhor. Eu estou cansado de jornais", disse Breslin, bruscamente, ao que Whitney respondeu: "Bem, o que você quer?" Breslin sabia que havia encontrado um lar e que Whitney era o tipo de sujeito disposto a recompensar bem um bom trabalho. Em quatro anos, ele conseguiria um salário anual de 125 mil dólares.

Alguns meses depois de ser contratado como escritor de esportes, Breslin ganhou sua própria coluna na página de divisão (a primeira página da segunda seção). O objetivo de Bellows era neutralizar o tom paternalista de colunistas da velha guarda como Walter Lippmann e os Alsops com uma coluna escrita na cadência simples dos leitores da classe trabalhadora que o *Trib* fora criticado por evitar. "Eu nunca havia pensado em como se fazia uma coluna", disse Breslin. "Aquilo simplesmente veio com naturalidade, acho. Havia um ponto de vista, e este tinha que surgir diretamente das notícias. Mesmo que algumas frases não funcionem quando você chega ao *deadline*, existe um imediatismo que torna a coluna fresca. Como se você estivesse cobrindo o oitavo páreo em Belmont. Mas ninguém fazia isso quando eu comecei. Por esse motivo todo mundo achou que aquilo era novo."

Para Breslin, as melhores histórias de Nova York estavam na classe trabalhadora da cidade, naqueles que ganhavam salários baixos e mantinham a indústria funcionando. Eles trabalhavam em Manhattan, mas moravam em municípios da periferia com outro substrato da classe trabalhadora: os vigaristas, trambiqueiros e gângsteres baratos. Classe era o grande assunto de Breslin; ele queria mostrar aos leitores como era a vida "lá fora", do outro lado das pontes, entre os despossuídos que eram malcompreendidos pela mídia da parte nobre de Nova York, difamados por seus rudes estereótipos. Breslin queria principalmente compartilhar seu ardor por Nova York em toda a sua glória multiforme e corajosa. "Tudo o que conheço é Nova York", disse Breslin. "É tudo que me importa." Assim como George Eliot ou V. S. Pritchett, Breslin tinha a compreensão inata de que todos eram interessantes. Só precisavam de alguém que contasse suas histórias por eles. "Superficialmente, o *Tribune* era um jornal com dignidade, republicano", disse Tom Wolfe, contratado como repórter de assuntos gerais em 1961. "Mas também era acompanhado pelos motoristas de táxi com o boné cobrindo um dos olhos, e Jimmy tinha muito a ver com isso."

Breslin, um irlandês grande, desajeitado, que media quase 1,80m e pesava mais de cem quilos, parecia um lutador greco-romano decadente. Acrescente a isso sua voz — um chiado esganiçado, nasalado, filtrado por um forte sotaque de Ozone Park — e Breslin poderia facilmente se insinuar em qualquer ambiente que tivesse uma história em potencial. "Isso é apuração de notícia, e consiste em usar seus dois pés", disse ele. "Então, a única lição que você pode ensinar às pessoas é como subir os degraus, porque não há história alguma no primeiro andar. Qualquer coisa que você estiver procurando fica quatro ou cinco lances de escada acima."

Breslin, que nunca aprendeu a dirigir, fazia todas as suas pesquisas a pé. Frequentemente acompanhado de sua mulher, Rosemary, ele simplesmente andava pelas ruas, farejando histórias em casas de cômodos e bares irlandeses, fazendo contatos cruciais e algumas amizades duradouras no caminho. Igualmente importante era sua capacidade de beber. Certa vez, ele observou que as melhores ideias de reportagens eram aquelas que soavam boas depois que a ressaca passava. A procura de assuntos frequentemente acontecia em bares, em geral o Pep McGuire's, em Queens Boulevard. O Pep McGuire's era a sala de Breslin, o ponto de encontro onde o repórter fazia amizade com os personagens obscuros, runyonescos,* que povoariam suas colunas no *Trib*.

Em muitas de suas primeiras colunas, Breslin usou a matéria bruta de sua infância: os meninos da vizinhança que "eram um pouco mais pobres que alguns, um pouco mais irlandeses que outros, um pouco mais próximos da pista de corrida do que a maioria". "Marvin the Torch" era um ami-

---

*Referente ao escritor Damon Runyon.

go de Breslin de mais ou menos 180 quilos, agente de apostas, que atuava também como incendiário, ateando fogo em escritórios de negócios que estavam perdendo dinheiro, para que os proprietários pudessem receber o dinheiro do seguro. Como muitos dos melhores artigos de Breslin, "Marvin the Torch" era um conto disfarçado de reportagem; não havia nada parecido no *Trib* nem em nenhum outro jornal. Breslin não estava interessado em oportunas demonstrações de moralidade ou na condescendência automática que acompanhava reportagens sobre criminosos insignificantes. Sua afeição era óbvia, mas para Breslin, Marvin era apenas mais um sujeito trabalhador que vendia seus serviços a quem pagasse mais. Assim começava:

> Marvin the Torch nunca conseguia manter suas mãos fora dos negócios dos outros, principalmente se os negócios estavam perdendo dinheiro. Este é um comportamento aceito na profissão de Marvin, que é provocar incêndios. Mas ele tem o mau hábito de entrar em lugares onde não deveria estar e prometer favores demais. É aí que todos os seus problemas começam.

Marvin é contratado para incendiar uma barraca de doces localizada "no lado errado de um parque de diversões"; para se divertir, ele pretende "fazer o telhado explodir pelos ares sem tocar um dedo nele". Mas "um bom vento sul" deixa o fogo descontrolado: "O trabalho de favor de Marvin the Torch no estande de doces também se propagou pela maior parte do parque de diversões de um milhão e meio de dólares." Parecia algo saído de um filme antigo de George Raft, mas estava acontecendo na Nova York dos dias de hoje, e Breslin conseguia dar vida àquilo com mais verossimilhança e humor negro do que qualquer outro repórter da cidade.

"Jerry the Booster" era a história de um ladrão de lojas de departamentos barato, um charmoso vigarista com tendência a rechear suas calças tamanho 60 com ternos tamanho 42.

— Sim, senhor? — disse o vendedor.
Ele disse aquilo do modo como sempre diz "Sim, senhor?" a um cliente. Só que desta vez seu nariz estava mexendo.
— Eu gostaria de um guarda-roupa totalmente novo — disse Jerry the Booster.

— Eu quero um terno — pediu um menino de Providence, à direita.

— Você poderia me atender, por favor? — pediu um menino de Providence, à esquerda.

— Isso parece bom — comentou o terceiro menino de Providence, passando as mãos por todo o azul-marinho.

— Sim, senhor? — repetiu o vendedor.

Mas o vendedor não estava olhando para Jerry the Booster quando disse "Sim, senhor?". O vendedor, com o nariz mexendo, olhava por cima da cabeça gorda de Jerry the Booster. O vendedor tentava chamar a atenção de alguém que estava em algum outro lugar na loja de departamentos Goldwater.

— O desgraçado está tentando chamar um policial — disse Jerry the Booster para si mesmo.

Jerry the Booster puxou a manga da camisa do vendedor.

— Senhor — disse Jerry ao vendedor —, veja o que eu sei fazer.

Jerry esticou a língua para o vendedor. Em seguida, fez uma rotação com os ombros. Seus dedos deram um tapinha em sua cintura. E, com um movimento, o casaco de Jerry deslizou por suas costas, e sua calça caiu no chão.

— Nyaahhh — cantou Jerry the Booster para o vendedor, com a língua para fora.

Assim como Gay Talese, Breslin usava o diálogo para elucidar o personagem, mas em vez de emoção, estava buscando risadas. Claro, Jerry the Booster era um vigarista, mas Breslin sabia que a cidade seria um lugar muito chato sem sujeitos como Jerry por perto. "Jimmy era incrível, o maior colunista de jornal da minha época", disse Tom Wolfe. "Ele fazia aquela coluna cinco vezes por semana e praticamente tudo era reportagem. Ele apresentou o Queens a Nova York."

Frequentemente, Breslin só se sentava diante da máquina de escrever às 16h ou mais tarde, e então trabalhava como um louco até o *deadline*, às 17h30. "Quando todos os outros estavam fazendo fila no metrô para ir para casa, eu ia na direção oposta, direto para minha máquina de escrever no *Tribune*", disse Breslin. "Eu me sentia culpado por isso, mas nunca passei do *deadline*." Breslin se jogava numa mesa na seção de cidade e se arqueava, de acordo com Tom Wolfe, "ficando de uma forma que parecia uma bola de boliche. Passava então a tomar café e a fumar cigarros até começar a sair vapor de seu corpo. Ele parecia uma bola de boliche cheia de oxigênio líquido. Uma vez acionado, começava a datilografar. Nunca vi um homem escrever tão bem correndo contra um *deadline* diário." Quando puxava a última página de sua máquina de escrever, a mesa de Breslin estava coberta por um mar de papéis amassados e copos de café de isopor. Sua cópia era uma teia de aranha de anotações à mão riscadas e revisões rabiscadas. De algum modo, as palavras eram sempre copiadas para a página. O editor Sheldon "Shelly" Zalaznick descrevia a luta de Breslin contra o *deadline* como "de tirar completamente o fôlego, mas não me lembro de ele ter ultrapassado o *deadline* uma vez sequer".

Como era alguém que tinha a mesma origem turbulenta de muitos de seus entrevistados, Breslin cativava habilmente até mesmo o mais intransigente e cínico entre eles. Um tapinha nas costas e algumas rodadas de cerveja eram os lubrificantes sociais mais eficientes, mas o comportamento amigável de Breslin fechava o negócio. Ele era exatamente como eles, mais um pobre otário por trás de suas dívidas de aluguel e de jogos de apostas. "Jimmy tinha um talento especial, e ainda tem, para se tornar instantaneamente seu melhor amigo", disse o ex-editor de notícias nacionais do *Tribune* Richard Wald. "E era um repórter bastante rigoroso. Fazia quilos de anotações até conseguir o nome, a posição e o número de série de todo mundo que entrevistava."

Os variados tipos inescrupulosos de Breslin participavam de uma comédia *dell'arte* do submundo da cidade, das tramas elaboradas e das trapaças da classe criminosa. Os leitores do *Trib* se deliciavam com aquilo; Breslin se tornou a principal estrela entre os escritores do *Trib* nos anos 1960, sendo tema de perfis em revistas semanais de notícias e invejado por seus colegas. Mas muitos de seus companheiros jornalistas olhavam com suspeita sua proximidade com a cultura do submundo, principalmente porque as histórias pareciam boas demais para serem verdadeiras. O dom natural de Breslin como escritor era óbvio, mas será que ele inventava?

O editor de notícias da cidade do *New York Times*, A. M. Rosenthal, achava que sim, então foi um dia ao Pep McGuire para ver com seus próprios olhos. Fat Thomas, figura comum na coluna de Breslin, estava lá; um outro marginal apreciado por Breslin, que tinha o apelido de Cousin, estava a postos; James "Jimmy the Gent" Burke se ocupava de uma cerveja a pouca distância de Thomas. Estava tudo comprovado.

Num dia de março de 1964, Breslin bebia no Bleeck's quando um menino mensageiro, desconhecido, entrou e lhe disse para se encontrar com Charlie Workman na Autoridade Portuária naquela tarde. Era estranho receber uma mensagem daquelas de um homem que Breslin supunha estar atrás das grades. Workman, também conhecido como Charlie the Bug, era um dos mais prolíficos assassinos da Murder Inc.; seu maior sucesso, o assassinato de Dutch Schultz, figura importante do Harlem, levara-o para a prisão estatal de Trenton, Nova Jersey, para uma pena de 23 anos. Quando Workman — acompanhado de seu irmão Abe e sua mulher, Catherine — encontrou-se com Breslin, estava havia apenas algumas horas fora da prisão, em liberdade condicional. Queria que Breslin fosse o primeiro a saber.

O editor de Breslin, Buddy Weiss, confiava demais em sua capacidade como repórter para questionar sua veracidade, mas permitia a Breslin um certo grau de latitude criativa em termos de diálogo e uso de detalhes secundários para dar sabor a seus artigos mais extravagantes. "Jimmy estava tão claramente acima do topo que você não podia levar aquilo a sério", disse Richard Wald. "E se a história não era séria, não havia a mesma quantidade de probidade dedicada a ela. Havia muito exagero no que Jimmy escrevia, um bocado de linguagem carregada e fantasias loucas sobre a cidade, mas ele não inventava as pessoas. Conheci Marvin the Torch. É claro que seu nome não era Marvin."

Mas de vez em quando Breslin punha nomes de conhecidos em suas reportagens, pessoas que não tinham motivos para estar ali. Num artigo sobre um assassinato da máfia em Queens Boulevard, Breslin sugeriu que o verdadeiro alvo do assassinato, Joseph Buchwald, tivera a sorte de não estar na cidade naquele dia. Buchwald era pai do correspondente do *Tribune* em Paris, Art Buchwald, e não tinha nenhuma ligação com a reportagem de Breslin. "Meu pai ficou realmente incomodado quando Jimmy fez aquilo", disse Art Buchwald. "Ele estava sugerindo que meu pai tinha alguma coisa a ver com o crime, quando não tinha. Mas Jimmy simplesmente ignorou, e as pessoas que trabalhavam com ele adoraram aquela coisa."

Weiss sabia que Breslin frequentemente disfarçava os nomes em suas histórias para proteger o culpado, mas muitas vezes discordava da linguagem rude que ele usava. Como era um homem que encarava qualquer situação, Weiss não se deixava intimidar por Breslin, e os dois brigavam e gritavam um com o outro na editoria de notícias locais, tornando suas discussões espetáculos públicos. Mas Breslin nunca voltava atrás. Não mudava seu texto por nada, nem pelo homem que assinava seus cheques toda semana. Quando Zalaznick, editor da revista dominical do *Trib*, tentou mudar algumas palavras numa reportagem, Breslin o acusou de agir às escondidas, tentando passar por cima dele e destruir sua integridade. "Breslin era um sujeito mau na hora de brigar", disse Zalaznik. "Ele podia ser bastante duro, mas debaixo daquilo tudo eu achava que ele era um ser humano muito decente."

O jornalismo de consenso* era uma heresia para Breslin. Se um punhado de repórteres seguia freneticamente em uma direção, Breslin fugia às pressas por outro caminho, em busca da verdadeira história. O melhor exemplo disso foi a série de histórias que ele fez por ocasião do assassinato do presidente Kennedy, em 22 de novembro de 1963. Aquela era uma história que Breslin sabia que tinha de cobrir; além de sua afinidade com o primeiro presidente católico irlandês do país, Breslin sentia que aquilo cristalizava, num momento terrível, a tendência da nação à violência sem sentido que havia dividido cidades americanas. Breslin chegou a Dallas no dia 22, a tempo para a entrevista coletiva com os médicos de Kennedy, que incluíam o dr. Malcolm Oliver Perry II, cirurgião da emergência do Parkland Memorial Hospital que tentara em vão ressuscitar o presidente. Enquanto os outros repórteres questionaram persistentemente os médicos sobre a cronologia dos fatos que haviam levado à morte de Kennedy, Breslin sondou cuidadosamente Perry sobre suas impressões pessoais, os pensamentos que haviam passado por sua cabeça quando o corpo sem vida do presidente foi virado para ser visto. Perry ficou perplexo com a linha de investigação de Breslin; que importância direta aquilo tinha na tragédia em questão?

---

*Em inglês, o termo *pack journalism* tem frequentemente um sentido depreciativo. Cunhado pelo jornalista americano Timothy Crouse, refere-se à atitude de repórteres apoiarem-se uns nos outros para obter informações ou de depender de uma única fonte. (N. do T.)

Mas o assassinato estava sendo coberto amplamente, de todos os ângulos concebíveis; Breslin queria dar àquela tragédia nacional uma dimensão humana, observá-la através da história da inutilidade do dr. Perry quando este enfrentava uma tragédia nacional. A reportagem de Breslin, chamada "A Death in Emergency Room One", saiu na edição do *Trib* de 24 de novembro e começava assim:

> O chamado incomodou Malcolm Perry. "Dr. Tom Shires, STAT", dizia a voz da menina no alto-falante do refeitório dos médicos do Parkland Memorial Hospital. "STAT" significava emergência. Nunca ninguém chamava Tom Shires, o chefe da residência em cirurgia no hospital, para uma emergência. E Shires, supervisor de Perry, estava fora da cidade naquele dia. Malcolm Perry olhou para os croquetes de salmão no prato à sua frente. Em seguida, largou o garfo e foi até o telefone.
> — Aqui é o dr. Perry respondendo à chamada para o dr. Shire — disse ele.
> — O presidente Kennedy foi baleado. STAT — informou a telefonista.

Breslin enumera clinicamente os procedimentos cirúrgicos habituais de Perry, a rotina padrão para vítimas de tiros gravemente feridas, enquanto Jacqueline Kennedy — "uma menina alta, de cabelo preto, com um vestido cor de ameixa que tinha o sangue de seu marido em toda a parte da frente da saia" — permanece por perto, observando tudo com "uma terrível disciplina... sem lágrimas". Finalmente, Perry concorda que um padre faça a extrema-unção:

> O padre alcançou o bolso e tirou um pequeno frasco de óleo sagrado. Pôs o óleo em seu polegar direito e fez o sinal da cruz sobre a testa do presidente Kennedy. Em seguida, abençoou o corpo novamente e começou a rezar em silêncio.
> — Dê-lhe o descanso eterno, Senhor — disse o padre Huber.
> — E que a luz perpétua brilhe sobre ele — respondeu Jacqueline Kennedy. Ela não chorou.

A história termina com Perry sozinho com seus pensamentos na sala de conferência do hospital.

Ele é um homem de 34 anos, de cabelo avermelhado, alto, que entende que tudo que viu ou ouviu sexta-feira é parte da história, e está tentando tomar nota, para que fique registrado, de tudo o que sabe sobre a morte do trigésimo quinto presidente dos Estados Unidos.

— Eu nunca vi o presidente antes — disse ele.

Em "The Death in Emergency Room One", Breslin criou uma narrativa carregada de emoção, relatando os fatos da experiência de Perry como um docudrama em tempo real, usando o ponto de vista de Perry e discretos detalhes ocasionais para dar um tom dramático. Foi o melhor artigo que Breslin havia escrito para o *Trib*, mas que também pôs em evidência um antigo debate entre seus colegas: ele havia encoberto todos os fatos inconvenientes e inventara um diálogo? "A Death in the Emergency Room" continha vários erros triviais. Breslin registrara a sequência de acontecimentos incorretamente, por exemplo. Mas até mesmo o próprio Perry teve que admitir que, apesar dos descuidos de Breslin, ele não poderia ter captado a história melhor se tivesse estado presente na sala de emergência. "O peso de um sujeito, o nome de sua mãe", disse Breslin à *Newsweek* em 1963. "Vou jogar todas as vezes essas coisas. Mas quando se trata de uma grande percepção, acho que isso não perco muito frequentemente."

Nos dois dias seguintes, o *Trib* publicou mais duas reportagens de Breslin, desta vez sobre o funeral de Kennedy em Washington: "Everybody' Crime", na qual o colunista observava dignitários e pessoas comuns enquanto elas passavam pelo caixão de Kennedy na rotunda do Capitólio, e "It's a Honor", a história de Clifton Pollard, o homem que cavou a sepultura de Kennedy no Cemitério Nacional de Arlington. A primeira reportagem foi desenvolvida como resultado da inquietação de Breslin em meio à pompa do funeral presidencial, com sua procissão de líderes mundiais e uma agitada falange de jornalistas internacionais. "Vi de Gaulle e Haile Selassie, que eram ótimos para os fotógrafos, mas eu não vivia de escrever sobre pessoas assim", disse Breslin. Voltando-se para seu amigo Art Buchwald, que também cobria o serviço fúnebre, Breslin comentou que talvez fosse embora do funeral para entrevistar o coveiro. Buchwald achou que era uma grande ideia, e Breslin se foi. "Afinal de contas, a história era sobre um corpo morto", disse Breslin.

Mais uma vez, Breslin levou a tragédia nacional para o nível capilar, o sujeito da classe operária com seu macacão cáqui sujo de terra, que é retirado de seu bacon com ovos dominical para cumprir seu dever:

> Quando Pollard chegou à fileira de garagens de madeira amarelas onde os equipamentos do cemitério são guardados, Kawalchik e John Metzler, o superintendente do cemitério, estavam a sua espera. "Desculpe tirá-lo de casa dessa maneira num domingo", disse Metzler. "Ah, não diga isso", disse Pollard. "É uma honra para mim estar aqui."...
>
> Quando o primeiro balde subiu, com o primeiro volume de terra, Metzler, o superintendente do cemitério, aproximou-se e olhou. "É um solo bom", disse Metzler. "Gostaria de salvá-lo um pouco", disse Pollard. "A máquina fez algumas trilhas na grama por aqui e eu gostaria de cobri-las e pôr um pouco de grama boa crescendo ali. Eu gostaria que tudo ficasse, você sabe, bom."

O país estava de luto, mas um homem ainda tinha que ganhar seu salário. Breslin não teve que elaborar ou moralizar, nem fazer um parágrafo óbvio sobre a silenciosa dignidade de Pollard e o orgulho de um trabalho benfeito. Estava tudo na narração — a cuidadosa reconstrução da cena, a cadência fragmentada dos diálogos.

Se Jimmy Breslin era o principal cronista dos despossuídos e esquecidos no *Herald Tribune*, Tom Wolfe era o escritor brilhante da classe de status que surgia naquela década, da nova cultura jovem dos anos 1960 e de seus costumes. Breslin e Wolfe trabalhavam em extremos opostos do espectro socioeconômico, mas compartilhavam o mesmo talento excepcional para personagens e cenários.

Diferentemente de Breslin, Wolfe não era um produto de Nova York, o que para ele era uma vantagem; isso lhe dava o excitante entusiasmo de observador de fora que se via de repente mergulhando de cabeça na vibrante cena urbana. Thomas Kennerly Wolfe Jr. nasceu em Richmond, Virgínia, em 2 de março de 1931. Sua mãe, Helen Perkins Hughes, era paisagista; seu pai, Thomas Wolfe Sr., era agrônomo, diretor de uma cooperativa de fazendeiros e professor no Virginia Polythecnic Institute. Era também editor da *Southern Planter*, uma revista para fazendeiros com uma tendência literária. Tom Wolfe se enamorou pela primeira vez da vida de escritor ao ver seu pai esboçar seus artigos sobre agricultura à mão, em blocos de papel amarelo. "Algumas semanas depois, lá estava aquela impressão bela e reluzente na revista", disse Wolfe. "Eu simplesmente achava aquilo ótimo."

Tom Wolfe foi educado na seção Sherwood Park de Richmond, um bairro economicamente misto de tipos acadêmicos e famílias de classe operária. Sua casa, localizada a menos de dois quilômetros de um pátio ferroviário, era visitada frequentemente por vagabundos pedindo esmola; sua mãe sempre se via forçada a fazer bondosamente sanduíches caseiros. Apesar disso, Wolfe tem uma lembrança carinhosa da infância. "Embora tenha crescido durante a Depressão, eu não tinha muita consciência disso", afirmou ele. "Os médicos chamavam isso de ilusão do velho balde de carvalho. Você simplesmente descarta tudo à sua volta que é desagradável." Ele frequentou escolas públicas até o sétimo ano, quando sua mãe, uma mulher instruída que chegara a aspirar à carreira de medicina, matriculou-o na St. Christopher's Day School, uma instituição episcopal que educava os filhos de famílias de fazendeiros de elite em Richmond. Ali ele se destacou, tornando-se estudante de honra (que, nos Estados Unidos, são aqueles que recebem as melhores notas), presidente do conselho estudantil e coeditor do jornal da escola. Em sua coluna, "The Bullpen", surgiram os primeiros exemplos da prosa explosiva de Wolfe. Num artigo sobre o time masculino de basquete da escola, Wolfe escreveu que "diferentes espectadores sugeriram automóveis, bicicletas e riquixás para acompanhar o ritmo do técnico Petey Jacob".

Na Washington and Lee, uma universidade particular em Lexington, Virgínia, Wolfe — que na infância consumira livros como *Lobo do mar*, de Jack London, e *O mágico de Oz*, de L. Frank Baum — sonhava em se tornar um grande romancista americano. Seus pais tinham alguns romances de Thomas Wolfe na estante, e o jovem Tom se convencera de que o autor de

Look Homeward, Angel era seu parente e de que poderia dar continuidade ao legado literário de seu homônimo. "Meus pais tiveram uma grande dificuldade para me convencer de que eu não era parente de Wolfe", disse ele. Wolfe escrevia contos quando não estava preparando notícias esportivas para o jornal da escola e fazendo arremessos no time de beisebol da escola. Sonhava em se tornar jogador de beisebol profissional: "Você não recebe nenhum aplauso por escrever. E muitos quando é um jogador." A trilogia de romances de James T. Farrell sobre o personagem Studs Lonigan o influenciou profundamente; Wolfe foi arrebatado pela maneira como Farrell usava o material bruto da vida de uma criança para criar uma história instigante sobre o crescimento, escrita na prosa corajosa e franca do romancista. "Farrell entrou na mente dos adolescentes", disse Wolfe. "Nada importante acontece nos livros — Studs apenas vê seus contemporâneos subindo e afundando na vida —, mas é fascinante." Wolfe acabaria dominando o dom de Farrell de escrever monólogos interiores convincentes, talento que lhe serviria bem no *Trib*.

Wolfe era um estudante sério na Washington and Lee mas mantinha distância de outros estudantes, principalmente os ricos filhos e filhas da elite sulista. "Tom era um pouco excêntrico", disse o professor Marshall Fishwick, mentor de Wolfe na faculdade. "Era bem mais intelectual do que a maioria dos estudantes, que estava ali pelo diploma, e não pela educação."

Wolfe publicou dois contos na *Shenandoah*, a revista literária da faculdade que ele coeditava, histórias moldadas nos seminários semanais sobre ficção de George Foster, no pub Dutch Inn, fora do campus. Foi nos seminários de Foster que Wolfe aprendeu a absorver críticas duras, mas ele também percebeu que a mentalidade escreve-o-que-você-sabe da ficção não era necessariamente o que tinha em mente para sua carreira. Foi o curso de estudos americanos de Marshall Fishwick — que reunia história cultural, artística e sociológica numa espécie de teoria unificada da história americana — que radicalizou sua atitude em relação ao que escrevia. Ele aprendeu sobre o pragmatismo de William James e as teorias de Freud sobre o subconsciente, e isso o abriu a novas maneiras de pensar. "O impulso por trás dos estudos americanos não era aceitar o dogma dos literatos, mas usar sua sabedoria para desenvolver um saudável ceticismo em relação às coisas", disse Fishwick. "Tom levou aquilo a sério. Escreveu precocemente para mim um artigo chamado 'A Zooful of Zebras', sobre a rígida conformidade dos acadêmicos. Ele era sempre muito desconfiado em relação a isso."

Wolfe obteve um doutorado em estudos americanos em Yale, estudando com brilhantes pensadores independentes como Norman Holmes Pearson, escrevendo poesia e lendo ficção social de peso, como a trilogia USA de John Dos Passos. Sua dissertação intitulava-se "The League of American Writers: Communist Organizational Activity Among Americans Writers, 1929-1942". Wolfe recebeu um convite para lecionar história numa pequena faculdade liberal do Meio-Oeste mas em vez disso tentou reunir material para romances, aceitando um emprego como transportador de móveis numa empresa de caminhões em New Haven. "Entre todas as pessoas, Jack London era meu modelo", disse Wolfe. "Mas eu via que as garotas nos escritórios não ficavam impressionadas. Acredite, não há percepção alguma para se tirar da vida no ambiente da classe operária."

Wolfe decidiu seguir a carreira de jornalista. Pelo menos isso lhe permitiria escrever regularmente, sem as peculiaridades financeiras incertas da ficção. Escreveu cartas de apresentação para 120 jornais em todo o país e recebeu apenas uma resposta animadora, do *Springfield Union*, em Springfield, Massachusetts. "Eles me contrataram principalmente porque ficaram curiosos daquele sujeito com Ph.D. em Yale que queria trabalhar no jornal deles", disse Wolfe.

Wolfe era repórter de assuntos gerais. Às vezes, trabalhava em cinco reportagens ao mesmo tempo, cobrindo ações da polícia nos fins de semana e depois comandando o plantão da madrugada, o que lhe dava um bônus de 5 dólares em seu pagamento semanal de 55 dólares. Foi um aprendizado incalculável — pela primeira vez, ele estava exposto às maquinações políticas e culturais de uma comunidade multiétnica —, mas Wolfe ansiava por fazer isso numa cidade maior. Encantado com os excitantes retratos sobre como era a vida nos jornais encontrados em filmes como *Última hora*, de Lewis Milestone, ele queria a competição e a descarga de adrenalina do trabalho nas redações urbanas, onde repórteres de diferentes jornais podiam disputar um furo de reportagem. Em 1959, Wolfe se submeteu a uma redução de salário e aceitou um emprego no *Washington Post*, trabalhando na editoria de notícias locais.

Wolfe se irritou com o estilo de apuração de notícias institucionalizado e sistemático do *Post*. "Era muito parecido com um escritório de seguros, com mesas de metal cinza, todas enfileiradas", disse Wolfe. "Não se podia comer à mesa e, em determinado momento, eles tentaram até proibir o cigarro, mas todo mundo começou a subir pelas paredes." Como novato, Wolfe dependia de seus editores. Estes tendiam a lhe encomendar reportagens sobre assuntos básicos, que ele tentava embelezar para não deixá-las completamente chatas, transformando boletins policiais em voos da imaginação rococós. Certa vez, quando era redator noturno — cargo que o obrigava a escrever reportagens a partir de fatos fornecidos por repórteres policiais — Wolfe recebeu um telefonema de Les Whitten, do *Post*, sobre um sem-teto do distrito de Adams Morgan que havia sido baleado por um policial — o tipo de notícia de dois parágrafos que poderia ficar enterrado no jornal. Wolfe extraiu informações de Whitten. A cabeça do homem estava numa sarjeta? Onde eram os buracos de bala? A partir disso, criou uma história que era puro Raymond Chandler, com um surpreendente destaque para as cinco balas alojadas no peito do homem, no formato perfeito de um coração.

Entre seus colegas repórteres, Wolfe ganhou fama de um grande talento que se recusava a seguir os métodos do *Post* de linha de montagem; ele era constitucionalmente incapaz de alimentar o bucho com cópias que meramente funcionassem. "O *Post* queria que todo mundo marchasse rigidamente, e Tom simplesmente não conseguia fazer isso", disse Whitten, que se sentava três mesas depois de Wolfe. Na maioria dos dias, Wolfe podia ser encontrado a sua mesa, lendo calmamente o *Daily News* de Nova York, enquanto os editores Ben Gilbert e Alfred Friendly se irritavam e esperavam que ele entregasse uma reportagem, que invariavelmente chegava tarde demais para a primeira edição. "Muitos de nós nos deliciávamos, porque não tínhamos a audácia de fazer aquilo", disse Whitten. "Admirávamos sua atitude de foder com tudo."

Wolfe acabou ampliando horizontes na editoria internacional, escrevendo um longo *feature* sobre a recém-iniciada revolução cubana de Fidel, "porque nenhum dos outros repórteres tinha vontade de ir a Cuba". Munido de um portfólio de artigos apresentáveis, Wolfe enviou um álbum com recortes de suas reportagens a Buddy Weiss, do *Tribune*, no final de 1961. Foi contratado na hora a 9 mil dólares por ano, substituindo o repórter Lewis Lapham, que estava deixando o jornal. O estilo carregado de Wolfe, ponderou Weiss, adequava-se ao estilo de prosa de alta definição do *Tribune*. Depois de um almoço líquido com John Denson no Toots Shor's, no qual o editor do *Tribune* o fez consumir cinco drinques no bar, Wolfe percebeu que dera o grande salto para a capital mundial da imprensa, e mal pôde acreditar em sua sorte. "Esse tem que ser o lugar!", escreveu ele uma década depois. "Olhei a redação de notícias locais do *Herald Tribune*, menos de cem míseros metros ao sul de Times Square, com uma sensação de alegria boêmia, impressionado. ... Ou este é o mundo real, Tom, ou não existe mundo real."

Wolf podia ter mantido distância da multidão em seus dois empregos anteriores, mas estava avançando rapidamente na direção de alguns adversários formidáveis no *Trib*. Lá estava Breslin, mas também Charles Portis, talentoso repórter de assuntos gerais e seu companheiro sulista, do Arkansas, que fez algumas das melhores reportagens de jornal sobre o movimento pelos direitos civis; e Dick Schaap, que deixara o cargo de editor de reportagens locais do jornal para escrever *features*. Mais tarde, Portis e Wolfe se tornaram camaradas quando ambos trabalhavam na editoria onde as reportagens eram reescritas, para tristeza do editor Inky Blackman, que achava que os dois escritores brincavam muito quando tudo estava calmo. Lá se encontrava também Sanche de Gramont, um conde francês que ganhara um Prêmio Pulitzer naquela editoria ao cobrir a morte do cantor Leonard Warren, da Metropolitan Opera, que no outono de 1960 tivera um ataque cardíaco fulminante no meio de uma apresentação. De Gramont, que mudou seu nome para Ted Morgan, tornar-se-ia mais tarde um aclamado biógrafo de Winston Churchill e Somerset Maugham, entre outros.

Wolfe ficou encantado com todos aqueles talentos na enorme, barulhenta e enfumaçada redação, com seus "fios elétricos, canos de água, canos de aquecimento e sistemas contra incêndio expostos, tudo pendurado e roncando no teto", as paredes pintadas de "lama industrial ... aquela têmpera sinistra de pigmentos e sujeira". Era uma "grande fábrica de tortas, um sonho de patrão", e Wolfe o respirou apaixonadamente. O iniciado do Sul encontrara seu Valhalla. "Ainda sinto uma tremenda comichão quando passo pela Park Avenue de táxi, às duas e meia da manhã, e vejo todos aqueles prédios de vidro à minha volta", disse Wolfe em 1974. "Tenho uma verdadeira atitude sentimentalista em relação [a Nova York]."

Wolfe se sobressaiu na cultura manga arregaçada do *Tribune* de várias maneiras. Na Washington and Lee, ele começara a usar ternos sob medida, de três peças, bolsos quadrados e gravatas extralargas — "Tom Sawyer desenhado por Beardsley", escreveria mais tarde um brincalhão. Era uma aparência que Wolfe cultivava em parte porque seu pai se vestia daquela maneira, e também porque aquilo o destacava de um jeito respeitosamente excêntrico. "Eu não tinha nenhum outro pequeno vício", disse Wolfe. "Não pertencia a nenhum clube, não jogava tênis nem golfe, nem tirava férias. Meu orçamento para o guarda-roupa era o tipo de dinheiro que você gasta com um hobby." Wolfe comprava seus ternos sob medida de um funcionário viajante da admirada alfaiataria Hicks and Sons, na Savile Row, por 212 dólares. Agora ele estava trabalhando no *Trib* com aqueles trajes, e isso causava um pequeno tremor de especulação na redação. Quem era aquele sujeito, afinal?

"Acho que o que realmente incomodava as pessoas era a cintura apertada", disse Wolfe. "Aquilo parecia não patriótico, uma verdadeira afetação. Mas minha alegação é de que todos os homens são ligados em moda; eles querem combinar. Eu poderia ter atraído mais atenção — poderia ter usado um *dashiki*, por exemplo —, mas queria participar do jogo. O importante é: eu queria que eles dissessem 'Em nome de Deus, quem ele pensa que é?'"

Desde o início, as reportagens de Wolfe para o *Trib* eram escritas em seu estilo hiperativo. Mesmo num jornal que incentivava seus jornalistas a escapar de maneira extravagante da envelhecida fórmula jornalística habitual, a abordagem de Wolfe se destacava. Não importava o assunto em questão; Wolfe o wolferizava. Num artigo em duas colunas, sem importância, sobre o mau tempo no inverno, Wolfe descreveu um "período de frio mau, perverso, feito com praticamente todos os ventos feios do livro". Em outra reportagem antiga, ele escreveu sobre meninos de associações estudantis, "com olhos que pareciam ovos fritos gravados sobre um mapa rodoviário de Virgínia Ocidental, esses sujeitos que estavam tentando tropeçar, balançar, cair, tatear, levantar, sacudir, listar e peitar seu caminho através das linhas de uma ária chamada 'Pequena Suja'."

Outra reportagem antiga, publicada em 13 de abril de 1962, relatava uma greve de estudantes da Universidade de Nova York e as atividades de alguns manifestantes:

> Uma aluna esbelta com cabelo louro comprimento-Godiva surgiu da multidão e, para simbolizar a chegada de um novo dia, mostrou como penteava seus tufos generosos toda manhã: 20 escovadas da cabeça à cintura ao longo de cada madeixa. Alguns aplaudiram ritmicamente, e outros gritaram: Sim, sim.

Os fatos proeminentes da história não eram a principal preocupação de Wolfe, embora ele sempre os pusesse no lugar; a ideia era registrar a cena acrescentando detalhes peculiares que outros repórteres poderiam achar secundários, mas que na verdade eram cruciais para cada acontecimento em questão — e para a *mise-en-scène* meticulosamente construída por Wolfe. "Aprendi isso com Gay Talese, que era muito bom para relatar uma história até você ter os pequenos detalhes que ajudavam a dar vida às coisas", disse Wolfe. "Você só precisava estar por perto, vivenciar."

Wolfe podia evitar os fatos mais relevantes sobre a história até o meio do texto e forçar o leitor a ler a reportagem a partir de outro ponto, recuando aos poucos para revelar o verdadeiro assunto. Sua linguagem era completamente outra coisa, um vívido vernáculo em tecnicolor que levava os editores a coçar a cabeça e os colegas escritores do *Tribune* a imaginar simplesmente que diabo ele estava fazendo. Nas reportagens de Wolfe, o East River era uma "imundície gelada", livros em brochura eram "nacos de carne branca de revelação e cultura", a Grand Central Station era "o depósito do Glamour do Leste". A linguagem florida derivava em parte da paixão pela linguagem do Sul, pelo estilo rico, adocicado, dos filhos e filhas nativos de Virgínia. Mas ele também adorava os diários de fofocas e as revistas de ficção para adolescentes, a prosa cheia de gírias das revistas *Confidential* e *True Detective*, com seus divertidos duplos sentidos, metáforas chocantes e uma farra de adjetivos.

Sua principal influência literária foi uma escola de escritores russos de vanguarda que ele lera em Yale, chamada Irmãos Serapion, que surgiu nos anos 1920 e, portanto, sofreu pressão para produzir *agitprop* para Stálin. Em vez disso, eles se rebelaram contra o conformismo literário e pregaram uma ética de liberdade absoluta em relação à doutrina e ao patrocínio do Estado. O líder do movimento, Eugene Zamiatin, era um satirista ousado e formalmente brilhante, um engenheiro naval que também escrevia peças de teatro, contos e romances. Sua principal obra, *Nós*, publicada em 1929, é uma cruel condenação da conformidade coletivista soviética que prenunciou *1984*, de Orwell. Mas foi a prosa de Zamiatin que teve um impacto profundo sobre o trabalho de Wolfe — a maneira como ele quebrava frases com elipses, para imitar o pensamento não linear, e como usava abundantemente pontos de exclamação. O hábito de Wolfe de escrever histórias no tempo verbal presente — conceito que se tornaria marca registrada em suas reportagens para a *Esquire* — tem origem numa popular biografia de Napoleão feita pelo escritor polonês Emil Ludwig, publicada nos Estados Unidos em 1925. Wolfe se apaixonou pelo estilo de Ludwig quando tinha 8 anos, transcrevendo passagens do livro de Ludwig em sua biografia de Napoleão fortemente plagiada.

Ele incorporou tudo a seus artigos — qualquer coisa para evitar soar como "o habitual narrador de não-ficção com um silêncio em minha voz, como um anunciante de rádio numa partida de tênis".

Jim Bellows o encheu de trabalho, mas Wolfe se irritava com as restrições de espaço que tinha no jornal diário. Também, nem todos os assuntos eram muito interessantes — escrever reportagens sobre os novos carrinhos de bagagem da Grand Central ou sobre o aumento de impostos sobre bebidas não eram coisas que abalariam os alicerces da cidade. Ele precisava de uma saída como a que Gay Talese, do *Times*, encontrara na *Esquire*, e não precisaria procurar muito longe para encontrá-la.

A *Today's Living*, revista que saía como suplemento da edição dominical do *Trib*, era um calcanhar de aquiles havia anos, mas Bellows estava aberto a novas ideias. Trabalhando com os editores Shelly Zalaznick e Clay Felker, Bellows traçou algumas ideias básicas para a revista, que seria rebatizada de *New York*. Toda semana, Breslin e Wolfe contribuiriam com uma reportagem. Uma equipe de colunistas de arte — incluindo o crítico de música clássica Alan Rich, a crítica de filmes Judith Crist e o crítico de teatro Walter Kerr — seria apresentada na seção Lively Arts. O editor de *design* Peter Palazzo criaria um modelo clássico que daria a todo o jornal de domingo um belo realce. E, apenas para garantir que todo mundo folheasse tudo, a programação de TV viria na última página.

Trabalhando intimamente com Shelly Zalaznick como consultor editorial, Clay Felker orquestrou a transição de Tom Wolfe de repórter diário de assuntos gerais para escritor de *features* da revista. "É raro encontrar alguém com verdadeira percepção para boas ideias, mas Clay tinha a capacidade de combinar o escritor certo com a história", disse Zalaznick. Com a diretriz de Bellow para encontrar reportagens para Wolfe, Felker achou que o repórter poderia estar interessado num artigo sobre os loucos observadores endinheirados que invadem as galerias de arte toda tarde de sábado na Madison Avenue, a sofisticada artéria de varejo da cidade. Um vislumbre de 3 mil palavras, "The Saturday Route" foi a mais longa reportagem que Wolfe já fizera para o *Trib*, e deu início a uma série de artigos nos quais Wolfe observava os rituais das tribos culturais de Manhattan com uma mistura de zombaria gentil e o espanto confuso de alguém transplantado da Virgínia.

> Aquela ali na beira da calçada é Joan Morse, a fabulosa costureira? Com aquele fabuloso casaco de matagal amarelo Claude, aquelas botas marrons — Rolls Royce até os joelhos e os maiores óculos escuros desde que Audrey Hepburn tomou banho de sol num terraço cantiléver nos Alpes Suíços? Bem, *tem* que ser Joan Morse.
> — Joan!
> E ali, na Madison Avenue com a 74th Street, Joan Morse, dona da A La Carte, que disputa sua condição de fabulosa com Mainbocher, vira-se e grita:

— Freddie! Vi você em Paris, mas o que aconteceu com você em Londres?...

Não se descobre imediatamente, porque a luz acaba de mudar. Joan está fazendo a Rota do Sábado, *descendo* a Madison Avenue. Freddie faz a Rota do Sábado *subindo* a Madison Avenue. Mas eles continuam caminhando porque sabem que vão se encontrar mais cedo ou mais tarde na Parke-Bernet e recuperar o tempo perdido desde Londres.

Apertado pelas reportagens de duas colunas que fazia para o jornal, o estilo de Wolfe decolou na *New York* como o Air Force One. Wolfe e Felker se tornaram os identificadores de tendências do jornal, sendo que Wolfe fazia reportagens sobre assuntos que o *Trib* nunca antes levara a sério: o produtor de discos Phil Spector, a boate Peppermint Lounge, a corrida de *stock car* em Long Island. Em dois dias da semana, ele produzia notícias comuns, como repórter de assuntos gerais; os outros três dias eram reservados ao *fait divers* de 1.500 palavras para a *New York*. "Certa vez, Tom me disse que apanhava mais escrevendo do que jogando beisebol", afirmou Elaine Dundy, escritora que namorou Wolfe durante a era *Tribune*.

Na redação do *Trib*, as opiniões se dividiam sobre se o virginiano era um talento brilhante ou apenas um charlatão medíocre, um carreirista com um pé no marketing. Alguns, como Jimmy Breslin, respeitavam Wolfe como um repórter determinado que trabalhava tão duro quanto qualquer outro para conseguir suas histórias. "Todos faziam o maior barulho por causa de suas roupas, mas eu sabia que ele era um repórter sério, alguém que fazia o trabalho de campo", disse ele. Outros, incluindo o repórter de cidade Dave Burgin, não entendiam por que faziam tanto barulho por causa dele. "Eu não compreendia", disse Burgin, que simpatizava com vários escritores do *Trib* que achavam que o "almofadinha de Manhattan" do jornal estava recebendo muita atenção de Bellows. "Alguns ficavam com ciúmes insanos dele", disse Burgin. "Mas ninguém, nem mesmo Bellows, podia fazê-lo desistir da pontuação. Eu me lembro de que um sujeito que escrevia sobre negócios me disse: 'Se eu soubesse que um ponto de exclamação ou dois me dariam um aumento, teria feito isso há muito tempo.'"

Wolfe era fascinado pela insurgência da juventude urbana, em grande parte porque achava que aquela era a história da década, e ele tinha o território inteiro para si. "Quando cheguei a Nova York, nos anos 1960, não pude acreditar na cena que via se propagando diante de mim", escreveu Wolfe na antologia *New Journalism*. "Nova York era um pandemônio com uma grande risada por cima."

O que fascinava Wolfe era a miríade de maneiras pelas quais pessoas endinheiradas talhavam novos modos de vida — novas maneiras de aproveitar o tempo livre; novas escolhas em música, moda e cinema; e, mais importante, novas maneiras de exibir status. Para Wolfe, Nova York era uma grande coleção de "statusferas", cada uma delas com suas próprias regras de engajamento e hierarquias baseadas em fama, estilo e infâmia, em vez das noções arcaicas de uma ordem social estabelecida. "Quando uma grande fama — o certificado de status — está disponível sem grande propriedade", escreveu Wolfe na introdução de *The Pump House Gang*, sua antologia de 1965, "essa é uma notícia muito ruim para a velha ideia de uma estrutura de classes. Em Nova York ... isso acabou, mas ninguém se incomodou em anunciar sua morte."

Como era um forasteiro vindo do Sul e tentando criar seu próprio nicho no mundo altamente competitivo da imprensa de Nova York, a noção de status por esforço próprio atraiu Wolfe. "Wolfe é uma espécie de aristocrata, mas não admite isso", disse Gay Talese. "Ele é um nobre do Sul, é um homem de classe. Os melhores modos que já vi. Há uma combatividade nele, mas Tom nunca falou mal de ninguém."

Byron Dobell, editor da *Esquire*, havia visto uma reportagem que Wolfe escrevera sobre a disputa governamental de 1962 entre Nelson Rockefeller e o procurador distrital Robert Morgenthau, e o contratou para escrever artigos para a revista. Seu primeiro artigo publicado na *Esquire*, um perfil do lutador peso-pesado Cassius Clay chamado "The Marvelous Mouth", que saiu na edição de outubro de 1963, foi um problema desde o início. Clay queria que a *Esquire* lhe pagasse pela entrevista. Harold Hayes rejeitou a ideia imediatamente. A maioria das pessoas se sentia orgulhosa e honrada por ser entrevistada pela *Esquire*. Clay não queria honra; queria dinheiro. Hayes enfim concordou em pagar a Clay 150 dólares — 50 dólares quando ele se encontrasse com Wolfe, 50 dólares durante a segunda entrevista e 50 dólares quando Wolfe concluísse o trabalho com ele.

Durante o primeiro encontro de Wolfe com Clay, que aconteceu no Americana Hotel, em Times Square, Wolfe notou que o campeão exibia as letras da estação de rádio WNEW, de Nova York, em seu smoking — um pequeno negócio que lhe rendia 150 dólarees. Clay implorou a Wolfe que não mencionasse isso no artigo. "Como se veria, o sindicato de Louisville, que lidava com Clay, não queria que ele recebesse dinheiro algum, para que ele não acabasse como tantos boxeadores, com grandes séquitos e distrações", disse Wolfe.

Clay fez tantas reservas às perguntas de Wolfe, que a entrevista formal foi praticamente inútil. Wolfe logo percebeu que conseguiria a história observando Clay em sua essência — a técnica de Gay Talese de "apenas dar uma volta" com o entrevistado. Acompanhando Clay ao Metropole Café, onde o lutador foi abordado por uma multidão de fãs de olhos vidrados, Wolfe percebeu a discreta graça e dignidade do lutador, sua imperturbável tranquilidade. Em determinado momento, o repórter notou um homem branco, "obviamente um sulista, pela maneira como falava", pedindo um autógrafo:

— É isso aí, garoto, ponha seu nome aí.

Era mais ou menos a mesma voz que os mississipianos usam num dia de calor, quando o garoto mensageiro de cor entra na sala e está ali em pé, nervoso. "Vá em frente, garoto, sente-se. Sente ali."

Cassius pegou o recibo da Pennsylvania Railroad sem olhar para o homem, e o segurou por mais ou menos dez segundos, simplesmente fitando aquilo.

— Cadê sua caneta?

— Não tenho caneta, garoto. Algumas dessas pessoas aí em volta têm caneta. Apenas ponha seu nome aí.

Cassius ainda não olhou para cima. Disse simplesmente:

— Cara, tem uma coisa que você tem que aprender. Você *nunca* se aproxima e pede um autógrafo a um homem se não tem uma caneta.

A ideia de Wolfe para a reportagem seguinte na *Esquire* era inspirada no salão de carros anual no New York Coliseum, no qual os mais recentes carros customizados — ou "Kustom Kars", na linguagem dos entendidos de West Coast — de Los Angeles eram exibidos. Wolfe, que cobria o salão para o *Tribune*, ficou fascinado com os carros — *hot rods* enfeitados, com motores expostos, desenhos arrojados, pinturas em azul e vermelho, feitas por customizadores pouco conhecidos como Dale Alexander, George Barris e Ed Roth. "A melhor história de hoje é o automóvel", disse Wolf na *Saturday Review*, em 1965. "O automóvel domina a sociedade. Para um número incrível de pessoas, o automóvel é um objeto cultuado." Wolfe vendeu à *Esquire* um artigo sobre carros customizados — ele voaria até Los Angeles, observaria o fenômeno em sua essência natural e depois escreveria um *fait divers* com uma dimensão muito maior até do que a revista *New York* podia acomodar.

Wolfe ficou impressionado com o que viu em L.A. Era a efervescência do que ele testemunhara em pequenas doses em Nova York — o movimento juvenil ampliado. Na Teen Fair, um evento anual em Santa Mônica que funcionava como uma espécie de Feira Mundial pop-cultural, produzida por alguns homens de negócios experientes, Wolfe testemunhou as statusferas da Costa Oeste — surfistas, praticantes de *drag racing*, dançarinos de *frug* e twist — convergindo para um evento que combinava rock, vendedores de produtos para adolescentes e, mais importante, os chamativos carros customizados de Barris, Roth, Von Dutch e outros. Ele foi à loja de Barris, Kustom City, em North Hollywood, onde este lhe mostrou como os carros eram fabricados e depois cuidadosamente pintados e coloridos com sprays. "Wolfe passou muitas horas, muitos dias comigo. Chegou a ir à minha casa e preparou um jantar com minha mulher", disse Barris. "Ele queria saber tudo sobre os carros, e para mim foi ótimo, por causa da publicidade."

Wolfe tinha material de entrevistas em abundância, mas ficou confuso em relação a como deveria organizar aquilo numa história coesa. O que lhe faltava era uma tese, uma linha convincente que pudesse justificar 3 mil palavras. Ele sabia que a subcultura dos carros customizados não tinha precedentes, mas o que ela representava? Durante uma semana, ele se sentou em frente à máquina de escrever em seu apartamento-estúdio em

Greenwich Village, esperando que a inspiração viesse, assistindo à TV e fazendo exercícios abdominais para se manter ocupado.

Um telefonema de Wolfe para Byron Dobell pôs o editor da *Esquire* num alerta de que no fim das contas a história poderia não se materializar. O departamento de arte da revista já havia colocado no lugar uma foto colorida de um carro de Barris no salão de Nova York, e o esquema de produção da revista determinava que as reportagens com arte colorida tinham que ir para as impressoras primeiro, antes do resto da edição. O pequeno orçamento da *Esquire* não podia permitir que um redator desse forma à reportagem a partir das anotações de Wolfe; se Wolfe não podia fazer o trabalho, então Dobell escreveria alguns parágrafos para acompanhar a foto, e esta seria a reportagem.

"Eu estava ansioso para ter alguma coisa", disse Dobell. "Wolfe sempre tinha dificuldades com prazos, mas estávamos prontos para rodar sem texto algum. Simplesmente lhe pedi que me desse informações suficientes para eu mesmo escrever um texto."

Wolfe estava em pânico. Às oito horas da noite, sentou-se e começou a datilografar um memorando para Dobell que descrevia tudo o que ele vira em L.A., desde o momento em que pusera os olhos nos carros de Barris até o que aconteceu na Teen Fair. Abastecido de café (hábito do qual se livraria alguns anos depois) e de um rádio AM trombeteando as quarenta mais populares, Wolfe só parou de escrever às 6h15 do dia seguinte; àquela altura, o memorando tinha inchado e estava com 49 páginas datilografadas. Ele entrou no escritório da *Esquire* logo que este abriu, às nove e meia, e entregou seu memorando a Dobell.

"Eu li e pensei, 'Bem, isso é algo novo'", disse Dobell. "A história estava ali, embora Wolfe não soubesse. Fui até o escritório de Harold Hayes e disse: 'Não se preocupe, este artigo é incrível.' Valia toda a tensão e nervosismo."

Dobell fez poucos reparos, cortando algumas digressões vernaculares ("Havia um bocado de 'por Deus do céu', por algum motivo, pequenas gordurinhas") e riscando a saudação "Querido Byron" no alto do memorando. O título de limpar a garganta — "There goes (VAROOM! VAROOM!) that Kandy-Kolored (THPHHHHHH) tangerine-flake streamline baby (RAHGHHHH) around de bend (BRUMMMMMM'MMMMMMMMM-M...)" foi do editor David Newman.

Uma tese surgiu dos muitos detalhes que Wolfe havia registrado no memorando, ou seja, que os carros customizados representavam um episódio ignorado na história da arte contemporânea, a convergência da prosperidade pós-guerra com um formalismo novo, ritualizado, que não devia nada ao que o precedera — e nem tinha consciência disso. "Não me importo em observar", escreveu Wolfe na reportagem, "que é a mesma combinação — dinheiro e servil devoção à forma — que explica Versailles ou a Praça São Marcos."

"Minha definição de arte é qualquer coisa que você pode tirar de seu ambiente natural e considerar belo e significativo em si mesmo", disse Wolfe. "Carros customizados são arte, com aqueles motores expostos e as reluzentes partes de cromo." Na reportagem, Wolfe fez grandes alegações de que os carros customizados são uma arte nobre, assim como os trabalhos de Brancusi, Dalí e Mondrian — talvez até mais significativos. Ele chamou a Teen Fair de "*República* de Platão para adolescentes" e escreveu que os carros significavam mais "para esses garotos do que a arquitetura representou no grande século formal da Europa, digamos de 1750 a 1850. Eles são liberdade, estilo, sexo, poder, movimento, cor — está tudo bem ali". Wolfe considerou Barris e Ed Roth — outro grande customizador em L.A. — artistas de fora trabalhando sob o radar cultural. "São como nativos de East Island", escreveu sobre seus carros. "De repente, você descobre aqueles objetos impressionantes, e então tem que descobrir como chegaram ali e por que estão ali."

Em todo lugar onde olhou nas ruas de Los Angeles, Wolfe encontrou arte vernacular. Os prédios da cidade tinham "forma não de retângulo, mas de trapézio, pela maneira como os telhados se inclinam para cima a partir de trás e como as frentes de vidro se inclinam para fora como se fossem se lançar na calçada e vomitar". Ali estava um escritor radicado em Nova York fazendo sérias considerações sobre a cultura da Costa Oeste em todo o seu esplendor magnificamente gritante (como em Gaudí). Para a *Esquire*, uma revista que considerava Nova York o epicentro de praticamente tudo, a reportagem de Wolfe foi uma revelação, uma prova de que existia vida do outro lado do país.

"Quando comecei a escrever no que se tornou conhecido como meu estilo, estava tentando capturar o que havia de novo e excitante na coisa da Costa Oeste", disse Wolfe. "Era de onde estavam vindo todos os estilos jovens excitantes. Certamente eles não vinham de Nova York. Tudo sobre o que eu estava escrevendo era novo para a Costa Leste."

Hayes adorou, mas Felker não gostou que Wolfe estivesse fazendo bico na *Esquire* quando deveria estar escrevendo seus *faits divers* mais longos exclusivamente para a *New York*. Mais uma vez, Hayes e Felker se viram numa briga, com Wolfe no meio. "Nenhum de nós estava realmente gostando daquele arranjo, sobretudo Clay", disse Shelly Zalaznick. "Eu odiava a ideia de Tom trabalhando para outros, mas isso era algo que Tom tinha que resolver com Bellows, e então realmente não podíamos fazer nada."

Para Wolfe, era o melhor de todos os mundos possíveis. Ele não apenas tinha a segurança de um emprego no *Tribune*, como agora estava causando impacto em nível nacional, produzindo reportagens para a revista mais comentada dos Estados Unidos. Ele nunca trabalhara tanto, mas os seis anos que passou escrevendo tanto para o *Tribune* quanto para a *Esquire* o transformaram num repórter que era um ícone cultural e produziram parte do jornalismo mais vibrante da década.

4

TOM WOLFE EM ÁCIDO

Tom Wolfe estava fazendo malabarismos para cumprir uma programação monstruosa. Jim Bellows, Clay Felker (que substituíra Shelly Zalaznick como editor da *New York*) e Harold Hayes o puxavam de todas as maneiras, e ele os acompanhava de bom grado. Depois de alguns anos do trabalho árduo na reportagem geral, ele agora tinha duas fontes de trabalho proeminentes que lhe davam um grande espaço para escrever do modo que lhe agradava. Isso acontecia num ótimo momento: a cada lugar aonde ia, Wolfe via a antiga cultura sendo enterrada e dando lugar a novas maneiras de viver, pensar, brincar. Wolfe estava ansioso para fazer a crônica de tudo quanto pudesse — para escrever sobre tudo aquilo e se tornar a voz oficial da nova vanguarda da década. O fato de que nenhum outro repórter em Nova York estava fazendo o mesmo era incompreensível para ele.

Em seus *features* para o *Tribune* e a *Esquire*, Wolfe abriu um amplo caminho através da cultura — os rituais de apostas e os colapsos psiquiátricos dos frequentadores de cassinos em Las Vegas, novos passatempos nacionais como as corridas de *dragsters* em Long Island, árbitros culturais adolescentes, incluindo o popular DJ de rádio Murray the K e a moderna *habitué* Baby Jane Holzer, e a "Máfia das Babás", das governantas da classe alta de Nova York.

Para fazer as reportagens da *Esquire* que o obrigavam a sair da cidade, Tom viajava nos fins de semana e escrevia à noite. "O que eu gastava nessas viagens era sempre mais do que ganhava", disse Wolfe. "Mas a ideia era fazer mais reportagens do que ninguém antes fizera."

Em 1964, o editor da *Esquire* Bob Sherrill sugeriu que Wolfe fosse a Wilkes-Barre, Carolina do Norte, para entrevistar o piloto de stock car Junior Johnson, um personagem interessante do qual Sherrill ouvira falar pela primeira vez quando trabalhava como editor de jornal em Stanford, Carolina do Norte. Johnson era conhecido em seu estado natal, e tema de muitas reportagens, mas ninguém com a habilidade de Wolfe o havia entrevistado ainda. Trocando desta vez seu terno branco por um tweed verde, para combinar um pouco, Wolfe fez "incontáveis, não sei quantas" viagens à Carolina do Norte, aproximando-se discretamente de Johnson, um ex-contrabandista de bebidas que aprendera a dirigir mantendo-se um passo à frente dos agentes federais. Wolfe nunca trabalhara tanto numa reportagem, mas valeu a pena. Um épico de 20 mil palavras, "The Last American Hero is Junior Johnson, Yes!" foi a exegese de Wolfe para o velho e bom garoto do Sul. Era um mundo diferente do Sul patrício onde ele crescera, mas não menos fascinante. Wolfe conseguira de novo; chegando frio ao seu objeto, escrevera o melhor *feature* sobre corrida de stock car até então.

Em sua reportagem para a *Esquire* "Las Vegas (What?) Las Vegas (Can't Hear You! Too Noisy) Las Vegas!!!", Wolfe retratou a Meca do jogo em Nevada como um mundo paralelo de psicose insane e euforia temporária, banhado pelo brilho eterno de suas placas de néon. "Boomerang Modern, Pallete Curvilinear, Flash Gordon Ming-Alert Spiral, McDonald's Hamburger Parabola, Mint Casino Elliptic, Miami Beach Kidney." Wolfe registrou um corte transversal diferente feito nos moradores de Vegas, parando para admirar os "decotes nas nádegas" de certas mulheres de Vegas, cujos shorts "estilo biquíni ... cortam as massas gordas e arredondadas das nádegas, em vez de contê-las por baixo, de modo que as partes inferiores dessas massas gordas, ou 'bochechas', ficam expostas". Ali estão os "velhos bebês nas filas após filas de máquinas caça-níqueis", suas "canelas-colinas" presas em calças cápri, com "copos de papel cheios de níqueis e *dimes* na mão esquerda e uma luva de trabalho Iron Boy na mão direita para impedir que os calos fiquem doloridos". Wolfe leva o leitor aos círculos internos do inferno de Vegas, entrando na prisão do condado e no setor psiquiátrico do hospital do condado, onde aqueles "que fizeram o giro de 360 graus e não conseguiram parar em pé" chegam para se curar.

Wolfe estava tão ansioso para fazer uma reportagem definitiva sobre a cultura de Vegas que o rascunho original foi quase duas vezes maior do que a versão final publicada na revista; concisão não era o seu forte, e suas reportagens frequentemente esmiuçavam e enfeitavam maciçamente.

Wolfe estava empurrando sua linguagem mais fundo na direção de uma metáfora bizarra. Suas frases eram puxadas e distendidas até o extremo da prolixidade, e ele usava onomatopeia. Seus artigos tinham seus próprios efeitos sonoros. A frase inicial da reportagem sobre Vegas era uma única palavra repetida 57 vezes: "Hérnia, hérnia, hérnia, hérnia, hérnia, HÉRNia, hérnia...", um artifício com o objetivo de transmitir o ruído dos homens às mesas de jogos de dados. Em sua reportagem sobre Junior Johnson, Wolfe escreveu "Ggghhzzzzzzzhhhhhhgggggzzzzzzeeeeong! — gawdam!" para simular o barulho do carro de Johnson arrancando. No primeiro parágrafo de sua reportagem sobre Baby Jane Holzer, chamada "The Girl of the Year", Wolfe descobriu uma outra técnica eficiente, a enumeração de detalhes de moda sem pontuação.

> Franjas jubas bufantes *beehives* Beatle boné manteiga rostos pincel cílios decalque olhos *puffy* suéteres francês empurrão sutiã *flailing* couro blue jeans *stretch* calças *stretch* jeans *honeydew* nádegas éclair canela elfo livros bailarinas Knight chinelos, centenas deles, esses pequenos companheiros reluzentes, surgindo e gritando, puiulando dentro da Academy of Music Theater sob o amplo e antigo domo em forma de querubim lá em cima — eles não são supermaravilhosos!

O mundo das publicações estava observando. No inverno de 1965, Lynn Nesbit, uma agente novata de 25 anos, contatou Wolfe para tê-lo como cliente. "Lynn me telefonou de repente", de acordo com Wolfe, "e disse: 'Você não sabe que tem um livro aqui?'". Nesbit, que começara trabalhando como secretária do importante agente Sterling Lord, e assim se armou de uma sólida agenda de contatos, sugeriu a Wolfe que uma coletânea de suas reportagens talvez fosse algo que ela pudesse vender. "Eu era uma menina novinha do Meio-Oeste, mas Tom gostou do fato de eu ir direto ao ponto", disse Nesbit. "Na verdade, na época ele estava pensando em escrever um romance, mas eu adorava o trabalho dele, então ele se arriscou comigo, não sei bem por quê."

Nesbit juntou o livro de artigos com a proposta de romance de Wolfe e vendeu o contrato para dois livros ao editor Henry Robbins, da Farrar, Straus and Giroux, por um bom preço de quatro dígitos — para tristeza de Clay Felker, que trabalhava como consultor editorial da Viking Press e se sentia proprietário de Wolfe e de seu trabalho, principalmente porque encaminhara muitos de seus artigos à publicação. "Clay Felker ficou sem falar comigo dez anos por não ter conseguido o primeiro livro de Tom", disse Nesbit. E Tom Guinzburg, editor-chefe da Viking, ficou tão furioso com Nesbit por ela não ter lhe dado o livro que se recusou a participar do processo de leilão que Nesbit havia iniciado.

Trabalhando com Robbins, Wolfe editou levemente alguns artigos, depois voltou a trabalhar no romance. "Henry era um literato bastante sensível", disse Wolfe. "Fui muito grato a ele e a Roger Straus [cofundador da Farrar, Straus and Giroux] por terem visto algum mérito num livro de artigos. Alguns *publishers* haviam dito: 'Olhe, você publica um livro de verdade e depois publicamos este.'"

The Kandy-Kolored Tangerine-Flake Streamline Baby foi publicado em julho de 1965. As críticas se dividiram. Numa crítica para a *New Republic* intitulada "Rococó and Roll", Joseph Epstein chamou Wolfe de "favelado intelectual" que tocava "uma nota de suprema condescendência invertida" ao escrever sobre boêmios de classe baixa como Holzer e os Twisters na Peppermint Lounge, em Nova York. Mas Epstein achou corretas suas ferroadas satíricas nos vendedores de status em Nova York, como os "glamorosi" de sua reportagem "The Big League Complex". Na *Saturday Review*, Emile Capouya achou "difícil ser grato às pesquisas laboriosas do senhor Wolfe, ao seu olho para a trivialidade característica e ao seu estilo bastante vivaz", que na maioria das vezes é "exclamatório e se alonga demais".

Não importava; o livro foi um sucesso imediato. Um mês depois de sua publicação, em julho, já estava na quarta edição. O sucesso de *Kandy-*

Kolored, combinado com a ferocidade contra *The New Yorker* em suas reportagens no *Tribune*, publicadas em abril daquele ano, tornou o escritor o *enfant terrible* do jornalismo americano, cuja tendência refinada escondia uma afiada sagacidade subversiva. Wolfe foi tema de perfis na *Time* e na *Newsweek*, entrevistado em redes de televisão e celebrado em festas desde Richmond, Virgínia, até San Diego, Califórnia, onde, enfatizou a *Vogue*, "aparecia de terno branco-sobre-branco beijando a mão das senhoritas".

The Kandy-Kolored Tangerine-Flake Streamline Baby ampliou consideravelmente o público de Wolfe. Agora, seus artigos eram sublinhados e guardados por estudantes universitários que achavam que o escritor estava oferecendo um importante fórum para vozes e tendências culturais que não recebiam tratamento apropriado na mídia dominante. Se não era bem um porta-voz da contracultura, Wolfe estava certamente em consonância com a incipiente e vasta mudança cultural. Mas ele já havia escrito mais de 150 mil palavras em incontáveis *faits divers* para o *Tribune* e a *Esquire*, e queria experimentar um projeto da extensão de um livro — se não um romance realista social épico que sonhava em escrever, então um projeto de não ficção épico com uma narrativa cativante como centro. "Eu tinha artigos suficientes para uma outra coletânea, mas não queria continuar lançando coletâneas", disse Wolfe. "Evitei publicar mais uma até que pudesse terminar um livro de verdade."

Ele encontrou o tema de seu livro em julho de 1966, quando recebeu uma caixa de cartas enviada anonimamente. Endereçadas ao romancista Larry McMurtry, as cartas haviam sido escritas pelo escritor Ken Kesey, que tinha sido preso por posse de maconha em abril de 1965, novamente em janeiro de 1966 e fugido da liberdade sob fiança, indo para o México, onde estava exilado. As cartas haviam passado por uma ampla rede de amigos e seguidores de Kesey. Ed McClanahan, escritor e editor que conhecera Kesey quando ambos frequentavam as aulas de texto de ficção de Wallace Stegner, na Universidade de Stanford, enviara as cartas na esperança de que Wolfe escrevesse alguma coisa sobre Kesey. "Na época", disse Wolfe, "Kesey achou, corretamente, que se você tem problemas legais, quanto maior a celebridade que você é, maior a chance de ter retiradas as acusações contra você."

McClanahan já tentara publicar a história de Kesey. Seu colega Robert Stone, que estudara com Stegner, havia sido incumbido de escrever uma reportagem sobre Kesey para a *Esquire*, mas a revista derrubara o artigo. Então McClanahan a publicou numa antologia literária que estava coeditando com Fred Nelson, chamada *One Lord, One Faith, One Cornbread*. Mas era uma revista pequena para um público pequeno. "Eu sabia que a iniciativa de Bob com a *Esquire* fracassara porque eles eram estúpidos demais para saber do que se tratava", disse McClanahan, que obtivera as cartas a McMurtry através do advogado de Kesey, Paul Robertson, e achava que elas poderiam ser um grande ponto de partida para um livro. Quando Henry Robbins — que assinara com McClanahan um contrato para um livro — foi a São Francisco visitar o escritor, no verão de 1966, McClanahan sugeriu que Wolfe talvez fosse o perfeito Boswell para Kesey. "Eu simplesmente achei que o estilo de Wolfe combinava com o que Kesey estava fazendo", disse McClanaham.

Wolfe ficou intrigado. As cartas, escreveu ele mais tarde, eram "loucas e irônicas ... escritas como um cruzamento entre narrativas de William Burroughs e George Ade sobre disfarces, paranoia, fugir de policiais, fumar baseados e buscar o *satori* nas terras de ratos do México". Uma carta de Kesey oferecia algumas informações biográficas:

> Antes um atleta tão valorizado que recebera a função de chamar sinais da linha e chegara a disputar a coroa nacional de lutadores amadores, agora ele não sabia se conseguiria fazer uma dúzia de abdominais. Antes possuidor de uma conta bancária fenomenal e dinheiro acenando de cada mão, agora tudo o que sua pobre mulher podia fazer era conseguir com muito esforço oito dólares para enviar como dinheiro para escapar para o México. Mas alguns anos antes ele estivera na lista da *Who's Who* e fora solicitado a falar em encontros auspiciosos como no Wellesley Club, em Dahla, e agora nem sequer permitiam que falasse no VDC [Vietnam Day Committee]. O que era isso que levara um homem que era uma promessa tão grande a uma situação tão inferior em tão pouco tempo? Bem, a resposta pode ser encontrada em apenas uma curta palavra, meus amigos, em apenas duas sílabas muito usadas: "Drogas!"

Wolfe estava atraído pelo ímpeto desvairado da escrita de Kesey, por sua vivacidade e seu humor mórbido. Sabia muito pouco sobre Kesey além de seu livro sobre corrupção num hospício, *Um estranho no ninho*, um grande best-seller em 1962, e o livro seguinte, sobre uma família de lenhadores no Oregon, *Sometimes a Great Notion*, de 1964. Wolfe era um grande fã de *Um estranho no ninho* — podia dizer que Kesey fizera bem o dever de casa, estilo Novo Jornalismo — mas, como se revelou, a história da vida de Kesey era tão intrigante quanto.

Ken Kesey foi criado numa fazenda que seu pai possuía em Springfield, Oregon. Assim como Tom Wolfe Sr., Fred Kesey dirigia uma coletividade, a Eugene Farmers Cooperative, que transformou numa das maiores operações diárias de laticínios do estado. Atleta forte com aspirações literárias, aos 18 anos Ken Kesey ingressou na Universidade do Oregon, em 1953, e se formou em jornalismo. Em 1959, recebeu de Stanford uma bolsa por texto criativo para estudar com Wallace Stegner. Kesey escrevia durante o dia e trabalhava à noite num hospital psiquiátrico próximo, em Menlo Park. Morava em Perry Lane, um pequeno enclave boêmio em Palo Alto, adjacente ao campo de golfe de Stanford, onde discutia literatura e política com um grupo de artistas e escritores que se adaptara ao ritmo plácido do lugar.

Seu primeiro contato com alucinógenos aconteceu no hospital em Menlo Park, quando se dispôs a participar como voluntário de experiências com LSD para pesquisas científicas. As iniciações de Kesey no mundo das drogas psicoativas e das doenças mentais forneceram o material bruto para *Um estranho no ninho* (Kesey escreveu partes de *Um estranho no ninho* sob efeito de peiote e LSD). A alegoria do livro sobre a repressão institucionalizada ressoou entre leitores jovens, e o livro lhe rendeu dinheiro suficiente para viver confortavelmente e sustentar suas futuras iniciativas. Ele comprou um pedaço de terra em La Honda, uma localidade rural montanhosa perto de Stanford, e começou uma experiência de vida em comunidade, morando com colegas de Stanford e vários outros amigos e membros da família.

O grupo se tornaria conhecido como Merry Pranksters, sendo que Kesey o presidia como um benigno paxá. As refeições eram feitas em conjunto, mulheres eram compartilhadas e drogas eram consumidas em quantidades prodigiosas. Kesey acreditava firmemente que o LSD era um portal para uma consciência mais elevada; os Pranksters difundiram essa crença com uma série de Testes de Ácido que transpiraram por todo o norte e centro da Califórnia. Usando um arsenal de luzes elétricas coloridas, pinturas fluorescentes e música em alto volume, Kesey e os Pranksters criaram uma calorosa atmosfera comunitária na qual os iniciados tomavam ácido e mergulhavam fundo em si mesmos. Kesey estava convencido de que aquele era o caminho para uma nova era de iluminação. "Quando eles faziam viagens, as instruções de Kesey eram: 'O que quer que você seja numa viagem, é o que você realmente é'," disse Wolfe. "Se alguém fazia algo estranho, ou tinha um ataque, era essa a sua viagem."

Wolfe não estava bem certo, mas achava que Kesey era uma figura fascinante engajada em nada menos do que a fundação de uma religião secular. "Na época, eu não conhecia a palavra *hippie*", disse Wolfe. "A imprensa via o potencial daquelas pessoas, mas usava termos como *acidhead* (usuários de LSD ou drogas no geral). Para mim, *acidhead* soava como uma pilha gasta. Havia também o termo *hippie-dippie*, que fazia lembrar figuras da renascença cristã." Kesey apelava ao senso de diversão e aventura de Wolfe, de forjar novos estilos de vida a partir do eflúvio da cultura pop. "Diferentemente de Timothy Leary, Kesey era influenciado por histórias em quadrinhos", disse Wolfe. "Vestia uniformes militares, usava pintura fluorescente e música psicodélica como ferramentas. Leary achava que bastava simplesmente sentar-se no *ashram* e meditar. Kesey queria que as pessoas saíssem do ponto morto. Se você não conseguisse fazer isso, estava morto."

Wolfe decidiu ir à Cidade do México para o *Tribune*, dar uma volta com Kesey e cavar uma história para a *New York* sobre os oito meses do escritor como fugitivo. Mas quando sua passagem de avião já estava reservada, Kesey estava de volta aos Estados Unidos. Tentando passar furtivamente pela fronteira com o México, havia sido preso pelo FBI na Bayshore Freeway, ao sul de São Francisco. Wolfe correu para a prisão do condado de San Mateo, em Redwood City, Califórnia, onde Kesey era mantido e dependia do pagamento de uma fiança de 35 mil dólares para ser solto.

Na prisão, Wolfe deparou com uma cena que "parecia a entrada do palco do Music Box Theatre", com uma penca colorida de seguidores de Kesey sentados, em vigília, na sala de espera, jogando o I Ching ou rezando em silêncio. Depois de negociar com os guardas da prisão, Wolfe, acompanhado de Ed McClanahan, conseguiu uma visita de dez minutos com Kesey. Embora eles estivessem separados por um vidro grosso, Wolfe ficou impressionado com o volume e a massa de Kesey, seus "punhos e antebraços grossos" e seu "grande pescoço com um par de músculos esternocleidomastoides que [se erguiam] para fora da camisa de presidiário como duas cordas de cais". Wolfe perguntou freneticamente a Kesey sobre declarações que ele dera à imprensa local sobre mover-se "além do ácido", e Kesey, em meio aos ruídos de baixa fidelidade do fone, lhe disse que "é hora de se graduar no que tem acontecido e ir para algo mais". Quando Wolfe lhe perguntou por que ele anunciara publicamente que se aposentara da atividade de escritor, Kesey lhe disse: "Eu prefiro ser um para-raios do que um sismógrafo."

Wolfe foi atraído pelo campo de força de Kesey, tomado pelo "estranho carisma interiorano" daquele homem. Viajou com alguns dos Merry Pranksters para uma antiga fábrica de tortas no andar térreo de um hotel abandonado na Harriet Street, em São Francisco, onde eles esperavam o retorno de seu líder. Usando seu terno branco e empunhando um bloco de anotações de repórter, Wolfe testemunhou homens e mulheres vagando pelo amplo espaço com macacões brancos com remendos feitos de bandeiras americanas. Tablados de teatro se enfileiravam junto às paredes, com cobertores sendo usados como cortinas; havia colchões espalhados por toda parte e um ônibus escolar no meio do depósito, pintado com uma combinação impressionante de cores fluorescentes, "como um cruzamento entre Fernand Léger e Dr. Estranho". Ao lado do ônibus, alguns Pranksters pintavam uma placa na qual se lia GRADUAÇÃO EM TESTE DE ÁCIDO. Afastado, num dos lados, estava Neal Cassady, protagonista (como Dean Moriarty) do romance de Jack Kerouac de 1950, *On the Road*, e ícone da Geração Beat, jogando uma marreta para o alto repetidamente e a apanhando habilmente pelo cabo.

Três dias depois, Kesey, que saíra da prisão pagando a fiança com dinheiro levantado por seus velhos amigos de Perry Lane, chegou, sendo saudado como herói, e mal registrou o fato de que Wolfe estava ali no meio, o que foi apenas uma vantagem para o escritor: ele pôde observar as proezas de Kesey e dos Pranksters sem interferir. "Estávamos além para nos preocuparmos com as aparências", disse George Walker, Merry Prankster e um dos maiores confidentes de Kesey. "Tom era aquele sujeito bastante aristocrata, que eu acho que nunca ficou em mangas de camisa durante o tempo todo que passou conosco, mas estávamos ocupados demais com as nossas coisas para prestar alguma atenção a ele."

Mesmo para um grupo deliberadamente nada convencional como os Merry Pranksters, aquele era um quadro bizarro — um dândi no meio dos doidões. Wolfe observou as preparações dos Pranksters para algo chamado Graduação em Teste de Ácido, acompanhando os Pranksters George Walker; um ex-colega de Kesey em Stanford, Ken Babbs; e outros em viagens de ônibus até a propriedade de Kesey em La Honda. "Apesar do ceticismo que eu trouxe para cá", escreveria Wolfe mais tarde, "de repente estou experimentando a sensação *deles*. Tenho certeza de que sim. Sinto-me como se estivesse ciente de algo que o mundo externo, o mundo de onde eu vim, não pudesse compreender, e *isto* é uma metáfora, a cena inteira, antiga e vasta." Os Pranksters eram uma verdadeira irmandade mística, "apenas na pobre e velha América dos anos 1960 de fórmica sem um grão de deserto ou um pedaço de folha de palma ou um pedaço de fruta-pão da imensidão celestial sobre a cabeça, captando vibrações de fitas Ampex e de uma marreta Williams Lok-Head em malabarismos, viciando-se em drogas de laboratório matemáticas, LSD-25, IT-290, DMT, em vez de *soma water*."

Depois de algum tempo, Kesey começou a testar Wolfe, implorando a ele para deixar de lado o bloco de anotações, tomar um ácido e se juntar aos Pranksters como participante, e não como observador. "Ken geralmente acreditava, e muitas vezes estava certo, que através de seu magnetismo poderia levá-lo à sua maneira de ver as coisas", disse Wolfe. "Mas eu e ele estávamos em ondas diferentes." Ainda assim, a natureza comunitária da grande experiência utópica dos Pranksters atraía Wolfe. Certa vez, quando estavam namorando, Elaine Dundy perguntou a Wolfe se havia alguma subcultura sobre a qual ele escrevera cujo estilo de vida o atraía mais. "Ele disse: 'Se pudesse parar de fazer o que estava fazendo, eu seria um dos Pranksters.' Acho que um grupo como aquele, que desistia do mundo sem realmente se rebelar de nenhuma maneira violenta, um apoiando o outro, era algo que o atraía."

Em La Honda, na propriedade de Kesey aninhada entre as altas sequoias da cadeia de montanhas de Santa Cruz, Wolfe compreendeu a total extensão do louco redemoinho tecnológico de sons e visões dos Pranksters, o extático misturado ao estudantil. Havia oradores trepados no telhado da casa e pendurados em árvores, explodindo o jazz livre angular de Ornette Coleman e o folk plugado de Bob Dylan. Estranhos móbiles pendiam dos galhos das árvores; arte abstrata era pregada nos troncos. Dentro da ampla cabana de madeira de Kesey, espalhavam-se gravadores, câmeras de 8mm e projetores. Eram as ferramentas documentais para as experiências dos Pranksters em consciência todos-em-um, os Testes de Ácido.

Alguns Pranksters fizeram tentativas tímidas de assustar Wolfe. Certa tarde, George Walker levou o escritor para dar uma volta em seu Lotus, passando pelas curvas em torno de Menlo Park a mais de 140 quilômetros por hora. Ao fim do passeio em alta velocidade, Wolfe estava pálido e visivelmente abalado; Walker estava sorridente, mas admirou o estoico profissionalismo de Wolfe. Quando Kesey transferiu as operações dos Pranksters da Harriet Street para La Honda, Wolfe seguiu com Ed McClanahan em seu carro esportivo. Enquanto McClanahan passava pelas estradas nas montanhas, "mais tortas do que pernas de bode", Wolfe o entrevistou, fazendo anotações num bloco acomodado entre eles. "Cada história que eu lhe contei estava perfeita no papel", disse McClanahan. "Não pude acreditar em como ele fazia aquilo bem."

Os Pranksters estavam preparando a Graduação em Teste de Ácido, na qual Kesey dizia a seus seguidores para ir além do ácido e chegar a um novo nível de existência. O que poderia ser isso, nem Kesey sabia ao certo. "Era bem estranho o misticismo daquilo", disse Wolfe sobre a graduação, realizada no depósito em São Francisco. "À medida que as horas avançavam, as pessoas iam ficando cada vez mais dopadas. Virava uma atmosfera religiosa, não muito diferente de alguns rituais cristãos."

"Suas faces eram pintadas em espirais Art Nouveau", escreveu Wolfe.

> Seus chapéus eram pintados, máscaras pintadas, cabelos tingidos estranhos, pijamas chineses bordados, vestidos feitos de bandeiras americanas, polietileno diáfano Flash Gordon, plástico aderente de supermercado ... Um inferno de um circo, em resumo, um estandarte de carnaval completo, um panóptico.

Neal Cassidy usava um chapéu de formatura e segurava um punhado de diplomas enrolados, enquanto Kesey espreitava nas sombras, usando uma malha colante branca, uma capa de cetim branca e uma faixa azul em torno do peito. "É ... o Capitão América! O Flash! Capitão Marvel! O Super-herói, em uma palavra." Mas a grande revelação nunca aconteceu. Kesey fez alguns comentários abstratos sobre não atravessar as mesmas portas, ir além do "Jardim de Éden". A multidão ficou confusa com isso, e a presença de um grupo de policiais não ajudava. A multidão diminuiu quando o Halloween se tornou 1º de novembro, e às três horas da manhã o círculo interno de Kesey se reuniu no meio da sala e se aglomerou, tocando mãos com os olhos fechados numa tentativa de entrar numa espécie de transe coletivo. Às cinco horas, Neal Cassady entregou os diplomas àqueles que haviam ficado ali do início da noite até de manhã cedo, os verdadeiros fiéis da fé Prankster.

Naquela noite, toda a experiência Prankster pareceu se consumir num futuro incerto. Semanas depois, Kesey foi condenado a trabalhar na fazenda de uma prisão. Isso daria um clímax adequado à reportagem de Wolfe. Agora ele tinha a abertura — Kesey voltando para seus seguidores depois de retornar ao país — e seu final. Mas o que ele originalmente pretendia que fosse um *fait divers* padrão com alguns milhares de palavras havia inchado e se tornado um épico em três partes, publicado em três edições da *New York*, em janeiro e fevereiro de 1967. "A primeira parte, a montagem do cenário, estava boa", escreveu Wolfe no *New York Times*. "A segunda e a terceira estavam muito pequenas. Certamente eles não conseguiram captar a estranha ... quarta dimensão que eu percebi na aventura Prankster."

Kesey não ficou particularmente impressionado. "Ficou bom", disse ele a Wolfe. "Vai deixar as pessoas ... intrigadas." O que faltou, de acordo com Kesey, foi a essência, a verdadeira substância, do etos Prankster — Wolfe não havia se aprofundado o suficiente.

A série, ilustrada com fotografias de Ted Streshinsky e complementada com incidentes que Wolfe soube durante as longas entrevistas com os Pranksters, não estava abaixo da média, de modo algum. Eram reportagens investigativas eficientes, mas escritas com um distanciamento de um repórter que não chegou mais perto para explicar a realidade dos Pranksters do que na cobertura jornalística anterior que Wolfe havia considerado irremediavelmente enfadonha. Wolfe explica, mas não revela realmente. Uma passagem típica como esta, na qual Wolfe descreve os efeitos do LSD, tem um tom paternalista de filme educativo:

> Até agora ninguém dentro ou fora da profissão médica sabe exatamente o que o LSD faz no corpo, principalmente porque se sabe muito pouco sobre o funcionamento do sistema nervoso central como um todo. É a escuridão nesse campo que tem deixado tanto espaço para o misticismo na vida do LSD.

Em resumo, as reportagens estavam direitas demais. Tinha que ter havido uma maneira melhor de abordar a história de Kesey, mas isso não sairia na *New York*. Isso, decidiu Wolfe, seria o próximo livro de seu contrato com a Farrar, Straus and Giroux. A questão se tornou, então, o que exatamente *iria* funcionar.

Ele estava preso, exatamente como estivera no *fait divers* sobre carros customizados para a *Esquire*. Como captar a natureza cômico-espiritual da cena sem trivializá-la? Wolfe lutava com o aspecto metafísico da reportagem; era impossível fazer justiça aos Pranksters sem realmente descrever os efeitos dos alucinógenos na maneira de pensar do grupo.

"Eu congelei", relembra Wolfe, "porque de algum modo achei que tinha que ser algo muito mais magnificente do que um artigo de jornal, e o bloqueio do escritor é o medo de não conseguir produzir o que você anunciou, mesmo que só tenha anunciado para si mesmo. Eu pensei, será que isso é tão insignificante que eu não deveria gastar mais um minuto nisso? Fiquei tentando adaptar aquilo a uma forma de *fait divers* normal de jornal, e não era esse tipo de reportagem. Por fim, simplesmente entrei no processo e fiz a coisa."

Wolfe precisava voltar à Costa Oeste e colher mais histórias, investigar a vida privada de Kesey e dos Pranksters mais rigorosamente. "Eu tinha que acompanhar a história dos Pranksters até o fim, não importava o quanto isso demorasse." Ele tinha o primeiro capítulo e o fim: agora, precisava preencher o espaço entre as duas coisas. Na primavera de 1964, a viagem no ônibus da International Harvester que os Pranksters chamaram de "Furthur", e no qual o grupo viajou para Nova York e Canadá, forneceria o miolo da narrativa. Mas as viagens de ácido forneceriam a metanarrativa — ou, em vez disso, a narrativa metafísica.

Esse objetivo apresentava uma nova série de problemas. Qualquer coisa que Wolfe não tivesse testemunhado em primeira mão teria que ser recriada a partir de entrevistas e do que mais ele pudesse encontrar. Então ele voltou a La Honda, localizou Pranksters como Ed McClanahan e Stewart Brand, e os entrevistou demoradamente sobre o que o ácido realmente os fazia sentir, que visões eles podiam ter com o uso da droga e como esta alterava sua percepção do mundo. Como os Pranksters eram muito sintonizados com o uso da multimídia, Wolfe teve como vantagem uma tremenda quantidade de documentação em áudio e visual, particularmente filmes sobre vários Testes de Ácido, que Kesey exibia para si mesmo.

Mas a própria história estava mudando, e a verdade era mais feia do que Wolfe previra. Havia um lado obscuro na experiência Prankster para aqueles que não eram psicologicamente fortes como Kesey e que viam o LSD como um paliativo que poderia torná-los completos novamente. Sandy Lehmann-Haupt, primeira fonte de Wolfe, era o caso mais triste de todos. Engenheiro sério de Nova York, ele fora apresentado a Kesey por seu irmão Carl, colega de Kesey em Stanford, durante a era Perry Lane. Entre os Pranksters, Sandy Lehmann-Haupt tinha fama de ter um comportamento instável e tendência maníaco-depressiva — uma pessoa alegre que de uma hora para outra podia sucumbir a seus piores impulsos e se voltar contra todos, inclusive

Kesey, com quem tinha um relacionamento tempestuoso. "Sandy podia ser extremamente agradável em seu modo maníaco", disse George Walker. "Mas podia ser também extremamente chato."

A experiência de Lehmann-Haupt com Kesey fora marcada por episódios de paranoia e experiências ruins com drogas. Ele fizera uma incomum viagem assustadora com o poderoso alucinógeno DMT durante a visita dos Pranksters com Timothy Leary à terra do guru do LSD, Millbrook, no norte do estado de Nova York, e tivera também uma série de flashbacks perturbadores. Quando os Pranksters viajaram para o Esalen Institute, em Big Sur, Califórnia, Lehmann-Haupt estava tendo ilusões paranoicas e fugiu para Monterey, temendo que Kesey tivesse iniciado um plano contra ele. Acabou se juntando novamente aos Pranksters, mas deixou Kesey furioso durante a expedição de 1964, quando roubou dele um equipamento de áudio e voltou para Nova York em sua motocicleta.

Apesar de se separar de Kesey, Lehmann-Haupt permaneceu encantado com ele durante anos. "Na época em que Tom conversou com Sandy, acho que ele não teria se oposto a voltar [para os Pranksters]", disse um irmão de Sandy, Christopher, que havia tirado Sandy da prisão em Monterey quando ele foi preso por perturbar a paz. "Ele era muito ligado a Kesey, embora desde o começo eu visse de maneira bastante negativa aquela coisa toda." Foi Sandy Lehmann-Haupt quem, numa série de entrevistas a Wolfe em Nova York, forneceu a Wolfe detalhes sobre diversos acontecimentos importantes, principalmente a experiência de Kesey numa selva primitiva como fugitivo em Mazatlán e Manzanillo, no México, sua viagem de volta aos Estados Unidos e sua subsequente prisão, bem como detalhes íntimos sobre o relacionamento extraconjugal de Kesey com Carolyn "Mountain Girl" Adams.

Havia outra influência oculta perturbadora na experiência dos Pranksters: o relacionamento desconfortável deles com a gangue de motociclistas Hell's Angels. Para obter informações sobre o encontro de Kesey e os Pranksters com os Angels em La Honda, durante o fim de semana do Dia do Trabalho, em 1965 — um choque entre culturas tóxicas que resultaria num estupro por uma gangue —, Wolfe se voltou para outro escritor,

Hunter S. Thompson, que havia passado um bocado de tempo com a gangue de motociclistas para escrever seu livro *Hell's Angels: medo e delírio sobre duas rodas.*

O relacionamento entre Wolfe e Thompson começara de maneira infeliz. Em 1965, Thompson era um freelancer esforçado que começava a ficar conhecido como, entre outras coisas, correspondente estrangeiro itinerante do *National Observer*, semanário publicado pela Dow Jones. Quando *The Kandy-Kolored Tangerine-Flake Streamline Baby* foi publicado, em julho de 1965, Thompson o saudou como um passo revolucionário do jornalismo americano e escreveu uma crítica entusiasmada sobre o livro para o *Observer*. O editor responsável por livros na revista não era, porém, fã dos textos de Wolfe; como muitos jornalistas tradicionais, achava que Wolfe corrompia uma tradição respeitada ao longo de gerações. Quando a revista derrubou a crítica, Thompson, furioso, cortou suas ligações com o *National Observer* permanentemente, e esse desligamento foi na época sua saída mais honesta e lucrativa.

Numa carta a Wolfe, escrita em São Francisco e acompanhada da crítica não publicada, Thompson explicava o que havia acontecido:

> Devo ao *National Observer* em Washington algum dinheiro por reportagens pagas que nunca foram escritas quando eu trabalhava para eles aqui, e a maneira como decidimos que eu trabalharia era fazendo críticas de livros que eu mesmo escolheria. O seu foi um deles; eles o enviaram a mim e escrevi esta crítica, que eles não vão publicar. Telefonei outro dia para o editor (o editor de kultura) no meio de uma reunião dos Hell's Angels em Bass Lake e ele disse que lamentava e concordava comigo etc., mas que havia um "sentimento" na redação em relação a dar a você uma boa crítica. Duvido que essa falha vá lhe causar algum mal, mas isso me deixa puto, além de me custar 75 dólares, então imaginei que poderia pelo menos enviar a cópia a você, pelo bem ou pelo mal.

Thompson e Wolfe eram aliados improváveis. Thompson também era do Sul, um liberal esquentado que detestava autoridade e vivia num estado permanente de conflito com quase todo mundo que fazia parte de sua vida pessoal e profissional. Wolfe, por outro lado, tinha uma filosofia mais conservadora, cética e cautelosa em relação aos movimentos políticos liberais da década. O que os uniu foi o fato de ambos romperem com o jornalismo convencional, o sentimento de que ambos estavam lutando por uma boa causa: novas maneiras de reportar. "Nunca competi com Wolfe", disse Thompson. "Éramos companheiros viajantes."

Alguns dias antes do Dia do Trabalho, Thompson estivera com Kesey em São Francisco, nos estúdios da KQED, onde ambos foram entrevistados, e em seguida os dois acabaram bebendo algumas cervejas num bar por perto. Thompson falou a favor dos Angels, e Kesey sentiu que surgia um sentimento de companheirismo — a simpatia de um observador por uma gangue de rebeldes que também existia lunaticamente à margem. Ele seguiu com Thompson para o Box Shop, um clube em San Francisco, e, de acordo com Thompson, "várias horas comendo, bebendo e compartilhando ervas simbolicamente" levaram a um convite de Kesey para uma festa em La Honda.

Depois de ler *Hell's Angels: medo e delírio sobre duas rodas*, Wolfe escreveu ao autor, pedindo a ele que enviasse qualquer material que pudesse ser útil ao seu livro. Thompson colaborou com algumas fitas de entrevistas e gravações em áudio dos Hell's Angels em La Honda. Agora Wolfe tinha à mão a cena da festa no Dia do Trabalho, bem como o estupro, sobre o qual Thompson também havia escrito em seu livro.

Usando a pesquisa de Thompson e o extenso arquivo de Kesey — diários, fotografias, correspondência, os filmes do Teste de Ácido e uma massa de 45 horas de filmes da viagem dos Pranksters de La Honda a Nova York a bordo do ônibus Furthur — Wolfe montou meticulosamente a história, como Margaret Mead entre os samoanos. "Os filmes que Kesey tinha dificilmente seriam bom cinema", disse Wolfe. "Mas me permitiram descrever cenas, as roupas que as pessoas usavam. E aqueles diários estranhos foram bastante úteis também."

Mas quando Wolfe estava prestes a começar o livro, Tom pai foi hospitalizado com endocardite miocárdica assintomática, uma inflamação na mucosa do coração. Para ajudar na convalescença de seu pai, Wolfe tirou uma licença no *Tribune* e se mudou para Richmond. Três visitas diárias ao hospital lhe deixavam pouco tempo para escrever, mas "existe alguma coisa, quando não se tem muito tempo, que faz você dizer: 'Eu deveria usar melhor as horas entre uma coisa e outra'".

Porém o processo de escrever estava carregado de indecisão. Wolfe era hábil nos *faits divers* para revistas, mas aquele era um espaço consideravelmente maior. "Inicialmente tive que pensar em cada capítulo como um artigo separado", disse ele. "Assim, conseguia trabalhar no livro sem me preocupar tanto com ele." Na maioria das vezes, Wolfe só começava a escrever no início da noite, produzindo páginas em abundância até duas ou três da manhã. "De início, eu tentava gerar dez páginas com espaço triplo por dia, ou 1.400 palavras", disse Wolfe. "Mas logo comecei a ter uns surtos longos em que produzia vinte páginas por dia, cerca de 3 mil palavras, e eu simplesmente mantive firme esse número de páginas."

Ele escreveu 900 páginas de manuscritos em quatro meses, um número impressionante até mesmo para um escritor rápido como Wolfe. Praticamente tudo o que ele escrevera na série para a *New York* foi retrabalhado. O estilo de prosa era um completo desvio, mesmo para um estilista fantasioso como Wolfe. Ele se manteve preso à narrativa que planejara: a viagem de ônibus dos Pranksters a Nova York e todos os desvios intrigantes ao longo do caminho, incluindo uma viagem para um show dos Beatles, a festa dos Hell's Angels e o encontro com Timothy Leary. Mas os Pranksters não funcionavam num tempo de narrativa convencional, não com todas aquelas drogas; e o livro não poderia funcionar se ficasse restrito a um enredo linear. Então ele rompeu a história como um quadro de Braque. Em vez da onipresente voz em terceira pessoa, Wolfe alterou o ponto de vista, usando monólogos interiores quando necessário, e levando assim a figura ficcional de um narrador não confiável a extremos sem precedentes: "Quem quer que eu tivesse como fonte, eu tentava entrar na cabeça dele."

Wolfe reorganizou suas palavras de maneira não linear e usou a pontuação como elemento gráfico, como E. E. Cummings numa onda de mescalina. Ele adorava elipses, porque seus personagens falavam em padrões elípticos, e até pensavam assim. A pontuação, descobriu Wolfe, permitia-lhe controlar o ritmo e o momento de uma cena, de modo que ele conseguia escrever da maneira como as pessoas realmente pensavam sob influência de alucinógenos. Subvertendo sua linguagem, ele estava, com efeito, dosando sua prosa. De qualquer modo, a realidade de todos era uma construção subjetiva, de acordo com Kesey — um "filme" que só eles podiam ver. Em essência, Wolfe estava moldando seu estilo para acomodar o estilo de Kesey. Ao contar os flashbacks de Sandy Lehmann-Haupt sob efeito de DMT, Wolfe capta suas visões paranoicas, alucinatórias:

Certas vibrações do ônibus faziam seu cérebro viajar de alguma maneira e de repente traziam de volta a sensação da viagem de DMT, e era preciso acelerar e *continuar em frente*. Os doces campos de arroz e as pastagens da América navegavam pela beleza rural verde e fazendo curvas, e Sandy está observando a beleza serena daquilo ... e então por acaso ele olha pelo grande espelho retrovisor fora do ônibus e — os campos estão — em chamas :::::::: curvam e coalham diretamente em chamas laranja horríveis ::::: Então ele vira a cabeça rapidamente e volta a olhar tão longe quanto consegue e além além do horizonte, e não há nada além de doce e verde novamente, navegando pelo sereno.

Wolfe lançou parágrafos com poesia:

Um verdadeiro cartão de Natal
A nova casa de Kesey perto de La Honda
Uma cabana, um riacho na montanha, uma pequena ponte de madeira
Quinze milhas de Palo Alto além
Cadeia Cahill onde a Rota 84
Corta o desfiladeiro da floresta de sequoias —
Uma floresta de sequoias por um quintal!
Um verdadeiro cartão de Natal.

Ele empilhou palavras como blocos montados por crianças:

Milhas
      Milhas
           Milhas
                  Milhas
                        Milhas
                              Milhas
                                  Milhas
                                      sob toda a
boa vegetação de Morris Orchids e ouvindo visões de
Faces
      Faces
           Faces
                  Faces
                        Faces
                              Faces
                                  Faces

Ao descrever a cena do estupro, Wolfe escreveu com uma verossimilhança de espectador.

Uma loura de fora da cidade, uma das convidadas de fora, apenas um bom suave doce hormônio amasso, ela deixou claro a três Angels que estava pronta para ir, então eles marcharam para os fundos da casa e fizeram uma roda alegre ali. Logo todos os Angels souberam da "nova mamãe" nos fundos da casa e muitos deles se amontoaram ali, segurando cervejas, rindo, revezando-se, fazendo críticas variadas. A menina estava com seu vestido vermelho e branco levantado na altura do peito, e dois ou três ficavam em cima dela de uma vez, entre suas pernas, sentando em seu rosto à luz ocre doente do barracão com muita lambida, lascívia, esfregando, arfando em meio a tufos de pêlo púbico enquanto doce e sêmen brilhavam nas áreas em destaque de sua barriga e suas coxas, e ela se debatia e gemia, não em protesto, porém, numa espécie de ataque bêbado de Deus sabe o quê, e homens sem calças ficavam em pé em volta incentivando, provocando, esperando sua vez.

Esse trecho incomodou Kesey quando ele o leu no livro de Wolfe. Ele achou que Wolfe não estava sendo completamente honesto por não citar nomes e revelar os agressores. "Certas passagens — como a do estupro grupal dos Hell's Angels — teriam sido mais fortes se ele tivesse usado os nomes verdadeiros das pessoas que participaram", disse Kesey anos depois, numa entrevista a Paul Krassner. "Kesey achou que eu fiz um momento trágico parecer uma farsa", disse Wolfe.

Foi a única nota dissonante no livro, o momento em que o estilo de prosa de Wolfe cruza de maneira desconfortável um acontecimento que pode ter sido beneficiado por uma abordagem mais restrita. A prosa funcionou muito mais efetivamente quando Wolfe entrou na cabeça de Kesey durante uma viagem de ácido:

> O teto está mexendo — não girando loucamente, mas ao longo de seus próprios planos seus próprios planos de luz e sombra e superfície nem de perto tão legal e liso quanto o estucador Super-Homem do Estuque pretendia com infalível carpinteiro nível bolha deslizando em tubo de xarope mel Karo turvo não tão à prova de defeitos quanto você pensava, cara, pequenas irregularidades e sulcos ali, cara, e linhas, linhas como espinhas sobre cristas de ondas de areia de filme de deserto branca um com cena longa de sombra MGM do á-rabe ameaçador chegando sobre a crista seguinte porque só o sarraceno sinistro pode ver a estrada e você não sabia quantas histórias dentro da outra deixou ali, Homem Estuque, tentando alisar tudo, tudo aquilo, com sua bolha em tubo de mel nível de carpinteiro.

Para passagens como esta, Wolfe entrava num "transe controlado" (termo de Wolfe). Antes de escrever cada capítulo, ele revia suas anotações, depois fechava os olhos e tentava imaginar-se nos estados mentais de seus personagens — um processo de "memória de senso" intelectual que ele achava parecido com a representação teatral de um personagem. Mas nem isso o deixava tão perto do personagem quanto ele realmente queria estar. Wolfe hesitara em tomar ácido quando Kesey o exortou a fazê-lo em La Honda, mas nenhuma quantidade de pesquisa poderia aproximá-lo o suficiente da sensação de uma viagem de ácido, a não ser que ele experimentasse isso pela primeira vez. Ele viajou para Buffalo, Nova York, onde um amigo seu tinha acesso a LSD, e tomou 125 miligramas. "Senti como se meu coração estivesse fora do meu corpo com aquelas veias grandes", disse ele. "Quando comecei a me acalmar, tive a sensação de que havia entrado no brilho de um tapete trançado áspero, de Acrilan — e de alguma forma aquilo representava o povo americano em sua glória democrática."

Felizmente para Wolfe, essas percepções especiais não entraram em *O teste do ácido do refresco elétrico*. As críticas ao livro, publicado em agosto de 1968 — no mesmo dia de sua segunda coletânea de artigos, *The Pump House Gang* — foram muito mais entusiasmadas do que as observações sobre *The Kandy-Kolored Tangerine-Flake Streamline Baby*. "*O teste do ácido do refresco elétrico* é um livro impressionante", escreveu C. D. B. Bryan na *New York Times Book Review*. "Wolfe é precisamente o autor certo para fazer a crônica da transformação de Ken Kesey de respeitado autor de *Um estranho no ninho* a entusiasta do LSD. ... É difícil o leitor ficar imune ao entusiasmo e às fogueiras literárias de Wolfe." O crítico Joel Lieber, da *Nation*, escreveu: "Você se anima lendo essa história. Suas palavras chegam tão perto quanto possível da efervescência da coisa em si."

Essas reações eram exatamente o que Wolfe vinha tentando conseguir — levar o leitor para tão perto da experiência Prankster quanto ele pudesse sem se tornar um participante ativo. Com sua tacada de duas publicações, Wolfe havia chegado às alturas da fama literária, mas "Eu não tinha dinheiro suficiente para ser uma celebridade". Sua renda total sem contar os impostos aquele ano foi de apenas 17.500 dólares.

5

O CENTRO NÃO CONSEGUE SEGURAR

O que Tom Wolfe enviava da Costa Oeste para o *Tribune* e a *Esquire* eram reportagens de campo para um público leitor que mantinha, na melhor das hipóteses, uma atitude desdenhosa em relação aos terremotos juvenis que estavam reescrevendo o Social Register, transformando classe num acessório facilmente adquirido, em vez de um privilégio de berço. As experiências de estilo de vida que transpiravam em Los Angeles e São Francisco, exemplificadas por Kesey e os Pranksters, eram tão estranhas para os leitores essencialmente republicanos do *Trib* que pareciam mais adequadas à *National Geographic*. Wolfe estava fazendo o possível para apresentar a cultura da Costa Oeste a Nova York, e fazia isso com o entusiasmo e o otimismo de um iniciado se precipitando sobre uma espécie de vale edênico onde novos paradigmas sociais estavam removendo rituais e arranjos domésticos mofados que haviam permanecido dormentes durante anos.

Mas nem todos os escritores que cobriam o movimento jovem estavam enamorados das mudanças tectônicas que ocorriam na Califórnia, e uma escritora em particular manteria sempre um ceticismo distanciado que beirava o medo existencial. Diferentemente de Wolfe, Joan Didion era cria do Oeste. Nasceu em 1934, mas seus ancestrais haviam migrado para a Califórnia no século XIX, vindos de pontos a leste, como Virgínia, Arkansas, as Carolinas e Illinois, lugares onde os sonhos fracassados de recompensas financeiras levaram a uma grande migração para terras onde se dizia que as plantações cresciam tanto e com tanta força quanto os álamos. Eles haviam aguentado durante muito tempo, chacoalhando em carroças que cruzaram a Trilha do Oregon, e sobreviveram por pouco à travessia do Humboldt Sink, em Nevada (onde o grupo Donner-Reed encontrou seu fim impressionante; (depois de uma nevasca, uma parte do grupo acabaria comendo carne de companheiros mortos para sobreviver; a mãe de uma tataravó de Didion, Nancy Hardin Cornwall, era membro do grupo Donner), instalando-se no Central Valley, Califórnia, cujas vastas planícies aluviais pareciam uma promessa de eterna prosperidade.

Quando pequena, Didion ouvia histórias sobre seus ancestrais e a luta deles para dominar aquele território selvagem, forjando novas identidades como fazendeiros vindos da última região subdesenvolvida do país. Sacramento — onde Didion foi criada por uma dona de casa e um oficial da Força Aérea que serviu na junta de recrutamento local e depois migrou para o setor imobiliário local — era um local além da periferia, à deriva, em desconfortável suspensão em relação ao resto do estado. Mas no fim dos anos 1940, Didion tinha a impressão de que as histórias que ouvira sobre rios cristalinos e planícies majestosas já haviam sido superadas pela nova narrativa sobre um desenvolvimento corporativo desenfreado, a colonização da cidade por firmas do setor aeroespacial e outras empresas comerciais. Esse novo *boom* de desenvolvimento coexistia com a velha Sacramento de maneiras que deram a Didion indícios sobre a impermanência das coisas na Califórnia, a natureza quimérica do grande sonho ocidental que seus ancestrais haviam sonhado.

Até mesmo Sacramento se tornou uma miragem para Didion, enquanto ela era empurrada de base em base durante o período de seu pai na Força Aérea. Então Didion se retirou ainda mais para o fundo de si mesma, encontrando consolo nos romances de Hemingway, Conrad e James. "Eu tendia a perceber o mundo nos termos das coisas que lia sobre ele", recordou ela em 1979.

Ela escreveu sua primeira história aos 5 anos. "Eu escrevia histórias desde pequena", relembrou Didion, "mas não queria ser escritora. Queria ser atriz. Não percebia que é o mesmo impulso. É fazer acreditar. É atuação. A única diferença é que um escritor pode fazer isso tudo sozinho." Na escola secundária, Didion trabalhou como freelance para o *Sacramento Union*, economizando dinheiro suficiente para comprar uma máquina de escrever Olivetti Lettera 22; ela ensinava a si mesma como juntar as frases datilografando trechos de seus livros favoritos.

Didion não sabia que essa imagem de mudança de aspecto na Califórnia que ela manteve durante sua juventude se tornaria a matéria-prima de seu maior trabalho como escritora quando ela deixou Sacramento para ingressar na Universidade da Califórnia, Berkeley, para estudar inglês. Depois de vencer um concurso de redação com uma história sobre William Wilson Wurster, arquiteto de São Francisco, Didion partiu para Nova York após se formar, em 1956, e conseguiu um trabalho na *Vogue*, fazendo textos-legendas para a editora Allene Talmey. Acabou passando a escrever reportagens sobre casas de campo, designers de roupas e outras personalidades, nas quais o destaque estava em colocar bem os detalhes mais delicados dos produtos e ao mesmo tempo evitar o adjetivo ou verbo irrelevante, a palavra descritiva desnecessária.

Didion se apaixonou por Nova York como apenas um iniciado rural poderia. "Nada era irrevogável", escreveria mais tarde, "tudo estava ao alcance. Logo ali na esquina havia algo curioso e interessante, algo que eu nunca tinha visto ou feito ou sabido." Nova York era uma "noção infinitamente romântica, o nexo misterioso de todo amor, dinheiro e poder, o próprio sonho brilhante e perecível".

E ainda assim o Oeste mantinha um forte poder sobre ela; Didion sentia uma falta terrível da região. Mesmo que estivesse subindo ao topo da *Vogue* — acabaria se tornando editora — ela sonhava com Sacramento e com os grandes rios lamacentos onde nadava. Seu primeiro romance, *Run River*, que escrevia depois do trabalho, quando ainda trabalhava na Vogue, é um canto de glória ao Vale do Sacramento conforme ele existia em seus sonhos, "o modo como os rios encrespavam e o modo como as brumas de tule obscureciam as barragens e o modo como as camélias caídas tornavam as calçadas marrons e lisas durante as chuvas do Natal". Mas era também um romance que contrapunha a invasão da modernidade e os distúrbios da vida rural;

no romance, a mãe da protagonista Lily McClellan vende lotes de suas terras para abrir caminho para fileiras de casas semelhantes, enquanto o corpo de sua filha Martha é inexoravelmente exumado pela cheia do rio.

Didion estava se realizando numa cidade que era a grande oportunidade para aqueles que amadureciam nos anos 1950, mas o grande clamor da cultura de mídia — os coquetéis intermináveis, a cordialidade forçada de uma pessoa intensamente privada impelida a se tornar uma pessoa pública — acabou levando-a de volta à Califórnia. Recém-casada com John Gregory Dunne — um jovem e ambicioso escritor da *Time* que sonhava em escrever romances e com o qual ela havia adotado um bebê, a menina Quintana Roo — Didion se mudou para Los Angeles em 1966.

O paraíso de sua juventude havia passado por uma faxina; uma nova geração de exilados reivindicara as liberdades e oportunidades que haviam levado os antepassados de Didion a atravessar o Meio-Oeste no século XIX, e depois deles os Dust Bowlers, nos anos 1930, para chegar a uma terra dourada que era bastante aberta e não estava presa às noções de classe e tradição, ou à pesada bagagem da continuidade histórica. Esse é o lugar onde Tom Wolfe havia visto novas statusferas brotando do nada. Mas Didion tinha saudade da velha continuidade. Na ausência desta, o caos e a anarquia estavam livres para vagar.

Para Didion, a geografia era o destino. Assim como a terra onde ela fora educada havia moldado sua visão do mundo como indeterminada, os personagens de suas primeiras reportagens para a revista eram moldados pelas leis naturais da Califórnia, um estado que, apesar do *boom* populacional do pós-guerra, sem precedentes na história americana, ainda era um deserto selvagem, indomado, que podia comprimir as almas mais sinceras com uma força obstinada. Assim como os migrantes anteriores em busca de um destino ilusório no Oeste, os personagens de Didion eram atraídos pelos mitos de Hollywood apenas para encontrar a mesma poeira e desolação.

Didion via desordem em cada esquina da Califórnia: nos olhos vazios dos hippies atordoados pelas drogas no Haight (Haight-Ashbury, distrito de São Francisco), nas donas de casa dos subúrbios mirando esperanças e perdas, nos enclaves de concreto torrados pelo sol, distantes da brisa do

Pacífico. Logo depois de voltar para o Oeste, Didion ficou "paralisada pela convicção de que o mundo conforme eu havia entendido já não existia. Se eu fosse trabalhar novamente, teria que me adaptar à desordem."

Em sua reportagem "How Can I Tell Them There's Nothing Left?", publicada na edição de 7 de maio de 1966 da *Saturday Evening Post*, Didion fez a crônica, com detalhes arrepiantes, da história de Lucille Miller, filha de rígidos Adventistas do Sétimo Dia que foi criada em Winnipeg, Manitoba, e "saiu para os prados em busca de algo que havia visto num filme ou ouvido no rádio". Em vez disso, Miller se viu em San Bernardino, uma cidade "caçada pelo Mojave, logo além das montanhas, devastada pelo vento Santa Ana, quente e seco, que chega pelos passos a cem milhas por hora, geme através dos eucaliptos e dá nos nervos". A história de Miller, sobre a qual Didion lera no *Los Angeles Times*, parecia arrancada de páginas de um livro barato de James M. Cain. Em 7 de outubro de 1964, "numa noite em que a lua estava escura e o vento soprava enquanto seu leite acabava", Miller, mergulhada num romance ilícito com um procurador local chamado Arthwell Hayton, imolou seu marido dentista vivo em seu Fusca numa tentativa de conseguir o seguro de vida dele.

Para Didion, a história de Miller parecia representar o desespero de todas aquelas pessoas esforçadas e solitárias de classe média baixa, da periferia de L.A., da Califórnia "onde é possível viver e morrer sem jamais comer uma alcachofra, sem jamais encontrar um católico ou um judeu. Esta é a Califórnia onde é fácil usar o Disque-Devoção, mas é difícil comprar um livro". Miller esperava uma coisa e encontrou outra.

Didion parecia uma escritora improvável para uma história tão barata. Interlocutora aflitiva e quase patologicamente tímida, ela de alguma maneira tirava vantagem de seu trabalho reservado. "A maioria das minhas frases fica à deriva, não termina", disse ela. "É um hábito que adquiri. Não lido bem com pessoas. Eu diria que a aparência de não fazer muito contato provavelmente foi um dos motivos pelos quais comecei a escrever." Em vez de pressionar e instigar seus entrevistados a se revelarem, Didion os deixava preencher os silêncios embaraçosos, anotando discretamente tudo em seu bloco de espiral. Dessa maneira, alcançava um entendimento com seus personagens que iludia repórteres mais tradicionais.

Para essa reportagem, Didion entrevistou Miller, seus amigos e membros de sua família, além dos advogados de defesa e acusação, e estudou meticulosamente transcrições do tribunal para reconstituir cuidadosamente a cronologia do assassinato e dos acontecimentos posteriores. A reportagem é estruturada como um filme *noir*; Didion desenrola habilidosamente a narrativa, sem perder a mão. O leitor entende os fatos à medida que estes são revelados aos protagonistas na própria história, culminando num clímax num tribunal que leva ao encarceramento de Miller e a uma última visita à casa desocupada de Miller, na Bella Vista Road, com a antena da televisão "caída no telhado e uma lata de lixo cheia de restos da vida em família: uma mala barata, um jogo infantil chamado 'Detector de Mentiras'".

O olho onívoro de Didion passeou pelo tribunal de San Bernardino durante o julgamento de Miller, captando os detalhes pequenos, mas reveladores, que elevaram sua reportagem além do conto verdadeiro sobre um crime para tornar-se um jogo de moralidade, a batalha entre a escuridão e a luz que, para Didion, parecia permear cada aspecto da vida na Califórnia contemporânea. "Então eles tinham vindo", escreveu Didion,

> para ver Arthwell, aquelas multidões que circulavam sob as palmeiras empoeiradas em frente ao tribunal, e tinham vindo também para ver Lucille, que apareceu como uma mulher frágil, intermitentemente bela, já pálida pela falta de sol, uma mulher que faria 35 anos antes de o julgamento terminar e cuja tendência ao cansaço estava começando a mostrar, uma mulher meticulosa que insistia, contrariando os conselhos de seu advogado, em aparecer na corte com o cabelo preso no alto e cheio de laquê. "Eu ficaria feliz se ela tivesse vindo com ele solto, mas Lucille não faria isso", disse seu advogado.

Lucille Miller não era um caso isolado; simbolizava os desvios de uma região que obliterava seu passado tão rapidamente quanto construía novos mitos para substituí-lo, contendo todos os sonhos dourados que ela oferecia de forma tão tentadora, uma cultura que dava a seus residentes permissividade como se isso fosse um direito inalienável, mas que em troca extraía um quilo de carne.

Didion via isso tudo muito claramente em São Francisco, com a revolução contracultural em pleno florescimento. Onde outros preferiam ver uma nova comunidade de jovens surgindo como margaridas nas ruas de calçadas rachadas, Didion via uma vila de crianças perdidas, a decadência de uma sociedade rebelde com um alto índice de divórcio, onde "adolescentes escoavam de cidade para cidade despedaçada, abandonando tanto o passado quanto o futuro como cobras mudando de pele, crianças que nunca recebiam ensinamentos e que nunca aprenderiam os jogos que haviam mantido a sociedade unida".

Didion embarcou para São Francisco na primavera de 1967, em missão para a *Saturday Evening Post*. Tinha apenas o mais frágil dos conceitos — tirar a medida da cena hippie — e contatos ainda mais frágeis. Então ela deu uma volta, aproximou-se de uns garotos que viu na rua, e eles a convidaram para ir ao lugar onde dormiam e lhe ofereceram drogas e comida.

O que Didion testemunhou foi muito diferente da exuberância entorpecida dos Merry Pranksters que Tom Wolfe descrevera tão alegremente em *O teste do ácido do refresco elétrico*. Em vez disso, eram fugitivos vivendo de esmolas e bicos, organizando suas vidas em torno de viagens de ácido, vendendo os ácidos que não tomavam, correndo em busca de alguma identidade que se fixasse.

> Debbie está pintando suas unhas para combinar com seu casaco de camurça. Está preocupada porque quebrou uma unha e não tenho acetona no carro. Prometo levá-la ao apartamento de uma amiga para que ela possa refazer sua unha, mas algo está me incomodando, e, enquanto brigo com a ignição, finalmente pergunto. Peço a eles para se lembrarem de quando eram crianças, para me dizerem o que queriam ser quando crescessem, como viam o futuro naquela época.
>
> Jeff joga uma garrafa de Coca-Cola pela janela do carro. "Não consigo lembrar se algum dia pensei nisso", diz ele.
>
> "Eu me lembro de que uma vez quis ser veterinária", diz Debbie. "Mas agora estou mais ou menos pensando em ser artista, ou modelo, ou cosmetóloga. Ou algo assim."

O sonho de Ken Kesey de "ir além do ácido" nunca se concretizou no Haight; as drogas simplesmente se tornaram um fim em si mesmas, permeando tudo como subproduto tóxico. Didion pinta um quadro triste de uma pretensa utopia coalhando e se tornando um pesadelo terrível, e nem mesmo os muito jovens estão imunes. A conclusão do artigo, que Didion chamou de "Slouching Towards Bethlehem" (do poema de Yeats com o verso "as coisas se desintegram; o centro não consegue segurar"), é uma imagem de uma menina de 5 anos chamada Susan

> usando um casaco de marinheiro, lendo uma revista em quadrinhos. Ela fica lambendo os lábios concentrada, e a única coisa estranha é que está usando batom branco.
> — Cinco anos — diz Otto. — No ácido.

As palavras de Wolfe pareciam desabar numa pressa verborrágica, mas a prosa de Didion era econômica, afiada para cortar fino. Ela procurava ser direta, com um ritmo claro e sem flexões, exatamente como seu herói literário Hemingway. Atribuía à *Vogue* seu aprendizado sobre como esculpir frases até o osso. "Todo dia eu ia ao escritório [de Allene Tamey] com oito linhas de texto, ou um título, ou alguma outra coisa", relembrou. "Ela ficava ali sentada, fazia marcas com um lápis e ficava muito zangada com o excesso de palavras, com verbos que não funcionavam."

Didion colocava a si mesma em alguns de seus artigos, mas apenas como observadora isenta; nunca registrava suas próprias impressões de maneira maileresca, deixando isso para seus ensaios pessoais. Quando muito, seguia os princípios de Lillian Ross, estruturando histórias em cenas e usando seus instintos morais para fornecer uma corrente subjacente de tragédia, que permeou bastante sua produção nos anos 1960.

O perfil de John Wayne feito por Didion, publicado na *Saturday Evening Post* em 1965, era parente próximo de *Filme*, de Ross. Nele, Didion passeava pelo set de *Os filhos de Katie Elder*, do diretor Henry Hathaway, nos arredores da Cidade do México, e observava cuidadosamente a interação entre a equipe e o elenco veterano, que incluía Dean Martin e Earl Holliman. Wayne fora para Didion a personificação dos homens de ação nas fronteiras, o herói de sua juventude sonhadora. Agora, estava com câncer, mas ainda tinha o mesmo vigor impassível de uma lenda; ainda havia alguma coisa do estilo caubói naquela carruagem que rangia.

Hathaway tirou o cigarro da boca e seu olhar cruzou a mesa. "Se algum sujeito tentasse me matar, não acabaria na prisão. E você, Duke?"

Muito lentamente, o sujeito a quem Hathaway fez a pergunta limpou a boca, empurrou sua cadeira para trás e se levantou. Era real, o artigo autêntico, o movimento que havia sido o clímax de mil cenas em 165 fronteiras cintilantes e campos de batalha fantasmagóricos, e o clímax estava para acontecer, na lanchonete do Estúdio Churubusco, nos arredores da Cidade do México. "Certo", disse devagar John Wayne. "Eu o mataria."

Como o principal veículo de Didion na época era a *Saturday Evening Post*, uma revista de interesses gerais que não era conhecida particularmente por sua não ficção criativa durante aquela era, e que caminhava em direção ao seu fechamento em 1969, seu trabalho não recebia o tipo de atenção que Wolfe e Gay Talese arrebanhavam com suas reportagens na *Esquire*. Mas quando Henry Robbins — editor de Wolfe na Farrar, Straus and Giroux — reuniu os artigos sobre São Francisco e John Wayne, bem como um punhado de outros ensaios da *Esquire*, da *American Scholar* e da *Holiday* num livro chamado *Slouching Towards Bethlehem*, no verão de 1968 (sendo o verão tradicionalmente um período de recesso para livros de destaque), a produção de Didion foi imediatamente saudada como o trabalho de uma nova voz das letras americanas. Didion era tão pouco reconhecida como um grande talento que Dan Wakefield se sentiu compelido a introduzir sua crítica sobre o livro para o *New York Times* com o qualificativo de que "Joan Didion é uma das menos celebradas e mais talentosas escritoras de minha geração". Wakefield continuava: "Agora que Truman Capote declarou que esse trabalho pode alcançar o status de 'arte', talvez seja possível que essa coletânea seja reconhecida como deveria ser: não como um exemplo melhor ou pior do que algumas pessoas chamam de 'mero jornalismo', mas como uma bela exibição de parte da melhor prosa escrita hoje neste país."

6

MARGINAL DE MADRAS

Em 1971, à beira de se tornar o mais infame jornalista dos Estados Unidos, Hunter S. Thompson lançou um ataque divertido e sarcástico num ensaio que tinha como objetivo distinguir sua abordagem agressiva daquela de seu rival mais próximo, Tom Wolfe. "O problema de Wolfe", escreveu Thompson, "é que ele é rabugento demais para participar de suas histórias. As pessoas com as quais ele se sente confortável são chatas como bosta de cachorro seca, e as pessoas que parecem fasciná-lo como escritor são tão estranhas que o deixam nervoso. A única coisa nova e incomum no jornalismo de Wolfe é que ele é um repórter extraordinariamente bom, tem um bom-senso de eco e pelo menos uma compreensão periférica sobre o que John Keats estava falando quando disse aquilo sobre Verdade & Beleza."

Em suma, Wolfe era um estenógrafo muito habilidoso, sempre mantendo uma distância discreta e nunca sujando seu terno. Thompson, por outro lado, era um homem disposto a se enfiar nas brechas e a arriscar seu bem-estar, se necessário, para conseguir a reportagem. Na mesma proporção que admirava *The Kandy-Kolored Tangerine-Flake Streamline Baby* e se dispunha a manter sua opinião sobre o livro à custa de seu próprio meio de vida, Thompson o considerava um brilhante exercício de simulacro. Afinal de contas, fora Thompson quem presenciara o estupro grupal dos Hell's Angels em La Honda, fornecendo a Wolfe as fitas de áudio que captaram a cena para *O teste do ácido do refresco elétrico*. Para Thompson, nenhuma reportagem tinha valor se ele não pudesse mergulhar, de corpo e alma, e sair do outro lado com um texto tingido de seu próprio sangue e suor.

Hunter Stockton Thompson nasceu em Louisville, Kentucky, em 18 de julho de 1937, filho mais velho de Jack Robert Thompson e Virginia Davidson Ray. Jack era engenheiro de segurança na First Kentucky Fire Insurance Co. O casamento de Jack Thompson era o segundo: sua primeira mulher, Garnett Sowards, morrera de pneumonia em 1923. Severo disciplinador e veterano da Primeira Guerra Mundial, Jack tinha 54 anos quando seu filho Hunter nasceu. A diferença de idade trabalhou contra qualquer laço significativo entre pai e filho, e assim Hunter se aproximou da mãe, que o nutriu de amor e literatura, o excelente picaresco encontrado nos livros de Mark Twain e Jack London.

Portanto, já muito cedo Hunter cultivava uma imagem de esteta e rude, em partes iguais. Era como se os impulsos guerreiros das duas grandes tradições do Sul — o orgulho regional forjado em sangue e a herança literária — se fundissem, fazendo uma incômoda aliança em sua psique. "Sempre me senti um sulista", disse Thompson. "E sempre me senti como se tivesse nascido na derrota. E talvez eu tenha escrito tudo que escrevi apenas para recuperar uma vitória. Talvez minha vida seja pura vingança."

Na adolescência, Thompson cultivou seu gosto por descargas de adrenalina provocando verbalmente colegas de escola para quedas de braço, assaltando caixas de correio, ou participando de jogos de guerra com espingardas de ar comprimido à beira do riacho próximo à sua casa, usando animais — e outras crianças — como alvos. "Eu tinha um grande apetite por aventuras, o que logo me levou a um labirinto de experiências de comportamento complexas que meus pais achavam difícil explicar", escreveu Thompson em suas memórias de 2002, *Reino do medo*. "Eu era um garoto popular, com notas aceitáveis & um futuro vagamente promissor, mas era amaldiçoado com um senso de humor sombrio que fazia muitos adultos terem medo de mim, por motivos que eles não conseguiam entender muito bem."

Ele vivia para perturbar as pessoas, ser imprevisível e se tornar facilmente perigoso, mas era também extravagantemente charmoso e inteligente demais para ser ignorado. Quando estudou na Louisville Male High School, seus ensaios escabrosos impressionaram o professor de inglês Harold Tague o suficiente para que este o recomendasse à Athenaeum Literary Association, uma seleta organização de estudantes da "Male" cujos membros contribuíam com artigos para o anuário da associação, *The Spectator*. As contribuições de Thompson revelaram um gosto por polêmicas divertidas. "Security", um de seus ensaios para o *Spectator*, explicava a filosofia de Thompson de optar por uma vida animada em detrimento de uma complacência chata:

> Retroceda as páginas da história e veja os homens que moldaram o destino do mundo. Segurança nunca era com eles, mas eles viveram, em vez de existirem. ... É dos espectadores (que são a grande maioria) que recebemos a propaganda de que não vale a pena viver, de que a vida é um trabalho penoso, de que as ambições da juventude precisam ser deixadas de lado em nome de uma vida que não passa de uma dolorosa espera da morte.

Em junho de 1956, pouco antes de se formar, Thompson foi preso, juntamente com dois colegas de escola, por importunar violentamente um casal que estava num carro, pedindo cigarros, e foi condenado a seis meses de prisão na Penitenciária do Condado de Jefferson. Por ingressar no programa de eletrônica da Scott Air Force Base, em Belleville, Illinois, ele conseguiu reduzir sua sentença para apenas trinta dias. Depois de concluir o programa, Thompson foi recrutado para a Eglin Air Force Base, em Fort Walton Beach, Flórida, onde trapaceou para conseguir um emprego como editor de esportes do *Command Courier*, o jornal da base. "Em suma", escreveu ele a seu velho amigo da escola secundária Gerald Tyrrell, "nós dois sabemos que sou tão qualificado para um cargo como esse quanto para a presidência de um seminário teológico", mas, como costumava acontecer, a cara de pau de Thompson compensava sua inexperiência.

O período de Thompson como editor de esportes do *Courier* foi árduo e estimulante. Sendo praticamente uma equipe de um homem só, ele não apenas escrevia e editava todas as reportagens e sua coluna semanal, "The Spectator", como também era responsável pela formatação, pelo leiaute da página e pela composição. Muitas vezes virando a noite para produzir sua seção, Thompson consumia vinte ou mais xícaras de café e quatro maços de cigarros por dia, hábito que acabou sendo cortado quando ele o trocou pelo cachimbo. Quando não estava trabalhando no jornal, Thompson frequentava aulas de discurso e psicologia na Florida State University, que ficava perto, deixando um tempo curto e precioso para beber e festejar, como ele gostava de fazer na época do ensino médio.

Entretanto, Thompson fabricava tempo, e criou uma grande rede de contatos básicos ocasionais que o ajudariam a fazer uma suave transição para o cidadão-escritor quando o momento chegasse — incluindo a debutante filha do tenente-coronel Frank Campbell. "Conheci todo tipo de gente em Fort Walton, que tem as mais belas praias de toda a Flórida", disse Thompson. "Passei a fazer parte da Café Society, saía com Bart Starr e Max McGee, sujeitos assim. Era uma correria. Relembrando isso agora, não entendo como consegui fazer todas aquelas coisas e fazê-las com sucesso."

Mas a vida de jornalista profissional era pura libertação; pela primeira vez, escreveu ele a seu meio-irmão Jack, "ninguém está se pendurando em mim e dizendo, 'oh, meu Hunter, veja o que você consegue fazer quando se dedica'". Não havia dúvida em sua cabeça: ele faria do jornalismo o trabalho de sua vida.

E ele estava faminto por mais. Em janeiro de 1957, vendeu sua primeira reportagem — um artigo de 200 palavras sobre a equipe de luta livre da base — para o *Playground News*, jornal civil de Fort Walton Beach. Não muito tempo depois da publicação, o jornal ofereceu a Thompson o cargo de editor de esportes. Apesar de o regulamento da Força Aérea proibir que funcionários do *Command Courier* assumissem empregos civis, Thompson aceitou, usando os pseudônimos Thorne Stockton e Cuubley Cohn para manter a Força Aérea fora de seu rastro. "Tudo isso", escreveu ele na época a seu amigo de infância Porter Bibb, "tende a deixar meus olhos marejados de assombro com a repentina erupção de minha ambição".

O idílio de Thompson não durou muito. Seus ataques depreciativos ao sistema e suas paródias agressivas de oficiais militares de alta patente no *Courier* não soaram bem ao chefe do Escritório de Serviços de Informação da Força Aérea, W. S. Evans; suas selvagens eviscerações de ícones culturais como Ted Williams e Arthur Godfrey foram consideradas heréticas. Sua "atitude rebelde e superior", escreveu Evans numa carta recomendando ao oficial pessoal de Thompson uma dispensa, "parece influenciar outros membros da equipe da aeronáutica. Ele tem pouca consideração pela atitude ou farda militar, parece não gostar do serviço, e o queremos fora logo que possível".

A Força Aérea também havia descoberto sobre seu trabalho no *Playground News*. Irritado com o protocolo rígido da Força Aérea, Thompson queria, de qualquer modo, sair. Depois de ser rebaixado para o Esquadrão de Comunicações, ele recebeu uma dispensa com honras em outubro de 1957. Enfim, estava livre para seguir a carreira culturalmente rica e rentável de um repórter profissional. Ou pelo menos foi o que pensou.

O *Jersey Shore Herald* cobria as cidades de Lock Haven, Williamsport e Jersey Shore, Pensilvânia, e fazia isso mal. Diário de pequena circulação onde a conveniência superava a qualidade, localizado numa área urbana sombria, representava diametralmente o oposto de sua experiência no *Comand Courier*. Thompson ficou infeliz ali. "Se esse caminho leva a algum lugar acima", escreveu ele a seu amigo Larry Callen, "então eu preferia descer". Não durou dois meses no emprego. Tomou o caminho migratório para o norte de muitos outros aspirantes ao jornalismo — como Wolfe, Clay Felker e Harold Hayes — e chegou a Nova York para tentar a sorte. Simplesmente na véspera do Natal.

Com apenas 110 dólares no bolso, Thompson telefonou para o YMCA da cidade e foi informado de que estava cheio. Morou, então, durante um curto período, numa pensão em Secaucus, Nova Jersey, até seu velho companheiro da Força Aérea Jerry Hawke, que estudava na Columbia Law School, concordar em pô-lo em seu apartamento na Morningside Drive 110 até o jovem escritor encontrar um emprego remunerado. No início de janeiro de 1958, depois de viver sua parcela de "medo constante", Thompson, usando o mínimo de ligações familiares, conseguiu um bom emprego como office-boy na poderosa *Time* de Henry Luce, ganhando 50 dólares por semana.

O emprego na *Time* seria uma experiência inestimável, uma espiada de perto no trabalho interno de uma das maiores organizações jornalísticas do mundo. "Aquilo foi um trem da alegria de acesso e vantagens", disse Thompson. "Que escola foi aquilo, tudo injetado em mim durante um ano e meio."

Apesar da ânsia de Thompson para provar sua capacidade aos melhores e mais brilhantes funcionários de Luce, o sem-vergonha que havia dentro dele, e que esperava a hora de agir pacientemente, atacou apenas semanas depois de ele assumir o emprego. Uma noite, depois que a produção da revista havia fechado e todos tinham ido para casa, ele se enfiou no escritório do editor-geral, Henry Grunwald, e roubou uma caixa do "melhor uísque escocês que o dinheiro podia comprar". Thompson também tinha uma tendência a surrupiar livros e material de escritório. Incidentes como esses causaram várias discussões com editores e outros funcionários da Time-Life; em determinado momento, durante um coquetel para novos executivos, ele chamou o gerente de negócios da revista de "gordo depravado". Em seu apartamento em 562 West 113th Street, Thompson fez outra travessura, jogando uma lata de lixo por cinco lances de escada e usando um extintor de incêndio contra um casal de vizinhos insuspeitos. Era tudo o que ele podia fazer para manter alguma instabilidade numa época em que estava trabalhando por salários magros e tentando desesperadamente se manter financeiramente numa cidade que não facilitava as coisas.

Ele queria sair de Nova York e tentar se tornar um escritor freelance, porque "Ernest Hemingway havia me mostrado que você pode ser um freelance neste país e se dar bem". Thompson estava encantado com as frenéticas correntes culturais de Manhattan, mas estas também o deixaram infeliz. Quando finalmente conseguiu um lugar próprio para morar, um apartamento escuro num porão, na Perry Street, em West Village, ele escreveu para uma antiga namorada: "Você percebe que a luz do sol NUNCA ENTRA NO MEU APARTAMENTO?"

Thompson foi demitido da *Time* apenas um ano depois, mas seu período na revista, juntamente com seu esperto blefe sobre uma longa experiência em reportagem, ajudou-o a conseguir um emprego no *Middletown Daily Record*, um jornal de dois anos e meio, no norte do estado de Nova York, com uma equipe formada inteiramente por escritores e editores com menos de 30 anos. Parecia um sonho: por 70 dólares por semana, Thompson trabalharia como repórter de assuntos gerais, escrevendo notícias e até fazendo fotos para o jornal quando a situação exigisse. Mas ele não durou três meses. Demitido em março de 1959 por devolver a comida num restaurante que era um grande anunciante do jornal e logo depois meter o pé na máquina de venda automática de balas da redação, Thompson estava na rua novamente. "Não havia moleza naquela época. Eu trabalhava duro."

Ele iniciou um romance chamado *King Jellyfish* e enviou contos a diversas revistas; quando o editor de ficção da *Esquire*, Rust Hills, demorou a lhe responder sobre uma história chamada "The Cotton Candy Heart", Thompson descarregou sua frustração numa carta. "Que diabo, Hills, acho que não há desculpa no mundo para uma pessoa segurar meu manuscrito por tanto tempo." Depois de enviar incontáveis cartas procurando trabalho, ele conseguiu um emprego em Porto Rico, na *El Sportivo*, uma revista de esportes semanal que enfatizava a cobertura de boliche, e, por fora, começou a fazer freelance para o *Louisville Courier-Journal*. A *El Sportivo* fechou logo depois.

Thompson levantou acampamento para Big Sur, na costa norte da Califórnia, com o objetivo de começar a trabalhar num outro romance baseado em suas aventuras em Porto Rico, que se chamaria *The Rum Diary*. Mais importante para suas perspectivas foi vender sua primeira reportagem de revista — um artigo sobre Big Sur e seus habitantes boêmios — por 350 dólares para a *Rogue*, uma cópia barata da *Playboy*. "Não foi tanto pelo dinheiro", escreveu ele para seu novo amigo William Kennedy, editor do *San Juan Star*, "mas sim pela sensação de que finalmente consegui alguma coisa, a primeira indicação realmente válida de que posso mesmo me sustentar escrevendo, diabos".

Como se veria, a venda para a *Rogue*, embora tenha representado um incentivo moral muito necessário, não abriu as portas para Thompson; as constantes rejeições e a pobreza ainda o atormentavam. Ele voltou para Nova York em janeiro de 1962 e lutou para concluir *The Rum Diary*, enquanto dependia da bondade de amigos e benfeitores para pagar suas contas.

Como teve pouco sucesso no mercado de freelance em Nova York, decidiu tentar a sorte na América do Sul, região onde as desigualdades socioeconômicas e a paisagem política agitada, fomentada por medidas econômicas e políticas intrometidas dos Estados Unidos, sem dúvida lhe forneceria muito material para reportagens. "Vou escrever volumes maciços na América do Sul", disse ele em carta ao amigo Paul Semonin. "Mal posso esperar para pôr meus dentes ali. ... É algo quase grande demais para lidar."

Em Porto Rico, Thompson pegou uma carona para Aruba num barco pesqueiro e depois pulou para um barco de contrabando que seguia para Puerto Estrella, Colômbia. Ele havia enviado alguns textos para Clifford Ridley, editor da *National Observer*, revista de notícias semanal da Dow Jones, e Ridley estava aberto à possibilidade de Thompson colaborar com a revista. Seu primeiro artigo, "A Footloose American in a Smuggler's Den", descrevia sua viagem de Aruba a Puerto Estrella e suas experiências com os índios guajiros, na maioria delas bebendo uísque escocês contrabandeado:

> Como se viu, três coisas tornaram minha visita um sucesso. Uma delas foi meu tamanho e minha capacidade de beber (era uma temeridade — um homem viajando sozinho entre índios supostamente selvagens não ousa ficar bêbado); outra era o fato de que eu nunca negava um pedido para fazer um retrato da família (medo, novamente); e a terceira era o fato de eu "conhecer há muito tempo" Jacqueline Kennedy, que eles consideram uma espécie de deusa.

Os primeiros exemplos do humor sarcástico de Thompson podem ser encontrados nos artigos para a *Observer*, que estão entre os mais incisivos enviados da América do Sul naquela era. Assim como havia feito em Elgin, Thompson se familiarizou com a estrutura de poder nos lugares onde se viu — na América do Sul, particularmente o circuito de embaixadas e ordens religiosas — para mergulhar mais fundo do que os repórteres americanos intelectualmente tórpidos que encontrou ali. "Havia muitos repórteres fazendo artigos que mostravam os líderes daqueles países, mas eles não conversavam com o povo", disse Thompson. "Alguns escritores tinham seus próprios motoristas, pelo amor de Deus. Existia uma estrutura embutida, mas havia espaço para aqueles que não trabalhavam estritamente de acordo com as regras."

Thompson estava se afeiçoando dos habitantes locais ("Eu costumava passar um tempo com os jesuítas nas montanhas. O melhor uísque de um país está sempre disponível nos mosteiros"), quer estivesse buscando as raízes do sentimento antiamericano em Cali, Colômbia, descrevendo os caminhos pelos quais a tradição ditatorial do Peru destruiu as reformas democráticas ou narrando a oportuna omissão da destituição dos direitos civis dos indígenas nativos em Cuzco.

Depois de um ano e meio como correspondente de facto da *Observer* na América do Sul (ele ainda era freelance), Thompson se viu num território familiar — quebrado e desesperado por trabalho. Logo depois de se casar com Sandy Conklin, recém-formada no Goucher College, em maio de 1963, em Louisville, Thompson se mudou para São Francisco, onde saiu à procura de trabalho em revistas. Quando ofereceu à *Observer* uma reportagem sobre o emergente Movimento pela Liberdade de Expressão, na Universidade da Califórnia, em Berkeley, Ridley a recusou, e Thompson, seguindo um roteiro de carreira agora familiar, parou de fazer reportagens para a *Observer*.

Cansado da penúria da rotina do jornalismo freelance, Thompson fez um esforço para terminar *The Rum Diary*. "Tentei dirigir um táxi em São Francisco, tentei todo tipo de coisa", disse ele à *Playboy*. "Eu costumava sair... e me alinhar com os bêbados na Mission Street, procurando trabalho distribuindo folhetos de mercearias, esse tipo de merda."

Mas as circunstâncias haviam mudado; agora que Thompson escrevera com regularidade para uma revista nacional, as portas do mercado nacional se abriam um pouco. Carey McWilliams, lendário editor da liberal revista política semanal *The Nation*, estava impressionado com a cobertura da América do Sul feita por Thompson e queria que ele colaborasse com sua publicação.

Em dezembro de 1964, McWilliams escreveu a Thompson uma carta solicitando o interesse do escritor por uma reportagem sobre um bando de motociclistas insurgentes e fora da lei chamado Hell's Angels. Era um ótimo momento para encomendar um artigo sobre os Angels: o procurador-geral da Califórnia, Thomas C. Lynch, havia consultado autoridades de segurança do estado e transformado as informações que recebera num documento de 15 páginas chamado "Os Clubes de Motocicletas Hell's Angels", que listava 18 grandes crimes e outras incontáveis infrações em detalhes. Um repórter do *New York Times* escreveu uma reportagem sobre o relatório, seguido rapidamente pela *Time* e pela *Newsweek*, e logo os Hell's Angels se tornaram uma grande ameaça nacional. McWilliams, que conseguira uma cópia do Relatório Lynch, achou que Thompson, com seu talento para farejar reportagens que estivessem além do radar dos jornalistas mais convencionais, poderia ser o candidato ideal para conseguir a verdadeira sujeira no clube de motociclistas, para contar a história pelo ponto de vista dos Angels, e não de Lynch.

Thompson mergulhou na reportagem sobre os Hell's Angels com entusiasmo. Depois de interrogar alguns funcionários do escritório do procurador-geral, concluiu que ninguém que trabalhava para Lynch tinha feito nenhum contato com algum membro dos Hell's Angels. Portanto a verdadeira história ainda estava para ser escrita, e Thompson tinha grandes planos para isso. "A meu ver", escreveu ele numa carta a McWilliams, "os Hell's Angels são um produto muito natural de nossa sociedade. Exatamente como o SNCC [Student Nonviolent Coordinating Comittee] ou os Peace Corps ... Mas pessoas diferentes. É isso que eu gostaria de descobrir: quem são eles? Que tipo de homem se torna um Hell's Angel? E por quê? Como? A mecânica."

McWilliams se dispunha a pagar 100 dólares pela reportagem, uma remuneração pequena mesmo para os padrões de 1964, mas suficiente para cobrir o aluguel do apartamento de Thompson no Haight: "Eu teria sido capaz de furar tubarões na baía de São Francisco com uma lança para pagar o aluguel." Ele conseguiu um encontro com o presidente da filial dos Angels em Oakland e líder do clube, Ralph "Sonny" Barger, e com alguns outros membros do grupo através de Birney Jarvis, repórter policial do *San Francisco Chronicle* e entusiasta da Harley-Davidson que era membro honorário vitalício do clube.

Thompson foi até o bar do DePau Hotel, no distrito industrial da orla de São Francisco, onde os Angels estavam tendo um encontro. Com seu casaco de madras, sapatos convencionais, camisa de botão e gravata, Thompson era o próprio *geek*. "Eu não tinha outra roupa e nem sequer tinha uma bicicleta naquela época", disse Thompson. "Eu lhes disse que era escritor, e não motociclista, e queria fazer algumas anotações — o que mais eu podia fazer? O fato de eu não ter moto não parecia ser algo tão importante."

Os Angels consideraram o escritor uma espécie de membro do 4H Club (Organização oficial do governo americano para promover o desenvolvimento dos jovens). Thompson achou que estava em perigo iminente — quer dizer, até eles começarem a beber. "Depois de uma dúzia de cervejas, as coisas começaram a ficar um pouco mais relaxadas", disse Thompson. "Encontramos um território em comum através do consumo de álcool."

Às duas da manhã, quando o bar fechou, Thompson convidou cinco Angels — incluindo Ping-Pong, Filthy Phil e Frenchy — para ir a seu apartamento na Parnassus Avenue 318, armado com uma caixa de cerveja e outra de vinho tinto barato, para consternação de sua mulher, Sandy, que ficou "silenciosamente histérica durante cinco horas". Ele pôs *The Freewheelin' Bob Dylan* no aparelho de som e continuou a se divertir com os Angels até o dia amanhecer pela janela. Um laço, embora tênue, havia se formado.

No dia seguinte, Thompson encontrou os Angels no clube deles *de facto*, em frente ao DePau, numa oficina de consertos eletrônicos pertencente a Frenchy e chamada Box Shop. Mas agora a atmosfera não era tão sufocante. Ele desenvolveu uma tênue camaradagem com Barger, que achava o repórter alto e magro de Louisville uma espécie de caipira excessivamente culto. "Ele era um típico morador do Kentucky", disse Barger. "Não de Oklahoma, sabe, mas vindo diretamente das montanhas." Quando entendeu a intenção de Thompson — fazer um retrato preciso dos Hell's Angels, sem a cortina de fumaça exagerada e moralizadora da mídia —, Barger se abriu com ele. "Sonny era um líder muito poderoso, carismático de maneira discreta", disse Thompson. "Não éramos amigos, mas havia um respeito mútuo que ele reconhecia. Fizemos a paz um com o outro."

A intenção inicial de Thompson em relação à reportagem para a *Nation* era apresentar um olhar direto sobre os Angels, de uma perspectiva sem interferências. Mas a reportagem resultante, chamada "The Motorcycle Gangs: Losers and Outsiders", foi na verdade uma maneira de ridicularizar meticulosamente o Relatório Lynch, que usava alusões irresistíveis aos encontros iniciais de Thompson com os membros dos Hell's Angels para corroborar isso. Thompson não resistiu a dar algumas alfinetadas na imprensa dominante: "A diferença entre os Hell's Angels dos jornais e os Hell's Angels de verdade é suficiente para levar um homem a imaginar para que serve a imprensa." Mas a reportagem não chega realmente a cumprir sua promessa, oferecendo apenas vislumbres atraentes da cultura dos Angels. O tom geral do artigo é contido e expositivo, como se Thompson tivesse relutantemente se submetido ao estilo da revista.

Ainda assim, "The Motorcycle Gangs: Losers and Outsiders" foi o retrato mais preciso dos Hell's Angels a aparecer numa publicação da imprensa dominante, e Thompson teve a vantagem distinta de realizar sua pesquisa diretamente na fonte, o que não passou despercebido. "Gostamos do artigo, porque foi a nosso favor", disse Sonny Barger. "Achávamos que a imprensa fosse sempre a mesma, mas o artigo na *Nation* foi bem escrito."

Pouco depois de 17 de maio de 1965, data da publicação da reportagem, Thompson foi inundado de ofertas de editoras para ampliar o artigo e transformá-lo num livro. Finalmente ele aceitou um adiantamento de 6 mil dólares de Bernard Shir-Cliff, editor da Ballantine Books, que publicava livros em brochura. "A moral aqui", escreveu ele a seu amigo William Kennedy, "é nunca atacar a *Nation* só porque ela pagou US$ 100. Tudo aquilo que eu escrevi para a *Observer* aparentemente não deu em nada, mas esse trabalho para a *Nation* foi recompensado com ouro de verdade."

Com seu pagamento inicial de 1.500 dólares, Thompson comprou uma BSA 650 Lightning, "o diabo da moto mais rápida na estrada". Assim, poderia ser bem aceito nos Angels e, pensou, sair com eles. Jim Silberman, editor da Random House que comprou os direitos para publicar *Hell's Angels* em capa dura por recomendação de Shir-Cliff, lembra-se de ter se encontrado com Thompson num café em North Beach, distrito de São Francisco, tentando desviar a atenção do escritor de sua moto estacionada. "Não quero que ninguém a roube", disse ele a Silberman. Quando Thompson convidou Silberman para dar uma volta na moto, este educadamente declinou. "Eu lhe disse que [o escritor] Richard Fariña havia morrido numa motocicleta apenas algumas semanas antes", disse Silberman. "Então Hunter falou: 'Está bem, pegue um táxi e eu aposto uma corrida com você até minha casa.'" Thompson venceu a corrida.

Thompson achou que a Lightning lhe daria a credibilidade nas ruas de que ele precisava, mas Barger e seus companheiros Angels zombaram daquela máquina enfeitada. "Para os Angels era um insulto alguém simplesmente chegar de moto e querer andar com eles", disse Thompson. Em primeiro lugar, não era uma Harley-Davidson, o que era um requisito; e o fato de aquela moto poder correr mais rápido do que as máquinas deles só piorou as coisas. "Aquilo era apenas uma BSA comum", disse Barger. "Se você amarrasse duas Harleys a ela com correntes, uma para cada lado, quebraria aquela moto em duas partes."

"Eles quiseram me vender uma máquina boa por 400 dólares", disse Thompson. "Não me senti bem com isso." Relutantemente, Thompson concordou em retirar os enfeites e deixar a moto apenas no metal, e chegou a remover os amortecedores para dar a sua máquina o ronco da Harley. Ele compensou a mancada da moto com seu modo de dirigir agressivo. "Eles achavam que eu era um motociclista mais louco do que qualquer um deles", disse ele. "Eu me encaixei, por incrível que pareça."

Thompson achou que deveria sair com os Angels no território deles, perceber o ambiente. Os primeiros encontros aconteceram no El Adobe, uma espelunca que os Angels haviam transformado em seu bar oficial, assim como a Box Shop. Os Angels se lembram de Thompson como um sujeito inquieto, conservador no modo de se vestir e ansioso para testar sua resistência às bebidas se isso significasse ter acesso ao que precisava. "Eu me lembro daquelas camisas listradas de amarelo e branco abotoadas", disse Marvin Gilbert (Mouldy Marvin), membro da filial de Oakland. "A primeira vez que eu o vi, ele estava andando com duas caixas de cerveja, o que era um bom movimento. Gostei dele, mas era um pouco atrapalhado. Mas não gostei do fato de que estava escrevendo um livro sobre nós. Eu não achava que precisávamos de algo assim."

Havia uma diferença entre os Angels das duas filiais do norte da Califórnia. Os Angels de São Francisco abraçavam a contracultura, ou pelo menos aquele aspecto da cena que se desvairava com drogas psicoativas, amor livre e rock psicodélico. A filial de Oakland odiava os hippies do outro lado da baía e era completamente comprometida com suas motos, e com a exclusão de tudo o mais. Thompson gravitava em torno dos Angels de São Francisco, talvez porque gostassem da mesma música que ele e fossem mais acessíveis a entrevistas. Alguns Angels — como Frenchy e Terry the Tramp, da filial boêmia no norte de Sacramento — eram convidados frequentes de Thompson em seu apartamento e fontes primordiais de sua pesquisa. "Só convidava aqueles que eu achava que podia controlar", disse Thompson. "Muito poucos deles levavam a vida do rock and roll." Terry the Tramp "se dava muito bem com Hunter, mais do que qualquer um de nós", disse Barger. "O apartamento de Hunter se tornou para ele um lugar para beber de graça e passar a noite."

As festas no apartamento de Thompson se tornaram lugar-comum. Eram encontros barulhentos embalados por caixas de cerveja roubadas e benzedrina, festejos alegres que geralmente só acabavam de manhã cedo. "Minha mulher era muito bonita e ficava muito vulnerável quando os Angels apareciam", disse Thompson. "As coisas corriam bem na maioria das vezes, mas eu sabia que eles podiam ir ao apartamento em frente e matar alguém." Os Angels não tinham limites quando se tratava de uma festa deles; era uma proposição de tudo ou nada, uma bacanal.

"Nós nos acabávamos, tomávamos algumas coisas, enlouquecíamos", disse Gilbert. "Hunter gostava de beber, mas não conseguia nos acompanhar. Se ficava muito bêbado, retirava-se discretamente para algum canto." Thompson não queria se mostrar como mais um repórter quadrado, então sua pequena coleção de armas frequentemente era apanhada e exibida. "Por motivos que nunca ficaram claros", escreveu ele em *Hell's Angels*, "destruí minhas janelas dos fundos com cinco tiros de uma espingarda de caça calibre 12, seguidos, momentos depois, por seis tiros de um magnum .44. Foi uma explosão prolongada de fogo pesado, risadas bêbadas e vidros quebrados". Os Angels achavam pouca graça nas impulsivas demonstrações de armas de fogo de Thompson, e muitas vezes desapareciam com elas e as escondiam dele. "Ele tentava nos convencer de que era um grande e mau filho da puta", disse Barger. "Tentava intimidar as pessoas e levá-las a pensar que era um sujeito durão. Depois se virava para mim, mais tarde, e me perguntava se eu podia lhe devolver sua arma."

Sete dias antes do fim de semana do 4 de julho, em 1965, Thompson perguntou aos Angels se podia ir com eles no feriado anual para Bass Lake, uma área de camping perto de Yosemite Park, em Sierra Nevadas. Os Angels hesitaram em levar consigo um repórter; as informações negativas sobre os Angels na imprensa haviam colocado a polícia em estado de alerta elevado na área, e era esperada uma grande presença policial. O pedido de Thompson foi aceito, mas ele teria que ir em seu carro, e não na BSA Lightning, para evitar algum problema legal por associação.

Barger disse a Thompson para se encontrar com os Angels às 8h, em 3 de julho, no El Adobe, de onde os membros das filiais de Oakland e São Francisco seguiriam para Bass Lake. "Dormi demais", escreveu Thompson, "e na correria para sair esqueci minha máquina fotográfica. Não deu tempo de tomar o café da manhã e comi um sanduíche de manteiga de amendoim enquanto arrumava o carro ... saco de dormir, um isopor com cerveja atrás, gravador na frente e embaixo do banco do motorista uma Luger descarregada. É bom ter uma carteira da imprensa, mas em caso de confusão, uma pistola é o melhor tipo de salvo-conduto." Ele perdeu os Angels por vinte minutos. Ao passar pela Bay Bridge, viu os Gypsy Jokers — uma gangue rival de motociclistas que também seguia para Bass Lake — "agrupados em torno de uma caminhonete cinza com uma suástica pintada na lateral. Eles pareciam se materializar na neblina, e a visão daquilo estava tendo um efeito ruim no trânsito".

Thompson alcançou alguns Hell's Angels e finalmente o grupo atravessou o Central Valley em direção a Bass Lake, atraindo curiosos locais durante todo o percurso. A situação foi tensa desde o início. Quando chegaram a Bass Lake, os motociclistas descobriram que a polícia local erguera um bloqueio na estrada, impedindo-os de entrar na área do lago. Uma ordem restritiva aos Angels vigorava desde 1963, quando um grupo de motociclistas invadiu uma igreja local vazia e saiu vestindo batinas e vestes de padre. Sem uma área para acampar junto ao lago, e com um estoque de cerveja limitado, os Angels ficaram irritados e nada dispostos a uma conciliação. Thompson se dividiu: estava louco para registrar uma confusão, para estar bem no meio dela, mas com o cuidado de se diferenciar como civil, para não ser apanhado num fogo cruzado. "Quando eu saía para viajar com eles, não me vestia como um Angel", disse Thompson. "Usava uma Levi's e botas, mas sempre um pouco diferente deles: um casaco de couro marrom, em vez de preto, coisinha assim."

Os Angels foram para o plácido Willow Lake, onde puderam nadar com seus jeans manchados de gordura sem problemas (embora a uma distância considerável dos turistas da área). Thompson levara um isopor de cerveja, mas os Angels haviam se apropriado de tudo antes do fim do primeiro dia. "Quando fizemos aquele filme [de Roger Corman] *Hell's Angels'69*, bebemos toda a cerveja da equipe em um dia", disse Sonny Barger. "Para Hunter, uma ou duas caixas de cerveja era muito, mas éramos mais ou menos 40 pessoas." Depois de os Angels coletarem um pouco mais de 130 dólares entre si, Hunter se ofereceu para comprar mais cerveja num armazém próximo ao posto dos correios na cidade. Ao chegar lá, porém, foi interpelado por um indistinto grupo de vigilantes locais armado, e a situação esquentou rapidamente. Ser espancado por uma multidão, escreveu Hunter em *Hell's Angels*, é "como ser apanhado por uma onda grande: não há muito a fazer a não ser tentar sobreviver". "Hunter se mostrava um verdadeiro covarde cada vez que as coisas começavam a esquentar", disse Sonny Barger. "Mas ele sempre queria participar da ação, onde quer que fosse. Quando as coisas começavam a esquentar, Hunter pulava fora."

A situação foi neutralizada quando o xerife Tiny Baxter redirecionou Thompson e alguns Angels para um armazém a quilômetros do principal local turístico, onde eles não encontraram nenhum vigilante, mas sim turistas olhando as lojas. Com a cerveja finalmente assegurada, Barger e sua equipe estavam temporariamente tranquilizados. Thompson, por sua vez, havia atravessado o Rubicão para o camping inconformista dos Angels; as táticas violentas de intimidação que eles encontraram haviam incitado sua indignação latente, e agora, "eu estava tão firmemente identificado com os Angels que não via como tentar voltar à neutralidade". No meio da noite, seu carro havia se transformado no local de festa, cheio de cerveja e cercado por um círculo de Harleys. Os Angels se orgulhavam de atrair pessoas que ficavam acordadas a noite inteira durante a primeira noite de uma viagem, mas mesmo um festeiro prodigioso como Thompson não conseguia aguentar aquilo. Cada vez que ele tentava tirar um sono no carro, era acordado pelo som de mãos se metendo pela janela, tentando apanhar mais uma embalagem com seis cervejas.

Com algumas poucas exceções, a viagem a Bass Lake transcorreu sem grandes incidentes. Felizmente, Thompson não precisou enfrentar nenhuma briga épica entre os Angels e seus inimigos. "Ele tentava superar Hemingway vivendo a vida sobre a qual estava escrevendo", disse Ralph Steadman, ilustrador e frequente colaborador de Thompson. "Sua atitude era: se você compra a passagem, tem que fazer o passeio."

Thompson imaginou que estaria em terreno seguro quando levasse alguns Angels — incluindo Barger e Terry the Tramp — para um encontro no Dia do Trabalho na propriedade de Ken Kesey em La Honda. Apesar de suas restrições em relação a levar os Angels a La Honda ("Eu reconhecia os malucos violentos quando os via"), os Angels na verdade já haviam passado algum tempo ali. Alguns meses antes, Barger e um grupo de companheiros Angels provocaram policiais numa perseguição de gato e rato nos bosques a caminho da casa de Kesey. Quando as motocicletas passaram pelos portões de La Honda, os Pranksters os fecharam imediatamente, impedindo que a coisa esquentasse.

Kesey — que estava em liberdade sob fiança, aguardando seu julgamento por dois flagrantes de posse de maconha, havia voltado para La Honda como um homem livre e ansioso para reassumir sua posição de líder titular dos Merry Pranksters. Para um ex-fugitivo que vislumbrava a possibilidade de um longo período na prisão, o relacionamento de Kesey com os Angels era uma provocação arriscada, considerando a vigilância acirrada que a polícia mantinha sobre a gangue. Em *Hell's Angels*, Thompson alega ter apresentado os Angels aos Pranksters; em *O teste do ácido do refresco elétrico*, Tom Wolfe conta a mesma história. Mas na verdade alguns Angels conheciam Kesey desde o fim dos anos 1950, quando ele morava em Perry Lane.

No encontro do Dia do Trabalho, em 1965, Thompson estava acompanhado de Sandy e de seu bebê, Juan, além de alguns Angels de São Francisco, incluindo Terry the Tramp, Frenchy e Barger. Foi uma cena surrealista: muitos carros da polícia do Condado de San Mateo ficaram vigiando a entrada da propriedade de Kesey, iluminando o penhasco à beira da estrada que levava à casa de Kesey, como sentinelas num farol. Sem se deixar intimidar, Kesey pendurou uma placa de quatro metros em frente à propriedade com o aviso: OS MERRY PRANKSTERS SAÚDAM OS HELL'S ANGELS. Para muitos Angels, a festa em La Honda foi sua iniciação nas drogas psicoativas, particularmente o LSD, que ainda era legal e sempre em estoque abundante.

Os Angels tomaram LSD alegremente, mas os efeitos variaram. "Eles ficavam vagando, contando o número de cosmos que podiam ser vistos na cabeça de um alfinete e considerando as filosofias de vários nazistas", disse Ken Babbs. Alguns membros, como Terry the Tramp e Magoo, tiveram alucinações paranoicas. Certa noite, escreveu Thompson em *Hell's Angels*, Terry "se convenceu de que havia morrido como pessoa e voltado à vida como um galo que seria cozinhado numa fogueira logo que a música parasse. Ao fim de cada dança, ele corria até o gravador, gritando 'NÃO! Não! Não deixem parar'". Apesar da alegação de Thompson no livro de que "a maioria dos Angels ficou estranhamente pacífica com o ácido", Sonny Barger se lembra de algumas noites em que as coisas encresparam. "Os Pranksters não eram lutadores, e às vezes diziam coisas que não deviam dizer. Muitos Pranksters foram espancados em alguns momentos."

Apesar das explosões de raiva ocasionais, os Angels se deram bem com os Pranksters; Barger ficou amigo de Ken Babbs e Carolyn Adams, conhecida como "Mountain Girl" e amante de Kesey. Thompson, por sua vez, tendia a manter distância dos Angels nas festas em La Honda, participando da alegria mas registrando tudo em seu gravador, inclusive o estupro grupal que tanto ele quanto Wolfe relatariam. "Hunter era um sujeito modesto naqueles dias", disse Ken Babbs. "Ele ficava só olhando, coletando material para seu livro, embora não soubéssemos na época o que ele realmente pretendia."

No inverno de 1965, Thompson havia acumulado material suficiente sobre os Angels para começar a escrever o livro. Agora ele ocupava uma posição estranha no universo do Angels: era uma pessoa de fora que estava dentro. Thompson se tornara uma espécie de relações-públicas não oficial do clube, um intermediário que recebia pedidos de entrevistas de repórteres. Sonny Barger, que tinha bastante consciência do tipo de furo de reportagem que Thompson tinha nas mãos, e de que seu livro seria muito mais preciso do que qualquer coisa que já havia sido publicada, começou a exigir recompensas. Primeiro, pediu dinheiro, mas quando Thompson lhe assegurou que estava quase quebrado, o pedido se tornou um barril de cerveja. "Hunter simplesmente não me entendeu", disse Barger.

Thompson se esquivou do barril; não estava disposto a pagar aos Angels pelo tempo que passava com eles. Parou de ir ao El Adobe, trancou-se em seu apartamento e se sentou diante de sua máquina de escrever IBM Selectric alugada. Demorou seis meses para escrever a primeira metade do livro, muito mais do que previra; de vez em quando, o Angel desgarrado aparecia para beber uma cerveja e dar uma olhada nas páginas do manuscrito. Thompson não queria pisar no calo de ninguém; embora o livro não fosse necessariamente uma história dos Angels autorizada, precisão era algo crucial para que não pisoteassem sua cabeça. Quando o fim do prazo se aproximou, Thompson entrou em pânico. Achou que o contrato seria cancelado se o livro não fosse entregue no prazo. Então embalou sua máquina de escrever e uma caixa de Wild Turkey e saiu dirigindo pela autoestrada 101 até encontrar um motel adequadamente isolado, perto da península de Monterey, onde podia trabalhar. Entrincheirado, escreveu cerca de 40 mil palavras em quatro dias.

O livro foi concluído, mas havia outras questões que ainda incomodavam, como a capa que o departamento de arte da Random House havia preparado, que Thompson considerou "uma das piores capas de livro que eu já tinha visto". Seria preciso tirar novas fotografias, mas desta vez Thompson faria isso da maneira correta, com sua própria câmera. Ele negociou um acordo com seus editores segundo o qual eles pagariam pelas despesas de sua viagem e pelo filme se ele conseguisse que os Angels posassem para uma fotografia adequada. Para os Angels, era hora de viajar de novo, mas, diferentemente de Bass Lake, que havia sido visitada durante o período de um ano que Thompson passara com o clube, desta vez ele iria no escuro, já que estava sem fazer contato com a maioria dos Angels fazia quase seis meses. Ele encheu o tanque do carro e seguiu para Squaw Rock, perto de Mendocino, onde a gangue passava o fim de semana do Dia do Trabalho.

De início, as coisas aconteceram como em Bass Lake. Os Angels fizeram seus rituais habituais — passando a primeira noite da viagem acordados, ficando doidões com cerveja e benzedrina, nadando no lago completamente vestidos e apalpando suas mulheres. Desta vez, Thompson os acompanhou o tempo todo, com a câmera pendurada no pescoço, preparada para a foto perfeita para a capa. Mas o nível de conforto de Thompson se converteu em complacência. "Eu tinha violado minhas próprias regras para ficar acordado a noite inteira numa viagem", disse ele. "Mas tirara um bocado de fotos naquele dia e estava preguiçoso." Quando o Hell's Angel Junkie George teve uma discussão com sua namorada e bateu com uma cruz no rosto dela, Thompson reclamou que "só os punks batem em garotas". Antes que pudesse se dar conta, Junkie George lhe deu um murro na parte de trás da cabeça, e outros Angels, inclusive Frisco e Papa Ralph, aproximaram-se. "Era a antiga e honrada ética dos Angels — um por todos e todos por um", disse Thompson. Conforme ele descreveu na revista *Playboy*:

> Quando agarrei o sujeito, ele era bem pequeno, e então pude virá-lo, prender seus braços e simplesmente segurá-lo. E me virei para o sujeito com o qual estava falando e disse algo como: "Meu Deus, olhem esse maluco, ele me atingiu na porra do rosto, tirem-no daqui", e o camarada que eu segurava começou a gritar alto, como um louco, porque eu o mantinha indefeso, e o outro sujeito, em vez de dizer a ele para se acalmar, me atingiu de lado na cabeça — e então eu vi que estava em apuros.

Na hora em que Junkie George ia aplicar o golpe final — uma pedrada diretamente na cabeça de Thompson — Tiny the Tramp interveio. Thompson correu para o carro e dirigiu até a delegacia mais próxima, sangrando profusamente, apenas para receber ordem para ir embora porque estava fazendo bagunça. Teve que dirigir quase cem quilômetros, para fora da cidade, para procurar um médico que conhecia em Santa Rosa. Mas o médico estava de férias no Arizona. Thompson foi direto para a emergência do hospital local e encontrou vários Gypsy Jokers na sala de espera, espancados, com ossos quebrados e sangue por toda parte — resultado de uma briga ocorrida mais cedo com alguns Hell's Angels. Thompson, com o nariz completamente fora do lugar, não tinha tempo para esperar um médico com um bando de motociclistas. Então seguiu de carro até o armazém mais próximo, comprou uma embalagem com seis cervejas para se anestesiar e tratou de colocar seu nariz no lugar, "usando o espelho retrovisor e tentando me lembrar de como era meu nariz".

O editor de Thompson na Random House, Jim Silberman, não ficou nem um pouco surpreso quando o escritor lhe contou o que acontecera. "Eu disse a Hunter: 'Seu método de pesquisa é se amarrar nos trilhos de uma ferrovia, sabendo que o trem está chegando, para ver o que acontece'", disse ele. "Ele quer uma história em que algo assim aconteça. Está procurando uma provocação. Precisava de um final, porque estava realmente lutando para encontrar um final para o livro."

Sonny Barger considerou o incidente uma oportunidade para Thompson encerrar o livro com um clímax excitante e chocante. "Ele estava lá por um motivo específico, para apanhar", disse ele. "Hunter ficara por ali tempo suficiente para saber que era isso o que acontecia quando você saía dos trilhos, e para saber até onde podia ir." Thompson admitiu: "Na época, reconheci que aquilo era valioso para o livro." Mas negou que estivesse ali para provocar uma briga. "Levar uma surra tem a ver com o território, mas fiquei puto quando aquilo aconteceu."

Hell's Angels: medo e delírio sobre duas rodas foi publicado em fevereiro de 1967. As primeiras críticas foram entusiasmadas. O livro, escreveu Richard Elman na *New Republic*, "expressa uma espécie de delírio de espírito de Rimbaud por quase todos do qual, é claro, apenas os gênios mais raros conseguem se aproximar". Leo Litwak, do *New York Times*, elogiou o habilidoso controle de Thompson sobre seu material: "Sua linguagem é brilhante, seu olhar, extraordinário, e seu ponto de vista é uma reminiscência de Huck Finn."

As vendas foram rápidas, imediatas. Em abril, mais de 50 mil exemplares haviam sido impressos. A procura foi tanta que a Random House não conseguia imprimir livros com rapidez suficiente, para tristeza do autor. Em várias livrarias que Thompson visitou durante sua viagem de 35 dias para divulgar o livro, este estava esgotado e elas haviam esquecido de pedir mais exemplares, deixando o autor vendendo um produto que não estava disponível. "Eu não percebi que era um sucesso", disse Thompson. "Achei que a Random House havia feito uma besteira. Eles tinham os instrumentos e profissionais lidando com a publicidade, então fiquei preocupado de que ninguém estivesse recebendo o livro."

Thompson reclamou com Jim Silberman, que lhe assegurou que o livro estava nas livrarias e vendendo muito. "A equipe de vendas estava muito entusiasmada com o livro", disse Silberman. "E o livro estava indo muito bem nas lojas. Foi um sucesso desde o começo. Naqueles dias, anteriores às redes de livrarias, você podia enfrentar uma situação em que certas lojas não tinham o livro, mas ninguém ficou surpreso quando ele chegou à lista de best-sellers. Era um tema quente, e uma voz nova em folha."

Era uma maneira curiosa de vender um livro: usar um gancho de tabloides sensacionalistas ("cabelo longo ao vento, barbas e faixas esvoaçantes na cabeça, brincos, axilas, barras de ferro com correntes, suásticas e o cromo brilhante das Harleys sem enfeites, correndo loucas pelo trânsito a 140 quilômetros por hora, como o estouro de um trovão sujo", anunciava a sobrecapa da edição em brochura) para uma história que não recorria às táticas baratas de assustar. Os Hell's Angels vinham sendo explorados de muitas maneiras — pela mídia dominante, em filmes B de mau gosto e em *pulp novels* —, mas somente Thompson se importara em abrir caminho em meio às invenções, em ficar ali tempo suficiente para ganhar a confiança deles e lhes fazer perguntas. Como se fosse para provar a veracidade de sua reportagem *versus* as distorções da imprensa, Thompson dedicou o primeiro terço do livro a derrubar sistematicamente os mitos sobre os Angels — em particular o Relatório Lynch, que Thompson chamava de "um pedaço de ouro que caiu no meu colo". Na opinião dele, o Relatório Lynch envenenava o poço; suas falácias eram tomadas como verdades inquestionáveis por repórteres ansiosos demais para perpetuá-las.

"Não há muitos argumentos para fatos básicos", escreve Thompson sobre a cobertura distorcida feita pela *Newsweek* da viagem dos Angels a Portville, Califórnia, "mas as disparidades na ênfase e no conteúdo são a diferença entre uma manchete e um calhau na maioria dos jornais das grandes cidades". Se a percepção pública sobre os Hell's Angels como uma verdadeira ameaça provava alguma coisa era "o impressionante poder do sistema da imprensa de Nova York".

Thompson recorreu a *Na pior em Paris e Londres*, livro de George Orwell de 1931, e um de seus preferidos, no qual Orwell relata sua experiência vivendo entre pobres em Londres. Há uma nítida sinceridade no trabalho de reportagem de Orwell, uma relutância em transmitir um julgamento ou em moralizar, que Thompson levou a sério, mesmo que os Angels parecessem ser um tema mais espinhoso para simpatizar-se. Thompson não queria nem a simpatia nem a reprovação de seus leitores; queria apenas que eles respeitassem a verdade, que compreendessem os Angels em seu contexto histórico apropriado como um fenômeno peculiar da história americana.

Os Hell's Angels não surgiram do nada completamente formados. Em vez disso, eram um produto dos antepassados nômades do país: os Dust Bowlers nos anos 1930 à procura de terras aráveis; os veteranos da Segunda Guerra Mundial que optaram por trocar o programa de benefícios do governo por algo menos estabelecido e previsível; em suma, toda a tradição ocidental de exploração e aventura sem limites. Os Angels não eram não-americanos, mas sim "tão exclusivamente americanos quanto o jazz ... uma ressaca humana da era do faroeste." Caubóis com motocicletas possantes em vez de cavalos.

Mas onde há perigo há excitação — excitação vertiginosa, de tirar o fôlego. Em sua prosa de cachorro louco, Thompson conseguiu captar o que os Angels sabiam o tempo todo: que uma viagem veloz por uma autoestrada vazia, numa motocicleta, é algo como um despertar empolgado, ou como uma ótima experiência com drogas:

> Passando a primeira marcha, esquecendo os carros e deixando a fera rodar ... 35, 45... e então a segunda, gemendo através da luz na Lincoln Way, sem preocupação com sinais verdes ou vermelhos, mas apenas com algum outro lobisomem louco que pode estar arrancando, bem lentamente, para começar sua própria viagem ... e então a terceira, a marcha que ronca mais, empurrando 75 e o vento começando a gritar nos ouvidos, uma pressão no globo ocular como se estivesse mergulhando na água de um trampolim ... Inclinado para a frente, sentado bem atrás e segurando firme a direção enquanto a moto começa a pular e balançar no vento. Lanternas traseiras lá na frente ficando mais perto, mais rápido, e de repente — zaappp — ultrapassando e inclinando para uma curva perto do zoo, onde a estrada vira para o mar.

Apesar de seu grande esforço para não exaltar demais os Angels, muitos leitores se identificaram fortemente com eles. Thompson recebeu incontáveis cartas de fãs perguntando sobre como se tornar sócio do clube. A um fã adolescente, Thompson enviou palavras de forte advertência. "Quase todos os melhores Angels", escreveu ele numa carta datada de 6 de julho de 1967, "os sujeitos com os quais talvez você queira se sentar para conversar, participaram desse jogo durante algum tempo e depois desistiram para fazer algo melhor. Quase todos os que restaram são do tipo que não consegue fazer mais nada, e eles não são muito divertidos para conversar. Não são inteligentes, nem engraçados, nem corajosos, nem mesmo originais. São apenas Velhos Punks, e isso é muito pior do que ser um Jovem Punk."

Os Angels adoraram a atenção, particularmente porque Thompson contou direitinho pelo menos uma parte da história deles. "O livro ajudou a nos pôr na estrada para o lugar onde estamos hoje", disse Sonny Barger, "mas ele embelezou". Realmente há alguns exageros no texto. Thompson descreve Barger como "um homem forte de 1,80m e quase 80 quilos, vindo de East Oakland", quando na verdade Barger não ia muito além de 1,70m e pesava pouco mais de 60 quilos. Thompson também descreveu um ritual de iniciação em que candidatos a membros da gangue mergulhavam em fezes e urina coletados de Angels, mas esse ritual nunca existiu. Esses fatos tinham, porém, pouca importância; ao fazer um retrato bruto da história dos Angels, Thompson produziu uma crônica instigante sobre uma tribo americana sem pátria, afastada pelo sistema dominante e perdida num exílio perpétuo. Ao fazer isso, ele tirou a si próprio do exílio de freelance, finalmente; editores de revistas sabiam agora quem, diabos, ele era.

7

PARA O ABISMO

Para o pequeno grupo da esquerda que ditava as tendências contraculturais, os Hell's Angels estavam bem na linha de frente da revolta social. Mas representavam uma chapa vazia que idealistas como Kesey podiam preencher com quaisquer ideias de rebelião que os atraíssem. Como alguém de fora que havia feito o desconfortável papel de emissário dos Angels para o sistema, Hunter Thompson os conhecia mais. Passara tempo demais com eles, testemunhado coisas feias demais para achar que os Angels eram algo além de marginais ignorantes. O rompimento final dos Angels com Kesey — e por extensão com a contracultura — aconteceu em 16 de outubro de 1965, quando Sonny Barger e um grupo de motociclistas invadiram uma manifestação Saiam do Vietnã na estrada entre Oakland e Berkeley, um protesto formal do qual participavam tanto Kesey quanto o poeta *beat* Allen Ginsberg.

Ao relatar o incidente, perto do final de *Hell's Angels*, Thompson escreveu:

> Os heróis existenciais que haviam passado o baseado para os liberais de Berkeley na festas de Kesey se transformaram de repente em monstros perversos, precipitando-se sobre esses mesmos liberais com murros e gritos de "Traidores", "Comunistas", "Beatniks!". Quando a coisa ficou preta, os Angels ficaram firmemente ao lado da polícia, do Pentágono e da John Birch Society.

A frágil aliança entre os Pranksters e os Angels se desfez devido a atitudes fortemente divergentes em relação à Guerra do Vietnã. Em poucos anos, esse conflito se espalharia pelo país como fogo.

Desde o início, a natureza e a extensão do envolvimento dos Estados Unidos no Vietnã estiveram envoltas em segredo e obscuridade. O país do sudeste asiático vinha sendo repetidamente atropelado pelas marés da história. A região que se tornou conhecida como Vietnã do Sul foi conquistada pelos franceses em 1863, e a França assumiu o controle do Norte em 1883. Em 1940, os japoneses ocuparam o território continental do Sudeste da Ásia, incluindo o Vietnã. Depois que os japoneses se renderam às forças aliadas, em 1945, o controle do Vietnã do Norte foi cedido a Ho Chi Minh, líder de um bando de insurgentes comunistas que formou um governo provisório, levando os franceses a se agarrar obstinadamente ao Sul.

A balcanização do Vietnã foi transpirando, em grande parte, sob o radar das notícias; na época, a maioria dos americanos nem sequer sabia localizar o Vietnã no mapa. No outono de 1961, o presidente Kennedy, sob o disfarce de uma política de contrainsurgência chamada Projeto Beef-Up, enviou assessores — inclusive um destacamento do 440º Esquadrão de Treinamento de Equipes de Combate — para lutar ao lado do Exército da República do Vietnã (ARVN) contra a recém-formada Frente de Libertação Nacional, ou Vietcong. A maioria das organizações jornalísticas reagiu superficialmente, mas um grupo de correspondentes percebeu que o Vietnã poderia se tornar um teste importante da guerra fria. "Temos que enfrentá-los", confidenciou Kennedy ao chefe do escritório do *New York Times* em Washington, James Reston. "O único lugar onde podemos fazer isso é o Vietnã. Temos que enviar mais gente para lá."

"Você não podia acreditar em ninguém", recordou anos depois Homer Bigart, do *New York Times*. "Metade do tempo, os americanos nem sequer sabiam onde estavam, que dirá saber o que dizer a você, e o governo sul-vietnamita fazia o Kremlin parecer uma sociedade aberta." O embargo de informações imposto pelos líderes militares dificultava consideravelmente os esforços para juntar os pedaços de informação para as notícias mais básicas. Insatisfeitos com o fato de os soldados comuns desconhecerem os relatos negativos sobre o progresso da guerra, assessores americanos em campo recorreram aos jornalistas para enviar a mensagem. Agora, as táticas militares estavam sendo contestadas por uma contrainsurgência induzida pela imprensa e realizada com uma coleta de dados furtiva e extraordinária.

Em suma, era uma perfeita guerra de repórteres. A versão oficial divergia tanto da realidade que deixava jornalistas empreendedores com um bocado de material para trabalhar; cada aspecto da guerra era um alvo legítimo e estava aberto ao debate. Centenas de repórteres convergiram para Saigon, montando acampamento em dois alojamentos, o Hotel Continental Palace e o Caravelle Hotel, e cada um deles começou a buscar sua própria visão sobre uma história tão rica em intrigas que beirava o místico.

Nos primeiros anos do envolvimento dos Estados Unidos, os acontecimentos no Vietnã foram mudando de formato em ritmo acelerado, e os primeiros correspondentes — incluindo David Halberstam, Neil Sheehan e o freelance Stanley Karnow — tinham a história para eles. As primeiras reportagens enviadas por Halberstam para o *New York Times* tiveram enorme influência sobre seus contemporâneos. Eram avaliações objetivas sobre a brutal inutilidade da guerra vindas de um jornal de primeira linha.

Harold Hayes era tanto fã quanto amigo casual de Halberstam, e encomendou um perfil do escritor para a edição de janeiro de 1964 da *Esquire*. Escrito por George Goodman, incluía uma reportagem complementar introdutória chamada "Background of Revolution", que resumia os acontecimentos para leitores mal informados e observava que as reportagens de Halberstam não eram consideradas evangelhos por grande parte da imprensa dominante. Frank Conniff, colunista de Hearst, considerava o trabalho de Halberstam uma "bomba-relógio política" que podia direcionar mal o presidente e desestabilizar o esforço de guerra nos campos de batalha. Não importava que a lógica distorcida de um repórter de alguma forma estimulasse estrategistas políticos a tomar decisões desinformadas; Halberstam, de acordo com Conniff, estava subvertendo o inexorável progresso da democracia civilizada.

Com seu tempo de produção de três meses, a *Esquire* não podia acompanhar o ritmo das notícias no Vietnã, particularmente no período imediatamente anterior e seguinte ao assassinato do líder sul-vietnamita Ngo Dinh Diem. Hayes e Gingrich também não viam a revista como um veículo que expunha algum ponto de vista político. Hayes pensava no Vietnã como um conflito menor, uma guerra que rapidamente se resolveria. "Nunca ouvi Harold fazer discursos políticos entusiasmados", disse George Lois, o guru do *design* por trás das grandes capas da *Esquire* na época. "Eu o considerava um liberal, mas ele não era um liberal muito ativo. Costumávamos ter discussões sobre o Vietnã, porque ele estava convencido de que aquele seria um conflito rápido e temia que capas sobre a guerra pudessem estar defasadas quando fossem publicadas."

Para a edição da *Esquire* do Natal de 1962, Lois sugeriu que a revista poderia publicar uma foto do centésimo soldado americano morto no Vietnã, mas Hayes resistiu à ideia. "E se quebrarmos a cara", perguntou Hayes a Lois, e a guerra acabar antes de a edição sair? A capa foi derrubada.

Mas Hayes colocou o Vietnã na mistura editorial da mesma forma, tratando-o da maneira como a *Esquire* tratava todos os acontecimentos incipientes da década — com uma boa dose de humor irreverente. Os primeiros artigos satíricos, como "An Armchair Guide to Guerilla Walfare", foram ataques irados — no estilo de *Ardil 22* — ao próprio absurdo da guerra.

"Bem, acho que no início nenhum de nós estava muito atento à guerra", disse o ex-editor sênior Robert Sherrill. "Mas também não era como se estivéssemos sentados, rindo de tudo aquilo. Esse tipo de ceticismo engraçado pode ser uma arma bastante eficiente." Para o ex-editor Tom Ferrell, a revista espalhou uma "camada de ironia" sobre a cobertura da guerra, uma posição segura e sustentável tanto para Hayes quanto para os anunciantes da revista. No início, foi fácil tratar o Vietnã como uma tolice de Lyndon Johnson, mas em 1965 os Estados Unidos já haviam comprometido 200 mil soldados com a guerra, e a Operação Rolling Thunder — a campanha de três anos de bombardeios aéreos contra o Vietnã do Norte — começara a ficar séria. Agora os Estados Unidos tinham os dois pés ali.

Para John Sack, chefe do escritório da CBS News em Madri, a ideia de ir ao Vietnã como correspondente era atraente. O perfil de Halberstam feito por George Goodman deixou nele uma forte impressão. Sack havia sido amigo de Halberstam quando ambos estudaram juntos em Harvard, no início dos anos 1950. Eles compartilharam namoradas e sonhos de glória literária. Agora, a imagem de Halberstam estava brilhando diante de Sack, nas páginas da *Esquire*: no país e em patrulha de combate, afundado na lama até a cintura, olhando sobre o ombro para a câmera com um sorriso de satisfação, como se dissesse: "A vida não é isso?".

"É claro que eu li [a reportagem de George Goodman] sobre David e vi a foto de David cruzando um pântano de chapéu e se virando para trás para olhar para a câmera", disse Sack. "Tive uma pontada de nostalgia, e talvez até de inveja, e pensei: eu deveria estar lá."

A Guerra da Coreia havia sido uma onda de pura adrenalina quando Sack, recém-saído de Harvard, cobriu a frente de batalha ocidental para o *Stars and Stripes*, jornal do exército, como soldado da infantaria voluntário. Ele adorava entrar e sair das trincheiras, dirigir seu jipe até Seul e voltar, confraternizar com os soldados no frio e depois correr para sua base para colocar tudo em suas reportagens. O trabalho na CBS era uma renda certa, mas se tornara um pouco lento, e agora a rede de TV estava diminuindo de tamanho, deixando-o ainda com menos trabalho do que o normal. Quando Sack voltou da Espanha para Nova York, em setembro de 1965, viu-se com pouca coisa para fazer além de ler revistas que, na sua opinião, apresentavam uma versão hollywoodiana da guerra no Vietnã que não se enquadrava em suas experiências. Numa carta a Harold Hayes propondo uma abordagem diferente, Sack articulou sua reclamação sobre a imprensa dominante:

> A *Time* desta semana tem [os soldados] saindo do navio "magros, lacônicos e procurando a luta", e na *Esquire* eles são "legais", e assim parecem. E aqui no jornal da tarde: um deles é citado dizendo: "Eu soube que estava indo para o Vietnã. Gostei da ideia. Queria um pouco de ação."
>
> Veja, isso é o exército, tenho que supor que algumas coisas ainda estão confusas, que os cozinheiros estão tirando casca de ovo dos ovos mexidos, que a conversa atrás-dos-quartéis é sobre pegar garotas, que a mais terrível preocupação de um sargento é com o brilho de suas botas de combate ... que um certo número deles não tem a menor ideia de onde fica o Vietnã ou do motivo pelo qual está indo para lá.

Onde, imaginou Sack, estão os "incompetentes, estúpidos, preguiçosos, falastrões, paranoicos, catatônicos, inescrupulosos, reclamadores, chorões, brutos, grosseiros, vulgares, agitadores, desastrados, sádicos e rabugentos"?

Sack, que havia escrito um artigo para a *Esquire* em 1959 e publicado artigos na *New Yorker* e na *Harper's*, propôs a Hayes que o colocasse numa unidade do exército para viajar com os soldados de barco até o Vietnã e seguir para o combate — "o combate com todas as suas insanidades, e gostaria de escrever sobre isso da minha maneira. Para tal, tenho que tirar uma licença da CBS; acho que consigo". Sack pensou apenas na *Esquire* para essa reportagem porque era a única revista que simpatizaria com sua abordagem (certa vez, ele enviou uma reportagem sobre Andorra, Itália, cheia de humor negro e totalmente factual para a *New Yorker*, mas a revista guardou o artigo durante seis meses porque os editores não conseguiam decidir se era do departamento de fatos ou do departamento de ficção; Sack acabou vendendo-a para a *Playboy*).

Hayes respondeu: "Jesus Cristo, quanto isso vai custar?" Não muito, de acordo com Sack: 145 dólares pela tarifa aérea para São Francisco, mais 664 dólares pela passagem do Vietnã para Manhattan. O barco militar seria de graça, quarto e refeições incluídos. "Essas seriam as únicas despesas, sem contar a cerveja Bamoubia." (Na verdade, a conta final chegou perto de 5 mil dólares.) Tudo o que Sack precisava de Hayes era uma carta de apresentação ao Pentágono, para que conseguisse suas credenciais de imprensa. Hayes concordou e Sack se preparou para ir para o Vietnã.

Em dezembro, Sack voou para Arlington, Virgínia, para determinar a unidade de infantaria que lhe daria a melhor amostra representativa de soldados. Apesar das restrições de Sack a Fort Dix, Nova Jersey — ele havia treinado ali para a Coreia e temia que estivesse cheia de garotos brancos de Nova York e Boston —, o Pentágono garantiu que ele encontraria ali o que procurava. A Companhia M, com quase um mês de treinamento pela frente antes de ser enviada, parecia se adequar perfeitamente.

Sack chegou a Fort Dix em 3 de janeiro, em período de férias da CBS, apenas para explorar o terreno e determinar se realmente havia uma reportagem a ser escrita. Para ele, era essencial ir a Fort Dix e entrevistar os soldados antes de eles chegarem às selvas do sudeste da Ásia; se os leitores iriam se preocupar com quem viveria e morreria, era preciso conhecê-los claramente de antemão, estabelecer uma dinâmica social e ter uma ideia sobre a hierarquia de liderança. Esta era a primeira regra de todas as grandes reportagens sobre guerra: os leitores tinham que se identificar com os soldados a ponto de se preocupar com o que aqueles jovens encontrariam pela frente. Não seria uma reportagem estereotipada sobre estratégia militar; Sack queria simplesmente mostrar aos leitores da *Esquire* o que era realmente a vida de um soldado, o complexo conjunto de fatores militares, sociais e econômicos que agiam. Sack era íntimo da guerra, e heroísmo sem derramamento de sangue tinha muito pouco a ver com ela.

Sack foi instalado no dormitório de hóspedes de Fort Dix e fazia todas as suas refeições no refeitório dos oficiais. Todo dia, acordava às 4h com os soldados e ficava com eles até as 21h, quando eles se recolhiam para dormir. Entrevistar os soldados era mais fácil do que ele previra, mas havia os céticos. A maioria dos membros da Companhia M achava que a *Esquire* era uma revista de moda, e por que uma publicação de moda se interessaria por eles? Mas Sack era um deles, um veterano, e os soldados se abriram imediatamente a ele. Alguns o confundiram com um padre confessor, consequência involuntária do *C* que adornava a tarja preta que ele usava no braço. O *C* era de *correspondente*, mas alguns soldados acharam que era de *capelão*. "Eu me lembro de que me senti como se tivesse caído numa mina de ouro", disse Sack. "Enquanto eu tomava notas, agarrado àqueles blocos de anotações, pensava que aquilo era ouro. As pessoas eram tremendamente acessíveis no exército."

O que impressionou Sack de imediato foi o fato de que ninguém em Fort Dix falava em Vietnã. Ninguém fazia sequer uma insinuação sobre esse assunto. Isso apenas confirmava o que ele já sabia: que escrever a reportagem para a *Esquire* era a única atitude que fazia sentido. Seus chefes na CBS não aceitariam um antidrama com poucas informações como aquele. Provavelmente enviariam alguém como Charles Kuralt para meter um microfone e uma câmera na cara dos soldados da Companhia M e perguntar a eles o que achavam do Vietnã, e dessa maneira fabricar respostas. Mas o silêncio deles *era* a história — Sack estava certo disso. Mais ou menos 105 deles, metade da companhia, seriam enviados para o Vietnã, mas nenhum deles sabia quais seriam os escolhidos. A decisão final já havia sido tomada em Arlington, entre os "cartões IBM duros do tamanho de uma nota de libra esterlina britânica, um para cada soldado da M". Um funcionário do Pentágono havia prendido aqueles cartões a outros cartões brancos que indicavam onde seria a missão do soldado, e era assim que o destino da M era determinado. Sack testemunhara esse processo em primeira mão em Arlington, e portanto estava de posse do terrível conhecimento de quem iria para o Vietnã antes de a Companhia M saber.

O exército tentou interferir na reportagem e se beneficiar de Sack, substituindo o sargento Shaw da Companhia M, um sujeito durão e inflexível, por outro mais encantador chamado Doherty. Mas o exército acabou parando de pensar em Sack, e ele se misturou ao cenário. Armado apenas de um bloco de anotações, captava tudo. Furiosamente, tomava notas que toda noite decifrava e organizava, pelo menos até uma hora da manhã, e às vezes até bem mais tarde. "Eu não tinha um gravador, e tomava notas, e às vezes tinha que escrever tão rápido que tudo que conseguia escrever eram notas sobre notas, notas para me lembrar das notas", disse Sack.

Ele via a Companhia M sofrer com o rigor do treinamento e se sentava com os soldados depois, quando eles ficavam sentindo falta de suas garotas ou se imaginando enfrentando o inimigo desconhecido. Logo, alguns personagens principais começaram a se materializar em meio aos mais de duzentos soldados que Sack entrevistava e sobre os quais tomava notas detalhadas: Demirgian, o armênio rude que queria mais do que tudo ser dispensado, e que ofereceu vinte dólares ao primeiro homem que quebrasse seu maxilar; Smith, o bom filho cristão que se alistara no exército porque esse era o desejo de Deus; Mason, o garoto agressivo das ruas do Harlem; Sullivan, o mulherengo convencido. A história estava se formando por si só para ele, certinha como num filme de Hollywood, pensou Sack, com um elenco que era uma amostra representativa das atitudes de classe e sociais. Mas ele sabia que não podia impor prematuramente parâmetros perfeitos a ela.

O regime de treinamento da Companhia M era um triunfo da fria lógica militar, mas, considerando o destino iminente daqueles que seriam enviados para o Vietnã, para Sack aquilo parecia um exercício de falta de lógica, uma imposição inútil de protocolo para uma guerra que não tinha nenhuma regra clara de ordem. Em dois meses inteiros de treinamento básico e dois de treinamento de infantaria, nenhum sargento havia apresentado um princípio básico da guerra: como evitar morrer. Eis como Sack descreveu uma típica inspeção de quartel realizada por um sargento chamado Mallory, "o purista cuja sensibilidade o fazia achar que todos os crânios da M tinham que ser austeros como pirâmides, e suas malas de objetos pessoais, colocadas paralelamente como os pedestais de Carnac".

> "Gente, todas as suas camisas cáqui. Quero que todos peguem um ferro de passar e passem a manga esquerda", porque nos armários de parede esta é a manga plenária, a manga plenipotenciária, a manga que o capitão ou o major verá quando passar trotando — a manga *essencial*, a manga *suprema*. Nada de nomes, mas Mallory conhecia as malas de objetos pessoais na M, cujas escovas de dente imaculadas permanecem em seu mostruário permanente como um pequeno colar de Cellini, totalmente intocado por dentes humanos. Longe de se incomodar com um garoto cuja escova de dentes diária secreta podia ter a forma de um rabo de poodle, ou cor de alga, Mallory estava satisfeito com a iniciativa dispendiosa do garoto.

Depois de três semanas, 105 membros da Companhia M foram enviados para o Vietnã, e Sack voou com eles para Saigon. A primeira operação incluía ir, por trás das linhas inimigas, a uma plantação de seringueiras da Michelin, um lugar onde "os vietnamitas da vila extraíam o látex de dia, fornecendo aos motoristas americanos pneus de borracha, e à noite matavam os tenentes-coronéis americanos". A missão da M era um serviço simples de busca e destruição: "matar, ferir ou capturar o inimigo negligente, ou afastá-lo para o rio ocidental como um bando de ratos distraídos". Sack viu Demirgian lançando granadas de mão contra cabanas de palha onde "um atirador ou dois poderiam, de maneira inconcebível, estar espreitando", mas nenhum atirador jamais se materializou. A Companhia M estava enfrentando um inimigo que não conseguia ver, mas o *clump clump* onipresente do fogo distante se tornava a trilha sonora de sua missão, o passo persistente do perigo iminente.

Enquanto Sack seguia com a Companhia M para o território de selva densa, observando os soldados incendiando depósitos de arroz e vilarejos onde nenhum vietcongue espreitava, o estado de espírito dos soldados endurecia, tornando-se algo selvagem e irracional. "Na verdade, o grande tenente-coronel da cavalaria dera a ordem, *assegurar que seja feita uma identificação positiva*: um atirador na casa, destrua; caso contrário, poupe-a. Mas, através da iteração de imperativos ... e uma sábia apreensão de que o coronel poderia não estar falando sério, sua ordem ficou quase irreconhecível quando atravessou os canais e chegou ao sargento Gore, de Demirgian. Gore entendeu a ordem como "Matem tudo. Destruam tudo. Matem as vacas, os porcos, as galinhas — tudo."

Então a Companhia M finalmente produziu sua primeira morte.

> Um sargento da cavalaria, ao ver uma espécie de lugar de *bunker*, um buraco abaixo, e ouvir algumas vozes dentro dele, disse a Demirgian para atirar uma granada lá dentro. Hesitante, Demirgian um soldado que conhecemos antes, embora não pelo nome, saltou de seu veículo blindado e fez voar uma granada de mão. Ela rolou através da porta, atingindo uma espécie de defletor de terra antes de explodir e ___ ofegou quando dez ou doze mulheres e crianças saíram gritando, de pijamas enrugados: nenhum sangue, nenhum ferimento aparente, porém, e ___ entrou em seu veículo novamente e este foi em frente. Yoshioka a bordo, aproximou-se da cabana, e um Negro especialista-4, com seu fuzil preto nas mãos, esticou cautelosamente a cabeça para dentro, espreitando através da escuridão durante um ou dois segundos antes de gritar:
> — *Oh, meu Deus!*
> — Qual é o problema? — perguntou um segundo especialista.
> — Eles atingiram uma menininha. — E em seus braços musculosos o Negro trouxe uma menina de 7 anos, longos cabelos pretos e orelhas pequenas, olhos fixos — *olhos*, seus olhos são o que ficou congelado na memória da M, parecia que não havia nenhum branco naqueles olhos, nada além de círculos pretos, como peixinhos pretos.

O escritor, que sempre tivera um forte sentimento de que os Estados Unidos resolviam definitivamente qualquer guerra em que entravam, e que achava que o Vietnã era uma causa justa pela qual valia a pena morrer, tinha agora acabado de testemunhar um exercício desnecessário de selvageria civil. Mas certamente, pensou Sack, aquilo era uma exceção. Quando retornou à primeira brigada da primeira divisão, ele explicou contritamente ao coronel Sam Walker que sua intenção era cobrir a operação e fazer sua reportagem. A operação se tornara uma grande bagunça, mas Sack estava grudado em sua reportagem. "Sei que isso não é típico", disse ele a Walker, "mas tenho que fazer meu trabalho." Walker fez uma pausa de alguns segundos e em seguida disse a Sack: "Isso é típico."

Sack estava incrédulo. "Eu não podia acreditar que com aquele vasto exército no Vietnã ... com aquela coisa enorme acontecendo ... que tudo o que estava resultando daquilo era a morte ocasional de meninas de 7 anos."

Sack voltou para o Continental Hotel em Saigon e escreveu sua reportagem de 27 mil palavras. No início de junho de 1966, enviou cópias para Hayes e sua agente literária, Candida Donadio, na esperança de que ela pudesse ver o potencial de transformar aquilo num livro. Donadio rejeitou, e Sack ficou desanimado. O que estava faltando? Sack folheou alguns artigos sobre o Vietnã na biblioteca do exército e deparou com outra reportagem sobre Fort Dix na revista *Holiday*, feita por um jovem escritor chamado Michael Herr, ex-editor-assistente da revista. O que o impressionou no artigo, chamado "Fort Dix: The New Army Game", foi seu poderoso comando de linguagem e personagens, a maneira como Herr injetava em tudo o que escrevia um tremendo poder dramático. Herr descrevia coisas, enquanto Sack apenas relatava os fatos. Chamou atenção de Stack a maneira como Herr escrevia sobre a *happy hour* no clube dos oficiais e como os oficiais veteranos lembravam "rotarianos, talvez operários altamente qualificados — torneiros mecânicos que saíam para jantar antes de uma noite de boliche". Sack estava disposto a escrever em cenas — era assim que havia estruturado os documentários para TV que fizera para a CBS —, mas não bastava simplesmente amarrar cenários secos juntos. A reportagem de Herr o fez voltar e olhar com mais atenção, forçar-se a elevar sua prosa ao nível de Herr.

No dia seguinte, depois de visitar um porta-aviões, Sack voltou ao Continental para checar sua correspondência e encontrou um telegrama de Harold Hayes informando-o que sua reportagem ocuparia todo o espaço de *fait divers* na próxima edição. Um segundo telegrama dizia: "Mande toda e qualquer fotografia da companhia M treinando e em combate. Vital importância por favor faça o melhor. Hayes."

Sack ficou em êxtase, mas não havia tirado uma única fotografia durante seu período na Companhia M. Teria que entrar em outra operação, possivelmente arriscando sua vida, para conseguir as fotos de que precisava. Depois de tomar emprestada uma câmera com Horst Faas, fotógrafo da Associated Press, Sack se juntou à M em algo chamado Operação El Paso, embarcando num helicóptero com Demirgian e alguns outros soldados. Quando o helicóptero pousou em território inimigo, Sack pulou rapidamente para dentro de um buraco de bomba, de modo que pudesse fazer fotos dos soldados da M desembarcando de helicópteros. Era uma zona de aterrissagem fria — não havia vietcongues em lugar nenhum —, mas a M formou um perímetro, e Sack teve uma oportunidade perfeita para fotografar.

Quando voltou a Saigon, tinha mais de setecentas fotos, e as enviou para Hayes. O editor da *Esquire* estava agora ouvindo rumores do departamento jurídico da revista de que a reportagem poderia provocar uma avalanche de processos por difamação. O retrato da vida no Vietnã feito por Sack não deixava escapar nada: os pensamentos mais íntimos de seus protagonistas sobre a guerra, casamento, combate, liderança em campo — estava tudo ali. Talvez, sugeriu Hayes, Sack pudesse voltar a campo e conseguir licenças legais de seus dez personagens mais importantes. Assim, se alguém reclamasse da reportagem de Sack, a revista teria como reagir.

Sack concordou, mas sua missão de acompanhar a Companhia M seria muito mais difícil desta vez. Agora os soldados estavam na zona de guerra C, bem na fronteira com o Camboja, uma área tão perigosa que nenhum helicóptero chegava perto. A única saída para Sack era tomar o helicóptero da imprensa, com um piloto que tinha ordens para voar em qualquer lugar que um jornalista autorizado lhe dissesse para ir. Mas ele precisava de cinco passageiros para reservar o aparelho. A namorada de Sack — uma baronesa francesa chamada Anne Rousseau de Prienne — estava ansiosa para usar seu uniforme de camuflagem feito sob medida e concordou em acompanhá-lo. Sack soubera que a Companhia M estava indo para um enorme depósito de arroz, o maior já encontrado, na Zona C, e convenceu Dan Rather a ir junto com sua equipe.

Com isso, eram cinco, mas quando Sack apareceu às sete da manhã para o voo, o piloto do helicóptero se recusou a fazer o trabalho: era arriscado demais. Sack lhe implorou, e eles chegaram a um acordo: o helicóptero pousaria por tempo suficiente para que desembarcassem e decolaria imediatamente depois. Eles teriam que voltar para Saigon por conta própria.

Nem bem chegaram à Zona C, foram atingidos por tiros de metralhadora; uma bala calibre .50 furou o helicóptero quando este aterrissava. A Companhia M estava cercada de vietcongues, mas Sack tinha um trabalho a fazer. A baronesa, Rather e sua equipe seguiram para a estrada para ver a queima de arroz, deixando Sack para que ele conseguisse que as licenças fossem assinadas. Demirgian, Sullivan e alguns outros personagens estavam ali, e Sack fez seu trabalho rapidamente. Ele viu um brigadeiro-general num helicóptero e pegou uma carona de volta a Saigon, deixando Rather e a baronesa se virando para sair dali.

Horas se passaram e nenhum sinal de Rather ou da baronesa. Às cinco da tarde, Sack foi para o bar do Hotel Continental, onde os correspondentes se reuniam diariamente para um *happy hour* informal, e divertiu seu amigo Dan Minor, jornalista de rádio, contando as aventuras do dia. Minor achou preocupante que Sack tivesse simplesmente deixado sua namorada e Rather numa dificuldade daquelas. Sack lhe disse:

— Não se preocupe, logo ela vai aparecer aqui dizendo "Como você pôde fazer isso comigo"?

— Eu ficaria preocupado — disse Minor.

Sack lhe disse:

— Não, eu lhe garanto.

Meia hora depois, a baronesa atravessou a praça com seu uniforme de tigre, entrou no Continental e gritou: "Como você pôde fazer isso? Eu tenho um jantar com o embaixador hoje às sete. É uma festa oficial, tenho que me maquiar, tenho que fazer o cabelo, são seis horas, e não tenho tempo para me vestir nem me maquiar!"

Quando Sack voltou para Nova York, em junho, enviou seu artigo, mais longo e revisado, para Candida Donadio. Desta vez, ela se rendeu e fez um acordo para um livro com a New American Library, de David Segal. Sack passou o verão acrescentando cenas ao livro, na casa de sua tia em Ocean

Bay Park, Fire Island, enquanto Hayes e a equipe da *Esquire* preparavam a publicação de sua reportagem.

No fim das contas, nenhuma das fotos tiradas por Sack no Vietnã foi escolhida para ilustrar o artigo; a reportagem não teria nenhuma arte acompanhando-a. A ideia de Sack para a capa — o rosto do Recruta Zero colado sobre cabeças de soldados de verdade — foi rejeitada completamente por Hayes, que disse a Sack: "Você não entende sua reportagem mesmo."

A capa romperia o padrão das extravagantes gozações habituais pelas quais a *Esquire* se tornara famosa desde que contratara George Lois, em 1962. Lois — cuja empresa, Papert, Koenig, Lois, havia revolucionado a propaganda americana com seu *design* criativo e graficamente arrojado para todos os tipos de produtos de consumo — era um mestre da ironia amarga e do uso da tipografia como elemento gráfico. A capa de setembro havia mostrado um jovem passando batom e a manchete "Como Nossos Heróis Viris do *Campus* estão Escapando do Recrutamento". Essa era a velha abordagem da *Esquire* para o Vietnã. A manchete de outubro pressagiava algo mais sombrio e ameaçador: a nova realidade distorcida da guerra. Era uma citação, ligeiramente alterada, retirada da reportagem de Sack, escrita em letras brancas sobre um fundo preto — um recurso que Lois já usara num anúncio de xarope para tosse:

"OH, MEU DEUS — ATINGIMOS UMA MENININHA"
A Verdadeira História da Companhia M, de Fort Dix ao Vietnã

"Eu apenas arranquei a frase", disse Lois. "Pôr as pessoas em situações perigosas — isso é que era a guerra." Quando Lois apresentou a capa a Hayes, "Harold quase caiu no chão. Era a primeira capa antiguerra numa revista importante". Lois advertiu Hayes: "Você vai perder um monte de anunciantes por causa disso". Hayes fez uma pausa, olhou para Lois e sussurrou: "Você acertou em cheio."

Foi o primeiro artigo numa revista importante a discutir de alguma maneira a morte de civis, mas nem todo mundo na *Esquire* ficou entusiasmado com a técnica impressionista de Sack. Bob Sherrill achou que era "uma ótima reportagem", mas "atolada em detalhes". Ele discordou do lide de Sack, que começava: "Uma, duas, três semanas no máximo e eles darão as ordens à Companhia M — *eles* são aquelas obscuras entidades olímpicas que, pelo que dizem, atiraram cartões numa máquina IBM ou num chapéu para determinar aonde cada soldado da M irá em seguida: os que vão ficar lá nos Estados Unidos, os que viverão tranquilamente na Europa e os que vão lutar e morrer no Vietnã." Na opinião de Sherrill, era fantasioso demais, destinado a "levá-lo a se afastar da história, em vez de entrar diretamente nela".

Na equipe editorial, Sherrill foi uma minoria de um. Hayes gostou tanto da reportagem que fez uma festa em homenagem a Sack na sede da *Esquire*. "É uma reportagem muito melhor porque você era a favor da guerra", disse Hayes a Stack. "Se você fosse contra a guerra, não teria causado uma impressão tão forte."

Publicado pela New American Library em fevereiro de 1967, *M* foi o primeiro grande livro sobre o Vietnã, e inquestionavelmente o primeiro grande livro de guerra do Novo Jornalismo. Camada por camada, Sack remove o fino verniz de determinação e coragem, porque era absurdo fingir que os soldados no Vietnã eram de algum modo feitos de um material mais duro. Os soldados não eram super-heróis; eram apenas recrutas desafortunados, forçados a suportar terríveis privações e a aceitar a morte como algo que fazia parte da vida em tempo de guerra. Os soldados de Sack eram assustados, vulneráveis, preocupados um pouco demais. Foi um grande rompimento com a antiga tradição da reportagem de guerra, principalmente aquelas dos correspondentes da Segunda Guerra Mundial que estimularam o heroísmo em nossos meninos no *front* até apagar todos os vestígios de realismo.

Diário de Guadalcanal — crônica de Richard Tregaskis sobre a batalha estratégica crucial dos fuzileiros navais americanos em que uma divisão com baixo contingente derrotou os japoneses e assumiu o controle da ilha do Pacífico — tornou-se um grande best-seller quando foi publicado pela Random House, em janeiro de 1943. Correspondente do International News Service, Tregaski se juntou à Primeira Divisão de

Fuzileiros Navais durante a campanha de seis meses, sendo o único jornalista a fazer isso. Sua narrativa é uma suave trajetória ascendente de vitórias, tanto pequenas quanto significativas, num crescendo vitorioso. Tregaski não se detém muito nos soldados feridos e mutilados; eles são apenas o prelúdio de um contra-ataque bem-sucedido. Seus soldados não são muito diferentes daquelas figuras fictícias às quais Sack havia se referido nas cartas em que ofereceu a reportagem a Hayes — esbeltos, maus e à procura da luta.

> Os fuzileiros navais haviam lutado com a maior ferocidade. O soldado George F. Grady (da cidade de Nova York) enfrentara sozinho um grupo de oito japoneses no Morro Gatuvu. Matou dois com sua submetralhadora; quando a arma travou, usou-a como porrete para matar mais um japonês, e então, largando a arma, puxou a faca da bainha que carregava na cintura e esfaqueou mais dois inimigos antes de ser morto pelos três japoneses que permaneciam ilesos.

O livro é um diário de tudo o que Tregaski viu ou ouviu, escrito num estilo conciso, direto. Todas as tentativas de registrar a temperatura emocional das situações se limitam às próprias observações de Tregaski. Sack, em contraste, remove toda a mediação entre repórter e leitor; a história não é sua e, portanto, não cabe a ele contar.

"Eu não me ponho na história", disse Sack. "Não quero sequer que o leitor tenha consciência de que estou ali. ... Quero que ele sinta que está recebendo a realidade não diluída — que está recebendo um relato absolutamente objetivo. É claro que é um truque, porque tenho meus próprios valores em relação ao que é importante, ao que vale a pena dizer e ao que não vale a pena dizer. Estou escolhendo o que quero escrever e estou escolhendo a ordem das coisas, portanto, embora finja objetividade, é realmente subjetivo, e isso é um truque com o leitor."

Para Sack, a objetividade jornalística era um dos grandes mitos. "Se um milhão de pessoas jogassem rosas em Kruschev quando ele viesse aos Estados Unidos e uma pessoa atirasse um ovo e o atingisse, a imprensa russa diria que um milhão jogaram rosas e a imprensa americana diria que uma atirou um ovo ... e ambas achariam que estavam sendo objetivas." Era uma questão de filtrar as informações e escolher sua própria versão da verdade.

Não bastava simplesmente descrever as atividades da Companhia M nas matas verdejantes de Laikhe, porque a inércia e o tédio eram a história. O inimigo era um espectro. Invisível, mas onipresente. As campanhas se tornaram tensos jogos de espera seguidos de um cataclismo explosivo. Isso, percebeu Sack, estava lentamente levando os membros da Companhia M a buscar refúgio dentro de suas próprias cabeças, que estavam sendo atingidas pela natureza confusa de sua missão.

Quando a M realmente encontrou o Vietcong, as regras de engajamento do exército se tornaram insignificantes. As táticas intuitivas, improvisadas, da guerra de guerrilha deixaram a Companhia M confusa e desgastada, sem nenhum outro recurso além de "queimar, queimar, queimar" tudo que estivesse ao alcance.

— Queimem, queimem, queimem — ordenou o capitão de Demirgian.
— Sim, isso vai fazer o velho Charlie sair.
— Sim, senhor — concordou o tenente.
— Agora Charlie não tem nenhum lugar para se esconder. Charlie não gosta de espaços abertos — afirmou o capitão.
— Não, senhor, esse Charlie não gosta — disse o tenente.
— Esta é a maneira de acabar com essa guerra. Queimar vilas, queimar fazendas — comentou o capitão. — Então Charlie terá que vir plantando e reconstruindo, e não apenas causando problemas.

Demirgian viveu o pior daquilo no interior do Vietnã. Depois de escapar por pouco de uma emboscada, seu ânimo coagulou, tornando-se algo irracional e sanguinário — e Sack explora seu monólogo interno, um ciclo contínuo de malevolência.

> *Charlie tenta avançar furtivamente sobre mim*, disse Demirgian ansiosamente a si mesmo — *Charlie tenta fazer isso, e eu vou simplesmente ficar aqui — sim! Deixe-o chegar a dez metros de mim, aquele estúpido e pequeno filho-da. Sim, vou estar com minha granada de mão e vou puxar o pino — Charlie, você está prestes a se ferrar! k-k-k!*

Sack não presenciou incidentes como esse, mas também não inventou nada. O uso de monólogos interiores no trabalho de Sack e de outros Novos Jornalistas se tornaria uma reclamação comum de críticos do gênero: como um escritor pode saber o que seu entrevistado está pensando num determinado momento? A resposta é que o escritor simplesmente tem que perguntar. "Odeio usar a palavra *reconstituído* porque a palavra *reconstituído* significa que inventei a conversa", disse Sack. "Mas o que eu quero dizer é que ... cada conversa é algo que alguém me contou que disse, e estou juntando isso com algo que outra pessoa me contou."

Os críticos tiveram outra frase para descrever *M*: "romance documentário". "Sack consegue tornar a Companhia M tanto vívida quanto humana, profundamente humana", escreveu Leonard Kriegal na *Nation*. "Ele escreveu um livro soberbo." Neil Sheehan, do *New York Times*, teve problemas com o estilo "hiperbólico" de Sack, mas ainda encontrou um bastante texto "fino" e "frequentemente poderoso". A *Publishers Weekly* ficou impressionada com o "tom satírico" das experiências da M no Vietnã; o humor "calmamente escrito" de Sack, escreveu o crítico anônimo, tinha "uma força cumulativa".

M foi um divisor de águas para a *Esquire*, tanto em termos de forma quanto de tema. Harold Hayes não mais hesitaria em confrontar os horrores do Vietnã nas páginas da revista. E o pior ainda estava por vir.

8

O INFERNO ENCHE O SACO

A resposta positiva da crítica a *M* convenceu Harold Hayes de que cobrir o Vietnã sem lágrimas ou ironia era a coisa certa a fazer. O número de soldados havia aumentado para 485 mil no inverno de 1967; o número de militares mortos dobrara em relação ao ano anterior, chegando a 11.153, com mais de 100 mil civis norte e sul-vietnamitas mortos. Hayes não queria que a *Esquire* fosse longe demais na direção de publicações de extrema esquerda como a revista *Ramparts*, de Warren Hinckle, ou a *Realist*, de Paul Krassner. Mas agora as suaves gozações com a guerra eram claramente indefensáveis. John Sack vira isso.

Nenhum escritor estava tão ansioso para ir para o Vietnã quanto Michael Herr. Ele queria não apenas cobrir a guerra, mas produzir um *Nostromo* moderno. Queria escrever o maior livro sobre a guerra. Herr — cuja reportagem para a *Holiday* havia compelido John Sack a se tornar um escritor melhor — nascera em Syracuse, Nova York, e frequentara a Nottingham High School com John Berendt, que se tornaria editor da *Esquire*. Era carismático, um líder natural, eleito presidente do grêmio estudantil em seu último ano na escola. "Michael era brilhante na escola secundária, já era um escritor incrível", disse Berendt. "Já naquela época ele tinha uma maneira de se expressar que deixava claro que era um talento a ser considerado."

Filho do proprietário de uma joalheria em Syracuse, a maior ambição de Herr na vida era se tornar uma eminência literária. Ele se formou na

Universidade de Syracuse em 1961. Depois de um período de seis meses na reserva do exército, fez alguns freelances como jornalista, na maioria críticas de cinema para a *New Leader* — da qual foi demitido por escrever observações positivas sobre filmes dos quais seus editores não gostaram — e reportagens sobre viagens para a revista *Holiday*.

Herr se candidatou a um emprego de editor na *Esquire* em 1962, mas perdeu para Berendt, seu antigo colega de sala na Nottingham. Provavelmente ficou em melhor situação sem estar preso a uma mesa de editor; a vontade de viajar para regiões distantes e escrever sobre elas era forte demais. Essa vontade surgiu depois de um curto período como editor-assistente da *Holiday*, quando a revista fez dele um correspondente itinerante.

As reportagens internacionais enviadas por Herr à *Holiday* foram esforços competentes, mas dificilmente uma indicação de seus dons especiais. Herr era o intrépido aventureiro da *Holiday*, enviando reportagens de Guam, da floresta amazônica (onde entrevistou um caçador de cobras), da Venezuela, de Taipé e vários outros lugares — reportagens solidamente escritas que captavam a atmosfera e eram finamente sintonizadas com os rituais e costumes dos povos. Mas só quando observou os treinamentos básicos em Fort Dix, no início de 1966, numa época em que o recrutamento para o Vietnã aumentava consideravelmente, foi que seu talento emergiu.

Para Herr, o Vietnã era *a* história, mas uma revista de interesses gerais benigna como a *Holiday* não era exatamente o fórum certo para o que ele queria fazer. À exceção de *M*, que Herr admirava, ninguém havia realmente abordado a guerra com o que ele considerava um "jornalismo mais elevado". Numa carta persuasiva a Hayes, Herr falou em escrever "o melhor tipo de jornalismo" no Vietnã para "fazer parecer mais real". Herr tinha várias abordagens em potencial: talvez uma reportagem sobre a imprensa no Vietnã, ou sobre o general Westmoreland, ou sobre os Boinas Verdes. Queria ser o homem da *Esquire* no Vietnã, viajando pelo país em busca de histórias que pudessem ser publicadas numa coluna mensal: "descrições mais extensas, cenas impressionantes, registros geográficos, retratos de personalidades ... até mesmo relatos sobre batalhas". O que Herr não faria eram reportagens comuns — pilhas de estatísticas e listagens de mortos que nada explicavam e que, pensava ele, faziam "a propaganda convencional parecer inocente". Se a *Esquire* queria as verdadeiras notícias, então Herr as extrairia dos participantes do jogo, num formato que não fosse mediado pelos censores do exército nem pelos ditames de editores cautelosos.

Herr não se considerava um jornalista no sentido convencional. "Não tenho instintos de jornalista e não tenho absolutamente nenhum treinamento ou disciplina como jornalista", disse ele certa vez numa entrevista. Herr podia reagir aos acontecimentos na plenitude do tempo, livre da odiosa pressão dos prazos, detectando as tendências ocultas, os ângulos subterrâneos. Mais tarde, ele escreveria:

> O jornalismo convencional já não podia revelar a guerra mais do que o poder de fogo convencional conseguia vencer; tudo o que conseguia fazer era observar o mais profundo acontecimento da década americana e transformá-lo num pudim de comunicações, pegando a história mais óbvia e inegável e tornando-a uma história secreta. E os melhores correspondentes sabiam até mais que isso.

"Como fato impressionante e inevitável de nossa época", escreveu Hayes no verão de 1967, "isso vai mais fundo do que qualquer outra coisa que minha geração conheceu; mais fundo ainda, eu diria, do que o assassinato de Kennedy. Não importa quando acabe, ou como acabe, deixará uma marca no país como um rastro de secreção que um caracol deixa, uma mancha permanente."

A *Esquire* não precisaria sequer adiantar muito dinheiro para a viagem de Herr. A revista *Holiday* lhe encomendara outra reportagem e ele tinha um pequeno cheque adiantado de um contrato que sua agente, Candida Donadio, vendera para um projeto no Vietnã. O credenciamento de imprensa lhe permitiria viajar com os militares, circulando livremente por onde quisesse. Berendt deu sua aprovação a Herr, e Hayes calculou que era um risco que valia a pena correr.

Herr demorou quatro meses para chegar a Saigon. A *Holiday* ficara segurando seu dinheiro, mas Herr gostou do atraso; ele precisava enrijecer seus nervos e se preparar para o grande mergulho. Comprou uma arma quando estava com alguns amigos em São Francisco e em seguida voou para Nova York, em novembro. Num telegrama de 15 de novembro enviado de Taipé para Hayes, Herr confidenciou: "Esse lapso de quatro meses até partir para Nova York me fez me levantar rigidamente no meio da noite, suando e nervoso, mais vezes do que consigo me lembrar."

Herr partiu para o Vietnã em 1º de dezembro de 1967. "Eu tinha 27 anos quando fui para lá", recordou ele, "e havia passado todo o tempo anterior viajando e escrevendo artigos sobre lugares, mas não escrevendo o que eu achava que deveria ser escrito. Então eu acreditava, ainda antes de chegar lá, que aquela era a hora, o lugar e o tema. Eu tinha muita ambição em relação àquele trabalho e grandes expectativas".

Durante o primeiro mês de sua permanência no Vietnã, as coisas correram muito bem, como ele previra. Herr acompanhou algumas ofensivas, conviveu com soldados e reuniu material para sua primeira coluna sem praticamente nenhuma interferência de militares de alta patente. Mas em 30 de janeiro, nas primeiras horas do novo ano lunar vietnamita, mais de cem cidades sul-vietnamitas, inclusive Danang e Qui Nhon, foram atingidas por uma série de ataques de morteiros norte-vietnamitas. Saigon, o esconderijo da imprensa no país, foi atacada no dia seguinte. A Ofensiva Tet, como ficaria conhecida, foi uma demonstração de força bem coordenada e impressionante que destruiu qualquer garantia de uma iminente vitória dos EUA. Herr estava em instalações em Cantho, com as Forças Especiais, quando a Ofensiva Tet foi lançada; e soube imediatamente que a primeira coluna que enviara, bem como um diagrama do sistema do Vietnã, semelhante aos diagramas que a *Esquire* publicara no passado, nos quais a hierarquia das pessoas influentes era mapeada num gráfico em destaque, seriam de pouca utilidade agora.

"A Tet mudou tudo aqui, e fez o material que enviei parecer que foi escrito sobre uma guerra diferente. ... Estou arrasado com isso (Nunca trabalhei tanto em alguma coisa na minha vida e acho que o texto estava bom), mas não vejo nenhuma opção real para publicar isso", escreveu Herr a Hayes em 5 de fevereiro. "Quanto à coluna, ou aquela coisa que enviei como coluna, preferia não vê-la publicada agora também. Não é a mesma guerra, de maneira alguma. Antes da ofensiva Tet, a guerra tinha ritmo e tom previsíveis, e o tempo de produção de dois meses não era um problema. ...

Agora, todos os termos mudaram, todas as antigas suposições sobre a guerra, sobre nossas chances de pelo menos ter a forma mais ignóbil de 'vitória', foram invertidas."

Depois de suportar cinco noites sem dormir, sem conseguir encontrar tempo sequer para tirar suas botas, Herr conseguiu voltar para Saigon, onde cerca de 1.500 soldados vietcongues ocupavam grande parte da cidade que até então representara uma zona intermediária entre os correspondentes e a guerra. Ele enviou um telegrama a Hayes explicando a situação com alguns detalhes, mas os correios haviam sido suspensos, e Herr não sabia ao certo sequer se Hayes o recebera. Depois de alguns dias "organizando a cabeça", ele viajou para a cidade de Hue, onde se viu no meio de um fogo cruzado entre o ARVN e forças norte-vietnamitas pelo controle da cidade.

Embora ele tivesse "passado por tantas vilas e cidades dizimadas que elas ficaram misturadas em minha mente", Hue estava ainda pior. "A destruição tem sido inacreditável, ataques aéreos derrubando quarteirões inteiros de uma cidade vietnamita realmente adorável, destruindo a universidade, os muros em torno da Cidadela [um posto de comando do ARVN] e provavelmente amanhã a própria Cidadela."

Quando Herr passava de jipe pelo distrito de Cholon, um morteiro explodiu a menos de dez metros de distância. Um pedaço do projétil incandescente, de dez centímetros, atingiu sua mochila, que ele usava junto ao corpo. Outro fragmento cegou o olho esquerdo do motorista do jipe. Em todo lugar para onde Herr olhava havia cenas de desespero, destruições repugnantes e deslocamentos humanos — refugiados vagando sem rumo, afastando-se de casas incendiadas, enquanto soldados sul-vietnamitas saqueavam casas de comércio abandonadas. Herr atribuiu aquilo ao excesso de segurança e à arrogância dos EUA, e à persistente subestimação do inimigo pelo governo. "Onde não temos sido presunçosos", escreveu ele a Hayes, "temos sido histéricos, e pagaremos por tudo isso."

Havia muitos civis mortos espalhados pelo interior do país: uma menininha que fora morta quando andava de bicicleta, um idoso curvado sobre seu chapéu de palha. Em Hue, Herr viu um vietnamita morto com a cabeça cortada por fragmentos de projéteis, de modo que o topo da cabeça parecia uma tampa pendurada sobre a parte de trás. A imagem o deixou apavorado.

"Eu sabia que se ficasse aqui ele apareceria sobre mim naquela noite, rindo e pingando, todo podre, inchado, verde-preto." Agora Herr via o Vietnã como uma guerra bifurcada. "Existem dois Vietnãs. Um onde estou com meu traseiro agora e outro percebido nos Estados Unidos por pessoas que nunca estiveram aqui. Eles são mutuamente excludentes."

Herr estava chocado com a dissonância cognitiva que havia entre as confortáveis condições da grande imprensa em Saigon, com seus orçamentos generosos, seus longos períodos de folga, seus "gastos de 3 mil dólares por mês no Continental ou no Caravelle", e os horrores que aconteciam dentro da cidade e em quase todas as outras grandes cidades do Sul. "Tenho colegas da imprensa aqui, alguns deles incrivelmente enganadores, grandes charlatães, que vivem tão bem com a conta de suas despesas que pode ser que nunca consigam se adaptar à paz."

Herr, por outro lado, estava sem dinheiro e implorou a Hayes por pelo menos um pequeno salário que o ajudasse a suprir suas necessidades durante algum tempo. "Não estou pedindo muito dinheiro, apenas o suficiente." Hayes concordou, via Western Union, e Herr viajou para Khesanh e Danang, duas cidades que haviam sido castigadas por uma luta mortal no conflito entre forças vietnamitas do Sul e do Norte. Finalmente ele voltou para Saigon, a cidade cosmopolita que agora era uma zona de guerra esburacada, com ruas imundas, cheias de fezes humanas e árvores mortas. Engenheiros e trabalhadores de construção americanos, "que estavam se dando bem aqui como nunca haviam conseguido em seu país", erguiam agora abertamente seus AK-47 e pistolas Magnum .45, "e nenhuma multidão de garotos do xerife do Mississípi jamais prometia mais notícias ruins".

Herr vira coisas demais para colocar tudo numa simples reportagem, mas tinha que enviar mais um artigo para a *Esquire*, agora que a outra coluna estava comprometida. "Apesar de toda a conversa sobre o Vietnã como sendo uma guerra de televisão, nunca acreditei que aquilo fosse uma guerra de televisão", recordou ele anos depois. "Sempre acreditei que era uma guerra de escritor. E em minha arrogância e ignorância, queria ser aquele que provaria isso." A verdade, conforme Herr a via, era que todo o país estava engolido e absorvido pela guerra como se por um vírus fatal.

Sabemos que há anos não existe país nenhum aqui, mas sim guerra. A paisagem foi transformada em terreno, a geografia foi decomposta em componentes mais úteis; unidades e zonas, áreas táticas de responsabilidade, arredores de operação, postos avançados, posições, objetivos, campos de fogo.

A Ofensiva Tet, escreveu ele, mudou tudo, "tornou esta uma guerra completamente diferente, tornou-a Outra Coisa ... Antes da Tet, havia um toque limpo nos confrontos nas selvas, alguma virtude em sua brevidade, sempre a promessa de uma retirada rápida de qualquer que fosse o horror ... Agora, está horrível, simplesmente horrível, horrível sem alívio".

Herr descreveu o que vira em Hue com clareza de imagens: os refugiados comprimidos contra o lado da estrada que levava a lugar nenhum, as casas bombardeadas, os saques do ARVN. No sul de Hue, Herr havia acompanhado fuzileiros navais atravessando um grande parque público ao longo da margem do rio Perfume, onde a universidade estava em ruínas e casas da época colonial pitorescas tinham sido destruídas. Agachado com soldados atrás de uma casa desmoronada que era usada como fraca proteção, Herr observava os fuzileiros navais, que haviam assumido o controle da margem central-sul do rio e agora seguiam para o oeste, tentando capturar a Cidadela, sede do Primeiro Batalhão do ARVN, que passara a ser comandada pelo Vietcong durante a ofensiva Tet.

Ficou frio nos dez dias seguintes, frio e escuro. E aquela escuridão úmida foi o cenário da filmagem que todos nós fizemos da Cidadela. A pouca luz do sol ali era captada pelas partículas de poeira pesadas que sopravam dos destroços do Muro Leste, e que pairavam até tudo o que você via ser filtrado através delas. E a maior parte do que você via era percebida de ângulos não convencionais, posições inclinadas ou olhares rápidos numa agachada; deitando rapidamente, ouvindo o barulho seco e duro dos fragmentos de bomba batendo contra os escombros ao seu redor, ouvindo o fuzileiro naval ao seu lado que não lamentava "Oh, meu Deus, Oh, Jesus, Oh, Virgem Maria, salve-me", mas que em vez disso chorava: "Você está *pronto* para isso? Quero dizer, você está *pronto* para isso?"

Herr escreveu sobre a amizade que cultivara com um general não identificado, veterano da guerra da Indochina, amante de Beethoven e Blake, viciado em adrenalina e, como Herr, com repulsa à guerra, mas também atraído por ela.

> Os olhos são azul-claros, mas não frios, e indicam sua característica mais interessante, uma originalidade na mente nunca associada aos militares, e que constantemente apanha você desprevenido.

O general repreende Herr por sua mórbida obsessão pela morte. "'Naquela direção está você sabe bem o quê', diz ele, batendo na testa."

— Se você odeia tanto isso, por que fica aqui?
Ele me tem ali. Espero um momento antes de responder:
— Porque, general, essa é a única guerra que temos.
E ele realmente ri agora. Depois de toda aquela conversa, estamos falando a mesma língua novamente.

Os sul-vietnamitas acabaram tomando de volta a Cidadela em Hue, mas foi um feito inconsequente, mais uma batalha sangrenta sem nenhum resultado apreciável. Embora a simpatia de Herr pelos soldados sobreviva, sua versão sobre o atoleiro foi cruelmente fria, até mais fria do que em *M* — um corretivo para o que Herr percebia como um gotejar lento e anestesiante da televisão e da imprensa dominante, com sua recusa a romper o distante "quarto muro" de objetividade. "Acho que a cobertura [da televisão] transformou a guerra em algo que estava acontecendo no país das maravilhas da mídia no qual todos nós estamos vivendo cada vez mais", disse Herr. "Se não nos mantivermos extremamente alertas, seremos completamente consumidos por esse mundo da televisão obscuro, terrivelmente homogeneizado, não real e não irreal."

Hayes ficou estupefato com a reportagem de Herr, passando-a a Arnold Gingrich com uma nota que elogiava o "relato de batalha extraordinariamente perceptivo e reflexivo" de Herr. Aquela "boa surpresa inesperada ao estilo de John Sack" não funcionaria obviamente como coluna; "melhor como artigo convencional", escreveu ele a Gingrich. O editor de ficção Bob Brown captou o tom do artigo no título, retirado de algo que um dos soldados escrevera em seu capacete: "Hell Sucks."

O departamento jurídico da revista analisou a reportagem, mas teve problemas com a última parte. A conversa de Herr com o general não identificado, aquele sobre o qual Herr escreveu que "foi visto ... saindo da casa de uma cortesã famosa em Dalat, dirigindo seu jipe com um K sueco em sua capa". Hayes fez um círculo em torno desse trecho e escreveu "Não — se o general é identificável" na margem do manuscrito de Herr. O escritor poderia revelar sua fonte?

De Hong Kong, o escritor enviou um telegrama aos advogados e outro a Hayes com a explicação: "Ele é ficção — eu esperava que isso ficasse óbvio — feito a partir de uma dúzia de tipos estranhos que encontrei no Vietnã, especialmente um coronel das Forças Especiais que conheci no Delta, que era estudioso de persa e fanático por coisas como os últimos quartetos de Beethoven ('A coisa mais pura em toda a música!'). Havia outros também, os intelectuais festivos da guerra do Vietnã, e todos eles se tornaram o general."

Hayes aprovou. A política da *Esquire* para reconstruções de cenas e composições de textos continuava consistente naquele período, quando os melhores escritores de não ficção da revista estavam levando suas reportagens para um território nebuloso, onde a interpretação criativa se misturava à pura documentação. A aprovação de composições era em grande parte uma questão de confiança nos escritores e de percepção instintiva da equipe editorial de que o material enviado não era pura imaginação. As composições tinham que ser construídas a partir do material bruto das entrevistas e da observação, para que os relatos não se aproximassem, de maneira desconfortável, da pura ficção. "Harold era um bom detector de mentiras", disse Bob Sherrill. "Sabia quase imediatamente se alguma coisa era cascata."

Os soldados de Hue sobre os quais Herr escrevera aprovaram também. Logo depois da publicação de "Hell Sucks", vários fuzileiros navais deram a Herr um isqueiro gravado, como um sinal de sua admiração.

Os dois artigos seguintes de Herr tiveram um elenco mais sombrio. Ele contou a história sinistra de Khesanh, a base de combate do 26º Batalhão de Fuzileiros Navais, nas montanhas ao longo da fronteira Laos-Vietnã. Khesanh estava sob o cerco de soldados norte-vietnamitas desde o verão de 1967. Uma série de ataques contínuos a posições entrincheiradas do Exército Popular do Vietnã (EPV) pouco servira para reduzir o poder de fogo ou a determinação do inimigo, e os ataques do Norte só fizeram se intensificar, tornando-se pesadas ofensivas de artilharia contra a base de Khesanh. Enquanto milhares de soldados se dirigiam a Khesanh como reforços, o Vietcong fortaleceu suas posições nos morros dos arredores e ao longo de rotas de infiltração próximas.

Designados para uma base cujo destacamento médico estava plantado "insanamente próximo" de um campo de pouso que havia sido repetidamente bombardeado, e sem nenhuma informação consistente sobre a força dos soldados do Vietcong ou sua localização precisa, os soldados de Khesanh estavam se escondendo em lugares à plena vista e buscando cegamente qualquer pequena vitória que pudessem obter.

A situação de Khesanh era ainda pior que a de Hue. Herr percebeu um medo existencial que se espalhara como uma peste: soldados narcotizando-se com drogas e bebidas, "animais tão perdidos que começavam a tomar pílulas chamadas Ajuda em Diarreia para caminhar o mínimo até as latrinas expostas". Sacos de cadáveres estavam cobertos de moscas, e destroços de aviões se espalhavam perto do perigoso campo de pouso; o destacamento médico emergencial parecia um frágil alpendre, sem nenhuma cobertura aérea. As montanhas eram "sinistras, insuportavelmente sinistras, sinistras além do que se pode crer". Silêncios longos, permanentes, eram interrompidos "apenas pelo suspiro de um gado ou pelo barulho da hélice de um helicóptero, o único som que conheço que é ao mesmo tempo agudo e tedioso."

> Se todo o arame farpado e todos os sacos de areia fossem retirados, Khesanh pareceria uma daquelas favelas em vales colombianos, onde a miséria é o fator permanente, onde o desespero é tão palpável que dias depois de partir você está tomado por uma vergonha indireta pelo sofrimento pelo qual acabou de passear. Em Khesanh, a maioria dos *bunkers* não passava de cabanas com cobertura inadequada, e você não podia acreditar que americanos estavam vivendo daquela maneira, mesmo que no meio de uma guerra.

Em Khesanh, Herr testemunhou algumas cenas brutais. Quando buscava abrigo numa trincheira, durante um ataque aéreo, viu um soldado sendo atingido na garganta, "fazendo sons que um bebê faria tentando estimular a respiração para dar um bom grito". Um outro soldado próximo estava "sangrando muito nas pernas e na virilha". Herr o puxou para a trincheira; quando lhe disse que não era soldado, e sim um correspondente, ele reagiu: "Cuidado, senhor. Por favor, cuidado."

Herr escrevia para uma revista; não tinha pressão de prazo, nem ordem para enviar reportagens diariamente. Desde o início, sua intenção era, de algum modo, fazer um livro sobre suas experiências, mesmo que não tivesse tornado suas intenções explicitamente claras a Hayes. E ele se mantinha afastado dos outros jornalistas. Depois do triunfo de "Hell Sucks", Hayes deu a Herr autoridade para escrever o que quisesse. "Minha ligação com Nova York era tão escassa quanto minha missão era vaga", escreveria ele. "Eu não era exatamente uma excentricidade na imprensa, mas era uma peculiaridade, alguém extremamente privilegiado."

Para ele, eram de pouca utilidade os informes diários dos militares de alta patente à imprensa, que os jornalistas chamavam de "Teatro das Cinco Horas", uma "procura orwelliana" dos acontecimentos do dia. Enquanto seus colegas escritores, como Bernie Weinraub, do *New York Times*, e Peter Arnett, da Associated Press, iam para suas respectivas mesas ao fim do dia, para escrever suas reportagens, Herr se retirava para o Continental Hotel para beber um drinque, fazer algumas anotações calmamente e às vezes não escrever absolutamente nada. Estava sendo atraído para o que Garry Wills, escritor da *Esquire*, considerou o princípio-chave do Novo Jornalismo, o instinto centrífugo ... de "ir para o lado e assistir", e isso lhe rendia seu melhor material.

"Muitos de nós realmente nunca soubemos o que Michael estava querendo fazer", disse Weinraub. "Todos os outros tinham um ritmo de trabalho que seguiam, e Michael tinha aquele longo tempo de produção, e ficava um pouco à margem. Todos os caras de jornais, revistas semanais e agências de notícia saíam juntos, mas Michael era muito diferente daqueles caras. Ser um freelance no Vietnã era como não ter nenhuma casa como base, como acontecia; nenhum sistema de apoio em campo. Então você precisava ser alguém bastante incomum para querer fazer aquilo."

Anos depois, Herr admitiu que, ao chegar, "não tinha a menor ideia de qual era o tema", mas a latitude que Hayes lhe dera permitiu que perambulasse livremente e seguisse seus impulsos literários, o que significava inventar soldados cujas personalidades eram costuradas a partir do que observava durante as muitas altas horas da noite que passava em conversas regadas a uísque barato, maconha obtida localmente e rock psicodélico de Jefferson Airplane e Grateful Dead tocando no rádio e servindo de trilha sonora para aquele episódio assustador da vida dos soldados.

Para as histórias sobre Khesanh, que realmente se destinavam ao futuro grande livro sobre o Vietnã, Herr inventou um soldado negro que chamava a si mesmo de Day Tripper (porque odiava participar de missões noturnas) e tinha um companheiro branco, Mayhew. Eram dois soldados esgotados, cujo fatalismo despreocupado se encaixava nas atitudes de Herr em relação à confusão que Khesanh havia criado em seus soldados entrincheirados. Eram bem diferentes dos idealistas desiludidos de John Sack, que, não obstante Demirgian, haviam tido o cuidado de manter suas tendências insurrecionais sob controle, com uma dose de otimismo cauteloso. Day Tripper e Mayhew se assemelhavam mais ao soldado desertor de *O emblema rubro da coragem*, de Stephen Crane. Subjugavam seu medo a um senso demótico do absurdo.

Herr retratou Day Tripper e Mayhew como o lado obscuro de Abbott e Costello. A franqueza e as tolices estudantis dos soldados foram um tiro de advertência contra todos os textos escritos com prazo sobre os "lutadores esbeltos, lacônicos" que John Sack achara tão desagradáveis na cobertura da *Time*. Quando Mayhew se candidata a uma extensão de quatro meses, Day Tripper avança contra ele:

— Você não passa de mais um soldado idiota. O que adianta falar com você? É como se nunca ouvisse uma palavra do que lhe digo, nunca. Nem uma palavra. E eu sei ... ah, cara, eu *sei* que você já assinou aquele papel.

Mayhew não disse nada. Era difícil acreditar que os dois tinham mais ou menos a mesma idade.

— O que vou fazer com você, seu p __ o? Por que ... por que você não sai correndo e atravessa aquele arame ali? Deixe-os atirar em você e acabarem com isso. Aqui, cara, aqui uma granada. Por que você não vai ali atrás no banheiro, puxa o pino e cai?

— Você é inacreditável! São só quatro meses!

— Quatro meses? Querido, quatro *segundos* neste puteiro e você está morto.

Herr capturou perfeitamente a cadência cheia de gírias da fala dos soldados — e suas rudes psiques também. Em vez de escrever sobre soldados enviando fotos de si mesmos a suas namoradas em casa, Herr escreveu sobre um soldado enviando "uma orelha de vietnamita", sobre soldados procurando maconha com traficantes vietnamitas, sobre homens que se agarravam a pedaços de sono assombrados que não representavam nenhum alívio para os pesadelos acordados. Era um material duro, mas Hayes deixou que ele mantivesse tudo, exceto os *foda-se* e os *fodidos*, muitos do quais tiveram que ser cortados.

As especificidades da guerra não eram tão cruciais para Herr quanto a maneira como ela *realmente* se fazia sentir naquele lugar abandonado por Deus, uma guerra sem sentido. Os barulhos sinistros ao entardecer, o cheiro da morte em toda parte — o Vietnã era um esmagamento dos sentidos, e isso era suficiente para levar lentamente homens fortes à loucura. Mas a televisão não conseguia transmitir bem esse sentimento em duas dimensões, e o jornalismo diário nunca tinha tempo ou espaço para isso. Depois de internalizar o horror, Herr usou um estilo brutalmente poético que apelava às emoções do leitor, e não ao intelecto.

Herr sabia que, assim como John Sack, ele estava derrubando mitos muito explorados sobre o implacável estoicismo dos honrados soldados americanos, mas aquela era a única realidade que achava adequado relatar. Ele também sabia que sua prosa incisiva, que surgia em torno de uma onda de benzedrina, era radical até mesmo para a *Esquire*. "Eu digo a mim mesmo: 'Ah, não, você não pode dizer isso! Não acabou'", disse ele. "'Você não pode se mover disso para isso. Fulano nunca fez isso. E como ele nunca fez, você não pode fazer.' Mas você chega a um ponto em que percebe que é claro que pode fazer. Pode fazer qualquer coisa. Só precisa dar a si mesmo uma licença para fazer essas coisas. E então você as faz."

Herr carregou as vozes dos soldados em sua cabeça durante muito tempo depois de voltar para Nova York Considerava-se uma pessoa literária, quase em excesso, mas as palavras dos soldados o haviam tocado mais profundamente do que a mais poderosa literatura de guerra. Ele não tinha que investigar excessivamente, nem fazer a eles perguntas direcionadas; eles localizavam as histórias por conta própria, e isso era tão terrivelmente eloquente, tão eloquentemente terrível. Os diálogos nas histórias sobre Khesanh não eram transcritos diretamente das anotações; as cenas eram extraídas do mundo de sonhos nebuloso, à meia-luz, de Khesanh que ainda queimava no subconsciente de Herr. Ele admitiu prontamente que sua versão do Vietnã era uma espécie de híbrido mutante de ficção com reportagem, mas, por mais horrendo que aquilo pudesse parecer nas páginas, tudo fora extraído do que ele vira e ouvira. "Tudo ... aconteceu *para* mim, mesmo que não tenha necessariamente acontecido *comigo*", disse ele.

As histórias de Khesanh, bem como sua reportagem de abril de 1970 na *Esquire*, "The War Correspondent: A Reappraisal", foram ostensivamente o ponto de partida para o livro que Herr sempre pretendera escrever, e até mesmo a *Esquire*, em sua coluna "Backstage", de setembro de 1969, havia anunciado que o livro era iminente. De fato, Herr o estava escrevendo, mas este não viria rapidamente. Logo depois de Herr deixar o Vietnã, os fotógrafos Sean Flynn e Dana Stone — dois de seus mais íntimos compatriotas no Vietnã — foram mortos no Camboja. Herr estava cheio de segurança e da estranha e estridente energia da guerra ao voltar, no verão de 1969; sentia-se confiante de que conseguiria transmitir em seu livro tudo o que testemunhara. Mas agora, o peso de todo aquele horror o oprimira, e ele caiu numa depressão clínica debilitante — chamou-a de "colapso maciço" — que levou a um bloqueio do escritor.

"Às vezes eu ficava louco de maneira bastante pública", relembrou Herr, "e depois que desabava, ficava louco de uma maneira bastante privada. Exceto durante os piores momentos, eu sempre soube que podia me recuperar. Houve um certo momento em que percebi que o que quer que pensasse que estava fazendo. eu não estava completamente consciente do que fazia de fato.

Então, desde que não soubesse o que estava fazendo, eu faria o que quer que aparecesse. Sempre acreditei que havia uma outra porta no outro lado de mim que eu podia atravessar e sair com um livro embaixo do braço."

Herr viveu uma "completa paralisia de medo"; sentia-se como o escritor bloqueado de *O iluminado*, de Stephen King, escrevendo simplesmente a mesma frase repetidamente, enchendo páginas intermináveis com um material inutilizável. Tinha a essência da narrativa nas mãos — as reportagens da *Esquire* —, mas nenhuma ideia sobre por onde começar o livro e como resolvê-lo de maneira satisfatória.

Herr começou a fazer psicanálise e lutou durante seis anos antes de as palavras finalmente aparecerem. "Tive problemas para me ajustar aos anos 1970", disse ele a Tom Morgan, que em 1984 fez um perfil de Herr para a *Esquire*. "Nós nos fodemos no Vietnã. Perdi alguns amigos queridos. Não saímos de lá muito limpos." Num trecho não publicado da reportagem de Herr "High on War" para a *Esquire*, de 1976, o escritor parecia estar superando seus prolongados sentimentos em relação à guerra:

Já faz muito tempo, consigo me lembrar dos sentimentos, mas não consigo mais senti-los. Uma prece comum para aquele que está excessivamente preso: você vai se soltar, mais cedo ou mais tarde, por que não fazer isso agora? Memória impressa, vozes e rostos, histórias como um filamento através de um pedaço do tempo, tão preso à experiência que nada se moveu e nada foi embora.

Herr só publicou o livro sobre o Vietnã em 1977, mas a longa demora não diminuiu seu impacto. *Despachos do front* foi reconhecido como um clássico da literatura de guerra, um dos poucos livros de não ficção sobre o Vietnã elevado ao nível de grande ficção. "Simplesmente", escreveu o crítico C. D. B. Bryan, do *New York Times*, "*Despachos do front* é o melhor livro já escrito sobre a Guerra do Vietnã. ... O estilo literário de Herr deriva da era do rock psicodélico, dos filmes do Beatles, daquela apreciação drogada, fora-da-realidade, de Hunter Thompson sobre a Grande Piada Cósmica."

Despachos do front foi indicado para o National Book Award de 1978 e nunca deixou de ser publicado. Os ecos do livro reverberaram em todos os grandes filmes sobre a guerra, desde a fuga mental surrealista de *Apocalypse Now* (para o qual Herr escreveu o texto da voz da narração) até a brutalidade impenitente de *Platoon*, de Oliver Stone. Herr não conseguiu sair do Vietnã. Mesmo quando se mudou para Londres, em 1980 — "porque eu não queria me tornar uma espécie de personagem terrível da mídia" — continuou a receber cartas de veteranos e incontáveis ofertas de editores de revistas para cobrir uma guerra ou outra. Recusou todas. "Mais alguma guerra? Nunca mais, cara", disse ele a Tom Morgan. "Merda, cara, cada vez que dão um tiro no mundo eu recebo um chamado de alguma revista para ir. Não quero ver aquilo nunca mais. Não quero, cara."

9
A HISTÓRIA COMO ROMANCE, O ROMANCE COMO HISTÓRIA

No fim de maio de 1964, época em que a maioria dos americanos ainda apoiava a guerra no Vietnã, apareceu no *New York Herald Tribune* um anúncio assinado por 149 homens em idade de recrutamento que declaravam que não lutariam no sudeste da Ásia se fossem convocados. O anúncio atraiu pouca atenção; era apenas uma pequena bomba benigna, nada mais que isso. A dissidência de oposição à guerra no país ainda estava para se aglutinar e se tornar uma massa crítica.

Os primeiros protestos contra a guerra — tais como os debates nas universidades de Michigan, Ken State e Berkeley — foram relativamente modestos em tamanho e receberam da imprensa apenas uma cobertura superficial. Em 3 de julho de 1964, dia em que o presidente Lyndon Johnson assinou a Lei dos Direitos Civis, um grupo de manifestantes liderado pelo ativista David Dellinger e pela cantora *folk* Joan Baez, reuniu-se no Lafayette Park para protestar contra o Vietnã. Como ato simbólico de desobediência, o grupo se ajoelhou em frente à Casa Branca e descobriu, para sua surpresa, que ninguém se importou. A polícia não fez esforço algum para prender ninguém.

Os primeiros protestos contra a guerra foram bastante educados, orquestrados por opositores do serviço militar, defensores dos direitos civis e ativistas a favor do desarmamento nuclear. Suas iras combinadas não foram suficientes para provocar algo além de uma indiferença da grande maioria dos americanos que ainda apoiava o esforço de guerra. Nem todo pacifista era manifestante, também; uma coisa era manifestar preocupação privadamente, e outra, completamente diferente, era carregar um cartaz.

Quando o presidente Johnson aumentou o número de convocações para alistamento de 17 mil por mês para 35 mil em julho de 1965, desencadeou uma onda de protestos internos que formou uma grande coalizão de grupos distintos — de estudantes e homens de negócios a donas de casa e aposentados. Figuras públicas também começaram a contribuir com suas vozes para a dissidência. Em 1967, a Bertrand Russel Peace Foundation patrocinou o Tribunal Internacional de Crimes de Guerra, um fórum plenipotenciário cujos membros incluíam o romancista James Baldwin e o filósofo existencialista Jean-Paul Sartre. Usando depoimentos contundentes de cidadãos vietnamitas, jornalistas, especialistas médicos e líderes militares, o tribunal tentou repreender os Estados Unidos pelo uso ilegal de armas químicas, particularmente napalm, contra os norte-vietnamitas, comparando-o às atrocidades de guerra cometidas pelos nazistas durante a Segunda Guerra Mundial.

O tribunal era um grande teatro, uma exibição de fogueiras retóricas e testemunhos comoventes. Em determinado momento, Sartre chamou o secretário de Estado Dean Rusk, que não aparecia no tribunal, de "funcionário medíocre" e quis saber como Rusk, "armado dos argumentos pobres com os quais distrai a imprensa", se sairia num debate cara a cara com Bertrand Russel.

Mas o tribunal ficava em Estocolmo, e seu grito de indignação foi fraco e indistinto nos Estados Unidos, uma série de pequenas notícias enterradas nos jornais. Entretanto, alguns ativistas empreendedores logo levaram o debate para o primeiro plano. Com a experiência das batalhas pelos direitos civis no início dos anos 1960, eles transferiam agora sua energia para a resistência interna à guerra, usando sua habilidade com o teatro nas ruas e com a mobilização humana de maneiras que os manifestantes da primeira onda não podiam entender.

Jerry Rubin, ex-jornalista e aspirante a socialista que participara das primeiras marchas do Movimento pela Liberdade de Expressão — que haviam se concentrado em torno do campus da Universidade da Califórnia em Berkeley — era o mais astuto agente infiltrado do esforço antiguerra. Membro fundador do Movimento Internacional Jovem, juntamente com Abbie Hoffman, veterano dos direitos civis formado na Universidade de Brandeis, Rubin estava organizando, no início de 1965, dois dias de manifestações que aconteceriam no campus de Berkeley, uma convocação para a ação que colocaria a Califórnia na vanguarda do ativismo estudantil no país. A ideia era levar os principais líderes intelectuais do mundo a Berkeley — incluindo Bertrand Russell e o jornalista de escândalos I. F. Stone — para falar contra a guerra, gerando assim uma grande cobertura da mídia. O primeiro nome da lista de oradores de Rubin era Norman Mailer.

Os colegas de Rubin na Comissão Dia do Vietnã (CDV), particularmente o contingente da Nova Esquerda, opuseram-se veementemente. Em primeiro lugar, Mailer era controverso demais, um modelo exemplar ruim para a resistência pacífica. Em 19 de novembro de 1960, nas últimas horas de uma festa em seu apartamento em Brooklyn Heights, Mailer golpeara sua segunda mulher, Adele, no esterno e nas costas, com um canivete, e fora enviado para o Bellevue Hospital, onde passaria 17 dias sob observação psiquiátrica. O ato de violência não soava bem aos organizadores, assim como o gosto de Mailer por dar murros depois de beber e por outras pequenas demonstrações de machismo. Mailer, um escritor que suplicava por atenção e respeito, tendia a sugar todo o ar de uma sala. Em outras palavras, não era um homem do povo.

Mas Rubin sabia que não se podia reduzir Mailer à soma de seus escândalos. Era fã do jornalismo de Mailer, que, na sua opinião, havia sido a mais profunda crítica social da era escrita expressamente para um público dominante. Na opinião de Rubin, "O Super-Homem Vai ao Supermercado", artigo de Mailer para a *Esquire*, enviado da convenção democrata de 1960, estabelecera a dialética entre os eleitores de Kennedy que queriam ver os EUA voltarem à sua melhor versão — seu dinamismo crepitante e sua fome de progresso social encarnados pelo jovem candidato — e os sombrios nixonianos, que se contentavam com a débil religiosidade da classe média. Rubin achava que, se tivesse o fórum apropriado, Mailer poderia articular a ira e o medo do eleitorado antiguerra com a mesma retórica brilhante que demonstrara no inovador artigo da *Esquire*.

O próprio Mailer não estava bem certo. Ele era — como escreveu certa vez, aos 44 anos — um "*enfant terrible* do mundo literário atacado e envelhecido, prudente pai de seis filhos, intelectual radical, filósofo existencialista, escritor que trabalha duro, herói da obscenidade, marido de quatro esposas em combate, admirável bebedor em bares e um muito exagerado brigão, anfitrião de festas e agressor de anfitriões". Mailer era uma geração saída dos jovens incitadores da Nova Esquerda, cujo radicalismo havia sido forjado em organizações de direitos civis, como a Estudantes por uma Sociedade Democrática, de Tom Hayden. Era um veterano da Segunda Guerra Mundial que vira a ação no teatro do Pacífico e escrevera o que muitos ainda consideravam o romance definitivo da "boa guerra", *Os nus e os mortos*. Mas esse era um livro de quase duas décadas atrás, e desde então a reputação literária de Mailer havia crescido e minguado.

Parque dos cervos, seu romance de 1955 sobre a deterioração espiritual em Hollywood, pelo qual lutou para encontrar uma editora, recebeu algumas das críticas mais vilipendiosamente negativas de sua carreira. Talvez ele fosse o escritor mais famoso dos EUA, mas, na visão da CDV, por todos os motivos errados. "Mailer cresceu bastante em termos de poder de linguagem desde que escreveu *Os nus e os mortos*", escreveu Granville Hicks, crítico da *Saturday Review*, em 1967. "Por que, então, tem escrito trivialidades e bobagens há dez anos ou mais?"

"Ele passara anos demais com a fama de perdedor", escreveria Mailer refletindo sobre si mesmo. "Isso lhe custou demais. Embora dificilmente, naquela fase de sua carreira, pudesse se lembrar de uma sucessão de triunfos oportunos e consagrados, seu consolo nas horas em que não era nada caridoso consigo mesmo era que, considerando o seu pior, ele pelo menos valia como um personagem de um romance de Balzac, ganhar num dia, perder no outro, e fazer isso com estardalhaço!"

Rubin não concordava. Mailer tinha sido um dos primeiros heróis dos *beats*, um grande teórico da cultura "hip" com seu ensaio "O Negro Branco". Mailer concordava em princípio com os impulsos e objetivos do movimento antiguerra, mas nunca participara dele, não a ponto de poder se comprometer com o ativismo seriamente. No fundo, ainda pensava em si mesmo como uma figura do mundo literário, um edwardiano do tipo que se mantinha num Olimpo em relação a movimentos sociais organizados. Mesmo quando flertara com o marxismo, com seu amigo Jean Malaquois, nos anos 1940, seu apelo era em grande parte o de uma construção intelectual, um modo de pensamento para se distrair durante algum tempo. Achava que *O capital*, de Karl Marx, "ajuda você a pensar melhor, mas nunca achei que Marx estava certo, nem que o comunismo resolveria todos os nossos problemas".

Quando Rubin o chamou, Mailer hesitou; nunca havia discursado para uma multidão — Rubin estimava que nada menos que 20 mil manifestantes poderiam estar presentes. O fórum escolhido por Mailer não era a oratória, e sim a palavra escrita. E a multidão de jovens responderia a ele de maneira significativa ou simplesmente o rejeitaria como um anacronismo da velha guarda? Mailer disse a Rubin que pensaria no assunto.

Uma semana depois, ele telefonou para Rubin oferecendo-se para fazer um discurso sobre LBJ; seria uma oportunidade de manifestar algumas reclamações contra o presidente sobre as quais Mailer vinha refletindo fazia algum tempo. Alguns membros da Comissão Dia do Vietnã quiseram ler o discurso, mas Rubin não o tinha; era um absurdo achar que Mailer concordaria com esse tipo de escrutínio. A ideia, argumentou Rubin, era oferecer um fórum para os participantes da marcha apresentarem qualquer ponto de vista que escolhessem. Rubin ameaçou deixar a CDV se não dessem liberdade a Mailer, e a CDV acabou cedendo.

Acompanhado do romancista Don Carpenter e do poeta Michael McClure, Mailer deparou com uma confusão em cada canto de Berkeley — manifestantes aglomerados ombro a ombro na escada do Sproul Hall, pendurados nas varandas e telhados dos prédios vizinhos, gritando palavras de ordem a favor do EPV e impetuosos incitamentos a parar com a loucura. Paul Krassner, editor e *publisher* do jornal underground *The Realist* e mestre de cerimônias do evento, apresentou Mailer, que recebeu aplausos estrondosos. Usando um terno de três peças, Mailer se dirigiu à multidão:

> Ouça, Lyndon Johnson, desta vez você foi longe demais. Você é um tirano com a Força Aérea, e como não vai dispensar sua Força Aérea, há jovens que vão perturbá-lo, em reação. É uma coisa pequena, mas isso vai persegui-lo em seus pesadelos e intermináveis corredores de noites sem dormir, vai persegui-lo ... vão imprimir pequenas fotos suas, Lyndon Johnson, do tamanho de cartões-postais, do tamanho de selos, e alguns vão colar essas fotos em paredes, cartazes, cabines telefônicas, quadros de avisos ... Essas fotos serão enviadas a todos os lugares. Essas fotos serão coladas em todos os lugares, de cabeça para baixo.

Rubin afirmou que aquela foi a primeira vez que uma grande figura pública realmente ridicularizara o presidente, reduzindo-o a uma figura grotesca — o imperador como um bobo profano (Krassner publicou o discurso no *Realist*). Don Carpenter chamou atenção para a estranha presciência de Mailer: "Ele sabia que faria história política dizendo a todos para virar a foto de LBJ de cabeça para baixo." O discurso de Mailer fez tanto sucesso que, depois de ele deixar o pódio, Dick Gregory, comediante e ativista programado para fazer o discurso seguinte, voltou-se para Carpenter e disse: "Não vou dar continuidade a essa merda".

O discurso em Berkeley ratificou a aliança de Mailer com a contracultura, para o horror de seus contemporâneos literários em Nova York, que, apesar de suas veementes objeções à guerra, não concordavam com a agressiva travessura insurrecional de Rubin e Hoffman; uma retirada do Vietnã não resolveria os problemas do país. Quando a *Parisian Review* publicou uma série de ensaios sobre a guerra, na primavera de 1965, com colaborações do crítico literário Alfred Kazin, do escritor Norman Podhoretz e de outros, juntamente com uma declaração conjunta contra a guerra, assinada pelos escritores, que misturava críticas à guerra com um ceticismo de que uma retirada completa das tropas americanas deixaria os sul-vietnamitas com um destino incerto, Mailer abriu sua contribuição com uma nota escrita à mão: "Três vivas, rapazes, suas palavras soam como se tivessem sido escritas com leite de magnésia." Em seu ensaio, ele refletiu: "Não é provável que um burocrata comunista cause mais danos ou destrua mais espíritos do que um trapaceiro, um sargento, ou um empresário executivo no exterior." Ele estava se distanciando dos equívocos queixosos da elite literária do Nordeste e se alinhando com os líderes do movimento jovem, mesmo que o estilo guerrilheiro deles não combinasse necessariamente com suas ideias idiossincráticas sobre o comportamento público.

A afinidade de Mailer com a grande ambição da CDV de mudar a consciência do país era coerente com o que o escritor vinha tentando fazer em seus textos, particularmente no jornalismo: penetrar na medula doente da vida americana e recuperar sua saúde. Mailer se considerava um escritor estabelecido em algum lugar entre o místico e o racional, tentando elevar as atitudes de seus leitores em relação à justiça e à virtude através de sua prosa apaixonada. Assim como Rubin e os demais, concordava que havia um câncer corroendo o país, com sua arquitetura "sob o jugo de um monstruoso *boom* imobiliário" que "prometia ser o mais feio da história do homem", uma indústria farmacêutica cuja proliferação de "drogas milagrosas" podia desencadear um "envenenamento em massa" e, mais importante, um complexo militar-industrial cuja política de guerra fria podia fortalecer exatamente o que queria derrotar: "A prosperidade foi o veneno do comunismo, mas o ataque do capitalismo foi sua transfusão de sangue."

O discurso em Berkeley foi uma experiência transformadora para muitos daqueles ativistas que eram céticos em relação a Mailer. A verdade era que aquela eminência literária de meia-idade podia articular o descontentamento deles com mais eloquência e coerência do que muitos líderes titulares do movimento, inclusive Rubin e Hoffman, cujas palavras contra a guerra não tinham a nuance e o peso moral das palavras de Mailer. Se Mailer podia fazer uma ponte entre a geração da Segunda Guerra Mundial e a geração *baby boom*, isso só os ajudava em sua causa.

Como se viu, Mailer precisava do movimento tanto quanto este precisava dele; seu envolvimento na causa antiguerra se tornou um gerador de criatividade. Para um escritor cuja obra inteira até então publicada lançara um forte sopro de paranoia sobre o trabalho nefando de poderosas instituições americanas (os desvarios anticapitalistas na segunda metade de seu romance *Barbary Shore*, os sombrios operadores da CIA e suas intenções perniciosas em *Um sonho americano*) e uma saudável ambivalência sobre o que significava ser "um bom americano", a Guerra do Vietnã forneceu uma abundância de matéria-prima; ele faria dela três livros em três anos.

Dois desses livros foram de não ficção. Embora o objetivo geral de Mailer como escritor fosse "chegar o mais longe possível nas letras americanas" e talvez até conseguir um Prêmio Nobel, ele se movimentava sem esforço entre a ficção e a não ficção desde meados dos anos 1950. O jornalismo era uma satisfação instantânea com pagamento rápido, um fórum para expressar opiniões sobre acontecimentos que ainda estavam se desenrolando, uma chance de trabalhar ideias que não necessariamente pertenciam a seus romances. "Movimentar-se de uma atividade para outra faz sentido se você faz isso com um pouco de inteligência ou um toque de graça — o que eu não diria que sempre fiz, longe disso", disse Mailer à *Playboy* em 1968. "Mas acho que movimentar-se de uma atividade para outra pode dar um impulso. Se você faz isso bem, pode aumentar a energia que leva para seu trabalho seguinte." Embora ele considerasse a não ficção um trabalho secundário, seu jornalismo seria sua maior conquista literária nos anos 1960.

Mailer abordou o conflito no Sudeste da Ásia, embora de maneira bastante oblíqua, em seu romance *Por que estamos no Vietnã?*, publicado por G. P. Putnam em setembro de 1967. O narrador do livro é Ranald "D. J." Jethroe, texano bobão de 18 anos e "disc-jóquei para o mundo" com a cabeça cheia de tolas associações livres sobre a corporação como religião secular, as propriedades revigorantes de mulheres excitadas e a emasculação do homem anglo-saxão diante das proezas sexuais do negro (sombras de "O Negro Branco"). D. J. e seu companheiro Tex embarcam numa caçada de urso juntamente com o pai de D. J., Rusty, executivo de uma empresa de plásticos e "a nata da corporatividade da corporação", os três ansiosos por derramar sangue para sublimar suas necessidades sexuais não supridas.

Uma das teorias acalentadas por Mailer durante aquele período era de que a malignidade da mente e do corpo podia ser atribuída a uma falta de sincronia entre o subconsciente e o consciente. Neste caso, é a homossexualidade latente dos dois meninos — suas energias sexuais irremediavelmente deslocadas, mascaradas por seu exibicionismo másculo — que faz da violência um fetiche perverso. A guerra só é mencionada na última página do livro, mas não precisa ser mencionada; empregando um estilo de prosa altamente discursivo e cheio de gírias modernas que soa como um Burroughs arrumado, Mailer parece estar enamorado da noção de que a incapacidade do homem anglo-saxão de entender sua própria masculinidade leva a cataclismos pornoviolentos como o Vietnã.

Por que estamos no Vietnã? é uma pancada violenta; aparte o estilo de prosa sujo, Mailer se esforça demais para usar descrições sexuais explícitas como um instrumento para chocar o leitor. O livro era tão atípico que os críticos tenderam a ficar confusos ou irritados; Anatole Broyard, do *New York Times*, chamou-o de "um trabalho de arte de terceira categoria, mas um ultraje de primeira categoria às nossas sensibilidades". Anos depois de sua publicação, Mailer ainda o considerava um de seus melhores livros, um bem-sucedido convite a "me transmutar e criar uma espécie de ego louco, de algum modo progressivo, desenfreado, inflamado".

Um mês depois da publicação do livro, que vendeu anemicamente, Mailer recebeu um telefonema do romancista Mitch Goodman. Antigo colega em Harvard e marido da poeta *beat* Denise Levertov, Goodman estivera nas manchetes sete meses antes, quando organizara um protesto na cerimônia do National Book Awards devido à presença do vice-presidente Hubert Humphrey, orador convidado. Goodman quis saber se Mailer poderia participar de uma manifestação e uma marcha até o Pentágono que aconteceriam dentro de algumas semanas.

A marcha era invenção de David Dellinger, veterano manifestante antiguerra e protegido de A. J. Muste, pacifista que fora preso duas vezes durante a Segunda Guerra Mundial por se recusar a se alistar. Filho de um bem-sucedido litigante, Dellinger havia sido a força impulsora por trás da manifestação de 1964 no Lafayette Park e conhecera Rubin e Mailer durante o debate de 1965 em Berkeley. Agora, Dellinger recorria a Rubin para ajudá-lo a organizar a marcha ao Pentágono, apesar de ambos terem abordagens bastante diferentes. Dellinger era avesso a lideranças centralizadas e ao uso de figuras de destaque como símbolos de protesto; e desprezava qualquer provocação que pudesse levar a cenas violentas com a polícia. A ideia era proporcionar elevação espiritual e alguma reflexão significativa, uma abordagem que era antiética para as deduragens confrontantes de Rubin.

Mas Rubin era conhecido por mobilizar grandes grupos e chamar atenção da mídia com um teatro de guerrilha. Quatro meses antes, ele, Abbie Hofman e mais algumas pessoas haviam se infiltrado na galeria da Bolsa de Valores de Nova York e gritado contra a propaganda corporativa da guerra. Depois do discurso, eles jogaram um punhado de notas de dinheiro no chão, provocando uma frenética confusão de operadores da bolsa, o que deveria simbolizar a "morte do dinheiro" e os efeitos corrosivos da ambição sobre o capitalismo americano. Dellinger não poderia sequer imaginar um esquema como aquele, mas o estilo descarado de Rubin era uma vantagem para o movimento.

Mailer conhecera Dellinger em Berkeley, e Rubin fora seu defensor ali, mas dois anos depois a fadiga ativista havia se instalado. Como o discurso para LBJ o transformara num porta-voz de facto do movimento antiguerra, Mailer vinha sendo inundado de pedidos de discursos e de contribuições financeiras à causa, e queria se resguardar um pouco, voltar à atividade de escritor. Estava também ansioso para editar seu filme autofinanciado, *Maidstone*, um conto de moralidade mal estruturado sobre crime e castigo. Não havia tempo para cansativas maratonas de oratória, que Mailer achava insuportavelmente e definitivamente chatas. Como escreveria mais tarde sobre si mesmo:

> Mailer recebia essas notícias sem nenhum prazer em particular. Elas soavam vagamente e incomodamente como uma competição com estudantes, policiais e Hell's Angels entrando e saindo dos relatos — exatamente o tipo de operação que eles pareciam fazer fim de semana sim, fim de semana não, na Costa.

Mas essa marcha seria diferente, assegurou Goodman a Mailer; eles invadiriam os corredores do Pentágono, fechariam o prédio e imobilizariam a maquinaria da brutalidade militar. Mailer admitiu que o objetivo parecia ambicioso, talvez a mais ambiciosa operação na história recente do movimento antiguerra. "Estarei lá, Mitch", disse Mailer a seu colega, "mas não posso fingir que estou feliz com isso."

Uma semana depois, Mailer recebeu outro telefonema, desta vez de Ed de Grazia, advogado defensor da liberdade de expressão que estava organizando uma noite de debates no salão de bailes Ambassador, em Washington, dois dias antes da marcha ao Pentágono. Mailer também aceitou o convite com grande relutância.

O impulso por trás do evento de Grazia — que se chamava Artistas da Consciência — era levantar dinheiro para pagar as fianças daqueles que poderiam ser presos durante a marcha, mas também era uma chance de alguns membros da Velha Esquerda se fazerem ouvir antes da marcha. Junto a Mailer estariam Dwight Macdonald, brilhante crítico de cinema da *Esquire* e ativo esquerdista; Robert Lowell, poeta ganhador do Prêmio Pulitzer (que havia sido um opositor consciencioso durante a Segunda Guerra Mundial); e o escritor Paul Goodman, cujo livro *Growing Up Absurd* criticava os "sistemas organizados" sufocantes da cultura americana e seus efeitos deletérios sobre a juventude.

Mas levantar banalidades sobre os males do imperialismo americano não era o que Mailer tinha em mente. O evento no Ambassador era um circo engomado, uma procissão de liberais bem comportados reafirmando uns aos outros suas convicções. Era apenas mais um colóquio acadêmico, pensou Mailer, e, portanto, impotente diante da potencial violência que milhares de manifestantes enfrentariam no fim de semana. Porta-voz do movimento antiguerra, mas dificilmente um membro de carteirinha da esquerda radical (ele se classificava politicamente como "conservador de esquerda"), e figura cultural importante, mas figura pública controversa, Mailer se sentiu no meio de fios soltos, incerto em relação a seu papel.

Então ele ficou bêbado. A bebedeira começou no jantar que antecedeu o evento Artistas da Consciência e continuou durante muito tempo depois de o evento começar. Quando o público de seiscentas pessoas já havia enchido o Ambassador — um antigo cinema reformado para abrigar shows de rock — Mailer não estava em lugar algum onde pudesse ser encontrado. De Grazia, que havia lhe oferecido o discurso de abertura, conseguiu adiar o início do evento, mas não por muito tempo.

Mailer não era o único que estava bebendo; Lowell entornava o copo também, assim como alguns outros oradores programados. De Grazia caracterizou a atmosfera como "uma espécie de exaltação no ar, caótica, o que era característico do movimento, mas a situação no palco era.. bem, cada um iria simplesmente fazer sua parte". Uma hora depois da hora marcada para o início, De Grazia se dirigiu ao pódio e apresentou Goodman, "porque ele era o mais sóbrio". Mailer entrou no auditório durante o discurso de Goodman, segurando um exemplar de *Por que estamos no Vietnã?* em uma das mãos e uma caneca de lata com bourbon na outra. E estava apertado para urinar. Muito. Cambaleou até o banheiro dos homens e, apesar de errar o vaso e urinar no chão, conseguiu depois disso passar pela multidão e subir ao palco.

Mailer estava irado porque De Grazia não esperara que ele fizesse seus comentários iniciais, como haviam combinado, e agrediu o advogado antes de se dirigir ao pódio. "Ele me usou para mostrar sua grandiosidade", disse De Grazia. "Ele gostava de fazer coisas assim para se sentir vivo. Mailer ficava mais confortável com relações combativas."

Seu discurso foi o inverso retórico do grande pronunciamento em Berkeley — frustrantemente digressivo, hostil, inexpressivo. Em vez de evocar LBJ como figura ridícula, o próprio Mailer se tornou o terror de Johnson, seu "alter ego anão". Com um forte sotaque sulista, Mailer lançou uma tirada grosseira que soou como um trecho de seu livro mais recente: "Eu fiz xixi no chão", disse ele alto à multidão, sem microfone. "Como fica o Black Power cheio de xixi branco? Vocês sabem que todos esses repórteres vão dizer amanhã que foi merda. Fodam-se eles. Fodam-se todos eles." Sua atuação foi recebida com vaias. "Acho que Mailer ficou com medo de que a multidão jogasse garrafas nele", disse De Grazia.

No dia seguinte, Mailer, de ressaca, chegou tarde para a manifestação contra o alistamento militar que estava acontecendo em frente ao Departamento de Justiça, antes da marcha oficial ao Pentágono. Quando os estudantes e acadêmicos juntaram seus cartões de alistamento numa pilha antes de oferecê-los ao procurador-geral, Mailer teve uma pontada de constrangimento por ter piedade de si mesmo e se sentir deslocado em termos de geração.

> Ele tinha 44 anos e demorara a maior parte daqueles 44 anos para começar a conseguir ter prazeres onde os encontrasse, em vez de se preocupar com os prazeres que o iludiam — obviamente não era hora de embarcar em aventuras que poderiam resultar em mais do que alguns anos na prisão. Ainda assim, não havia saída.

Como a Guerra do Vietnã era "uma guerra obscena, a pior em que a nação já esteve", sua "lógica podia exigir sacrifícios daqueles que não estavam muito acostumados". Sim, Mailer se comprometeria com o evento, e até se arriscaria a algumas horas na prisão, mas apenas até determinado ponto. Havia uma festa sábado à noite em Nova York à qual ele realmente queria ir, então era melhor ser preso logo para que fosse libertado a tempo de tomar um avião de volta à cidade. Apesar de sua preocupação, parecia que o latente vadio em busca de diversões em Nova York que existia dentro dele prevaleceria.

Como David Dellinger e Jerry Rubin haviam planejado, a marcha começaria com uma manifestação em massa no Memorial Lincoln e depois atravessaria o Potomac, via Ponte Arlington, até o Pentágono. Haveria um rápido comício, com discursos de dignitários como Noam Chomsky e Benjamin Spock, seguido de um bloqueio do edifício e um "exorcismo" do Pentágono liderado por Abbie Hoffman.

Mas naquele dia a multidão era maior do que os organizadores haviam previsto — alguns relatos noticiosos estimavam que nada menos que 250 mil pessoas haviam viajado para Washington para participar da marcha — o que significava que o percurso relativamente curto entre o memorial e o Pentágono levaria horas para ser cumprido e exigiria muita paciência e coragem. Marchando com seu terno listrado azul-marinho nas primeiras filas, junto a Lowell, Chomsky, Macdonald e Goodman, Mailer parecia desconfortável e inquieto naquela atmosfera.

Imagine uma massa, entediada por horas de discursos, agora exaltada, no início da Marcha, agora irritada com o atraso, agora comprimida, todas as antigas sementes latentes de claustrofobia brotando do esmagamento, e imagine as pessoas saindo em direção à ponte, monitores conduzindo, praça vazia atrás, em seguida a fila de notáveis com dez, em seguida centenas de filas se espremendo atrás, helicópteros sobrevoando, policiais acelerando motocicletas, câmeras girando suas engrenagens como mosquitos batendo asas, carros de TV forçando a passagem com técnicos histericamente sobrecarregados de trabalho, sóis no alto castigando — essa enorme avalanche de pessoas avançou retumbante menos de dez metros e parou desordenada, as filas atrás se rompendo, entortando e se misturando para formar uma multidão, e não uma parada, e algum aperto na frente, o que ninguém sabia, e agora estão se movendo novamente. Mais doze metros. Pararam.

A enorme massa se jogou no estacionamento norte do Pentágono, uma área tão "grande e vazia que qualquer exército se sentiria pequeno em sua extensão". Uma atmosfera de festival pairou sobre a multidão, e a invocação formal para exorcizar o Pentágono de seus demônios havia começado seriamente com gritos espontâneos de "Fora, demônios, fora!". Mailer se viu sussurrando as palavras quase apesar de si mesmo. Estava incentivado e entusiasmado com aquela demonstração de energia selvagem, sedutora. Agora era hora de transpor qualquer barricada da polícia que pudesse encontrar e se fazer ser preso, antes que tivesse que aguentar mais alguma polêmica entediante. Numa área gramada entre o estacionamento e o Pentágono, ele descobriu duas fileiras de policiais militares distantes mais ou menos dez metros uma da outra, diante de uma corda pendurada baixo. Com pouco alarde, passou por cima da corda e caminhou quase diretamente para os braços de alguns oficiais. "Mailer teve a coragem de se deixar ser preso, enquanto muitas outras celebridades na marcha não tiveram", disse Ed de Grazia. "A ideia era não apenas se manifestar, mas pôr o corpo na linha também, e ele fez isso."

Confuso, com as mãos enfiadas nos bolsos de seu terno, Mailer foi posto numa Kombi Volksvagen, que o levou até um caminhão do exército cheio de outros manifestantes. Mas nenhum de seus companheiros da marcha estava presente, nem Lowell, nem Macdonald. O plano era todos serem presos e fazerem notícias. Teriam eles desistido no último minuto?

Mailer e seus novos companheiros do caminhão foram então encurralados num ônibus escolar amarelo, que os levou para um posto dos correios que seria usado como prisão temporária para os manifestantes. Em determinado momento, um manifestante raivoso começou a despejar palavrões horríveis na direção de Mailer, gritando "Seu judeu idiota" repetidamente, ao que Mailer reagiu de imediato com alguns "alemão sujo", retribuindo na mesma moeda. Se iria se oferecer como prisioneiro valioso no altar da justiça, com certeza se defenderia com os dois punhos erguidos.

A maioria dos detidos passou por um processo rápido, recebendo pequenas multas e fazendo promessas de não se envolver mais em atividades de protesto perto do Pentágono durante seis meses. Com 200 dólares no bolso, Mailer começou a pagar a fiança dos meninos que estavam quebrados. Enquanto os outros foram levados a juízo e liberados, ele permaneceu preso, e sua esperança de ir ao jantar em Nova York foi por água abaixo. "Na prisão", escreveu ele, "um homem que quisesse manter sua sanidade nunca deveria prever, nem supor, nem esperar, com um foco muito elevado na esperança, que a decepção fosse dolorosa. Porque não havia espaço para decepção no fato de ir para a prisão, exceto na volta à cela. A prisão era frustração."

Depois de horas de espera interminavelmente tediosas, foi informado que Mailer seria processado não em Washington, mas num reformatório em Occoquan, Virgínia. Ali, ele recebeu uma cama portátil surrada para dormir, mas as luzes fortes eliminavam qualquer chance de descansar. Juntamente com Mailer em Occoquan estavam Noam Chomsky; Tuli Kupferberg, uma figura do submundo de Greenwich Village, colíder dos Fugs, banda de folk-rock envolvida em ativismo político que tinha se apresentado no estacionamento do Pentágono durante a reunião; e David Dellinger. "Ele foi mais maltratado do que qualquer outro na prisão", disse Kupferberg sobre Mailer. "Deixaram que ele fosse o último a ser levado a juízo, então ele teve que ficar mais um dia, e era óbvio que queriam fazer dele um exemplo. Ninguém estava exortando Norman a ficar. Muito poucas pessoas ficariam, e eu não sabia o que ele faria."

Kupferberg se recusou a pedir desculpas, o que resultaria numa sentença de cinco dias suspensa; isso era conveniente demais, ponderou, e faria sua prisão parecer o gesto obrigatório de um diletante antiguerra. Mailer ficou impressionado com a profundidade do compromisso de Kupferberg; talvez sua prisão também pudesse se tornar algo mais significativo do que um gesto simbólico vazio. Ele decidiu se declarar culpado também. Não desistiria e, assim, confirmaria para si mesmo dúvidas que o perseguiam desde o início de seu envolvimento no movimento antiguerra — de que ele era um homem de meia-idade com valores de classe média, um escritor que podia articular a ira dos marginais em seus textos, mas não podia se tornar ele próprio um marginal.

Apesar do pedido de *nolo contendere*, a sentença de Mailer foi a mais dura dada a uma figura pública que participara da marcha: trinta dias, dos quais 25 seriam suspensos. Isso significava cinco dias na prisão. Uma apelação apressadamente escrita à mão foi imediatamente entregue e, depois de muita discussão com o promotor público, Mailer foi libertado graças a um compromisso assinado por ele próprio.

A prisão fora um teste difícil para Mailer, um teste para sua determinação de lutar contra o poder. Mas no fim ele se conformou com seu papel de beletrista rebelde. Até mesmo Jerry Rubin teve que admitir que "havia uma parte de mim que sabia que ele perderia sua eficiência se tivesse se tornado um Yippie. Norman era melhor sendo Norman Mailer.

Mailer não havia ido para Washington com uma missão específica de alguma revista, mas quando voltou para Nova York lhe ocorreu que existia uma reportagem a ser escrita, talvez um grande artigo. Ele telefonou para Midge Decter, editora-executiva da *Harper's*, e perguntou-lhe se estava interessada em alguma coisa. Mailer e Decter se conheciam desde o fim dos anos 1940. *Commentary*, a revista mensal liberal de política e arte criada pelo marido de Decter, Norman Podhoretz, em 1945, havia elogiado *Os nus e os mortos* e *Parque dos cervos*, e desde o início dos anos 1960 Mailer colaborava com artigos para a revista de vez em quando.

O editor da *Harper's*, Willie Morris, de 32 anos, tornara-se o mais jovem editor-chefe da revista em 117 anos de história em 1967, quando John Fischer renunciou devido a uma divergência com o dono, John Cowles, em relação às finanças da revista. Nascido em Jackson, Mississípi, e ganhador da Rhodes Scholarship, Morris era escritor (sua autobiografia, *North Toward Home*, foi publicada em 1967, com grandes elogios da crítica) e um prodígio como editor. Começara a trabalhar em publicações em 1960, aos 25 anos, como editor da *Texas Observer*, revista bimensal conhecida por seus escândalos políticos.

Com Morris e Decter, e ainda o veterano editor Bob Kotlowitz, a *Harper's* havia deixado de ser uma revisa literária mensal preguiçosa e irrelevante ("uma revista tão antiquada quando se pode imaginar", disse Decter) e se transformado rapidamente num fórum vigoroso e essencial para a cobertura de arte e política, com colaborações de escritores como David Halberstam, Elizabeth Hardwick, Neil Sheehan, Alfred Kazin, Gay Talese, Joan Didion, Irwin Shaw, Bernard Malamud e Philip Roth. Mailer sabia que estaria em boa companhia, e Dexter ficou entusiasmado por Mailer ter pensado na revista. Morris, que conhecera Mailer em Austin, em 1961, quando editava a *Texas Observer*, achava-o "de muitas maneiras um gênio literário", e estava igualmente animado para enfeitar a *Harper's* reformulada com a assinatura de Mailer. Já tentara levar Mailer a colaborar com a revista quando era editor-associado, mas os honorários de Mailer eram exorbitantes, e John Fischer nunca fora seu fã. Quando Morris defendeu ferozmente a publicação pela *Harper's* de um trecho da antologia de Mailer de 1966, *Canibais e cristãos*, Fischer a rejeitou.

Agora que surgia uma nova oportunidade de publicar Mailer, Morris não deixaria o escritor escapar de maneira alguma. Ele achava que aquele artigo seria um divisor de águas, que "atingiria a raiz de tudo o que estava acontecendo naquele momento na nação". Para que Mailer recebesse o valor que cobrava, sem ter que obrigar a *Harper's* a desembolsar uma quantia exorbitante, o agente do escritor, Scott Meredith, teve a ideia de vender a história sobre o Pentágono como livro também. Mailer teria um amplo conforto para escrever bastante, talvez 20 mil palavras, mais do que o suficiente para justificar um volume assaz pequeno, mas oportuno.

Morris e Decter marcaram reuniões com vários donos de editoras. Quando o editor-chefe da Macmillan teve a ousadia de perguntar a Decter sobre os números da venda de *Por que estamos no Vietnã?*, a reunião foi peremptoriamente abreviada. Meredith acabou vendendo o livro por 25 mil dólares para Bob Gutwillig, da New American Library; a *Harper's* pagaria 10 mil dólares pelo artigo, uma pechincha de 50 centavos de dólar por palavra. Mas Mailer teria que agir rápido; a NAL não queria investir num livro cujo assunto caducaria em alguns meses, e a *Harper's* precisava fechar sua edição em menos de oito semanas. Combinou-se que a história sairia na edição de fevereiro de 1968.

O dinheiro estava ali, mas Morris ainda precisava ter uma única conversa com Mailer, que, de acordo com Meredith, estava isolado em sua casa de praia em Provincetown. Foi um truque do destino o encontro cara a cara de Mailer — que estava acompanhado do boxeador José Torres — com Morris certa tarde, na esquina da Forty-fourth Street com Sétima Avenida, perto do Algonquin Hotel, onde Morris bebia alguns drinques com um repórter do *Memphis Commercial Appeal*.

— Acabamos de fechar o negócio — disse Morris a Mailer.
— Eu sei, eu sei. Isso pode ficar muito bom. Vou manter contato.

Duas semanas depois, Morris recebeu um telefonema de Mailer. O artigo estava ficando longo; ele precisava de mais tempo. Para a edição de fevereiro não seria possível; Morris tentaria então a de março, com *deadline* para impressão em 10 de janeiro.

De início, o texto veio lentamente. O relato de Mailer sobre a marcha ao Pentágono estava restrito a seu papel como participante; qualquer pretensão de fazer um relato geral sobre o evento estava fora de questão. Ele tinha dúvida quanto ao tom e ao tamanho do artigo; era preciso uma compreensão mais profunda da paisagem política da contracultura, do funcionamento interno das várias facções e de como elas reagiam umas às outras. De seu assistente Sandy Charlebois — ativista que passara bastante tempo com Emmett Grogan, dos Diggers (grupo de hippies), em São Francisco, e que ajudara a criar o nome "Yippies" com Rubin e Hoffman — Mailer recebeu informações profundas sobre a origem do teatro de rua como trabalho político. Mailer enviou Charlebois para entrevistar Rubin longamente, enquanto ele próprio conversava com Paul Krassner, Dellinger e outros participantes da marcha ao Pentágono.

Considerando a ambiciosa dimensão do projeto que tinha nas mãos, a situação doméstica de Mailer era uma fonte de distração constante. O relacionamento já difícil com sua mulher, a atriz Beverly Bentley, estava se desintegrando em violentos episódios de ataques verbais regados a álcool. Em determinado momento, durante o processo de elaboração do artigo, Beverly alegou que Mailer havia feito vodu com seu aparelho de som, porque a agulha do aparelho desaparecera inexplicavelmente quando ele saiu de casa, certa noite. "Você é diabólico", gritou ela. O artigo, recordou Mailer, "foi escrito no meio de uma enorme depressão. Eu o fiz em dois meses, e aquelas foram algumas das piores semanas de minha vida. Eu voltava para casa toda noite e achava aquilo terrível."

Depois de tentar várias abordagens, Mailer, como último recurso, recorreu à terceira pessoa: o "eu" se tornaria um personagem chamado Norman Mailer. Ainda assim, não estava confiante de que essa era a melhor maneira, mas aquilo o levou a se aprofundar mais na história do que até então conseguira. Depois de 10 mil palavras e muitos e grandes ataques de autorreprovação, ele se convenceu de que estava conseguindo.

Escrever sobre si mesmo na terceira pessoa — particularmente no contexto de não ficção — era um recurso raro e altamente excêntrico de se usar em 1967, mas tinha um precedente literário especial. O jornalista Henry Adams — neto de John Quincy Adams, filho de um embaixador americano na Grã-Bretanha e ex-aluno de Harvard que lecionaria história medieval na universidade — rejeitara em 1877 os privilégios e títulos que herdara de berço para se dedicar a longas viagens e a anos de estudo rigoroso sobre a história americana, eixo de uma história dos EUA sob os governos de Jefferson e Madison em nove volumes. Mas só quando Adams parou para registrar os acontecimentos de sua própria vida foi que ele forjou uma abordagem sem precedentes na historiografia, fundindo crítica social a acontecimentos históricos mais amplos em forma de autobiografia. *A educação de Henry Adams* foi autopublicada por seu autor em 1907, em uma centena de folhas que Adams enviou às figuras mais brilhantes do país na esperança de que isso estimulasse uma ampla reforma social.

Mailer não era particularmente um leitor íntimo do livro de Adams, mas um capítulo havia sido abordado em suas aulas de inglês na época de calouro em Harvard: "Eu me lembro de pensar na época em como era estranho escrever sobre si mesmo na terceira pessoa. Quem é esse sujeito, Henry Adams, tratando a si mesmo como Henry Adams?" A influência de Adams estava latente; ele permaneceu na mente de Mailer "como uma possibilidade, assim como um pintor pode olhar um Picasso ou Cezanne em particular e dizer a si mesmo: 'É assim que se faz.'" "Por um lado, parecia interessante falar de um protagonista chamado Norman Mailer", disse ele. "Por outro, era estranho. É uma maneira bastante divertida de olhar para si mesmo."

A técnica da terceira pessoa libertou Mailer dos reducionistas "projetos de fatos e assuntos" que ele achava que impediam a reportagem tradicional de examinar a matriz frequentemente complexa dos impulsos e raízes por trás de um ato de resistência monstruoso como a marcha ao Pentágono — sua estrutura de comando descentralizada; as prevaricações entre acadêmicos que não eram estudantes e viajantes que estavam entre contemporâneos conservadores de Mailer; e as filosofias em conflito de Dellinger e Rubin que ameaçavam arruinar os objetivos da marcha. Porém, mas importante, libertou Mailer para escrever sobre si mesmo de uma maneira clinicamente desprendida — mapear seus próprios e complexos motivos, emoções e impressões tão cuidadosamente quanto ele podia delinear um personagem de um romance. Ele se tornaria um "verdadeiro protagonista da melhor espécie ... metade heroico e três quartos cômico".

Quando Mailer começou a escrever como "Mailer", as palavras vieram num ritmo furioso. O artifício da terceira pessoa permitiu que ele transitasse livremente entre acontecimentos públicos e interiorização, e escrevesse tão alternadamente quanto quisesse. Depois de seis semanas de trabalho em Provincetown, ele telefonou para Decter e lhe disse: "Está ficando longo."

Mas o prazo da revista chegava ao fim e Mailer ainda estava escrevendo. Se a história fosse sair na edição de março, Morris e Decter teriam que ir até Provincetown e começar a preparar o manuscrito ainda incompleto. Pouco depois do primeiro dia do ano, Decter e Morris voaram para Cape num aviãozinho que deixou Decter enjoada. Os dois editores chegaram ao retiro de tijolos vermelhos e três andares de Mailer, na baía de Cape Cod, onde predominou uma forte atmosfera de determinação. Sandy Charlebois datilografava zelosamente a história de Mailer escrita à mão enquanto o escritor — escondido em seu escritório no segundo andar durante 12, às vezes 14 horas seguidas — produzia mais páginas. Em seis semanas, Mailer havia produzido quase 80 mil palavras — uma coleção confusa e muitas vezes cheia de correções, com incontáveis anotações nas margens e frases sinuosas incluídas em torno dos parágrafos. Um sistema de distribuição improvisado foi posto em ação: Charlebois apanhava páginas do manuscrito com Mailer e as datilografava. Mailer fazia correções e passava as páginas do manuscrito para Morris, que fazia suas anotações. Em seguida Decter lia as páginas, reescrevendo as mudanças de difícil compreensão anotadas à mão por Mailer numa letra legível para eliminar a necessidade de mais um rascunho. Felizmente, a edição era mínima. "O tipo de edição que alguém faz com ele é dizer: 'Nesta parte aqui você realmente deveria explicar um pouco mais. Você passa por isso um pouco rápido demais — é difícil para o leitor acompanhar seu ponto de vista'", disse Decter. "É esse tipo de coisa, mas isso não é editar. E ele nunca se irritava com essas sugestões. Mailer é absolutamente profissional."

Depois de ler um terço do manuscrito de Mailer, Morris soube que tinha algo especial nas mãos. Mas era algo muito mais extenso do que a previsão inicial de 20 mil palavras. Quando Decter e Morris fizeram a contagem final, chegaram a 90 mil. Morris telefonou para Kotlowitz:

— É maravilhoso.
— Ótimo. Quantas palavras?
— Noventa mil.
— *Noventa mil?*
— Mais ou menos isso.
— Você acha que deveríamos publicar em capítulos, dois ou três?
— Acho que deveríamos publicar tudo de uma vez.
— Tudo?
— Acho realmente.
— Bem, por que diabos não?

Quando Kotlowitz finalmente leu a história, ficou "hipnotizado e impressionado. Não havia dúvida de que tínhamos que publicá-la inteira. Não acho que o artigo estivesse inchado em uma única palavra. Sua força e seu impulso eram muito poderosos. Fiquei muito animado; era o sonho de um editor. Eu sabia que ninguém que lesse aquela história esqueceria aquela edição."

John Cowles não estava tão certo disso. O *publisher* conservador da *Harper's* — cuja família era proprietária da revista, bem como do *Minneapolis Star-Tribune* — achou a história longa demais e favorável demais aos líderes da esquerda como se eles fossem os articuladores de uma revolução social. "Ele ficou confuso com aquilo", disse Kotlowitz. "E também não era a favor de dedicar uma edição inteira a um único artigo porque isso abriria um precedente ruim a outros escritores que quisessem fazer o mesmo."

Até alguns membros da equipe da *Harper's* ficaram confusos com o artigo. Quando uma editora de texto questionou se aquela linguagem crua era adequada para uma revista de destaque, e sarcasticamente imaginou como Mailer escreveria se estivesse sóbrio, "Willie disse a ela para se sentar, fechar a boca e não dizer uma palavra", de acordo com Decter. Quando a edição do texto finalmente foi concluída e Morris e Decter estavam prestes a voltar para Nova York, Mailer se voltou para Morris e perguntou: "O que meu pai vai pensar?"

Publicado na edição de março da *Harper's*, "The Steps of the Pentagon" foi um trabalho de reportagem ofuscante, e o mais longo que Mailer escrevera até então — reportagem no sentido de Mailer, pelo menos. Era um painel de muitos tons: um relato vividamente impressionista da marcha; uma crítica perspicaz à esquerda e à sua liderança, uma série de perfis bem-feitos de Lowell, Macdonald e outros participantes proeminentes; e um autorretrato do escritor como um "herói cômico ambíguo", hesitando constantemente entre fazer a coisa certa e cuidar de seus próprios interesses questionáveis. Em mãos menos capazes, a história poderia parecer uma mistura confusa, mas a capacidade de Mailer de sincretizar de maneira agradável partes muito diferentes elevou "Os degraus do Pentágono" à esfera da literatura de não ficção.

O artifício da terceira pessoa, que havia sido questionado desde o início, permitiu a Mailer escrever sobre si mesmo como o protagonista de uma marcha, mas também como um personagem pelo qual não tem a menor piedade.

> Mailer era um esnobe da pior espécie. Nova York não o estragara porque não quisera, mas Nova York certamente destruíra sua tolerância a qualquer festa que não fosse muito boa. Como a maioria dos esnobes, ele declarava acreditar na aristocracia de qualidade alcançada — "Dê-me simplesmente uma cabana com alguns jovens artistas, entusiasmados e destemidos" —, na verdade, uma festa não tinha sabor para ele a não ser que alguém muito rico ou da sociedade estivesse presente.

O dom de Mailer para usar a observação cuidadosa como uma varinha de prospecção psicológica nunca havia sido utilizado com tanta eficiência. Eis o que ele escreve sobre a reação de Lowell ao seu discurso bêbado no Ambassador:

> Lowell parecia muito infeliz. Mailer, poeta menor, observava frequentemente que Lowell tinha a mais desconcertante mistura de força e fraqueza na sua presença, uma combinação tão dramática em seu visível sinal de conflito que era de se supor que ele fosse sensacionalmente atraente para as mulheres. Ele tinha algo intocável, com uma força totalmente insana; percebia-se imediatamente que havia inúmeras causas pelas quais aquele homem estaria pronto para morrer, e por algumas ele lutaria, com um machado na mão e uma luz cromwelliana nos olhos.

Mailer se ressente com o comando confiante de Lowell sobre o público do Ambassador durante sua leitura de poesia: "O talento de Lowell era muito grande, mas Mailer era obstinado com o valor de seu próprio talento. Não, Mailer estava com inveja porque havia trabalhado para seu público, e Lowell, sem esforço, parecia tê-lo roubado." (Anos depois, Lowell comentaria que o artigo de Mailer foi "uma das melhores coisas que já foram escritas sobre mim".)

Mailer vê os participantes da marcha como artistas exercendo seus direitos, apropriando-se de imagens icônicas da cultura popular e subvertendo-as, transformando-as no esplendor de um desfile bizarro:

> Os *hippies* estavam em grande número, perambulando morro abaixo, muitos deles vestidos como legiões da Sgt. Pepper's Band. Alguns pareciam xeques árabes, ou usavam casacão de porteiro da Park Avenue, outros como Roger e Clark no Oeste, Wyatt Earp, Kit Carson, Daniel Boone de camurça, alguns com bigodes cultivados para se parecerem com Have Gun, Will Travel — o substituto do Paladino estava ali! — e índios selvagens com penas, um *hippie* vestido como Batman, outro como Claude Rains em *O homem invisível* — seu rosto embrulhado num turbante de faixas, e ele usava uma cartola de cetim preto ... Eles vinham de todas as interseções entre história e revistas em quadrinho, entre lenda e televisão, arquétipos bíblicos e filmes.

Em "Os degraus do Pentágono", Mailer alterna constantemente entusiasmo e enervação. Veja a impressão do fenômeno, dissera-lhe Dwight Macdonald; "Se parece ruim, *é* ruim". Nada é eliminado em benefício de alguém, nem o incidente no Ambassador em que Mailer urinou, nem seu desprezo pelo liberalismo da classe média e pela falsa piedade desta ("Ele não se identificava com nenhuma daquelas pessoas. Para ele, elas eram boas demais e com princípios demais."), sua intimidação diante da imposição da lei, sua "triste esperança" em relação aos filhos da marcha, "vinte gerações de esperanças enterradas, talvez gravadas em seus cromossomos, e agora possivelmente queimando como gravetos nas fogueiras inquisitivas do LSD". A marcha, concorda Mailer, era uma demonstração justa e apropriada de indignação, mas seria a esquerda realmente um adversário à altura do poder infernal da "terra da tecnologia"? Era a mesma dialética sobre a qual Mailer refletira em "Super-Homem vai ao Supermercado": Uma nação refém da cultura de consumo poderia ser transformada por um movimento que queria banir os grosseiros impedimentos à reforma social?

Assim, "Os degraus do Pentágono" funcionou em dois níveis: como uma hábil dissertação sobre os acontecimentos da marcha, mas também como um ensaio especulativo sobre uma nação que havia sacrificado sua ingenuidade no altar da tecnologia e da corporação, e liberado sua energia selvagem, indômita, sobre inimigos imaginários usando a guerra fria como seu princípio organizador.

> O centro do cristianismo era um mistério, um filho de Deus; e o centro da corporação era uma aversão ao mistério, uma veneração à tecnologia ... O amor do Mistério de Cristo e o amor de nenhum Mistério haviam levado, porém, o país a um estado de esquizofrenia suprimida tão profundo, que as brutalidades nojentas da guerra no Vietnã eram a única cura temporária possível para aquelas condições — uma vez que a expressão da brutalidade oferece um nítido alívio, ainda que temporário, aos esquizofrênicos.

Mas há também uma generosidade de espírito, embora rancorosamente apresentada, na análise perspicaz de Mailer tanto sobre seus motivos quanto sobre os motivos dos outros participantes dos dois lados da barricada. Ele é um observador atento *e* astutamente autoconsciente. Se os participantes da marcha fervilham com malícia, é apenas porque são produtos da engenharia social, instrumentos de poder maleáveis do Pentágono. Ele é capaz de ter sentimentos simpáticos por seus inimigos, ainda que estes sejam opressores impiedosos.

E quanto às próprias motivações de Mailer, elas nunca se reconciliam. Seu curto período como prisioneiro se apresenta a ele com um dilema moral — fazer o certo pelo movimento, ou por sua família; cumprir qualquer que seja a sentença reservada para ele; ou voltar para o conforto de sua vida de classe média. Em vez de se mostrar como um lança-chamas polêmico, Mailer se mostra imperfeito e vulnerável a sentimentos de covardia e vergonha. "Para ter seu nome gritado durante uma temporada em cada encontro terrivelmente estúpido da esquerda para levantar fundos — ele trocaria essa fama por uma boa hora de brincadeira com — sim, amaldiçoadas *pater famílias* — a mulher e as crianças."

Quando, depois de consideráveis negociações de seus advogados, Mailer é libertado sob fiança dependente de apelação, ele se sente limpo e possuidor de algo virtuoso, até beatífico, em sua essência, "não muito diferente do doce raro de uma límpida lágrima de amor não derramada, ainda contida". Mas até que ponto o protesto e seus resultados tiveram algum impacto sobre a consciência do país? Mailer não está completamente certo. "Alguma promessa de paz e nova guerra parecia seguir o rastro fosforescente naquele segundo e último dia do cerco ao Pentágono, como se o país estivesse se abrindo cada vez mais para a repercussão daqueles dois dias, se melhorasse estragava."

"Os degraus do Pentágono" inspirou mais cartas do que qualquer outro artigo na história de mais de cem anos da *Harper's*. Alguns leitores ficaram revoltados com a linguagem de Mailer e pediram o cancelamento da assinatura da revista. Outros adoraram encontrar uma abordagem tão sutil sobre a crise americana nas páginas da publicação. Mailer ficou atônito com a avalanche de cartas que inundou os escritórios da *Harper's*. "Todas aquelas pessoas parando em todo o país para escrever aquelas cartas", disse ele a Morris. "Elas estão continuando uma conversa com a revista como se a própria revista fosse um ser humano."

Mailer tinha outro artigo preparado para publicação — "A batalha do Pentágono", um estudo de 30 mil palavras sobre as origens da marcha e uma análise cuidadosa sobre as batalhas sectárias e os fracassos da Velha Esquerda e da nova guarda, e sobre o preço pago em violência e derramamento de sangue — mas Morris o rejeitou por motivo de espaço. Em retrospecto, ele estava certo ao recusar; "A batalha do Pentágono" não tinha força narrativa porque Mailer não estava na ação como personagem. O marido de Decter, Norman Podhoretz, publicou-o na edição de abril da *Commentary*.

Quando a New American Library publicou os dois artigos em forma de livro, com o título *Os exércitos da noite*, Mailer recebeu as melhores críticas de sua carreira desde *Os nus e os mortos*. Alan Trachtenberg, da *Nation*, destacou a "coincidência brilhantemente demonstrada entre o acontecimento objetivo e a experiência subjetiva", e considerou o livro nada menos que uma "contribuição permanente para nossa literatura — um testemunho único da reatividade e responsabilidade literária". Na *Saturday Review*, Henry S. Resnik elogiou a "incrível virtuosidade estilística" de Mailer e as "cadências verbais espetaculares". Em sua crítica de *Os exércitos da noite* para a *New York Times Book Review* de 5 de maio de 1968, Alfred Kazin comparou Mailer a Walt Whitman, outro escritor que "amparou seu trabalho na descoberta de conexões pessoais entre a salvação como artista e a salvação de seu país". Kazin considerou a ação equilibrada de Mailer como repórter do pessoal e do político um amálgama tão habilidoso quanto o grande diário de Whitman para a Guerra Civil, "Specimen Days". "A intuição de Mailer neste livro é de que os tempos exigem uma nova forma", escreveu Kazin. "Ele a encontrou."

Em 1969, Mailer recebeu tanto o National Book Award quanto o Prêmio Pulitzer de não ficção por *Os exércitos da noite*.

10

O REI DE NOVA YORK

Para Clay Felker, "Os degraus do Pentágono" foi uma oportunidade perdida. No início de 1966, ele havia oferecido a Mailer uma missão para o *New York World-Journal-Tribune*, o novo *Tribune* com título estranho que resultara de sua fusão com o *World-Telegram* e o *Journal-American*. Felker queria que Mailer enviasse artigos do Vietnã, relatando o que quer que achasse adequado. Mailer não estava certo de que queria fazer aquilo; haviam se passado mais de vinte anos desde que ele vira os horrores dos combates de perto. Recorrendo a uma tática de negociação familiar que usava toda vez que ficava em dúvida sobre uma proposta de missão, ele jogou duro com Felker e Jim Bellows: nenhuma de suas histórias poderia ser cortada por motivo de espaço ou conteúdo e todas elas teriam que aparecer na primeira página do jornal. Era justo o *Tribune* fazer algumas concessões se ele arriscaria sua vida pelo jornal, ponderou Mailer.

Contratos foram elaborados, e Mailer se preparou para ir. Mas o jornal de Jock Whitney, que vinha perdendo dinheiro e leitores para o *New York Times* e os tabloides da cidade desde o início dos anos 1960, fechou em 5 de maio de 1967, em meio a uma disputa trabalhista relacionada à fusão dos jornais. A grande experiência de Felker com o Novo Jornalismo parecia acabada também.

Felker havia sido avisado sobre a morte do *Trib* por Jimmy Breslin, que telefonara para ele na noite anterior ao anúncio. Debruçados sobre drinques no bar Monsignore, Breslin e Felker lamentaram, brindaram às suas conquistas no *Trib* e pensaram em seu próximo passo. Breslin sugeriu que eles de alguma forma mantivessem a revista *New York*. Tinham dado muito de seu sangue e suor àquele suplemento, disse Breslin. Não podiam deixar a *New York* — a melhor revista de assuntos de interesse geral da cidade — morrer com o jornal. A *New York* era a melhor coisa do *Tribune*, o motivo número um pelo qual 83% das leitoras e 75% dos leitores compravam o *Trib* dominical toda semana. Felker foi incumbido de tentar salvá-la.

Felker estava intrigado. Certamente nenhum outro jornal lhe daria a amplitude criativa que ele recebera no *Trib*, e uma volta à séria limitação do jornalismo convencional era inconcebível. "Eu via o impacto da revista", disse Felker. "Estava comprometido com aquilo. E sabia que a fórmula estava certa".

Então ele decidiu seguir o conselho de Breslin e tentar lançar uma revista independente que manteria o espírito da *New York* e, assim ele esperava, o mesmo elenco de colaboradores. Para Felker, seria a realização de um antigo sonho: finalmente ter uma revista. "Nunca pensei no risco", disse Felker. "Não tinha nada a ver com coragem. Era um sonho que eu tinha, e não conseguiria viver comigo mesmo se não tentasse."

Para criar um protótipo, Felker convocou Milton Glaser, brilhante *designer* gráfico de 38 anos que colaborara com alguns desenhos para a *New York* como freelance e assinara com Jerome Snyder uma coluna chamada "The Underground Gourmet". Formado na Cooper Union em Nova York e ganhador da bolsa de estudos Fulbright, Glaser fundou a Push Pin Studios em 1954, juntamente com seus colegas da Cooper Union Seymour Chwast, Ed Sorel e Reynold Ruffins. A Push Pin rapidamente se estabeleceu como uma empresa de *design* comercial de ponta — "os Beatles da ilustração e do *design*", de acordo com o escritor Steven Heller —, trocando os anúncios mais lucrativos por revistas, pôsteres e capas de disco com trabalhos de arte mais ousados, qualquer coisa que pudesse representar um desafio criativo para a equipe culta e de imaginação fértil de Glaser, Ruffins e Chwast. A palavra de ordem era *eclético*; a Push Pin encontrava ideias em qualquer lugar e em todos os lugares — tirinhas de quadrinhos, *art déco*, pintura renascentista italiana, tipografia vitoriana e até em seus próprios armários de remédios — combinando elementos de *design* bastante diferentes numa estética de formalismo de parque de diversões que transformou a indústria de *design*. As imagens da Push Pin se tornaram ícones visuais duradouros; o famoso pôster de Bob Dylan feito por Glaser em 1967, combinando um perfil em sombra com um cabelo com emaranhados coloridos tornou-se o mais famoso pôster de rock da década.

Glaser não era um estranho no mundo das revistas; havia ajudado a produzir 15 edições do *Push Pin Almanack*, um compêndio do trabalho de sua empresa enviado a clientes em potencial como isca para contratos. Felker o considerava o maior *designer* de sua época, um artista sensível à beleza e à sensualidade da tipografia, e à maneira como a cuidadosa justaposição de palavras e imagens podia transmitir uma atitude e uma complexidade subtextual que iam além da simples ideia de vender o produto. "Milton é um gênio certificável", disse Felker. "Antes de empreender um projeto, ele passa algum tempo compreendendo qual seria o mercado potencial para o qual está direcionado, que mensagem o cliente está tentando transmitir. É um homem para o qual o *design* com um ponto de vista é crucial."

O entendimento entre Felker — o homem das boas ideias — e Glaser, o guru oracular, intelectual, resultaria em uma das colaborações mais férteis entre um editor e um diretor de arte na história da publicação de revistas nos Estados Unidos. "De certa maneira, Glaser editava Clay", disse Pete Hamill, um dos primeiros colaboradores da *New York*. "Se Clay tinha uma ideia, Milton dizia: 'É ótima, mas qual será a ilustração? Qual será o título?' Ele ajudava Clay a conceituar noções em ideias que funcionassem."

A ideia era imitar o projeto editorial e gráfico do suplemento *New York*, supondo que os leitores do *Tribune* simpáticos ao falecido jornal migrariam para o novo produto nas bancas. Mas havia um obstáculo; Felker não podia usar o nome *New York*, que continuava sendo propriedade de Jock Whitney. Outros nomes — *Metro*, *Gotham*, *The Express*, *The Metropolitan* e até *New York, New York* — foram cogitados. Tom Wolfe sugeriu *New York Moon*, de modo que, quando uma nova edição chegasse às bancas, os anúncios poderiam proclamar: "Saiu a *Moon*!".

Mas Felker não desistiria facilmente de *New York*. Foram necessários seis meses de negociações com o presidente do *World-Journal-Tribune*, Matt

Meyer, para que conseguisse o nome. Durante esse período, Glaser e Felker, com a assistência de Jimmy Breslin, da freelance Gloria Steinem e de outros escritores do *Trib*, continuaram a fazer ajustes no protótipo para apresentá-lo a potenciais investidores. Outros colegas do *Trib* — tais como Jack Nessel, editor-geral da *New York*, e Eugenia Sheppard, a mais respeitada escritora de moda do país, que publicava seus textos em mais de cem jornais — também se juntariam ao grupo. "De início não sabíamos o que estávamos fazendo", disse Felker. "Agora tínhamos que fazer um *design* para uma página menor, o logotipo tinha que ser mais forte. Demoramos quase um ano para solucionar tudo."

Em novembro de 1967, Meyer cedeu e o nome foi comprado por Felker pelo valor da indenização que ele recebera ao ser demitido — 6.575 dólares. Com um protótipo nas mãos, Felker — acompanhado em muitas ocasiões pela bela Steinem, que ele usava como artifício para reduzir a resistência de potenciais investidores — começou a tentar levantar dinheiro em Wall Street. Os primeiros alvos foram as frutas penduradas mais embaixo. Seu velho amigo Armand Erpf, sócio da empresa de investimentos Loeb, Rhoades and Co., sempre se interessara pelo mundo das publicações, e os dois já haviam discutido informalmente durante anos a ideia de lançar uma revista da cidade. Agora Felker estava pronto para pedir dinheiro a Erpf.

Erpf era um investidor poderoso, o que o tornava um sócio atraente para Felker. Patrono das artes, vivia luxuosamente com a fortuna obtida em Wall Street. Sua mansão em Margaretville, Nova York, era repleta de arte moderna; seu jardim de esculturas, com bronzes gigantes de Henry Moore, rivalizava com qualquer coleção de museu. "Armand era um personagem completamente fascinante", disse George Hirsch, que integrou a equipe da *New York* como *publisher* vindo da divisão internacional da Time-Life. "Costumava oferecer jantares que eram como salões, com pessoas das artes e das finanças se reunindo para discutir uma ampla variedade de assuntos. Era uma figura lendária na época, e eu não uso essa expressão de maneira superficial."

Erpf e Felker fizeram o circuito de Wall Street e da elite cultural da cidade. Depois de muitos meses de apelos, reuniram um grupo de pessoas que investiram 25 mil dólares ou mais: John L. Loeb, diretor-executivo da

Loeb, Rhoades; William White Jr., presidente da Great Western United Corp.; o especialista em fusões e aquisições Alan Patricof; os banqueiros de investimentos Dan Lufkin e Bob Towbin; o presidente da Joseph E. Seagram and Sons, Edgar Bronfman; e Bennett Cerf, cofundador da Random House. Ao todo, Erpf conseguiu 2,4 milhões de dólares (ele contribuiu com 100 mil dólares). A revista era uma sociedade limitada, com participações distribuídas em sua comissão de diretores. Felker, o *publisher* George Hirsch e Milton Glaser representavam o gerenciamento da comissão, enquanto Erpf e Patricof representavam o dinheiro. Quantias simbólicas também foram distribuídas aos editores colaboradores Tom Wolfe, Jimmy Breslin e "Adam Smith", pseudônimo de George J. W. Goodman, escritor de assuntos financeiros e gerente de investimentos. Glaser fez um acordo com Felker por seu tempo de trabalho e pelo uso de escritórios: trabalharia por 25 mil dólares por ano e forneceria à revista escritórios livres de aluguel na casa que abrigava a Push Pin, na East 32nd Street 207.

Em outubro de 1967, Felker e seus oito editores se mudaram, levando alguns móveis dispensados dos escritórios do *Tribune* para preencher o espaço, incluindo cadeiras da sala de conferência de John Whitney e a mesa de mogno de Helen Roger Reid. Felker e Hirsch montaram um esquema de produção que lhes permitiria começar a publicar a revista em abril de 1968. T. Swift Lockard foi contratado como diretor de propaganda, e uma agressiva campanha de mala direta — com prêmios e incentivos — foi iniciada para atrair assinaturas. Metade do investimento inicial foi consumido pela campanha, que resultou em 60 mil assinantes.

"Você é fisgado por esta cidade", escreveu Clay Felker numa declaração de intenções enviada a potenciais anunciantes. "Você quer celebrá-la e percorrê-la. ... Você quer participar desta cidade porque ela é viva. ... Nova York é a quintessência da civilização urbana. ... Nova York é, na verdade, a capital do mundo. ... Queremos ser uma revista semanal que comunique o espírito e o caráter da Nova York contemporânea."

A força da *New York* estaria em seus bons textos, de acordo com Felker, porque "leitura é isso". A revista apresentaria uma visão multifacetada da cidade: "A Nova York de Jimmy Breslin, a Nova York de Tom Wolfe, a Wall Street de Adam Smith, a Sétima Avenida de Eugenia Sheppard e os teatros de Harold Clurman ..."

Felker imprimiu 250 mil exemplares do primeiro número da revista, que foi vendido por 40 centavos de dólar e mostrava na capa uma foto tirada por Jay Maisel em cores saturadas da silhueta de Manhattan vista de East River. Não ficou muito longe de uma reptição da revista do *Tribune*, mas tinha mais peso. Para o primeiro número, Lockard e sua equipe conseguiram clientes suficientes para produzir 64 páginas de anúncios. Os anunciantes pagaram 1.250 dólares por uma página em preto e branco e 2.010 dólares por uma página colorida.

Houve mudanças sutis, mas significativas, no *design*. O elegante logotipo da *New York*, baseado na fonte de letras Caslon, tornou-se mais grosso e mais arrojado; a borda em *scotch rule* que circundava o logotipo da antiga *New York* foi eliminada. Em vez disso, Glaser pôs *scotch rule* em cima do logo e deixou espaço acima para *teasers* que a cada semana chamariam a atenção do leitor para o conteúdo editorial. O *scotch rule* seria usado também como elemento unificador do *design* dentro da revista. Muitos dos populares *features* da *New York* da época do *Trib* eram editados com esse recurso gráfico, tais como a coluna "Underground Gourmet" de Glaser e Snyder, que registrava a melhor culinária étnica da cidade; e a "Melhores Apostas", uma criação de Felker: duas páginas de produtos cobiçados que se tornaram o primeiro destino de muitas leitoras da revista.

Felker e Erpf decidiram lançar a revista com uma comemoração e promoveram um café da manhã festivo no restaurante Four Seasons, segunda-feira, 1º de abril, uma semana antes da data da publicação. Duas centenas de exemplares foram distribuídos à imprensa e a celebridades; o prefeito John Lindsay falou dos desafios de publicar uma revista que capturava o pulso da cidade. "As pessoas aqui venceram esse desafio uma vez e agora o vencem novamente. Nós da cidade estamos gratos hoje por saudarmos o renascimento da revista ... uma revista chamada *New York*."

Porém, mesmo com as pessoas de maior destaque da cidade brindando à volta da *New York*, o editor-geral Jack Nessel sentia a palma das mãos suadas e seu pulso se acelerando. Segunda-feira não era um dia para ser desperdiçado; a equipe já estava com um atraso de um dia para o próximo número. Enquanto Lindsay fazia elogios à *New York*, Nessel, ansioso, saiu de fininho para traçar o esquema de produção.

Os escritores famosos de Felker retomaram o trabalho de onde haviam parado no *Trib*. Jimmy Breslin embarcou no trem que viajava da Grand Central Station para Connecticut e escreveu sobre os moradores de condomínios do Harlem pelos quais os passageiros passavam todos os dias a caminho de casa; Tom Wolfe dissecou as diferenças de classe nos sotaques de Nova York; Gloria Steinem refez as viagens de Ho Chi Minh a Nova York; Adam Smith descreveu a última tendência a tomar conta dos figurões de Wall Street, o telefone no carro. As críticas de música clássica de Alan Rich, de cinema de Judith Crist e de teatro de Harold Clurman completavam a primeira edição, bem como as palavras cruzadas de Stephen Sondheim.

"Estávamos tentando dar continuidade à tradição de que a revista era um suplemento confiando na qualidade dos textos que estávamos oferecendo", disse o editor-geral Jack Nessel, que, depois de deixar o *Tribune*, foi trabalhar na estação de rádio KFPA, em Berkeley, de onde Felker o recrutou para ser o funcionário número um da nova revista. "Com escritores como Breslin, Wolfe e Gloria Steinem, tivemos a vantagem de publicar, de saída, um jornalismo de alto nível."

Mas Felker e sua equipe logo aprenderam que a chave para tornar a *New York* um sucesso não era uma questão de transposição editorial — de adaptar o antigo projeto do *Trib* às novas páginas brilhosas. Agora a revista teria que se manter ou cair por seu próprio mérito, e era preciso um ponto de vista para impelir os leitores a comprá-la toda semana. "No primeiro ano, estávamos tropeçando", disse Milton Glaser. "Não sabíamos como diabos fazer aquilo, e estávamos muito aquém do suplemento dominical. Simplesmente publicar belas fotos na capa não relacionadas com o produto editorial não funcionava. Precisávamos de reportagens de capa que segurassem os leitores pela lapela e dissessem: 'Leia isto!.'"

A revista começou num período turbulento. No dia em que a primeira *New York* chegou às ruas, Martin Luther King Jr. foi morto a tiros quando estava na varanda do Lorraine Motel, em Memphis. Não havia dúvida de que a revista tinha que reconhecer o impacto do assassinato de King sobre a cidade, mas o segundo número já havia sido enviado para impressão e o terceiro estava sendo preparado. Felker sabia que a morte de King teria uma enorme repercussão na comunidade afro-americana mais politicamente engajada da cidade, e então pediu a Gloria Steinem para "correr até o Harlem e simplesmente conversar com as pessoas".

Steinem foi apanhada por um grande golpe de sorte: o prefeito Lindsay faria uma caminhada pelo Harlem e por outros bairros negros da cidade. Ela o acompanhou enquanto ele conversava com cidadãos do Harlem e líderes locais, aliviando temores e contendo o fervor insurrecional que já havia causado distúrbios em outras cidades do Nordeste. Felker juntou perfeitamente a reportagem de Steinem com a de um freelance afro-americano chamado Lloyd Weaver, apresentando, assim, perspectivas tanto da parte nobre da cidade quanto do centro.

O artigo, "The City on the Eve of Destruction", foi uma análise bem elaborada do gerenciamento da crise política pela perspectiva do mestre da conciliação. Steinem e Weaver começaram o artigo com Lindsay assistindo a uma peça na Broadway, quando foi avisado por um assessor sobre a notícia da morte do dr. King ("Ele pensou: 'É chocante, não pode ser verdade; como Kennedy.' Ele pensou: 'Uma reação selvagem, em todo o país'. Ele pensou: 'E aqui.'") Lindsay jurou acalmar seus eleitores encontrando-se com eles, ouvindo-os e respondendo a suas preocupações ("Alguém tem que ir lá, alguém branco tem que enfrentar essa emoção e dizer que lamentamos muito"). Enquanto o prefeito caminhava pelos bairros negros da cidade, Steinem e Weaver captaram parte da tensão no ar.

> Mulheres tinham lágrimas correndo em seus rostos. Grupos se reuniam em silêncio em frente a lojas de discos onde alto-falantes trombeteavam notícias de violência em outras cidades, ou discursos de Martin Luther King. As duas coisas eram frequentemente abafadas por sirenes — um incêndio havia começado a alguns quarteirões dali — ou por chamados da polícia num carro de radiopatrulha próximo. Pequenos grupos de adolescentes retraíam-se, rindo de maneira insegura, esperando. ... "Cara", disse alegremente um menino grande com um casaco esportivo, "vai haver sangue branco nas ruas hoje à noite."

Os escritores retratam Lindsay como um mediador calmo derrubando barricadas e debelando potenciais incêndios, mas principalmente confortando cidadãos furiosos e confusos.

— Cara, ele só é um pouquinho mais baixo que Wilt the Stilt!

— Ele nunca vai ser assassinado, porque *gostamos* dele.

— Obrigado, senhor Lindsay, nós o amamos.

Ele voltou para seu carro, sorrindo.

"Não entrevistei Lindsay para o artigo", disse Steinem. "A ideia era ser uma mosca na parede, técnica que eu admirava no trabalho de Lillian Ross." O artigo se tornaria o primeiro de uma série de reportagens com observação de personalidades que Steinem escreveria para a revista; ao longo dos anos seguintes, ela voltaria seu olhar de repórter sagaz para Eugene McCarthy, o presidente Nixon e Jim Brown, astro do futebol americano transformado em astro do cinema. "A revista *New York* em geral me permitia conciliar meus textos ao meu interesse em política — o que antes era muito mais difícil, porque mulheres repórteres tinham mais dificuldade para cobrir assuntos políticos", disse Steinem.

Em 5 de junho, oito semanas depois do assassinato de Martin Luther King Jr., Robert Kennedy foi assassinado na cozinha do Ambassador Hotel, em Los Angeles, momentos depois de discursar para uma multidão de aliados que haviam comemorado a notícia de sua vitória nas primárias da Califórnia. Gail Sheehy, habilidosa e jovem escritora que Felker havia arrancado das páginas femininas de Eugenia Sheppard no *Tribune* para escrever para a *New York*, já estava trabalhando num perfil de Ethel Kennedy para a revista quando RFK foi morto. Agora o artigo seria transformado numa reflexão sobre a viúva de RFK e "a aritmética da vida e da morte".

> Ethel Kennedy conhece a vida a partir das balas, dos aviões e das camas de maternidades. Trouxe vida ao mundo dez vezes e a viu partir violentamente sete vezes, de perto. Agora são oito.

O artigo, "Ethel Kennedy and the Arithmetic of Life and Death", foi a primeira reportagem de capa de Sheehy para a *New York*; ela acabaria escrevendo cinquenta reportagens para a revista ao longo dos nove anos seguintes, tornando-se a mais prolífica escritora de *faits divers* da era Clay Felker.

Jimmy Breslin também estava em L.A. na semana da morte de Robert Kennedy, escrevendo sobre controle de armas para a *New York*. Breslin ouvira falar que Los Angeles tinha muitas vitrines de lojas oferecendo Magnum .45 e fuzis automáticos como se fossem chinelos, e queria ver isso com seus próprios olhos. Em 4 de junho, foi levado por Bert Prelutsky — escritor do *Los Angeles Times* que conhecera através de Jim Bellows — a uma loja de armas em Fullerton. Era uma loja pequena de um casal de classe operária que tinha outros empregos e esperava torná-la um negócio em tempo integral, se pelo menos pudessem pôr as mãos em algumas boas Smith & Wesson. No dia seguinte, Kennedy foi morto.

Breslin voltou para Nova York furioso e desconsolado, e queria respostas verdadeiras. O maior sucesso nos cinemas do país naquela semana era *Bonnie & Clyde — uma rajada de balas*, filme que ele achava repreensível, violência glamourizada por Hollywood. Escrito por David Newman e Robert Benton, ex-jornalistas da *Esquire*, e estrelado por Warren Beatty e Faye Dunaway, era um reflexão cheia de estilo sobre os famosos ladrões de banco, e Breslin imaginou se o sucesso daquele filme não estava de algum modo ligado a certas atitudes arrogantes em relação às armas nos Estados Unidos. Se Hollywood podia transformar assassinos como Clyde Barrow e Bonnie Parker em símbolos sexuais, estariam os americanos de algum modo habituados às verdadeiras consequências das armas? Acompanhado de seu amigo e motorista ocasional Fat Thomas, Breslin assistiu a *Bonnie & Clyde* mais uma vez para dar ao filme um tratamento justo. Talvez houvesse algumas nuances na história ou nas entrelinhas que ele não tivesse percebido da primeira vez. De qualquer modo, Breslin nunca se vira como um espectador de filmes particularmente sofisticado.

A segunda ida ao cinema apenas confirmou seu julgamento de que o filme era um retrato bonito de criminosos bonitos, um mito. O artigo que Breslin escreveu era aparentemente uma crítica ao filme, mas na verdade era uma polêmica inflamada contra as armas de fogo e um apelo por leis de controle de armas aprovadas pelo governo federal.

Bem no início, Warren Beatty, que interpreta Clyde Barrow, está em pé na esquina da rua, puxa uma pistola e a exibe a Faye Dunaway, que interpreta Bonnie Parker. Ela começa a passar a mão no cano preto da pistola. Passa a mão carinhosamente.

— Nesse momento aquilo ali é muito mais do que uma pistola — eu disse.

— Ela tem uma dessas presa nas costas, não fica por aí afagando-a, garanto — disse Fat Thomas.

Lojas de armas e filmes de Hollywood não produzem violência, escreveu Breslin, mas transformaram armas em objetos de fetiche para perdedores.

Assalto armado não tem graça. Realmente não tem. Assalto armado é uma mulher idosa na Piktin Avenue em Brownsville, Brooklyn, no chão, atrás do balcão da alfaiataria de seu marido, arranhando os três policiais mal armados do esquadrão de emergência que estão tentando colocar seu marido de 72 anos num saco de cadáveres. Ele morreu com três balas na cabeça por causa de 10 dólares. ...

Veja, o filme é sobre brincar com as coisas. Brincar consigo mesmo, realmente. E está sintonizado com os tempos, *Bonnie & Clyde* está. Não somos uma sociedade violenta. Na verdade, esta é uma sociedade de imbecis, e para alguns deles a arma tem tudo a ver com isso.

Artigos como "Bonnie and Clyde Revisited", que mistura elementos de reflexão pessoal, polêmica inflamada e reportagem, tornaram Breslin a consciência social da *New York*. "Breslin era tão natural que comecei a achar que era falso, mas não era", disse o ex-editor sênior da *New York* Shelly Zalaznick, outro aluno de Felker contratado para a nova revista. "Ele não era um aristocrata tentando agir como um sujeito comum. Era realmente o sujeito sobre o qual escrevia."

No inverno de 1969, Breslin e Norman Mailer se candidataram a cargos públicos. A ideia surgiu numa reunião de pauta, em altas horas, entre Felker, Peter Maas, Gloria Steinem e Jimmy Breslin. Felker apontou para Jimmy Breslin e disse: "Você deveria se candidatar a prefeito. Podemos fazer disso uma reportagem, talvez uma série de reportagens." Em princípio, Breslin não foi contra a ideia — ele realmente acreditava que poderia curar a cidade adoecida dando poder à classe operária — mas ele era um escritor, e não um político. Havia visto muito esporte sangrento nos bastidores, muita tramoia suja naquele mundo. Mas o impulso para uma candidatura já estava crescendo. Jack Newfield, colunista político do *Village Voice*, havia apoiado a chapa Breslin-Mailer num programa de rádio local, com Mailer como candidato a prefeito e Breslin disputando o cargo de presidente da Câmara Municipal. Quando Newfield deu a notícia a Breslin tomando café, Breslin riu do absurdo daquilo e depois quis saber por que Mailer estava encabeçando a chapa.

Mailer levantara a ideia de se candidatar a prefeito antes da campanha para a prefeitura de 1960, mas depois, três dias antes de anunciar oficialmente a candidatura, esfaqueou sua mulher na época, Adele. "Eu queria empreender ações, e não provocar sentimentos", disse ele numa entrevista à *Paris Review* em 1963. "Mas cheguei à conclusão de meia-idade de que provavelmente sou melhor como escritor do que como homem de ação."

É claro que Mailer era escritor *enquanto* homem de ação, e embora em *Os exércitos da noite* ele tivesse escrito o que era amplamente reconhecido como o relato definitivo da política esquerdista na era do Vietnã, o cargo político lhe daria uma chance de ratificar reformas sobre as quais até então apenas escrevera, de agir contra a corrupção nociva e de começar de novo. O popular prefeito John Lindsay se tornara de repente vulnerável, depois de uma série de pesadas tempestades de neve praticamente imobilizarem a cidade, e a oferta de candidatos em potencial — que incluía o controlador municipal Mario Procaccino e o presidente da região administrativa do Bronx, Herman Badillo — não era insuperável. Talvez houvesse espaço para um teórico social do povo apresentar suas propostas.

No início, Mailer não estava muito certo da iniciativa, e ele nunca chegou a estabelecer uma rotina de político experiente, para o qual "um amor por apertos de mão é igual ao amor do escritor pela linguagem". Mas tudo que importava para Clay Felker era ter um jornalista lá dentro e um ótimo fornecedor de capas para a *New York*.

No fim de março, uma Assembleia de conselheiros informais se reuniu na fortaleza de Mailer em Columbia Heights para avaliar a viabilidade de sua candidatura. Entre os presentes estavam os escritores da *New York* Peter Maas e Gloria Steinem; o escritor do *Village Voice* Jack Newfield; Pete Hamill; Jerry Rubin; José Torres, boxeador e confidente de Mailer; e Breslin. Mailer aprendeu rapidamente uma lição crucial da política: a conciliação com uma facção leva ao distanciamento de outra. Muitos queriam que Breslin se juntasse a Mailer na chapa como candidato a presidente da Câmara Municipal, citando sua empatia com a classe operária que residia fora da zona de exclusão de Manhattan. Mas outros rejeitaram a ideia. A candidatura de Mailer poderia sugar votos cruciais de Badillo, que era uma estrela da minoria em ascensão, favorito da elite liberal da cidade e amigo de Torres.

Mailer queria Breslin em seu time. Podia lidar com coquetéis para levantar fundos e operações de mídia, mas precisava de Breslin para fazer campanha para ele em lugares como Queens e Staten Island — o populista fermentando a retórica imponente de Mailer com o senso comum das ruas.

Por incrível que pareça, para uma chapa formada por dois dos mais conhecidos escritores da cidade, nenhum órgão da imprensa local se importou em cobrir a campanha no início. Somente o *Village Voice* e a *New York* se dignaram a levar a sério a candidatura Mailer-Breslin — sendo a *New York* o órgão oficial da campanha, com Breslin relatando a ação enquanto esta ocorria. O fotógrafo Dan Wynn fez uma foto dos candidatos, e Clay Felkner a publicou na capa da edição de 5 de maio da *New York* com o título "Mailer-Breslin Seriously?". A resposta podia ser encontrada dentro da revista: "I Run to Win", gritava o título da reportagem de Breslin.

> A situação da cidade de Nova York nesse momento me lembra a luta pelo título de campeão peso-médio entre o falecido Marcel Cerdan e Tony Zale. ... Não havia marcas mostrando o que estava acontecendo. Mas Tony Zale estava desmoronando com os murros que não deixavam marcas, e no final do 11º *round* Tony estava junto às cordas, Cerdan recuou, Tony caiu e ficou no chão, mirando o ar da noite, o rosto sem marcas, o corpo morto, a carreira acabada. Na Nova York de hoje, o rosto da cidade, Manhattan, está orgulhoso e brilhante. Mas Manhattan não é a cidade ... e está mal nos bairros, mal nas escolas que existem nos bairros, onde a cidade está cortada, retalhada e sangrando em algum lugar lá no fundo.

À medida que a plataforma de Mailer evoluiu, começou a parecer uma estranha mistura de populismo à moda antiga, progressivismo radical e civilidade ao estilo de Thoreau. À frente das ideias de Mailer estava a noção de emancipação burocrática. A cidade de Nova York deveria se declarar um estado, o que permitiria escrever um novo capítulo que criaria zonas autônomas na cidade, dando às pessoas um controle maior sobre seus próprios bairros. Automóveis particulares seriam banidos, seriam construídas creches, haveria metadona suficiente para viciados em heroína que precisassem, e a qualidade de vida na cidade adquiriria características mais simples e mais humanas.

O apelo de Mailer era mais engenhoso do que qualquer pessoa poderia compreender. Num debate no Brooklyn College, um estudante quis saber como Mailer lidaria com uma ação de Deus, como uma nevasca. O que Mailer faria se houvesse uma grande tempestade de neve e ele fosse o prefeito?, perguntou ele. Com indiferença, Mailer respondeu: "Senhor, eu faria xixi nela."

Quando a campanha descambou para o negócio da política de varejo, Mailer descobriu que não estava tão mal e que os cidadãos pareciam responder favoravelmente a ele. De qualquer modo, sua fama não ajudava: uma pesquisa mostrara que mais da metade dos cidadãos de Nova York não sabia quem ele era.

Como a equipe logo descobriria, políticos independentes voláteis não são bons para formar eleitorados, e o destempero de Mailer causava danos irreparáveis à campanha. Um encontro desastroso no estilo câmara municipal, na boate Village Gate, em que Mailer, bêbado, distribuiu palavrões a seus aliados acabou sendo um golpe fatal quando Sidney Zion o relatou no *New York Times*.

A tensão entre Mailer e Breslin aumentou à medida que a campanha avançou. Breslin não teve forças para aderir ao rigoroso esquema de aparições em público, e Mailer frequentemente era deixado sozinho. Dizer que as chances de Mailer eram poucas seria compreender aquilo — quando os votos finalmente foram contados, ele mal conseguiu reunir 37 mil, chegando em quarto lugar numa disputa de cinco. (O prefeito Lindsay foi reeleito.) Para Breslin, o resultado final foi mais um alívio bem recebido do que uma decepção. "Depois que eu e Norman Mailer chegamos ao fim de sete semanas de uma campanha para a prefeitura considerada improvável, eu ainda estava nervoso e deprimido com o que havia visto em minha cidade", escreveu Breslin na *New York*. "Então, quando o negócio das primárias democratas acabou, migrei naturalmente para um bar e achei isso um bom esporte, e depois para outro bar, que foi ainda melhor, e então mergulhei completamente no mundo da brincadeira. Coisas importantes se tornaram o rosto de Mutchie caindo num prato de espaguete às 3h, Joe Bushkin tocando piano e o cavalo que Johnny Rotz deveria montar no dia seguinte. Os boletins de notícias eram o placar do jogo do Mets e os problemas de Joe Namath."

Um ano depois de seu renascimento, a *New York* não havia perdido o pulso. Wolfe, Breslin e os outros estavam colaborando com a revista com o mesmo alto nível de jornalismo, mas havia dores crescentes que precisavam ser tratadas. A vigorosa mistura de política, cultura e estilo de vida na cobertura da revista era forte, mas sem destaque suficiente para se diferenciar de dois jornais semanais da cidade, o *Village Voice* e o *East Village Other*.

Felker sabia que precisava de um foco mais afiado, um ponto de vista mais forte. O *Voice* e o *Other* se destinavam aos leitores que moravam abaixo da Fourteenth Street; a *New York* teria que atingir a multidão de Felker, aqueles que viviam rigidamente circunscritos à metade superior da ilha de Manhattan — a classe privilegiada que se preocupava em fazer um pé-de-meia para pagar uma educação em escola particular e que lutava para pagar as taxas de manutenção de seus apartamentos, bem como aqueles que trabalhavam duro e sonhavam em entrar na vertiginosa roda da *uptown*. Externamente, intuiu Felker, seus leitores poderiam simpatizar com a tragédia de South Bronx, mas na verdade estavam atraídos pelo status do poder, o combustível fóssil da cidade mais importante dos Estados Unidos. "Não pensamos em nós mesmos como uma revista da cidade", disse

Felker à *Newsweek*. "Somos uma revista de elite no negócio de estabelecer padrões e atacar a sabedoria convencional em todas as áreas."

A nova direção da *New York* foi anunciada com sua reportagem de capa de 6 de janeiro de 1969, "Going Private: Life in the Clean Machine". Escrita por Julie Baumgold, ex-colunista do *Women's Wear Daily* de 22 anos e produto de uma educação em escola particular, a reportagem, que havia sido ideia de Felker, ousava explicar o que já era um segredo aberto entre os representantes da elite branca de Manhattan: o sistema de escolas públicas de Nova York estava uma bagunça, e o caminho para o sucesso na cidade passava por escolas particulares exclusivistas, que agiam sobre o medo e ofereciam uma recompensa indefensável de posição social e contas bancárias gordas.

Baumgold era uma espécie de escritora prodígio. Assim que se formou na faculdade foi trabalhar na Fairchild Publications, onde seu estilo de escrever seguro e incrivelmente inteligente atraiu a atenção de Marion Javits, mulher do senador Jacob Javits e amiga íntima de Felker. Javits telefonou para Felker, que contratou Baumgold como assistente editorial. "Eu era a queridinha de Clay, então ele era duro comigo", disse Baumgold. "Mas foi também a pessoa que me descobriu e me deu grandes reportagens para escrever. Ele costumava dizer a seus escritores: 'Vou fazer de você uma estrela.' Mas comigo ele realmente queria fazer isso. Clay exigia mais de seus favoritos e os explorava mais. Estava sempre correndo atrás de mim, ou por estar entusiasmado com alguma coisa que eu havia escrito ou porque eu não tinha entregado a matéria na hora certa."

Como muitos escritores de sua geração, Baumgold fora influenciada por Tom Wolfe. Leu *The Kandy-Kolored Tangerine-Flake Streamline Baby* na faculdade e imitava a prosa jazzística de Wolfe. "Todos nós fomos influenciados por Tom", disse Baumgold. "Lê-lo era um bom treinamento para virar romancista." O que significava que Baumgold era incapaz de escrever uma reportagem certinha. Ela escreveu o artigo sobre escolas privadas com um estilo de prosa que se destacava pela ironia, profundamente semelhante ao de Wolfe.

Um ansioso mal-estar republicano se instalou no playground da Mamãe Ganso, em East 72nd Street. Duas jovens mamães — mais para *Vogue* do que para *Redbook* — balançam carrinhos de bebê ingleses azul-marinho. É quarta-feira, dia de folga da babá. A floresta esportiva está cheia de filhos e irmãos, com suas solas Indian Walk provocando os céus. Meninos bonitinhos. Menininhas reverentes. Nada elaborado, o babe bob de ensinar. As mamães estão balançando e falando no playground de conto de fadas. Falam de escolas particulares. Só não dizem a palavra "particular". Para elas, são simplesmente *escolas*. Conjecturas da vida. Spence *versus* Chapin. Trinity *versus* Collegiate. Buckley. Brearley. Talvez Dalton. Mas primeiro as creches. Christ Church ou Everett? Os nomes escorregam de suas línguas tão facilmente. Esses nomes curtos nada complicados. Nada muito inspirador como Joan of Arc Junior High. Apenas Trads (escolas tradicionais) *versus* Progs (progressistas). E elas adoram isso. É a coisa mais fascinante para fazer desde a conversa sobre ortodontia. Realmente todas são Especialistas em Tagarelar. Agora estão comentando que o menino da Bitsy foi rejeitado na St. Bernard's. Riem do desastre de Maureen na Chapin. Mas o mal-estar de Mamãe Ganso chega a elas.

As vendas em bancas da edição com a reportagem sobre escolas particulares dispararam; o editor George Hirsch ficou incrédulo. Não era uma reportagem de Breslin, nem de Steinem, nem de Wolfe, os escritores que geralmente obtinham bons resultados para a revista. Era um artigo sobre educação escrito por uma desconhecida. Quando Hirsch perguntou a Tom Wolfe qual era sua hipótese para o motivo de tamanho sucesso, Wolfe explicou: "Bem, está claro, George! O assunto é status, e status é a preocupação número um dos nova-iorquinos."

Felker havia tocado em algo essencial para a cidade, e sabia disso. O grande assunto de Wolfe — a ânsia de status e suas manifestações — seria o princípio organizador da revista. Os habitantes de Manhattan eram obstinadamente orgulhosos por chamarem a si próprios de nova-iorquinos, mas eram também guerreiros urbanos; suas habilidades de autopreservação eram um teste crucial para seu compromisso de permanecer na melhor cidade do planeta. A *New York* seria um guia de conselhos práticos para esse seguimento demográfico branco em ascensão.

Um pedido de assinaturas publicado na revista no início de 1969 proclamava as qualidades da *New York*. "Vamos mostrar a você como conseguir um apartamento semiprofissional, com aluguel controlado", dizia o anúncio. "Vamos dizer a você como fazer para colocar seu filho numa escola privada, embora você tenha se formado na P.S. 165." Edições anteriores haviam abordado o status (a capa de 9 de dezembro de 1968 mostrara um homem de negócios mendigo, mas de casaco Burberry, segurando uma caneca de lata e uma placa com a frase "Ganho 80 mil dólares por ano e estou quebrado"), mas agora Felker pegaria mais pesado.

"Pensávamos em ideias como sendo o nosso assunto", disse o editor-geral Jack Nessel. "As pessoas eram interessantes para nós na medida em que personificavam certos conceitos. Clay estava realmente obcecado com a ideia de poder e de quem tem poder. O poder da influência e da persuasão, do dinheiro, da política. Era a isso que nossos leitores respondiam."

Agora o conteúdo da revista se enquadrava na sensibilidade consciente de status de Tom Wolfe; seus textos e sua visão do mundo infectavam tudo como uma linha editorial. Os escritores favoritos de Felker — alguns deles veteranos do *Trib*, mas agora na maioria jovens novatos ambiciosos — não faziam questão alguma de uma objetividade sóbria. Felker sempre acreditara que o melhor jornalismo nascia de um ponto de vista original, principalmente o alto estilo idiossincrático que Wolfe dominava tão bem. As reportagens bem construídas não tinham utilidade alguma para ele se fossem chatas. Escritores que achavam que haviam se fixado em seu tema tinham seus manuscritos devolvidos com uma instrução de Felker: "Ponha a si mesmo na reportagem."

Quando a atriz e aspirante a jornalista Patricia Bosworth brigava com unhas e dentes com uma reportagem encomendada por Felker, o editor lhe disse para simplesmente recorrer à sua experiência em teatro: "Escrever é como atuar", disse a ela, "exceto pelo fato de que, quando você escreve, tem que fazer todos os papéis". Felker exigia de seus escritores audácia, uma predisposição para mexer na forma e no conteúdo de modo a fazer a história saltar das páginas.

Muitos dos melhores escritores de *Nova York* — como Baumgold, Sheehy, Nora Ephron e Jane O'Reilly, recruta de Steinem — eram mulheres, para decepção de Jimmy Breslin. "Quando estava em outro estado de consciência, Jimmy frequentemente reclamava que Nova York tinha escritoras demais", disse Gloria Steinem. "Isso mudou com o tempo, por causa de sua mulher." Numa época em que as mulheres jornalistas ainda estavam tentando sair do gueto *McCall's-Redbook* e escrever sobre temas sérios para as principais publicações de assuntos de interesse geral, Felker contratou inúmeras colaboradoras para escrever sobre uma ampla variedade de assuntos. Ele não havia esquecido que sua mãe desistira da carreira de jornalismo para criar uma família, algo do qual ela se arrependeu até o fim da vida. "As mulheres", disse ele na época, "tendem a ter um ponto de vista mais pessoal sobre as coisas do que os homens, e estou procurando primeiro um ponto de vista individual." Havia um motivo mais prático também: a maioria dos homens não podia se dar ao luxo de escrever regularmente para a *New York* recebendo remunerações baixas, que chegavam no máximo a 300 dólares por *features*.

As melhores colaboradoras da *New York* eram algumas de suas estilistas de prosa mais ousadas. Gail Sheehy havia nascido e crescido em Mamaroneck, um rico subúrbio de Nova York. Filha de um bem-sucedido executivo de propaganda, Sheehy se formou como bacharel em ciências na Universidade de Vermont em 1958 e trabalhou por um breve período como especialista em economia doméstica da J. C. Penney, fazendo viagens. Depois de um rápido aprendizado no *Rochester Democrat and Chronicle*, onde trabalhou como editora de moda, foi contratada por Jim Bellows, para o *Tribune*.

O primeiro artigo de Sheehy para a revista, "The Tunnel Inspector and the Belle of Bar Car", era um olhar sobre a classe de passageiros brancos que convergia para a Grand Central Station todas as tardes para se dispersar numa diáspora suburbana. Diferentemente do artigo anterior de Breslin, que se concentrava na deliberada ignorância da classe executiva em relação aos bairros pobres pelos quais seus trens passavam todos os dias, o artigo de Sheehy era mais uma comédia de costumes. Ela o estruturou em grande parte da mesma maneira como faria em suas melhores reportagens para a revista — como uma série de cenas impulsionadas por trocas de diálogos distorcidos e um olho infalível sobre detalhes reveladores de caráter. Seu texto expunha, sobretudo, as faixas de classe em Nova York, a estratificação socioeconômica que para Felker era o elemento essencial.

Os trens de nível superior transportam rendimentos que vão de mais de 100 mil dólares até 12.500 dólares, e este provavelmente é o atendente do bar. Homens de ouro. No verão, eles saltam dos trens com seus chapéus-panamás amarrados em seda vistosa e consultam seus Omegas de ouro aninhados na folhagem dourada que cresce em seus pulsos bronzeados no tênis. Nos dias de chuva, inundam a Grand Central com uma onda de popelina bege.

Sheehy se tornou a antropóloga cultural de plantão da *New York*, analisando a vida particular de mães solteiras, viciados em velocidade e manifestantes contra a guerra, entre outros. Seu estilo de reportagem de dentro para fora fazia os leitores se sentirem como se estivessem tocando os personagens, uma intimidade alcançada através de uma determinação a não deixar nada de fora.

George Goodman foi outro veterano do *Tribune* que se tornou uma estrela na nova *New York*. Escrevendo sob o pseudônimo de "Adam Smith", seu talento para transformar o árido campo da economia em artigos bem-humorados o tornaria o escritor especializado em finanças mais famoso do país.

Depois de frequentar Harvard e em seguida Oxford com uma bolsa de estudos Rhodes, Goodman, nascido em St. Louis, abandonou sua tese de pós-graduação (o tema era como os governos totalitários usam linguagens) para escrever ficção. Ao voltar para Nova York, Goodman — que frequentara as aulas de redação de Archibald MacLeish em Harvard — sentia-se razoavelmente seguro de que conseguiria ganhar a vida como romancista. Para sua decepção, não conseguiu. Seu primeiro livro, *The Bubble Makers*, recebeu críticas entusiasmadas, mas vendeu pouco. Precisando de dinheiro, ele se alistou na unidade de Forças Especiais do exército em 1954, e depois escreveu mais um romance sobre um expatriado em Paris, que também teve vendas fracas.

Goodman teve mais sorte com periódicos, agarrando um emprego de escritor no jornal financeiro semanal *Barron's* para sustentar seus projetos de livros. Acabou avançando com um romance ao vender seu livro *The*

Wheeler Dealers para o cinema*, depois foi trabalhar com Sam Steadman na Loeb, Rhoades, como gerente de fundos junior.

Depois de vender dois artigos para a Talk of the Town da *New Yorker*, Goodman atraiu a atenção de Clay Felker, na *Esquire*. Quando Felker trocou a *Esquire* pelo *Herald Tribune*, levou Goodman consigo para escrever uma coluna semanal. Depois de escrever um artigo demolidor sobre a Motorola, Goodman ficou temeroso de usar sua assinatura sobre o texto; aquilo poderia comprometer seu nome como gerente de investimentos, dando uma aparência de conflito de interesse. Ele sugeriu o pseudônimo Procust, o ladrão conspirador da mitologia grega. Mas nenhum dos editores gostou da ideia, e, quando ele apanhou o jornal, viu outra assinatura no lugar: "Adam Smith", nome que Shelly Zalaznick escolheu no último minuto. Goodman odiou o nome — outro teórico da economia muito mais estimado já o havia reivindicado e, além disso, soava-lhe antiquado. Mas a coisa já estava feita.

Na *New York*, Goodman criou uma galeria de vilões gerentes de investimentos de Wall Street, corretores, especuladores e diretores-executivos milionários — alguns deles reais, outros não —, e teceu reportagens fantasiosas que explicavam as tendências econômicas aos leitores de Nova York sem recorrer a jargões. Em "Notes on the Great Buying Panic", seu primeiro artigo para a nova revista semanal, ele apresentou Poor Grenville, gerente de um fundo "oscilante", e seu dilema: como gastar 42 milhões de dólares do dinheiro do fundo para evitar um iminente colapso do mercado de ações.

> Com seu tipo alto, louro, de elite, Poor Greenville é um modelo de Hickey Freeman ou um anúncio do Racquet Club, nada pobre. Uma das bisavós de Poor Grenville tinha uma fazenda de patos, e parte da fazenda de patos ainda está ativa na família. Já não há muitos patos vivos, uma vez que a fazenda de patos começava mais ou menos no leste da Madison Avenue, delimitada por, digamos, 59th Street e 80th Street.

---

*O filme, dirigido por Arthur Hiller, recebeu o título em português de *Simpático, rico e feliz*. (N. do T.)

Goodman estruturou todo o artigo como um frenesi de vendas especulativas na hora do almoço, em que Poor Grenville se livrava do dinheiro enquanto Adam Smith — sempre o observador crédulo — assistia ao espetáculo. Os números só interessavam a Goodman se estivessem relacionados a características de comportamento incomuns daqueles que os controlavam. Com Breslin, Goodman adquiriu um gosto agudo pela caracterização; com Wolfe, aprendeu a transformar os pontos fracos dos ricos e poderosos numa sátira astuta.

"Bem, acho que todos nós influenciamos uns aos outros", disse Goodman. "Aquele artigo de Tom Wolfe, aquele que começava com 'Hérnia, hérnia, hérnia', teve uma grande influência sobre mim. Tom realmente ampliou os limites para todos nós. A *New York* era como um grande time esportivo, e sabíamos disso, também."

Não que eles tenham se relacionado muito bem de início. Goodman achava o estilo Savile Row de Tom se vestir uma arrumação forçada. "As pessoas não usavam polainas brancas e terno branco em Nova York." Goodman se irritava com o jeito esquentado e a arrogância de Breslin, e achava que Felker tinha tendências passivo-agressivas, embora fosse o melhor editor para o qual já escrevera. "Clay não era um bom árbitro para discussões", disse ele. "Simplesmente nos deixava brigar." Numa dessas ocasiões, Goodman sugeriu que a revista cobrisse política com mais profundidade. Para Wolfe, aquele era o código dos políticos *liberais*; irado, ele gritou: "Bem, por que então você não vai trabalhar na *New Republic*?"

O ambiente da redação da *New York* não ajudava a aliviar a tensão. O espaço apertado de 220 metros quadrados, onde editores e escritores trabalhavam em mesas às vezes comprimidas umas contra as outras, era frio demais no inverno e insuportavelmente quente no verão, devido a um termostato que constantemente funcionava mal. "Sentei-me em cima de uma poça durante dois anos, porque o aquecedor vazava", disse Byron Dobell, que se tornou editor sênior da *New York* em 1972. "Eu tinha que colocar jornais no chão para meus sapatos não ficarem ensopados." As goteiras nunca eram consertadas, e de vez em quando o escritório inteiro inundava durante uma tempestade. Dobell teve que ir lá num sábado para retirar do porão revistas encharcadas, destruídas. "Era uma bagunça nojenta", disse ele.

Felker ficava em uma das duas salas fechadas, mas quando percebeu que as ordens que gritava para o corredor funcionariam com mais eficiência se estivesse realmente *trabalhando* no corredor, mudou sua mesa de lugar e transformou seu escritório numa sala de conferência. Desde o início, a revista penou por falta de funcionários. Secretárias trabalhavam também como revisoras e checando fatos, e nunca ninguém ia para casa cedo. "Era estimulante, mas realmente difícil", disse Jack Nessel. "Estávamos sempre a um passo de um desastre." A maioria dos principais escritores da revista era do tipo que entregava suas reportagens no último minuto. Gail Sheehy atrasava sempre a entrega de seus textos, assim como Wolfe. Breslin telefonava pessoalmente para o impressor da revista para saber por quanto tempo exatamente ele poderia adiar o deadline que já havia estourado. Quando Breslin finalmente concordava em entregar pessoalmente um manuscrito, George Hirsch o ouvia bufando e resfolegando pelas escadas seguido por Fat Thomas, resmungando palavrões e um ocasional "Por que esse maldito prédio não tem um elevador?". Apesar dos atrasos, Breslin exigia um retorno imediato de seus editores. "Trinta segundos depois de entregar uma matéria, ele me perguntava: 'Está tudo bem?'", disse Shelly Zalaznick. "Ele estava sempre ansioso para fazer tudo certinho."

Em meados de 1969, a *New York* caminhava a passos largos. Embora a revista tivesse perdido 2,1 milhões de dólares no primeiro ano, Felker e Erpf haviam feito outra rodada de financiamentos com uma oferta pública como Aeneid Equities, Inc., levantando mais 2 milhões de dólares, e a venda de anúncios começava a dar resultados. Em agosto de 1969, a circulação da revista era de 145 mil exemplares, e 587 páginas de anúncios haviam trazido 723 mil dólares para aquele ano. Havia um motivo convincente: a *New York* forjara uma identidade própria como revista regional. Tornara-se uma referência essencial para os esnobes de Manhattan que nunca admitiriam seu bairrismo. Felker e sua equipe conseguiam um equilíbrio criterioso entre os *faits divers* de serviço ousados (como a pesquisa de Gael Greene sobre os melhores restaurantes da Máfia na cidade); a cobertura política local opiniosa de Steinem, Breslin e Peter Maas; e as criativas reportagens pop-sociológicas de Wolfe, Julie Baumgold e Gail Sheehy.

A revista também não se parecia com nenhuma outra publicação encontrada nas bancas. As ilustrações alegremente selvagens de Edward Sorel e Bob Grossman se tornaram rapidamente uma marca registrada da revista, enquanto Milton Glaser criava um padrão leve e elegante para o conteúdo editorial. Glaser adorava deixar algum espaço em branco nas páginas. Enquanto outras publicações enchiam gratuitamente uma página com imagens, ele e seu diretor-assistente de arte, Walter Bernard, não se importavam em deixar um grande vazio, geralmente no terço superior da página. "Clay e Milton brigavam por causa de deixar muito espaço em branco", disse Jack Nessel. "Milton acabava acalmando Clay dizendo a ele 'temos que deixar o texto respirar', esse tipo de coisa."

No terceiro ano da revista, Felker e sua equipe conseguiam captar em suas páginas, toda semana, a ambição desenfreada, louca, e a energia criativa da cidade mais agitada dos Estados Unidos. Para seus leais leitores, a *New York* capturava a gestalt da cidade melhor do que qualquer outra coisa. "Clay via Nova York como a Cidade da Ambição", disse Tom Wolfe. "A excitação era resultado do choque entre pessoas ambiciosas. O status fascinava Clay."

A atitude de Wolfe era mais ambivalente. Embora Nova York fosse para o mundo o campo de testes de poder e privilégios, fornecendo a ele, portanto, inesgotáveis ideias para reportagens, Wolfe estava desencantado com a apropriação da política radical pela elite liberal da cidade. A Nova Esquerda, que se esforçara tanto para pôr a causa dos direitos civis em evidência no início dos anos 1960, havia agora congelado, tornando-se, conforme ele via, um símbolo de protesto que estava na moda, uma desculpa para ativistas que visitavam bairros pobres se sentirem virtuosos por sua justa indignação. Mas era uma relação de codependência. Ao abrigar liberais em posições de poder e influência, os líderes da Nova Nova Esquerda — que incluíam os Yippies e os Panteras Negras — receberam financiamento e atenção da mídia, enquanto seus recém-convertidos discípulos podiam conviver com os verdadeiros rebeldes.

Wolfe tinha pensamentos divididos sobre a contracultura — em seus relatos, demonstrava admiração por suas opções de estilo de vida e seus esforços artísticos, mas criticava sua política. Divertia-se com as senhoras da elite que adotavam os aspectos mais frívolos da cultura dos anos 1960, mas esse mesmo impulso não incluía nenhuma consideração séria sobre raça e desigualdade econômica. Não se podia ver a política como um vestido Pucci, que se deixa de lado quando sai de moda. "A esquerda era um território moral incerto naquela época", disse ele. "A Nova Esquerda realmente tomou conta de Nova York, mas seus seguidores muitas vezes não eram comprometidos com suas causas. Eu sentia que havia muita hipocrisia no movimento."

Uma festa para levantar fundos que o vereador Andrew Stein ofereceu a atraentes colhedores de uva da Califórnia, em 29 de junho de 1969, alertou Wolfe para o modismo das causas radicais e seus partidários da alta sociedade. A festa, que se espalhou pelos espaços luxuosos da casa de praia do pai de Stein, em Southampton, era um exemplo clássico de como a esquerda glamourosa de Nova York cortejava o proletariado rude e seus problemas de classe, mas transformava as verdadeiras questões em conversa fiada nos coquetéis festivos. "A festa foi feita no que é fantasiosamente conhecido como cabana — no sentido Newport de cabana", disse Wolfe numa nota de abertura para "Radical Chique", que saiu na edição de 8 de junho de 1970.

> Tudo foi feito para os agricultores de uvas, numa época em que esse mesmo grupo de pessoas fazia pouco ou nada para Bedford-Stuyvesant ou Southeast Bronx. Eles apanhariam a quase 5 mil quilômetros de distância aquelas pessoas, que tinham a vantagem de serem exóticas porque eram latinas, tinham um líder carismático chamado César Chavez e não voltariam a bater na porta no fim de semana seguinte. ...
>
> A diferença entre as pessoas que dão esse tipo de festa e aquelas que não dão é a diferença entre as pessoas que insistem em exotismo e romantismo (os agricultores de uva, os Panteras e os indígenas) e as que não insistem. Há dois níveis de sinceridade. Elas são sinceras em relação à questão, e querem ajudar, mas ao mesmo tempo percebem sinceramente sua posição social. Querem manter as coisas seguindo nos dois caminhos.

Em seus textos, Wolfe nunca havia manifestado essa desconfiança em nenhuma profundidade, mas a oportunidade de observar uma dessas festas apareceu numa tarde de primavera de 1970, durante uma visita a seu amigo David Halberstam na redação da *Harper's*. Wolfe viu por acaso, na mesa de Halberstam, um convite para uma festa para levantamento de fundos que aconteceria no apartamento de Leonard e Felícia Bernstein, na Park Avenue. O evento seria em benefício do Pantera 21, um grupo dos Panteras Negras que havia sido preso sob a acusação de conspirar para explodir cinco lojas de departamentos de Nova York, instalações ferroviárias em New Haven, uma delegacia de polícia e o New York Botanical Garden, no Bronx. Wolfe achava que poderia escrever um livro sobre essa nova tendência para a nobreza decadente. Mas agora, com Bernstein — o elegante maestro da Filarmônica de Nova York, um verdadeiro ícone da cidade — dividindo seu espaço com a esquerda radical, a história ganhara de repente um ângulo atraente e oportuno. Em vez de livro, Wolfe poderia transformar aquela festa no tema de uma reportagem para a *New York*. Disfarçadamente, ele anotou o número do RSVP no verso do cartão de assinaturas da *Harper's* quando Halberstam não estava olhando.

Naquela noite, o repórter da *New York* foi uma presença notada no apartamento de Bernstein, com seu terno branco contrastando com as golas rulês pretas dos Panteras e com o conjunto totalmente preto de casaco esportivo e calça de Leonard Bernstein. Felícia usava um vestido de festa também preto. Era a cor oficial da solidariedade ao desfavorecidos. Muita gente famosa estava presente, inclusive o editor da *New York Review of Books* Robert Silvers, Barbara Walters, Otto Preminger, Sheldon Harnick e Julie Belafonte. Wolfe não era o único repórter presente; Charlotte Curtis, do *New York Times*, também estava fazendo anotações. Mas a presença da imprensa não impediria ninguém de se declarar contra a estrutura de poder branca e contra sua perseguição aos negros em geral, e em particular aos Panteras.

A reportagem de Curtis saiu dois dias depois da festa. "Eles estavam lá", escreveu a repórter do *Times*, "os Panteras Negras do gueto e os liberais negros e brancos das classes média, média-alta e alta, examinando uns aos outros com cautela, sobre os móveis caros, os arranjos de flores primorosos, os coquetéis e as bandejas de prata com canapês". No dia seguinte, um editorial do *Times* criticou Bernstein por sua "elegante aproximação de bairros pobres que degrada tanto beneficiadores quanto beneficiados."

Bernstein ficou furioso, mas a notícia passou e tudo foi esquecido — até Wolfe se expressar de maneira contundente quase cinco meses depois. Ele demorou todo esse tempo porque queria cobrir a festa de Andrew Stein, fazer entrevistas complementares e incluir uma breve história da sociedade de Nova York e de sua recorrente tendência paternalista em relação à classe mais baixa. O texto final ficou com 27 mil palavras. "Demos a Tom um amplo espaço porque sabíamos que no final valeria a pena", disse Shelly Zalaznick. "Ele não era uma prima-dona; Tom estava sempre dançando o mais rápido possível. Mas aquela era sua natureza. Ele tratava bem a si mesmo."

Felker concluiu que o *fait divers* de Wolfe, da extensão de um romance, teria um enorme impacto se saísse de uma vez só; a reportagem ocuparia todo o espaço para *fait divers* da edição de 8 de junho. Mas foi a expressão "radical chique" de Wolfe que capturou a falta de bom senso dos "elegantes visitadores de bairros pobres" que Wolfe destrinchou em sua história. Acima da foto de capa de Carl Fischer mostrando três matronas da sociedade emperiquitadas de Yves Saint Laurent, com luvas Black Power erguidas em desafio justiceiro, estava o *cri de guerre*: "Libertem Leonard Bernstein!" Dentro, os leitores depararam com um retrato em página inteira de Lenny e Felícia com o Pantera Negra Don Cox reclinados em uma das cadeiras de encosto alto de chintz de Bernstein. Wolfe abria o artigo com uma visão imaginada:

> Ele podia ver a si mesmo, Leonard Bernstein, o *egregio maestro*, saindo do palco com gravata branca e cauda, em frente a uma orquestra. De um lado do pódio do condutor está um piano. Do outro, uma cadeira com um violão encostado nela. Ele se senta na cadeira e pega o violão. Um violão! Um daqueles instrumentos imbecis, como o acordeão, feitos para os garotos de 14 anos QI 110 Diagrama E-Z Aprenda-a-Tocar-em-Oito-Dias de Levittown! Mas há um motivo. Ele tem uma mensagem contra a guerra para apresentar a seu grande público engomado e de garganta branca no salão de concertos. Anuncia a eles: "Eu amo." Só isso. O efeito é humilhante. De repente, um Negro se ergue da curva do grande piano e começa a dizer coisas como: "O público está curiosamente constrangido."... Finalmente, Lenny despeja um discurso comovido contra a guerra e sai.

Estão brincando com Bernstein, uma peça valiosa no jogo de mídia dos Panteras, e ele não gosta nem um pouco: "Quem, diabos, era aquele negro se levantando atrás do piano e informando ao mundo que Leonard Bernstein está fazendo papel de idiota?" Na verdade, foi Wolfe quem se encarregou de anunciar ao mundo que Bernstein e seus convidados estavam fazendo papel de idiotas. Vemos os Panteras se misturando com as pessoas no lado errado da razão social ("Os Panteras gostam de porções de queijo Roquefort cobertas de farelos de nozes e de tirinhas de aspargos com um toque de maionese ... tudo isso ... está sendo oferecido a eles em bandejas de prata com desenhos na borda por empregadas de uniforme preto e avental branco passado a ferro") enquanto os convidados de Bernstein tentam reparar sua culpa por discriminarem negros com histriônicas demonstrações verbais de autoflagelação e concordando vigorosamente com a retórica antibrancos dos Panteras. Com a festa de Bernstein, Wolfe havia chegado ao âmago da questão; ele mostrou todas as "contradições e incongruências de status" da classe privilegiada num retrato ousado e, na sua opinião, não havia nenhum outro assunto que explicasse melhor as motivações de certos nova-iorquinos poderosos.

Como sempre, Wolfe, com um bloco de anotações à mão, absorveu cada pequeno detalhe: como os afros dos Panteras eram autênticos, "não aqueles que têm sido moldados e podados como uma cerca viva decorativa e depois pulverizados até terem um brilho de tinta acrílica espalhada muro-a-muro — mas como *legais*, naturais, desordenados ... selvagens"; como Felícia Bernstein recebeu seus convidados negros nacionalistas com "a mesma inclinação de cabeça e a mesma voz perfeita de Mary Astor" com as quais recebia seu convidados depois do concerto. Os Bernstein, é preciso notar, empregaram ajuda doméstica sul-americana, portanto passando pelo constrangimento de explorar as mesmas pessoas às quais queriam dar poder. "Será que alguém compreende o quanto isso é perfeito, considerando ... os tempos?"

"Radical-Chic: That Party at Lenny's" foi o híbrido mais audacioso de Wolfe até então — fantasia especulativa, lição de sociologia e sátira mordaz. Trechos longos são dedicados a observações loucas sobre a vida interna torturada daqueles liberais bem intencionados, que tendem a paroxismos de culpa por suas vidas exorbitantes e extravagantes, ajustando a mistura certa de "dignidade sem nenhum simbolismo de classe visível" em benefício dos Panteras. Wolfe traça essa tendência a enobrecer as classes oprimidas desde o século XIX. Era conhecida como *nostalgie de la boue*, ou "nostalgia da lama", quando *socialites* da Regência Inglesa adotaram as capas (os bonés de caminhoneiros da época) e o estilo destemido de dirigir dos condutores de carruagens; e a "nova dança impetuosa" da classe média, a valsa.

"Radical Chique" atingiu a opinião pública de Nova York como uma bomba. Leitores reagiram tanto com elogios quanto com críticas a Wolfe. Gloria Steinem e Jimmy Breslin acharam que o artigo enterrou os levantamentos de fundos na cidade, criando um clima de medo entre aqueles que queriam ajudar causas importantes por temerem se tornar figuras ridículas. "Achei divertido, mas fui acusado de colocar um grande obstáculo ao dinheiro para causas importantes", disse Wolfe. "Os Bernstein acharam que, como eu estava ali, era simpático à causa. Aquilo chocou algumas pessoas porque eu parecia fazer uma boa abordagem da cultura popular. Certamente eu tinha que estar em algum lugar da esquerda! Mas estava bem preparado para a reação, e bem satisfeito."

Bernstein ficou irado. Insistiu que não apoiava os Panteras Negras, e sim defendia os procedimentos legais e o império da lei conforme aplicados àqueles que haviam sido acusados de crimes. "Como americano e judeu, sei que a liberdade de religião e a liberdade do cidadão seguem de mãos dadas", disse Bernstein a sua biógrafa Meryle Secrest. "Atinja uma coisa e você terá prejudicado a outra." A mulher de Bernstein, que tivera a ideia de fazer a festa para levantar fundos, nunca mais foi tão pública com as causas que abraçou.

Para Felker, aquilo tudo foi simplesmente um confeito delicioso. "Radical Chique" era o artigo mais comentado da curta história da *New York*, um texto cujo título se dissolveu no vernáculo americano, tornando-se uma expressão padrão para causas abraçadas pelos ricos e famosos. Em três anos, Felker não apenas havia ressuscitado a *New York* como a marcara com sua própria impressão digital, tornando seu sonho de ter uma revista que fosse inseparável da vida da cidade uma profecia realizada.

11

VIAGENS SELVAGENS

Com *Hell's Angels*, Hunter Thompson havia conseguido exatamente o que esperava: ficar famoso o suficiente para obter trabalhos de freelance regularmente. Em três anos, haviam sido vendidos mais de 800 mil exemplares em brochura e capa dura. A *Esquire*, que antes reagira friamente aos pedidos de reportagem de Thompson, publicou um extrato do livro em sua edição de janeiro de 1967. Mas Thompson ainda precisava colher algum benefício financeiro significativo, e culpava por isso a editora do livro, Random House, e seu editor, Jim Silberman. "Em 1968, eu só havia conseguido 10 mil pratas com o livro. Achei que eles estavam me roubando." Então continuou a procurar trabalho. O *New York Times*, publicação que rejeitara Thompson quando ele se candidatara a um emprego alguns anos antes, queria agora que o escritor fizesse uma análise da contrarrevolução que estava criando raízes em São Francisco. "The 'Hashbury' Is the Capital of the Hippies" saiu na revista dominical de 14 de maio de 1967.

A revista *Pageant* pediu a ele que entrevistasse Richard Nixon na véspera das primárias presidenciais de New Hampshire, em 1968. O ex-vice-presidente estava tentando se mostrar menos rude e mais solícito à imprensa. Thompson não se convenceu com sua atitude. "Acho que é apenas razoável dizer que esse modelo mais recente pode ser diferente e talvez até melhor de alguma maneira", escreveu ele no artigo "Presenting: The Richard Nixon Doll." "Mas, como cliente, eu não tocaria nele, exceto com uma longa varinha de tocar bois."

Porém nem tudo estava perdido: para seu deleite, Thompson descobriu que Nixon entendia de futebol americano tão bem quanto ele, e depois do compromisso de campanha em Manchester, New Hampshire, os dois passaram algum tempo na limusine de Nixon discutindo a disputa entre o Green Bay e o Oakland que aconteceria em breve na Super Bowl. "Nixon sempre se dissera um grande fã, mas, caramba, o sujeito entendia mesmo da coisa", disse Thompson. "Merda, por um minuto você podia realmente começar a acreditar ali que ele era um ser humano."

Thompson já não tinha que seguir as regras de etiqueta da grande imprensa; podia simplesmente escrever as reportagens como bem entendesse, lançando farpas à vontade. Se quisesse menosprezar a volta política de Nixon, considerando-a uma farsa, podia. "Para mim foi um momento animador e totalmente aberto", disse ele. "Merda, eu sempre achei que estava exatamente onde deveria estar, e isso é extremamente vital."

A revista *Playboy* achou que conseguira o casamento perfeito entre escritor e assunto quando encomendou a Thompson um perfil de Jean-Claude Killy, o esquiador francês louro cujas três medalhas de ouro nas Olimpíadas de Inverno de Grenoble, em 1968, haviam transformado em um nome conhecido nos Estados Unidos. Thompson partiu para entrevistá-lo com a mente aberta, mas quando o encontrou em Chicago ficou chocado com a maneira como o esquiador estava desvalorizando seu próprio nome em troca de um dinheiro fácil. Lá estavam Killy e O. J. Simpson lançando os últimos modelos da Chevrolet num salão de automóveis, como se fossem vendedores de escova de cabelo. Quando Thompson criticou Killy por se vender a interesses corporativos, este ficou defensivo. "Você não entende! Você nunca poderia entender o que estou fazendo! Você fica ali sentado, sorrindo, mas não sabe o que é isso! Estou cansado. Cansado! Já não me importo — nem por dentro nem por fora! Não me importo com o que digo, com o que penso, *mas tenho que continuar fazendo isso*."

A *Playboy* queria um perfil inócuo, mas havia uma outra história. De fato, uma história maior do que Killy. Thompson produziu um retrato de 11 mil palavras de uma cifra, uma máquina de vender funcionando no piloto automático, controlável apenas por sua ambição e pelos executivos que assinavam seus cheques — em resumo, o perfeito representante da nova geração de celebridades engolidas pela mídia e loucas por dinheiro: "Ele é um garoto francês de classe média bonitão que treinou duro e aprendeu a esquiar tão bem que agora seu nome é imensamente vendável no mercado de uma cultura-economia loucamente inflada que come seus heróis como cachorros-quentes e os honra mais ou menos no mesmo nível." O editor sênior David Butler derrubou o artigo; e se o tivesse aprovado, não haveria chance alguma de o texto ser publicado. Hugh Hefner vinha tentando conseguir a conta da Chevrolet havia cinco anos, e não estava disposto a publicar uma reportagem que tratava mal um cliente de propaganda potencialmente lucrativo.

Mas Thompson sabia que o artigo era bom. Lidara com sucesso com o espaço entre "a opinião pública, o gosto e o desejo maciços e o que as pessoas realmente dizem", e estava determinado a publicar a reportagem em algum lugar. Aconteceu que uma nova revista estava sendo lançada e, mais importante, era editada por alguém que Thompson conhecia pessoalmente. Warren Hinckle era nativo de São Francisco e produto de uma educação rígida em escola católica cujo ceticismo natural e rejeição automática a autoridades (certa vez, repreendeu a biblioteca da escola por não assinar a *Nation*) o tornaram adequado para uma carreira de jornalista provocador. Quando cursava a Universidade de São Francisco, Hinckle editou o jornal da faculdade, o *Daily Foghorn*, criando muitas vezes notícias sensacionais quando não havia nada para reportar. Certa vez, em busca de uma reportagem para preencher um buraco nas páginas, fez um cúmplice seu incendiar um posto de vigias no campus.

O trabalho de Hinckle no *Foghorn* chamou a atenção de Scott Newhall, editor do *San Francisco Chronicle*, que estava tentando reinventar o jornal de visão limitada como um veículo para textos provocativos. Newhall contratou Hinckle como repórter para assuntos gerais, mas o escritor odiava a natureza prosaica da reportagem diária, a constante busca de notícias de poucas consequências. Ele deixou o *Chronicle* para abrir uma empresa de relações públicas, mas fracassou miseravelmente, e o jornalismo o atraiu de volta.

Hinckle encontraria seu verdadeiro *métier* no mais improvável dos lugares: uma publicação trimestral católica reformista fundada por Edward Keating, cuja mulher era herdeira de uma grande fortuna em São Francisco. A *Ramparts* era uma revista trimestral católica liberal, um veículo para Keating desafiar o que considerava a hipocrisia e a falência moral da Igreja Católica. Uma de suas primeiras reportagens, escrita por Robert Scheer, criticava o arcebispo de Nova York Francis Cardinal Spellman por seu apoio declarado à Guerra do Vietnã — uma reportagem tão desagradável que somente a *Ramparts* quis publicá-la.

Hinckle convenceu Keating a contratá-lo como editor-executivo e depois partiu para redirecionar o conteúdo editorial da revista. Contratou Scheer, ex-estudante de economia do City College de Nova York e professor da Universidade da Califórnia, Berkeley, que tinha recentemente iniciado uma frustrada marcha para o Congresso para ser o editor de política da revista e partiu para tornar a *Ramparts* uma desmistificadora de conhecimentos aceitos de todo tipo, particularmente enquanto o Vietnã se tornava o assunto polêmico da era. A *Ramparts* publicou uma série de reportagens investigativas explosivas, com destaque para um artigo de Sol Stern que revelou uma conexão entre a CIA e certas organizações estudantis da Michigan State com ligações com o Vietnã do Sul, o que resultou numa campanha grosseira da agência de inteligência para desacreditar a revista com subornos, escuta telefônica, abusos. Hinckle, porém, soube lidar com todas aquelas artimanhas, e a revista não voltou atrás em sua reportagem.

Em poucos anos, Hinckle havia elevado consideravelmente o perfil da *Ramparts*, mas a revista estava gastando dinheiro rápido demais em relação ao que ganhava para que isso fizesse alguma diferença substancial. No inverno de 1970, Hinckle abandonou o barco e se mudou para Nova York para lançar outra publicação, desta vez com autoridade para permanecer livre das amarras de um *publisher* de fora (a *Ramparts* continuaria a ser publicada até 1975). Juntamente com o ex-executivo de propaganda Howard Gossage e Sidney Zion, advogado e ex-repórter do New *York Ti-*

mes, Hinckle levantou 675 mil dólares numa oferta de títulos públicos e depois aplicou o cheque na capa da primeira edição da revista, chamada *Scanlan's*. "Hinckle e Zion eram uma dupla de trapaceiros", disse o ilustrador Ralph Steadman, que colaborou com a *Scanlan's* no início. "Mas eram bons no que faziam."

A *Scanlan's* aprimorou e refinou a mistura editorial da *Ramparts* de reportagens investigativas rigorosas com crítica cultural afiada. Assinaturas nobres como as de Richard Severo, Auberon Waugh, Joseph Kahn e Murray Kempton enfeitaram sua primeira edição; assim como a de Hunter S. Thompson.

Thompson e Hinckle haviam se conhecido três anos antes na redação da *Ramparts*. Hinckle — que leu *Hell's Angels* na prova de impressão — convidou Thompson para uma visita informal à sede da revista em North Beach. Os dois continuaram o encontro bebendo no Vanessi's, um bar local frequentado pelo pessoal da *Ramparts*. Quando voltaram para a redação, algumas horas depois, o macaco-aranha da revista, Henry Luce, havia apanhado um monte de comprimidos na mochila de Thompson e enlouquecido pelos corredores do prédio, de olhos arregalados e saltitando, sob efeito de um coquetel farmacológico tóxico.

Agora, três anos depois, Thompson estava procurando um veículo para publicar sua reportagem sobre Jean-Claude Killy. "Eis o artigo sobre Killy", escreveu ele a Hinckle em 6 de dezembro de 1969, numa carta que acompanhava a única cópia que lhe restava do manuscrito, xerocada num papel laranja que tornava as letras pouco legíveis. "Algumas pessoas gostam da força das palavras; outras odeiam o estilo e o tom. Os editores da *Playboy* realmente o desprezaram. Seus editais/memorandos variaram de 'Este é um bom artigo para a *Esquire*' até 'A arrogância feia e estúpida de Thompson é um insulto a tudo o que defendemos'." Nunca, em seus dez anos de carreira, escreveu Thompson, ele havia sido "tão tratado como merda" por uma publicação, o que, na sua avaliação, não passava de "uma conspiração de masturbadores anêmicos". Embora tenha sugerido a Hinckle editar e fazer reparos na reportagem como quisesse, Thompson tinha uma lista de coisas que preferia que Hinckle mantivesse — uma lista que incluía praticamente cada parágrafo.

Hinckle concordou em manter o lide original que a *Playboy* havia cortado, mas Thompson se opôs terminantemente quando a *Scanlan's* tentou remover as dez últimas páginas do artigo; só ali ele deixava de lado as farpas agudas e a mordaz situação central para expor sua tese de que Killy era uma metáfora do culto às celebridades nos Estados Unidos. Hinckle, um homem que não tendia a capitular, cedeu e o artigo saiu como Thompson queria.

Foi uma beleza para Thompson, que havia entrado em confronto com tantos editores por causa de conteúdo editorial e dinheiro que já se acostumara com essa rotina. Em Hinckle, ele encontrara um espírito semelhante, um editor que se recusava a impor obstáculos às grandes excursões de sua prosa. "Hinckle era um editor que fazia qualquer coisa para conseguir uma história, inclusive assinar cheques sem fundo", disse Thompson. "Mas eu gostava dele tanto quanto de qualquer editor para o qual já trabalhei. O que precisava ser feito, ele fazia. Sempre pensei nele como um bom instrumento ofensivo. Enquanto ele estivesse fazendo um bloqueio para mim, mesmo que isso envolvesse táticas questionáveis, eu o valorizaria tremendamente."

Agora Thompson embarcaria numa reportagem original para a *Scanlan's*, uma viagem ao Kentucky Derby [competição de turfe], em sua cidade natal, Louisville. O romancista James Salter, seu amigo e vizinho no Colorado, havia lhe sugerido o Derby certa noite, num jantar embriagado, e Thompson imediatamente lançou a ideia a Hinckle num telefonema às 3h30. O Derby era obviamente um tema perfeito para ele, uma chance de revelar os tolos rituais de celebração da classe dominante do Sul e, portanto, de expor a incauta decadência de seu comportamento.

Armado com um punhado de dinheiro para despesas, adiantado por Hinckle — um luxo raro e agradável —, Thompson se preparou para a viagem, informando sua mãe, Virgínia, que ficaria no apartamento dela. Mas um assunto ainda precisava ser resolvido. Thompson estava confiante de que poderia descrever a confusão barulhenta do Derby em sua reportagem, mas achava que talvez ela funcionasse melhor se estivesse acompanhada de ilustrações, como as clássicas sátiras da revista *Punch* na Inglaterra. Ele sugeriu Pat Oliphant, cartunista político ganhador do Prêmio Pulitzer, mas Oliphant não tinha como incluir uma viagem a Kentucky em sua agenda. Alguns outros ilustradores foram contactados, como o artista britânico Richard Searle e o fotógrafo Rob Guralnick, mas todos estavam ocupados.

O editor-geral da *Scanlan's*, Don Goddard, teve outra ideia. Um ilustrador britânico chamado Ralph Steadman havia aparecido recentemente em seu escritório com seu portfólio, e tanto Goddard quanto o diretor de arte J. C. Suarès tinham gostado de seu trabalho, particularmente seu livro *Still Life with Raspberry*, uma coleção de desenhos provocativos que fora publicada pela editora britânica Rapp and Whiting em 1969. Nativo de Wallasey, Cheshire, Steadman vinha desenhando regularmente em seu país fazia uma década, como cartunista político, principalmente para a revista de sátiras *Private Eye* e para o *Times* de Londres. Fortemente influenciado pelos expressionistas alemães Otto Dix e Max Beckmann, Steadman tinha um olhar apurado sobre o macabro e o sinistro da vida diária. Seu traço exuberante e seu talento boschiano para identificar o espírito das pessoas que desenhava lhe garantiam trabalho permanente na Inglaterra, um país que nunca poupou suas figuras públicas do castigo do sarcasmo. Agora ele queria tentar a sorte nos Estados Unidos, e procurar fazer a fortuna que adiava havia tanto tempo. A *Scanlan's* não era a mina de ouro que ele procurava, mas era um começo.

Suarès telefonou para Steadman em Long Island, onde o artista estava hospedado com um amigo, durante sua visita exploratória aos Estados Unidos.

— O que você acha de ir a Kentucky para trabalhar com um ex-Hell's Angels que rapou a cabeça?
— Ele é violento?
— Não que eu saiba. É um escritor.
— Sim, seria bom.

Thompson não tinha a menor ideia de como Steadman era, e nem Steadman conhecia o trabalho de Thompson, mas eles compartilhavam um ódio automático por autoridades e poderes sem controle, bem como uma convicção de que podiam mudar o estado das coisas. "Na época, a intenção era derrubar o sistema e ter um mundo melhor", disse Steadman. "Como era ingênuo pensar assim! A *Scanlan's* percebia muito bem o que era necessário naquele momento; eles também estavam numa cruzada."

Nem bem Steadman chegou a Louisville, em 30 de abril de 1970, e analisou bem os festeiros do Derby, com seus sapatos brancos e casacos esportivos de *seersucker*, ele soube que estava fazendo o passeio de sua vida. "Eu percebi o estilo de vida gritante dos Estados Unidos imediatamente", disse ele. "Estava claro que os Estados Unidos eram diferentes de uma maneira bastante extravagante." Steadman demorou dois dias para encontrar Thompson, que não tinha credencial da imprensa e, portanto, não pôde ser contactado através da sala de imprensa do Derby. "Imaginei que a *Scanlan's* fosse uma publicação credenciada", disse Steadman. "É claro que eu encontraria seu escritor na sala de imprensa."

Finalmente eles se encontraram no boxe da imprensa. Steadman esperava ver um tipo dos Hell's Angels, e não aquele sujeito de olhos arregalados que parecia saído de um *outdoor*. "Sua cabeça parecia um osso", disse Steadman. "Ele estava vestido como um jogador de futebol, com um casaco de caçador multicolorido e um grande chapéu que caía sobre os olhos. E lá estava eu de barba e paletó de lã. Éramos como água e vinho."

Thompson ficou à vontade com ele imediatamente. "Estou a sua procura há dois dias", disse-lhe Steadman, ao que o escritor reagiu: "Bem, agora nos encontramos. Quer beber alguma coisa?"

Eles não pararam de beber durante uma semana. Cerveja com *bourbon*, brandy e de vez em quando um julepo de menta para completar. "Ah, ficamos tortos", disse Steadman. "Ficamos bêbados o tempo todo. Foi algo totalmente irresponsável de nossa parte, como jornalistas, mas sentíamos que estávamos numa espécie de cruzada. Achávamos que consertaríamos o mundo com nossas peripécias."

Mas não havia nada de subversivo na alegre maratona de bebedeiras em Kentucky: eles estavam simplesmente se misturando ao ambiente local, "tornando-se nativos", como explicou Steadman. Para o artista, o Churchill Downs (o hipódromo de Louisville) era como um quadro de Brueghel que mostrava o Sul do período anterior à guerra civil, cheio de bêbados meio loucos caindo na lama, procurando posições nas janelas de apostas, esbarrando uns nos outros freneticamente. A pressão da multidão era tão intensa que Thompson e Steadman não chegaram a ver nada da corrida em si. Não que isso importasse; na verdade, a multidão era a história. "Ralph era um espectador tão inocente", disse Thompson. "Eu podia levá-lo a qualquer lugar e apontar alguma coisa para ele, que ele tornava aquilo interessante."

Steadman ficou extasiado com os rostos que passavam por ele o dia e a noite inteiros, peles coradas e olhares preconceituosos de reprovação. Não ia a lugar nenhum sem seu caderno de desenho, no qual fazia caricaturas de qualquer um que chamasse sua atenção, o que era quase todo mundo. Perdera seus lápis de cor num táxi em Nova York e tivera que tomar emprestado a sombra de olhos e o batom da mulher de Don Goddard, executiva da Revlon. Eram os instrumentos ideais para um evento no qual a maquiagem borrava e escorria com a cerveja e o suor. Isso causou algumas situações ofensivas, para tristeza de Steadman. "Lá estava aquele inglês fazendo retratos desnaturados das pessoas, e elas levavam aquilo para o lado pessoal, como se fosse um insulto pessoal. Ouvi alguns 'inglês maldito' quando passava."

Thompson insistiu para que Steadman parasse e desistisse de uma vez por todas daquele seu "hábito desprezível", mas o artista continuou. Certa noite, depois de alguns drinques, quando os dois jantavam num restaurante local com David, irmão de Thompson, e a mulher deste, o artista começou a discutir com um cliente que não gostara do desenho incomumente espalhafatoso que ele fizera dele. "Os desenhos estavam ficando cada vez mais rudes", disse Steadman. "Então eu me tornei meio feio ali." Thompson apanhou uma lata de noz-moscada (que ele chamava de "Chemical Billy"), jogou o conteúdo na direção do garçom e em seguida fugiu com Steadman. "Você é um convidado em nosso país", disse Hunter a Steadman. "Eu não queria que o machucassem!" "Eu simplesmente aceitei aquilo como se fosse algo que o trabalho exigia", disse Steadman. "Não me ocorreu que era algo complemente absurdo da parte de Hunter. Em grande parte, era uma paranoia. Estava apenas na cabeça de Hunter. Ele me protegia muito."

De volta a Nova York, Hunter tinha que entregar a reportagem à *Scanlan's*, mas não conseguia se lembrar da maior parte do que havia acontecido. A viagem estava perdida em confusas recordações de loucas bebedeiras com Steadman, ou notas curtas, obscuras, em tinha vermelha, no seu bloco de anotações. Mas ele ultrapassara o prazo, e Goddard estava berrando pela reportagem. O resto do conteúdo da quarta edição já havia sido enviado para impressão em São Francisco, e o artigo de Thompson era o único buraco vazio. Warren Hinckle sugeriu que ele se trancasse num quarto do Royalton Hotel à custa da *Scanlan's* e só saísse quando tivesse o artigo pronto.

Com Goddard ao lado, Thompson se debruçou firme sobre suas anotações e escreveu a duras penas o que lembrava — as aventuras rabelaisianas de um nativo e um forasteiro britânico no círculo mais íntimo do inferno sulista. Goddard editou o texto às pressas, enquanto as páginas eram arrancadas da máquina de escrever de Thompson, cortando aquilo a que o escritor se referia como "*flashbacks* sociofilosóficos" e "estranhas cutucadas na memória", para fazer a narrativa fluir.

"The Kentucky Derby Is Decadent and Depraved" foi a vingança de Thompson contra o Sul irritadiço e mimado que ele havia deixado para trás nos anos 1950, e o primeiro artigo sobre o Derby com coragem suficiente para admitir que o ritual tinha pouco a ver com damas de chapéu se abanando com programas da corrida e homens de terno de *seersucker* saboreando julepo de menta. Aquela cultura opressora e hermética de obrigações de nobreza não era encantadora, e estava tão desconectada com o resto do país que parecia completamente isolada dele. "Numa sociedade sulista estreita", escreveu Thompson, "o tipo mais próximo de endogamia não é apenas elegante e aceitável como muito mais conveniente — para os pais — do que libertar seus filhos para que encontrem seus próprios companheiros, por seus próprios motivos e de sua própria maneira."

O Derby era uma metáfora da "cultura atávica condenada" do Sul — seu racismo e chauvinismo inatos, seu não envolvimento deliberado com a luta pelos direitos civis que havia engendrado. Ninguém falava do Vietnã, era melhor ignorar aquilo. "Não muita energia naqueles rostos", escreveu Thompson, "não muita *curiosidade*. Sofrer em silêncio, nenhum lugar para ir depois dos 30 nesta vida, apenas esperar e mimar os filhos", Thompson e Steadman não se importaram em assistir à corrida porque, de qualquer modo, ninguém no Derby realmente se importava: Churchill Downs era apenas um grande bar com uma penca de personagens desesperados tentando protelar sua inevitável obsolescência com bebidas suficientes para matar um bando de puros-sangues. Thompson estava convencido de que a contrarrevolução simplesmente os engoliria inteiros.

"O Kentucky Derby É Decadente e Depravado" é uma reflexão sobre o declínio moral do Sul; é também muito, muito divertido. Eis Thompson se encontrando com um texano excessivamente simpático no salão de espera do aeroporto:

> — Estou pronto para *qualquer coisa*, por Deus! Qualquer coisa mesmo. Sim, o que você está bebendo?
> Pedi uma Margarita com gelo, mas ele não saberia disso:
> — Nã, nã... que diabo de drinque é esse para a hora do Kentucky Derby? O que há de *errado* com você, garoto? — Ele riu e piscou um olho para o atendente do bar. — Maldição, temos que educar esse garoto. Dê a ele um bom *uísque*...
> Eu dei de ombros.
> — Está bem, um Old Fitz duplo com gelo.
> Jimbo indicou com a cabeça sua aprovação.
> — Olhe — ele deu um tapinha no meu braço para assegurar que eu estava ouvindo. — Conheço essa multidão do Derby, venho aqui todo ano, e deixe-me dizer uma coisa que aprendi: esse não é um lugar para dar às pessoas a impressão de que você é algum tipo de maricas. Não em público, pelo menos. Merda, eles vão partir para cima de você em um minuto, acertar sua cabeça e tirar cada maldito centavo que você tiver.

Thompson diz a seu companheiro de copo que é fotógrafo da *Playboy* e que sua missão é "tirar fotos do tumulto".

> — Que tumulto?
> Eu hesitei, girando o gelo em meu copo.
> — Na pista. No dia do Derby. Os Panteras Negras. — Fitei-o novamente. — Você não lê os jornais?

O sorriso em seu rosto havia desaparecido.

— Que *diabo* você está falando?

— Bem, talvez eu não devesse estar dizendo a você... — dei de ombros. — Mas, que diabo, todo mundo sabe. A polícia e a Guarda Nacional estão se preparando há semanas. Estão com 20 mil soldados em alerta em Fort Knox. Eles nos advertiram — toda a imprensa e os fotógrafos — a usar capacetes e coletes especiais, como aqueles à prova de bala. Disseram-nos para esperar tiros. ...

"O artigo é uma merda", escreveu Thompson numa carta a seu amigo Bill Cardoso, depois de voltar para sua casa em Woody Creek, Colorado. "Um clássico do jornalismo irresponsável." *Era* irresponsável, no sentido tradicional, mas há uma crítica demolidora a uma cultura tacanha sob a superfície das cenas dos artigos bem-humorados de Thompson, um ato de acrobacia sério-cômico que nenhum outro jornalista dos Estados Unidos era capaz de executar com tanta segurança. O jornalista perturbado pode ser maluco, mas os bons e velhos meninos e os burros são muito mais perigosos.

"O Kentucky Derby É Decadente e Depravado" saiu na edição da *Scanlan's* de junho de 1970 com a assinatura "Escrito sob pressão por Hunter S. Thompson" e "ilustrado com lápis de sobrancelha e batom por Ralph Steadman". Bill Cardoso chamou-o de "puro *gonzo*", tão ultrajante que precisava ter seu próprio nome. Tornou-se o texto mais famoso de Thompson desde as reportagens sobre os Hell's Angels para a *Nation*. Jornalistas do *New York Times* viajaram até Woody Creek para entrevistá-lo, e Tom Wolfe enviou-lhe um exemplar de seu livro mais recente, *Radical Chique e o terror dos RPs* com uma nota pessoal: "Querido Hunter, envio este livro em consideração, depois de ler as reportagens mais divertidas de todos os tempos — J. C. Killy e O Derby. Você é o Chefe! Não o xerife, talvez, mas o Chefe!"

Elogiado e bastante satisfeito consigo próprio, Thompson respondeu à carta salientando a Wolfe que "talvez, à pálida exceção de Kesey, você seja o único escritor por perto com o qual eu imagino que posso aprender". Em sua incauta desconsideração pelo decoro jornalístico apropriado, sua habilidosa mistura de picaresco cômico e panfleto moral, o artigo delineou esquema para todos os trabalhos subsequentes de Thompson na década.

Hinckle ficou tão animado com a reportagem que deu a Thompson e Steadman outra missão: a segunda de uma planejada série de muitas partes sobre os estranhos costumes dos eventos anuais americanos significativos. Os dois seguiriam para a corrida de iates da America's Cup, em Newport, Rhode Island, e fariam uma história *gonzo* semelhante ao artigo sobre a Derby. Thompson tinha mais artilharia para aquela desventura, ou seja, um grande estoque de psilocibina ou "cogumelos mágicos". Steadman, que havia progredido, passando de confuso companheiro de viagem de Thompson a seu disposto coconspirador, nunca usara drogas, exceto um cigarro de maconha ocasional e uma viagem de ácido. Mas estava disposto.

Não demorou muito tempo para as drogas abrirem caminho na aventura da dupla. Quando participava de uma festa numa escuna de três mastros no porto de Newport, Steadman passou mal, enjoado com o movimento do barco, e depois de três horas de terrível desconforto a bordo, finalmente pediu a Hunter uma dose daqueles cogumelos mágicos, achando que isso talvez aliviasse sua náusea. "Hunter estava dormindo muito bem em Newport, e achei que as drogas pudessem ter o mesmo efeito sobre mim", disse Steadman. Mas depois de um tempo, "comecei a ver cachorros de olhos vermelhos surgindo do piano. Meu cabelo parecia liso e o senti caindo sobre minha testa, como Hitler. A psilocibina simplesmente escavou meu interior; limpou-o completamente e atingiu minha consciência. Foi terrivelmente assustador."

Thompson teve outras maneiras para incutir medo em Steadman. "Um amigo meu era dono de um encouraçado que tinha privilégios para atracar no porto, então eu lhe dei algum dinheiro da *Scanlan's* para nos deixar ficar a bordo", disse Thompson. "A segurança era rígida, como segurança militar, mas notei que era possível chegar ao barco pelo lado do oceano." Thompson e Steadman alugaram um barco a remo e se armaram de várias latas de tinta spray; o objetivo de Thompson era danificar um iate de luxo com alguns divertidos rabiscos de grafite.

— Alguma sugestão? — perguntou Thompson a Steadman.
— Que tal "Foda-se o Papa"?

Mas o barulho da bola de pintura dentro das latas de spray os entregou; uma luz da vigilância encontrou o barco a remo justamente quando Steadman estava prestes a fazer seu trabalho manual. "Pensei em tudo, menos na bola de pintura", disse Thompson.

Foi um erro tolo; a *Scanlan's* fechou antes que Thompson e Steadman pudessem voltar para Nova York. Hinckle e Zion haviam queimado 1 milhão de dólares em menos de um ano, deixando Thompson sem um veículo regular para seu trabalho. Foi uma amarga decepção para o escritor, que gostava da liberdade criativa que Hinckle lhe dava — um passe livre para escrever o que quisesse sobre qualquer assunto que lhe viesse à cabeça, apesar de suas constantes queixas de que o trabalho da revista não era melhor do que "escrever cópias de panfletos [da Ford Motor Company]".

Havia outros projetos para mantê-lo ocupado. Um dos mais importantes era mais um livro, que ele adiava fazia quase três anos. Depois de sugerir várias ideias a Jim Silberman e à Random House, os dois decidiram que Thompson faria a crônica da morte do sonho americano. O repórter transgressor lançaria seu olhar distorcido sobre as doenças da cultura contemporânea, como fizera no artigo sobre o Kentucky Derby. Mas a ideia era tão ampla e abstrata que Thompson teve dificuldade para organizar sua mente em torno dela. O que era exatamente a morte do sonho americano, e onde era seu ponto de entrada? "Eu gostaria de poder explicar o atraso", escreveu Thompson para Silberman em janeiro de 1970. "Resumindo, minha total incapacidade de lidar com o pequeno sucesso do livro dos H. A. resultou — depois de três anos de inúteis sacanagens rurais mais ou menos divertidas — em simplesmente nada além de três anos desperdiçados."

Existia material em abundância para trabalhar, na maioria pesquisas para artigos abandonados sobre controle de armas e indústria petrolífera, mas Thompson não conseguia organizar tudo de maneira coerente para um livro. Ele sugeriu outras abordagens a Silberman — talvez uma antologia de artigos como *The Pump House Gang*, de Tom Wolfe, ou *Advertisements for Myself*, de Mailer, este último um livro que tivera influência sobre a formação do jovem Thompson.

Thompson estava pensando em uma nova forma de composição que combinaria reportagem e ficção de maneira a apagar as distinções entre as duas coisas: "um romance bem contemporâneo com jornalismo direto, factual, de pano de fundo". Thompson perseguira esse estilo com a reportagem sobre o Kentucky Derby — ampliando o clamor dos ignóbeis selvagens do Sul a uma febre de excitação —, mas agora queria explorar uma personalidade inventada e mexer no formato. Fazendo isso, poderia se dar bem em praticamente tudo e se tornar um homem de ação sem nenhuma restrição. Chamaria seu alter ego de Raoul Duke: "semificcional", escreveu ele a Silberman, "mas nebuloso o suficiente, de modo que posso deixá-lo dizer e fazer coisas que não funcionariam na primeira pessoa".

Durante meses, Thompson digladiou com a morte do sonho americano e Raoul Duke, mas não deu em nada. Para evitar a angústia do bloqueio do escritor, voltou sua energia para atividades extracurriculares — disparar seu Magnum .44 em direção ao crepúsculo, em sua propriedade em Woody Creek, perto de Aspen, Colorado, um rancho que ele chamava de Owl Farm; e consumir mescalina, e ouvir Jefferson Airplane e Dylan no volume máximo.

A política se tornou outra diversão; era um apelo ao desejo de Thompson de mudar a ordem das coisas. Ele dedicou sua energia criativa à campanha para a prefeitura de Joe Edwards, um advogado e motociclista de 29 anos, do Colorado, que disputava o cargo com Leonard Oates, escolhido a dedo para suceder o prefeito republicano, dr. Robert "Bugsy" Bernard, e com a pequena empresária local Eve Homeyer. Thompson via a disputa como uma batalha crucial pela alma agrária de Aspen, que ele achava que estava sendo destruída pela ambição voraz dos grandes interesses imobiliários. O liberal Edwards mobilizaria os "votos dos malucos" de Aspen: os hippies e drogados com menos de 30 anos que poriam um fim ao crescimento descontrolado e plantariam as sementes da reforma.

Thompson dedicou toda a sua energia à disputa, que, diferentemente de escrever livros, representava uma promessa de solução rápida e sem ambiguidade. Então recebeu um telefonema frio de Jann Wenner, editor e proprietário da revista *Rolling Stone*, em São Francisco. Wenner recebera uma cópia de impressão de *Hell's Angels* quando trabalhava na *Ramparts* como editor aprendiz e a consumira em dois dias. "Aquilo me nocauteou", disse Wenner. "Era um texto tão vívido. Fiquei muito impressionado por ele ter tido colhões para conviver com os Angels. Parece bobagem hoje, mas na época era o auge da aventura e da coragem."

Agora Wenner queria que Thompson trabalhasse para ele. O estilo do escritor — irreverente, irado, desconectado — se encaixaria perfeitamente na jovem revista de Wenner, o único periódico de destaque que se importava em cobrir a cultura jovem com rigor, bom gosto e inteligência.

Formado na Universidade da Califórnia, Berkeley, Wenner reunira com esforço 7.500 dólares — parte disso com os pais de sua futura mulher — para lançar a revista, confiando nos sábios conselhos de seu mentor, Ralph J. Gleason, colunista de jazz do *San Francisco Chronicle*, para seguir um curso editorial firme. Em três anos, a *Rolling Stone* se tornara não apenas a revista definitiva da cobertura de rock — devido, em parte, a críticos como Jon Landau, Lester Bangs e Greil Marcus —, mas também publicara longas reportagens investigativas sobre os assassinatos em Altamont e a família Manson, o movimento contra a guerra e a batalha pela preservação ambiental.

Wenner nascera no Condado de Marin. Seu pai, Ed, era um engenheiro que servira na Unidade Aérea do Exército, um homem talentoso e afável que tendia a obedecer à mulher, Sim, quando se tratava de tomar atitudes para disciplinar seus três filhos. Sim fora uma obstinada ex-tenente da marinha de nível júnior durante a Segunda Guerra Mundial que se tornara proprietária de um bem-sucedido negócio de comida para bebês logo depois de ser dispensada.

Jann captou cedo o espírito empreendedor de Sim. No terceiro ano da escola, publicou um jornal de fofocas chamado *Bugle*, divulgando todas as sujeiras de seus colegas de sala. Mas o *Bugle* teve que ser fechado quando um grupo de crianças ameaçou pôr fim às suas atividades à força. Quando Jann tinha 14 anos, foi enviado para Chadwick, um internato nos arredores de Los Angeles; seus pais se divorciaram logo depois.

Em Chadwick, Wenner empreendeu seus esforços com brio e determinação. Cantou num coral, candidatou-se a um cargo, atuou em produções teatrais da escola (fez o papel principal em *Dr. Fausto*) e lançou um jornal chamado *Sardine*. Era um estudante modelo, se não exatamente um típico reformista idealista de internato. Usava o cabelo longo e desenvolveu um gosto por filmes de arte europeus e insurreições editoriais, publicando artigos críticos sobre administração escolar que resultaram em sérias advertências e ameaças de expulsão.

Em 1964, Wenner ingressou na Universidade da Califórnia, Berkeley, exatamente quando a administração da escola estava prestes a ficar sob cerco de um grupo de estudantes incitadores, liderados por um brilhante estudante de filosofia de 21 anos chamado Mario Savio. Wenner — que trabalhava para a rádio NBC entre uma aula e outra, ficou fascinado com Savio e o Movimento pela Liberdade de Expressão, oferecendo seus serviços voluntários para um "contracatálogo" que classificasse os cursos da faculdade de acordo com seus critérios político e sociológico. Mas Wenner foi pouco útil às atividades políticas e às batalhas fratricidas entre as numerosas organizações de esquerda de Berkeley. Embora seguisse os princípios destas, não mergulharia em protestos radicais. O que faria exatamente em sua vida ainda não estava claro para Wenner, pelo menos até ele assistir ao filme dos Beatles *Os reis do iê iê iê*.

Foi uma epifania a noite em que Wenner encontrou o objetivo de sua vida. A energia visceral da música dos Beatles penetrou nele, dominou sua cabeça, seu corpo e sua alma. Daí em diante, nada seria mais importante para Wenner do que o rock and roll. Era algo mais potente como força cultural do que Savio ou o Movimento pela Liberdade de Expressão, mais vibrante e mais vivo — o som eletrizante de uma geração emergente que dava voz a si própria.

Animado, Wenner se aventurou além dos limites de Berkeley e foi a La Honda, onde fez sua primeira viagem de ácido sob os auspícios de Ken Kesey e os Merry Pranksters. Em São Francisco, onde uma cultura alternativa com raízes no rock and roll estava fervilhando, Wenner foi a concertos em lugares como o Fillmore e o Longshoreman's Hall. Fazia críticas dos shows para o *Daily Californian*, assinando como Mr. Jones — em homenagem a seu herói musical, Bob Dylan. Ele conheceu Ralph Gleason num desses shows e tratou de sugar dele informações sobre o negócio das publicações.

Embora fossem de gerações diferentes — Wenner tinha 19 anos, e Gleason, 48 —, Gleason reconheceu em Wenner a mesma paixão pela música que se apoderara dele ao assistir pela primeira vez a uma apresentação de Bunny Berigan no Apollo Theater, em Nova York, em 1945. Homem de fala macia e comportamento de certo modo aristocrático, que usava casacos esportivos com remendos nos cotovelos e fumava um cachimbo de madeira, Gleason era antes de tudo um crítico de jazz, mas encontrava mérito em qualquer gênero musical que tivesse integridade e alma. Era fã de Jefferson Airplane e Grateful Dead, e dedicava longas colunas no *Chronicle* às duas bandas e a outros artistas de rock.

Gleason se tornaria um aliado crucial de Wenner quando o estudante de Berkeley abandonou a faculdade no penúltimo ano para tentar a sorte no mundo das publicações. Por recomendação de Gleason, Warren Hinckle, editor colaborador da *Ramparts*, contratou Wenner como editor de entretenimento de uma nova edição dominical da revista, mas Hinckle não tinha nenhuma simpatia pela contracultura. Numa reportagem de capa da *Ramparts*, ele condenou brutalmente os líderes do movimento, chamando o guru do ácido Timothy Leary de "Aimee Semple McPherson (freira evangelista canadense (1890-1944) que se tornou uma sensação na mídia americana) de calça" e Ken Kesey de "hippie decadente". Essa atitude não fazia o menor sentido para Werner, mas a gota d'água veio quando o editor Sol Stern meteu a colher na abertura da entrevista de Wenner com Timothy Leary, fazendo mudanças excessivas no texto. Wenner tentou driblar Stern, inserindo seu texto original na versão editada, mas foi apanhado. Hinckle o manteve com relutância, mas quando a *Ramparts* dominical fechou, Wenner já havia saído.

Ele tentou trabalhar como freelance, escrevendo uma crítica de 2 mil palavras de *Sgt. Pepper's Lonely Hearts Club Band*, dos Beatles, para a revista *High Fidelity*, que nunca foi publicada. Mas a vida de freelance era imprevisível demais. Para ele, os dias de trabalhar duro para editores, de depender da avaliação arbitrária dos outros, haviam acabado. Era um momento tão bom quanto qualquer outro para lançar sua própria revista. Gleason lhe daria credibilidade; o resto dependeria dele.

A ideia, conforme Wenner discutira com Gleason, era combinar o profissionalismo da *Time* e o estilo moderno da imprensa *underground* com reportagens tão longas quanto as da *New Yorker*. Mas primeiro ele precisava de dinheiro, portanto procurou todo mundo que conhecia. Gleason lhe deu 1.500 dólares. Sua madrasta, 500 dólares. Sim Wenner contribuiu com 2 mil dólares. O restante do dinheiro veio dos pais da nova namorada de Wenner, Jane Schindelheim, que ele conhecera quando trabalhava na *Ramparts*.

Wenner usou parte do dinheiro para alugar um escritório na Third Street 625, no distrito industrial. Batizou a revista de *Rolling Stone*, o que tinha um efeito triplo — era o nome de uma das melhores canções do músico de blues Muddy Walter; nome do qual uma das bandas britânicas favoritas de Wenner havia se apropriado; e Bob Dylan, seu herói, iniciara sua fase elétrica com uma canção chamada *Like a Rolling Stone*.

Assim como Harold Hayes na *Esquire* e Clay Felker na *New York*, Wenner valorizava mais os bons textos do que os dogmas políticos. A *Rolling Stone* foi categórica ao se apresentar como "um jornal de rock and roll" que estruturava sua cobertura musical dentro do contexto cultural apropriado. O rock nunca se afastaria muito do primeiro plano.

"Estávamos fora do circuito no que dizia respeito às revistas dominantes", disse o escritor Timothy Ferris, primeiro chefe do escritório da *Rolling Stone* em Nova York. "Tínhamos a nobre opinião de que não publicaríamos anúncios de cigarros, bebidas ou carros, mas ninguém queria comprar nada, então isso era irrelevante. Mas sabíamos que estávamos publicando algo inovador, artigos que as pessoas simplesmente tinham que ler porque eram muito bons." Três anos depois da primeira edição, publicada em novembro de 1967, a circulação da *Rolling Stone* havia saltado para 100 mil — um número enorme para uma revista que vivia com um orçamento apertado.

Wenner estava mais interessado em novas vozes — escritores inexperientes e famintos, loucos excluídos e ex-traficantes de drogas com talento para escrever, veteranos do jornalismo cansados dos intermináveis envios de notícias de oitocentas palavras para *deadlines* da última edição. Recrutar Hunter S. Thompson seria pôr uma pena em seu chapéu; aquele era um escritor estabelecido com um best-seller no currículo, um mestre das reportagens de formato longo, que perdera uma fonte de trabalho crucial com o fechamento da *Scanlan's* e estava ansioso para preencher o vazio rapidamente. "Desde o começo eu queria que Hunter escrevesse para a *Rolling Stone*", disse Wenner.

Agora Wenner tinha uma missão para Thompson: o obituário do Hell's Angel Freewheeling Frank. Que pena, Thompson se achava ocupado demais para fazer aquilo, mergulhado como estava na campanha para xerife de Aspen. Prometera que disputaria o cargo se Joe Edwards fosse vitorioso em sua campanha para a prefeitura. Edwards acabara perdendo por seis votos, margem que levou o escritor a achar que talvez tivesse uma chance de ganhar. Wenner lhe pediu para escrever sobre isso.

"The Battle of Aspen" saiu na *Rolling Stone* de 1º de outubro de 1970. Era um relato digressivo e desordenado sobre as duas campanhas em Aspen. Sem dúvida Thompson havia encontrado um veículo perfeito para sua prosa turbinada; embora ele evitasse o tempo todo escrever sobre rock explicitamente, seu talento para o que era alegremente subversivo o tornou um aliado natural da publicação de Wenner. "Não foi difícil editar Hunter naquele artigo", recordou Wenner. "Ele era muito mais flexível e fácil de lidar naquela época. Eu me lembro daquilo como uma relação bastante espontânea."

Os outros membros da equipe da *Rolling Stone* não estavam muito certos em relação a Thompson. "De início, nenhum de nós sabia exatamente o que pensar de Hunter", disse Charles Perry, ex-editor-assistente da *Rolling Stone*. "Eu me lembro da primeira vez em que o vi pessoalmente. Ele estava chegando à redação para trabalhar com [o editor] John Lombardi numa reportagem e carregava uma grande caixa de chapéus e perucas. Ficava trocando aquelas perucas e aqueles chapéus a cada cinco minutos. John achou aquilo estranho e de algum modo perturbador. Demitiu-se algumas semanas depois." Felizmente para a *Rolling Stone*, Wenner sabia como lidar com o escritor. "Hunter precisava de um apocalipse acontecendo o tempo todo", disse ele. "Mas sua escrita era absolutamente elétrica, e era uma tremenda diversão trabalhar e sair com ele. Eu era flexível o suficiente para lidar com Hunter, mas ele era bruto com muitas pessoas."

A reportagem seguinte de Thompson para a *Rolling Stone* viria de um velho companheiro de copo, um advogado de direitos civis que ele conhecera através de um amigo comum, o proprietário de bar Mike Solheim, de Ketchum, Ohio. Assim como Thompson, Oscar Zeta Acosta era veterano da Força Aérea. Depois de ser dispensado com honras, frequentou o Modesto Junior College, perto de sua cidade natal, Riverbank, uma cidadezinha rural no centro da Califórnia que acabaria sendo beneficiada pela escola. O objetivo de Acosta era se distanciar do penoso trabalho de salário mínimo que seu pai, Manuel, exercera por tanto tempo, como zelador. Mas ele não estava bem certo sobre o que isso exigiria. Pelo menos uma educação apropriada seria de alguma ajuda. Ele tinha aspirações literárias, mas, apesar de seu firme compromisso com a atividade de escrever, o que incluía um romance não publicado, Acosta não conseguia vender coisa alguma.

Depois de uma curta passagem pela San Francisco State University, Acosta se matriculou na San Francisco Law School e lutou com unhas e dentes para passar no exame para exercer o direito, conseguindo ser aprovado na segunda tentativa, em 1966. Mas, para ele, trabalhar como advogado de ricaços de corporações era uma maldição. De qualquer modo, era altamente improvável que algum grande escritório de direito o contratasse. Acosta era um assíduo usuário de LSD e outras drogas psicoativas, que considerava portas para a compreensão de si mesmo. "Acho que as drogas psicodélicas têm sido importantes para o desenvolvimento de minha consciência", escreveu ele num ensaio não publicado. "Elas me levam a um nível de consciência em que posso me ver e ver o que realmente está acontecendo." Americano de origem mexicana criado perto de San Joaquin Valley — uma vasta área agrícola no centro da Califórnia onde era colhida a maior parte da produção do país — Acosta tinha bastante consciência da exploração de trabalhadores imigrantes por proprietários de terras brancos, bem como das injustiças descaradas impostas a trabalhadores analfabetos que não dispunham de nenhum recurso legal. Seu trabalho seria ajudar as pessoas de seu povo privadas de direitos.

Depois de um curto período trabalhando como advogado da East Oakland Legal Aid Society, Acosta se mudou em 1968 para Los Angeles, onde o movimento de direitos civis *chicano*, conhecido como El Movimento, estava se fortalecendo. Seu irmão Bob lhe informou sobre um grande protesto dos Boinas Marrons em L.A., e Acosta ficou intrigado com aquele análogo latino dos Panteras Negras. Estava cansado da carga de trabalho e da parca remuneração que recebia na Legal Aid. De qualquer modo, suas ambições eram grandes demais para um serviço civil. Armado com uma licença para advogar, Acosta não queria nada além de ajudar a fomentar uma revolução *chicana*. "Qualquer coisa que decidia fazer, ele fazia com toda a força", disse seu filho Marco. "Mas nunca ficava satisfeito com coisa alguma."

Durante os seis anos seguintes em L.A., Acosta foi a referência legal para praticamente todos os casos de direitos civis importantes envolvendo ativistas *chicanos*. Em fins de 1968, defendeu 13 manifestantes indiciados por conspiração para perturbar o sistema de ensino público, devido a uma greve de professores. Em 1969, defendeu os Sete de Biltmore, um grupo de radicais preso por tentar detonar uma bomba incendiária no Biltmore Hotel durante um discurso do governador Ronald Reagan. Para Acosta, a principal questão não era a culpa ou inocência; os procedimentos legais deveriam ser aplicados a qualquer pessoa que tivesse que se defender num tribunal. Ele se tornou o equivalente latino do advogado de direitos civis branco William Kunstler, que defendera os Sete de Chicago por ocasião de violentos confrontos entre policiais e manifestantes na convenção democrata de 1968.

Acosta conheceu Thompson pouco antes de se mudar para Los Angeles, durante uma viagem a Aspen em 1967. Sofrendo com uma úlcera crônica e arrasado com a morte de sua secretária, Acosta foi informado por seu cliente John Tibeau sobre um tratamento em algum lugar em Aspen. Esperava ir até lá e recuperar sua saúde. Mas isso não o impedia de beber. Quando chegou à cidade, Mike Solheim combinou um encontro entre Acosta e Thompson no bar Daisy Duke. De short de algodão, boné de marinheiro e uma faca de caça Bowie embainhada na cintura, Thompson pareceu a Acosta um excêntrico deliberado com uma desagradável tendência a discordar. Thompson, por sua vez, não sabia o que pensar de Acosta, mas indiferença certamente não foi uma opção. À medida que a bebida fluiu, Acosta ficou mais animado e energizado, enumerando em voz alta as maneiras como corrigiria as desigualdades raciais nos Estados Unidos e derrubaria os *gabachos* que oprimiam seu povo (Charles Perry disse que Acosta "falava da mesma maneira como Hunter escrevia"). Thompson não conseguia acompanhar tudo o que Acosta estava lhe dizendo — o discurso deste era feito em rápidas explosões sucessivas — mas estava certo de que encontrara um espírito semelhante. O fato de que Tibeau havia quebrado a perna durante um passeio na motocicleta BSA de Hunter foi mencionado e rapidamente esquecido.

"Reconheci em Oscar [alguém] que empurrava as coisas um pouco mais para o limite", disse Thompson. "Com Oscar, você nunca sabia o que aconteceria em seguida." Eles se tornaram irmãos de guerra, companheiros encrenqueiros com uma desconsideração em comum por propriedades e autoridades. Certa noite, Thompson e Acosta tomaram ácido e foram para a Whiskey a Go-Go, em Hollywood — a boate mais animada da Sunset Strip. Quando a música soou monótona e a psicose induzida pela droga se instalou, Thompson convenceu Acosta de que o cantor no palco era uma fraude e fazia *playback*. Inicialmente incrédulo, Acosta aos poucos começou a acreditar na falsa alegação de Thompson, até que finalmente invadiu o palco e exigiu que a banda parasse de fingir. Quando os músicos se recusaram, Acosta se irritou e deu um murro no queixo do cantor.

Acosta e Thompson se tornaram amigos rapidamente, ficando grudados sempre que estavam na mesma cidade. No inverno de 1970, Acosta contou a Thompson a história de Ruben Salazar, um repórter de origem mexicana do *Los Angeles Times* que havia sido morto por uma bomba de gás lacrimogêneo lançada pela polícia de Los Angeles durante uma manifestação pelos direitos civis no leste da cidade. Embora a morte tivesse sido considerada acidental oficialmente pelo Departamento do Xerife do Condado de Los Angeles, Acosta e outros achavam que Salazar, um crítico ferrenho da polícia de L.A. e do prefeito Sam Yorty, fora morto intencionalmente e que a investigação de sua morte havia sido totalmente encoberta. Thompson sugeriu a história à *Scanlan's* e, usando Acosta como guia, foi a L.A. fazer entrevistas. Mas quando Sidney Zion rejeitou o artigo (juntamente com um pagamento de 1.200 dólares a Thompson), o escritor o vendeu para a *Rolling Stone*, sob a condição de que atualizasse a história e esclarecesse alguma confusão na cronologia da narrativa.

Thompson se mudou para L.A., instalando-se num hotel barato no leste da cidade. A tensão racial na cidade havia se transformado em violência, o departamento de polícia divulgava casos de crimes de ódio, e Acosta — crítico declarado da investigação sobre Salazar, que organizara um protesto em frente ao escritório do investigador de L.A. — estava agora cercado de guarda-costas amadores para se proteger de inimigos em aparições públicas. Thompson — que enfrentara a hostilidade dos Hell's Angels sob a ponta de uma faca e viajara para alguns dos lugares mais perigosos do mundo para fazer reportagens — via-se agora cercado por todos os lados por mexicanos irados cada vez que se encontrava com Acosta. Foi uma das poucas vezes em sua carreira em que achou que estava realmente na iminência de sofrer danos físicos.

Para separar Acosta de sua falange de brutamontes, Thompson sugeriu que eles alugassem um quarto no Beverly Hills Hotel para discutir o caso Salazar. Mas o tilintar metálico das joias nos pulsos delicados das senhoras que almoçavam no Polo Lounge não era bem o ambiente que Thompson estava procurando. Ele teve uma ideia melhor.

Tom Vanderschmidt, editor sênior da *Sports Illustrated* e velho amigo dos tempos do *National Observer*, havia telefonado para Thompson uma semana antes para checar se ele estava disponível para uma reportagem. A revista precisava de um escritor que fizesse um texto para acompanhar uma série de fotos de uma corrida de motocicletas chamada Mint 400, patrocinada pelo Mint Hotel, de Del Webb, em Las Vegas. Inicialmente, Thompson hesitou, achando que um outro compromisso pudesse atrapalhar a complexa reportagem sobre Salazar. Mas Vegas sempre o atraíra como um tema potencial para reportagens, e agora ele conjeturava que uma viagem para lá seria uma ótima desculpa para ele e Acosta se distanciarem por algum tempo da loucura em Los Angeles, descansarem um pouco e ainda receberem algum dinheiro.

Thompson partiu para a missão da mesma forma que partia para fazer qualquer reportagem — sem nenhum planejamento. Nenhuma reserva em hotel, nenhuma credencial de imprensa — apenas dinheiro para as despesas e uma ordem vaga para relatar o que testemunhasse na corrida. Acosta alugou um Chrysler conversível e adquiriu um imenso estoque de mescalina, anfetamina e bebidas, e Thompson apontou o carro para leste, na direção do deserto.

Jack Kerouac estava na cabeça de Hunter quando ele apertou o pé no acelerador do carro alugado, seguindo pela Insterstate 15. Os livros de Kerouac — *On the road — pé na estrada*, *Visions of Cody*, *Os subterrâneos*, *Os vagabundos iluminados* — eram lembranças latentes de uma vida existencialista em que sensações loucas valiam mais do que a razão. A prosa coloquial de Kerouac saltava das páginas como um solo de Charlie Parker; era totalmente força muscular e pura espontaneidade. O truque era evitar a complacência e mergulhar de cabeça no turbilhão da insanidade, onde a vida era realmente e exuberantemente vivida.

Thompson internalizou a visão de mundo de Kerouac com uma leitura atenta de seus livros, particularmente *On the road — pé na estrada*, e queria que sua escrita ressoasse com a mesma paixão arrebatadora. A viagem a Vegas com Acosta seria apenas uma continuação de sua própria jornada de anti-herói, que começara com os Hell's Angels e continuara no Kentucky Derby, na America's Cup e nas campanhas em Aspen. Thompson queria ser o Kerouac daquela geração.

Como naquelas aventuras anteriores, Thompson sabia que a missão em Vegas certamente não seria um trabalho de reportagem do tipo quem-o-que-quando-onde. Não poderia ser, com ele e Acosta desembestados em Las Vegas. Para assegurar que os acontecimentos e as cenas não se perdessem nas lembranças vagas de uma farra que seria uma maratona de drogas, Thompson carregava o tempo todo um bloco de anotações e um gravador, registrando cada conversa com estranhos, crupiês e garçonetes de coquetéis. Não tinha a menor ideia se seu trabalho de campo levaria a alguma coisa, mas sempre fora um cuidadoso coletor de dados, por mais desordenados que fossem seus métodos.

A Mint 400 acontecia numa faixa de terra gigante com um caminho sujo que se transformava numa nuvem de poeira quando a corrida começava. Era impossível acompanhar e ficar entediado do ponto de vista jornalístico. Depois de brigar com unhas e dentes para conseguir uma credencial de imprensa e assegurar que um motorista o ajudasse a acompanhar os corredores, Thompson abandonou rapidamente, e totalmente, a Mint 400.

Dirigindo enlouquecidamente o conversível pela Las Vegas Boulevard, Acosta e Thompson entraram e saíram de vários cassinos com a rapidez de observadores que pareciam procurar bombas, maravilhando-se com as atrações decadentes do Circus Circus, depois jogando-se numa apresentação de Debbie Reynolds no Desert Inn. "Hunter chegou ao Circus Circus quando eu estava me apresentando no bar", disse o músico e amigo Bruce Innes. "Queria saber se podia comprar um dos chimpanzés do Flying Wallendas. Mas não lhe venderam."

"Hunter me telefonou de Vegas e havia uma confusão", disse David Felton, editor da *Rolling Stone* que havia encomendado a reportagem sobre Salazar. "Ele gritava ao telefone: 'David, Oscar está fora de controle, não sei o que fazer.' Eu ouvia uns barulhos estranhos no fundo, coisas quebrando e caindo no chão. Acho que eles estavam bem altos, mas acho também que aquilo foi uma atitude em meu benefício. Hunter gostava de forçar as coisas, mas só até determinado ponto."

Depois de alguns dias em Las Vegas, Thompson e Acosta fugiram de sua conta no hotel — que chegava a 2 mil dólares — e correram de volta a L.A. A viagem a Vegas adiara temporariamente a reportagem de Thompson sobre Salazar, e ele estourara o prazo. Havia ainda o trabalho de escrever um artigo curto para a *Sports Illustrated*, mas, como ele havia perdido a corrida, não tinha muito o que escrever. Thompson se hospedou no Ramada Inn, perto do apartamento de Felton em Pasadena, e tentou escrever um artigo sobre Salazar baseado nas informações que Acosta lhe dera. Mantendo-se acordado durante dias seguidos com um considerável estoque de anfetaminas, lutou com a complexidade do caso, que envolvia questões de racismo e conflito de classes, num contexto de caso judicial difícil. Era a reportagem mais complicada de sua carreira, e ele lutou para torná-la digna.

Durante intervalos da reportagem, Thompson datilografava os incidentes da viagem a Las Vegas em sua máquina de escrever IBM Selectric, para manter a sanidade. Com o disco dos Rolling Stones *Get Yer Ya-Ya's Out!* gritando em seu aparelho de som, encontrava rapidamente as palavras; aquilo era prazeroso, não parecia trabalho. Um parágrafo se tornou uma página, depois dez páginas. Na última semana de abril, ele havia escrito mais de 2 mil palavras sobre a viagem a Vegas. Entregou o manuscrito a Tom Vanderschmidt, da *Sports Illustrated*, que o rejeitou sumariamente. Não conseguia extrair sequer uma legenda do manuscrito; aquilo não tinha utilidade alguma para a revista. "Seu telefonema foi a chave para uma enorme alucinação", escreveu ele a Vanderschmidt. "O resultado ainda está no ar, ainda está ganhando altura. Quando você finalmente vir a bola de fogo, lembre-se de que foi tudo culpa sua."

Ele decidiu tentar a sorte na *Rolling Stone*. "Deveríamos nos encontrar para o artigo sobre Salazar", disse o editor David Felton. "Hunter entrou no meu escritório com um papel na mão e começou a ler a história sobre Vegas. Obviamente estava bastante animado com ela." Felton ficou animado também, e Hunter levou o manuscrito para John Scanlon, editor da *RS*, e Jann Wenner, que depois de ler pediu que Thompson seguisse em frente.

Mas havia sempre a questão de garantir dinheiro suficiente para seguir em frente. Foi feito um acordo também com a Random House para publicar o artigo em forma de livro, desde que Thompson escrevesse mais. Ele acabou vendendo o projeto para Jim Silberman por um adiantamento de 100 mil dólares e voltou dirigindo para Las Vegas (desta vez um Cadillac branco) para observar a conferência da Associação Nacional dos Procuradores Distritais sobre narcóticos e drogas perigosas, cujo início estava marcado para 26 de abril. Depois, voltou para Woody Creek e tentou dar sentido a tudo o que havia visto e arruinado em Nevada.

Thompson invocou o espírito rebelde de Kerouac quando se sentou para escrever o resto de *Medo e delírio em Las Vegas* confinado no quarto de hóspedes da Owl Farm, que ele chamava de "quarto de guerra". O título era uma brincadeira com o livro do filósofo dinamarquês Søren Kierkegaard *Temor e tremor*, embora Thompson sempre tenha negado isso. "Kerouac me ensinou que você pode se dar bem escrevendo sobre drogas e ser publicado", disse ele à *Paris Review* numa entrevista em 2000. "Jack Kerouac me influenciou bastante como escritor ... no sentido árabe de que o inimigo de meu inimigo era meu amigo."

Em *Medo e delírio em Las Vegas*, Thompson, assim como Kerouac, disfarça acontecimentos reais num mundo mítico onde a verossimilhança do jornalismo encontra o estilo retórico ébrio que se tornara sua marca registrada. Era jornalismo como bricolagem: Thompson se movia livremente no tempo e no espaço, passando de ácidos monólogos internos para cenas cômicas sensíveis, contrastando os momento animados na Parnassus Avenue, em São Francisco, com a depravação lamê-dourado de Vegas, sempre buscando em vão o sonho americano. Certa madrugada, seu amigo e hóspede Lucian K. Truscott IV chegou à 1h e encontrou Hunter trabalhando arduamente. "Está trabalhando em quê?", perguntou Truscott. Thompson lhe passou algumas páginas. "Não sei", respondeu. "Simplesmente vou continuar escrevendo enquanto as coisas fizerem sentido."

Mas se *gonzo* pode ser grosseiramente definido como uma provocação por parte do repórter para levar a história adiante, então *Medo e delírio em Las Vegas* não corresponde exatamente a isso. Acosta, como o maníaco consumidor de drogas Dr. Gonzo, conduz a história — um personagem de energia ilimitada e temperamento irrefreável, testando cada situação até o limite, um samoano de quase 140 quilos com um sério hábito de consumir nitrato de amila e uma tendência a acender seu cachimbo de haxixe em público.

Thompson é Raoul Duke, um amálgama (derivado do nome do irmão de Fidel Castro e do apelido de John Wayne) que ele usara numa reportagem para a *Scanlan's* no ano anterior. Ao longo do livro, Thompson/Duke se vê tentando negociar uma maneira de escapar das situações terríveis que Acosta/Dr. Gonzo cria. Dr. Gonzo é uma grande força da natureza falstaffiana, e Raoul Duke, seu confuso contraste.

"Certamente, muitas das características que Dr. Gonzo possuía tinham paralelos com meu pai", disse Marco Acosta. "Ele não era samoano, é claro, mas na cultura samoana os homens tendem a ser grandes, e Hunter estava tentando invocar a presença física dominante de meu pai. Há muitos aspectos dele que você não vê, mas o objetivo de Hunter era antes de tudo ser engraçado."

Thompson gastou pouco tempo para dar movimento à sua história. Desde a primeira linha de *Medo e delírio*, ele e Acosta estão se movimentando, em busca de... bem, quem sabe?

> Estávamos em algum lugar perto de Barstow, na beira do deserto, quando as drogas começaram a agir. Lembro-me de dizer algo como "Estou me sentindo meio tonto, talvez você devesse dirigir...". E de repente houve um rugido terrível à nossa volta e o céu estava cheio do que pareciam ser morcegos enormes, todos atacando, gritando e mergulhando em torno do carro, que seguia a mais ou menos 160 quilômetros por hora para Las Vegas. E uma voz gritava: "Meu Deus! O que são esses malditos animais?"

O objetivo declarado é uma viagem a Las Vegas para cobrir a Mint 400, mas, assim como em *On the road*, a viagem é o que importa. Raoul Duke quer aproveitar a grande liberdade que todos os americanos têm; a viagem a Vegas era uma "clássica afirmação de tudo o que é certo, verdadeiro e decente no caráter nacional. Era uma saudação grosseira, física, às fantásticas *possibilidades* de vida neste país — mas apenas para aqueles que tinham coragem de verdade."

Coragem de verdade, assim como o próprio John "Duke" Wayne. Mas não havia nenhuma fronteira selvagem para explorar no Oeste, apenas um "conjunto de retângulos cinza a distância, erguendo-se como cactos". A ideia de uma nova era de iluminismo no Oeste dos anos 1960, da qual Thompson tivera alguns vislumbres em São Francisco, nunca criara raízes, "queimada e distanciada há muito tempo da realidade embrutecida daquele ano sórdido de Nosso Senhor, 1971". O Deserto de Mojave, a última fronteira intocada do Oeste, havia sido colonizado pelos comerciantes-ambiciosos, e ninguém nas mesas de jogo parecia se importar com a crescente contagem de corpos no Vietnã. Para Sal Paradise/Kerouac, os personagens de sua viagem pelo país são uma afirmação da beatitude e da virtude fundamental da classe baixa; o estranho desfile de humanidade que Raul Duke e Dr. Gonzo encontram é meramente bestial e superalimentado em excesso.

A dissonância cognitiva de Raoul Duke/Thompson em Vegas é mais aguda quando ele e Dr. Gonzo assistem à conferência da Associação Nacional de Promotores Distritais sobre narcóticos e drogas perigosas, no salão do Dunes Hotel. Thompson, que se registrara como jornalista credenciado para o evento, saiu para conseguir mescalina com um contato em Vegas e voltou para o salão onde 15 mil policiais veementemente contrários às drogas denegriam em voz alta o uso de substâncias controladas:

> O sistema de som deles parecia algo que Ulysses S. Grant poderia ter instalado para se dirigir a suas tropas durante o Cerco de Vicksburg. As vozes vindas da frente crepitavam com uma urgência difusa, aguda, e o atraso com que chegavam era suficiente para manter as palavras desconcertantemente defasadas em relação aos gestos do orador.
> "Precisamos chegar a um acordo com a Cultura da Droga neste país!... país... país..." Esses ecos chegavam lá atrás em ondas confusas. "A ponta do cigarro de maconha é chamada de *roach* porque lembra uma barata... (em inglês, *cockroach*.) barata... barata..."
> — Que diabo essas pessoas estão falando? — sussurrou meu advogado. — É preciso estar louco de ácido para achar que um baseado se parece com uma porcaria de uma barata!

Thompson finalmente encontra o sonho americano, mas este havia sido tão corrompido que não podia ser reconhecido. O Destino Manifesto agora é apenas agarrar dinheiro — turistas bêbados em Vegas se divertindo até morrer, jogando dinheiro num buraco de coelho, onde ele é recuperado por gulosos proprietários de cassinos. Quanto à contracultura, tem sido castigada e ficado submissa a uma dose pesada de drogas: "Todos aqueles malucos de ácido pateticamente ansiosos que achavam que poderiam comprar Paz e Compreensão por três dólares a dose. Mas a perda e o fracasso deles são nossos também." O sonho acabara, e agora não havia volta.

David Felton considerou o artigo um elogio às esperanças frustradas dos anos 1960: "Acho que ele viu a geração se desintegrando muito antes da maioria de nós, que ainda estávamos tentando ser membros praticantes. Foi pura inspiração."

Numa carta a Tom Wolfe que acompanhava a primeira parte da história, Thompson explicava seus objetivos:

> O que eu estava tentando obter nisso era [a] técnica mente-distorcida/foto do jornalismo instantâneo; um rascunho, escrito no local a toda velocidade e basicamente sem revisão, edição, cortes, acréscimos etc. para publicação. ... Raoul Duke está empurrando as fronteiras do "novo jornalismo" muito mais do que qualquer coisa que você encontrar em *Hell's Angels*.

Medo e delírio em Las Vegas: uma jornada selvagem pelo coração do sonho americano foi a maior conquista até então na carreira de 15 anos de Thompson; em Wenner, ele encontrara um editor simpático que lhe dava espaço para pisar no acelerador até o fundo e desenvolver uma "técnica mente-distorcida/foto" que resultava em uma nova voz — estranha, lisérgica, negramente humorada, suavemente moralizante. Publicado em duas partes nas edições de 11 e 25 de novembro da *Rolling Stone*, e ilustrado com desenhos extravagantes e demolidores de Ralph Steadman, o artigo criou uma enorme polêmica entre leitores e inveja entre seus colegas. "Eu simplesmente o achei extraordinariamente bom", disse Tim Ferris. "Algo como aquilo não acontece com muita frequência. Teve simplesmente o efeito de uma bomba."

William Kennedy — velho companheiro de Thompson em Porto Rico — achou o artigo "totalmente original. Estava bem acima do topo e era o resultado da metamorfose de suas aspirações ficcionais em seu jornalismo". Tom Wolfe, que Thompson considerava seu concorrente mais próximo, declarou que se tratava de uma obra-prima do Novo Jornalismo, "uma sensação arrasadora, que marca uma época".

Aquele deveria ser o momento para merecidamente exultar, mas junto com a aprovação da crítica veio uma série de complicações. Em primeiro lugar, houve a questão da remuneração pelo artigo. Aparte os 300 dólares iniciais que a *Sports Illustrated* havia lhe adiantado, Thompson gastara o restante do dinheiro das despesas com as duas viagens a Vegas em cartões de crédito, uma quantia que passava de 2 mil dólares. Quando o escritor, num frenético telegrama enviado do Flamingo Hotel, implorara a Wenner para enviar algum dinheiro, recebera 500 dólares — mas esta era apenas sua comissão mensal. O dinheiro das despesas teria que ser absorvido pelo pagamento pelo artigo. "Acho que o que você tem a fazer é me *emprestar* os mil dólares e pouco para pagar o Carte Blanche", escreveu Thompson numa carta a Wenner. "Porra. Talvez eu devesse. Nunca vou negar que aquilo era excessivo. Mas não me lembro de gastar nada, lá, que não tenha me parecido *necessário no momento*. Mas isso é algo difícil de argumentar ou defender, isso nos leva ao reino do sobrenatural."

Acosta não estava recebendo um tostão por fornecer todos os subsídios para a reportagem de Thompson, o que estava muito bem até ele ler o artigo. Ser classificado como um samoano desarrumado foi algo que não o agradou, e quando a reportagem foi publicada em forma de livro ele ameaçou processar Thompson e a Random House por difamação de seu caráter.

Thompson ficou desnorteado. Achava que estava fazendo a coisa certa — proteger seu amigo usando um pseudônimo. Mas Acosta — que temia constantemente perder sua licença de advogado e se preocupava com a maneira como a reportagem afetaria sua carreira já instável — não estava tendo nenhuma proteção, principalmente porque o livro trazia na contracapa uma foto de Thompson e Acosta no Caesar's Palace, sentados a uma mesa cheia de copos de drinques. "Tenho sido confundido com índio americano, espanhol, filipino, havaiano, samoano e árabe", escreveu Acosta em seu livro *The Autobiography of a Brown Buffalo*. "Ninguém jamais me perguntou se sou *spic* ou *greaser*. (Tanto *spic* [forma reduzida de *hispanic*, ou hispânico] quanto *greaser* são termos pejorativos para latino-americanos.) Sou samoano? Não somos todos? Eu lamento."

Acosta fez um acordo com Alan Rinzler, editor da Straight Arrow, divisão de livros da *Rolling Stone*: assinaria uma renúncia que anularia todas as alegações de obrigações da Random House em troca de um acordo para publicação de dois livros pela Straight Arrow. Agora, a fotografia de *Medo e delírio* — que fora o motivo de sua mágoa — era um requisito: o primeiro livro de Acosta teria que incluir a foto, para que os leitores pudessem saber quem exatamente ele era.

Com todas as ameaças legais fora do caminho, Thompson estava livre para aproveitar sua boa sorte. *Medo e delírio em Las Vegas* acabou vendendo milhões de exemplares, e ele podia finalmente relaxar um pouco de sua batalha permanente por reportagens, talvez até assumir outro grande projeto de texto: a eleição presidencial que estava por vir, na qual o então ocupante do cargo, Nixon, talvez finalmente tivesse que pagar por todas as transgressões e falsidades de sua longa carreira política. O sonho hippie talvez tivesse morrido nas mesas de jogo do Caesar's Palace, mas se Nixon fosse derrotado, haveria ainda um resto de esperança para todos.

12

DIVERSÃO COM DICK E GEORGE

Em dezembro de 1971, a *Rolling Stone* realizou uma confabulação editorial no Esalen Institute, em Big Sur, Califórnia. O objetivo oficial da conferência era gerar ideias e planos estratégicos para a revista. A agenda não declarada envolvia a ingestão de quantidades prodigiosas de bebidas e maconha. Jann Wenner tinha um tema de discussão-chave para a conferência: queria que Hunter Thompson cobrisse a campanha presidencial de 1972 para a revista, e não apenas as convenções — todas as primárias, desde New Hampshire até as convenções republicana e democrata em Miami. Uma maratona de oito meses de reportagem.

Não era algo que se adequasse de maneira óbvia à revista. "Havia muitos grandes talentos naquela sala", disse Thompson. "Mas quando o assunto era política, eu era o único a levantar a mão. Ninguém queria tocar naquilo, exceto eu." Um projeto político da dimensão do que Thompson estava propondo poderia afastar o grosso dos leitores roqueiros da revista — um público que Wenner vinha cortejando agressivamente com uma forte ênfase na cobertura de rock and roll e a exclusão da cobertura política. Mas Thompson se tornara um favorito do editor da *Rolling Stone*, e aquela eleição, na opinião de Wenner, poderia corresponder à ideia — durante muito tempo preterida — de um eleitorado jovem poderoso. Havia uma cobertura de imprensa sobre listas de registro inchando com 25 milhões de jovens eleitores, com idades entre 18 e 25 anos, que talvez estivessem prontos para acabar com as chances de um segundo mandato de Nixon. Como veículo de mídia impressa mais influente para aquele bloco de eleitores jovens, a *Rolling Stone* talvez tivesse uma oportunidade de empurrar levemente uma eleição nacional para o lado esquerdo.

Somente um outro escritor manifestava algum interesse em cobrir a campanha, e era o jornalista mais jovem e menos experiente da sala. Timothy Crouse era formado em Harvard, filho de um bem-sucedido dramaturgo da Broadway, Russel Crouse, e veterano da Peace Corps que passara por um aprendizado como foca do *Gloucester Daily Times* e do *Boston Herald-Traveller* antes de Wenner contratá-lo como editor colaborador, em 1971. Para um jovem repórter como Crouse, uma campanha presidencial era excitante demais para deixar passar, e então Wenner traçou um plano de jogo: Thompson ficaria com o trabalho pesado e registraria suas impressões da campanha, enquanto Crouse faria reportagens de apoio, que acrescentariam um lastro factual aos artigos de Thompson. Thompson faria uma nova reportagem a cada duas semanas na estrada; Crouse levaria dinheiro para pagar fiança, caso Thompson se envolvesse em algum problema sério.

Seguindo o rastro de um caminhão de mudança cheio de livros e com uma máquina de telefax que Wenner conseguira para ele, Thompson; sua mulher, Sandy; dois dobermans chamados Benji e Darwin; e seu filho de 7 anos, Juan, atravessaram o país de carro, do Colorado a Washington, em dezembro, instalando-se numa casa de dois andares na Juniper Street, na seção Rock Creek da cidade, um distrito modesto, distante dos bairros da moda, como Georgetown, onde muitos repórteres de destaque residiam. Era exatamente o que Thompson queria; ele desprezava o exército da imprensa em Washington, que em sua opinião bajulava os poderosos da cidade com a desculpa de fazer seu trabalho com responsabilidade. Para ele, era inadmissível que um repórter de olhos bem abertos pudesse viver em Washington e não ridicularizar aquilo o tempo todo. O processo político era corrupto e nocivo, e Thompson o abordaria da maneira como o via. "Em 28 jornais", escreveria ele, "apenas com muita sorte você encontrará dois ou três artigos de algum interesse ... mas mesmo esses temas de interesse estão geralmente enterrados lá no fundo, na altura do parágrafo 16 da página (ou em "continua em...?)".

No início de fevereiro, Crouse e Thompson seguiram para New Hampshire, para as primeiras primárias democratas. De blue jeans, tênis, jaqueta de caçador e óculos escuros azulados, o correspondente da *Rolling Stone* se destacava como um homem da Ku-Klux-Klan numa festa do Rotary Club. O exército da imprensa se vestia mais ou menos como os políticos que estavam cobrindo — sapatos de bico fino, gravata e paletó esportivo azul-marinho. Thompson achava que eles se vestiam como caixas de banco, mas também sabia que roupa e comportamento profissionais eram essenciais para se ter acesso aos candidatos.

Ele não conseguiu credencial de imprensa para a Casa Branca ("Rolling o quê?", perguntara-lhe o escritório da imprensa), e sua proposta de se juntar ao grupo da imprensa para as primárias ainda estava em suspenso. Teria que cumprir sua missão como fizera em todas as suas outras reportagens em que não conseguiu acesso aos temas pelos meios tradicionais — seria uma operação totalmente clandestina, com Thompson e Crouse agindo com espertaza, confiando no instinto de Thompson para aproveitar as situações certas, nos momentos mais oportunos.

Era uma metodologia bastante diferente da abordagem que Theodore H. White buscara ao pesquisar para seu livro *The Making of the President 1960*. O projeto de White era uma referência para o jornalismo americano — a primeira vez que um repórter havia analisado as primárias e as duas convenções e assimilado todas as informações numa narrativa que captava a mobilização e o suspense dramáticos de uma eleição presidencial. Inicialmente, White forjara sua reputação como chefe do escritório da *Time* na China durante a Segunda Guerra Mundial. Depois da guerra, morou na Europa e colaborou com artigos sobre política para praticamente todos os grandes periódicos americanos, incluindo a *Reporter*, uma das revistas para as quais Thompson trabalhou no início dos anos 1960. Na época em que cobriu a eleição de 1960, White era um dos jornalistas mais reverenciados do país, um guardião confiável dos fatos sagrados.

Em 1961, quando foi publicado, *The Making of the President 1960* foi considerado uma revelação de bastidores, mas a história não tem sido gentil com a obra. Reconhecidamente, o livro é a mais escrupulosa decomposição do processo eleitoral já publicada. White testemunha a silenciosa tensão da equipe de Kennedy à espera da contagem de votos em Wisconsin; acompanha Kennedy enquanto este assegura aos trabalhadores das minas de carvão de Virgínia Ocidental que lutará pela dignidade deles na Casa Branca; registra as complexas maquinações por trás da escolha dos candidatos a vice-presidente nas convenções; e traça as históricas tendências de votação nos dois partidos através de um aumento de números e estatísticas socioeconômicos.

E ainda hoje, ao ler White, sente-se que alguma coisa está sendo ocultada, que rachaduras e fissuras estão sendo disfarçadas. Embora White tenha sido um astuto julgador de caráter (sobre Nixon, ele escreve: "Foi como se mudar a sociedade indecisa do sul da Califórnia na qual ele cresceu tivesse transmitido para ele um pouco da incerteza que está na essência da própria sociedade"), ele considera os políticos homens essencialmente bem-intencionados, conduzindo os negócios da nação com probidade e firme estoicismo. Apesar de suas alegações de objetividade, fica evidente que White considera Kennedy um *Übermensch* louro; o pecado cardeal do livro talvez seja sua risível pretensão de imparcialidade. (Não que isso tenha afetado as vendas: o livro foi diretamente para o primeiro lugar na lista de best-sellers do *New York Times* e ficou ali por um ano.) White publicou posteriormente volumes para as campanhas de 1964, 1968 e 1972, que também venderam muito.

Em 1961, a maioria dos americanos não pensou duas vezes se o livro de White era hagiográfico demais. Quando Kennedy foi eleito, a primeira-dama convidou o repórter para visitar a Casa Branca para um perfil na revista *Life*. Depois disso, White se tornou o primeiro jornalista a escrever sobre "Camelot", tornando-se assim um dos principais arquitetos do mito de Kennedy.

Onze anos depois de *The Making of the President 1960*, e oito anos depois da resolução do Golfo de Tonkin, ficou aparente para Thompson que participar da cerimônia no altar de algumas divindades políticas não levaria a avanços em favor nem do jornalismo responsável, nem da reforma social. Sua maneira de seguir a trilha da campanha seria radicalmente diferente daquela de White. "Cheguei com a mesma atitude que levo para qualquer lugar como jornalista: com martelo e alicate — e a misericórdia de Deus por todos que entram no caminho", disse ele. Thompson demonstrou poucas esperanças em qualquer coisa que o Partido Democrata tinha para oferecer, e não teve escrúpulo algum em dizer isso nos artigos. Na sua opinião, o partido em si estava com problemas, e assim continuaria a não ser que se livrasse dos aproveitadores e bajuladores, do dinheiro de sindicatos e das prevaricações de "paz com honra" que ecoavam na política do governo Nixon para o Vietnã. "Os imbecis que fazem política no país ficaram tão hipnotizados pela escola de campanha da Madison Avenue que realmente acreditam, agora, que tudo o que é preciso para se tornar um congressista ou um senador — ou mesmo um presidente — é um bom conjunto de dentes, um grande maço de dinheiro e meia dúzia de Especialistas em Mídia."

Thompson estava bastante consciente de que o exército da imprensa que cobria a campanha de 1972 incluía alguns dos jornalistas políticos mais experientes do país, inclusive David Broder e Haynes Johnson, do *Washington Post*; Jules Witcover, do *Los Angeles Times*; e R.W. "Johnny" Apple, do *New York Times* — homens que não tendiam a se deixar intimidar pelas manobras políticas desajeitadas de um manipulador. Se Thompson, um neófito em Washington, queria cobrir aquela campanha direito, teria que usar toda a sua habilidade e espertza para fazer isso. "Mil novecentos e setenta e dois foi um encontro entre duas tendências na reportagem política", disse Frank Mankiewicz, filho do roteirista Herman Mankiewicz e ex-diretor da Peace Corps que dirigiu a campanha do senador George McGovern, de Dakota do Sul. "Fomos do jornalismo direto e sério para o jornalismo altamente opinativo. Nixon teve muito a ver com isso, é claro. E Hunter também."

De início, não parecia que a eleição de 1972 teria o mesmo drama da campanha de 1968, quando Hunter fora incomodado pela polícia de Chicago. O presidente Nixon era popular, e uma equipe inexpressiva de democratas teria que lutar pela candidatura durante todo o percurso para a convenção, que aconteceria em agosto, em Miami. Edmund Muskie — senador do Maine que havia sido companheiro de chapa de Hubert Humphrey quando o senador de Minnesota quase derrotou Nixon, em 1968 — era o favorito. Humphrey também estava fazendo uma nova tentativa. Eugene McCarthy vinha considerando uma quarta disputa. E o prefeito de Nova York, John Lindsay; o governador do Alabama, George Wallace; e George McGovern também estavam brigando pela chance de derrotar Nixon.

Thompson não era obrigado a relatar a campanha minuciosamente, e portanto estava livre para perambular e vagabundear, método que às vezes o ajudava a conseguir seu melhor material. Seu cara a cara com McGovern foi um encontro casual no banheiro do Exeter Inn, em New Hampshire, logo depois de a campanha de McGovern ser informada de que Harold Hughes, senador de Iowa e havia muito tempo aliado de McGovern, apoiaria Muskie. Enquanto os dois homens estavam diante do mictório, Thompson começou a fazer perguntas a McGovern.

> — Digamos que... ah... detesto mencionar isso — eu disse. — Mas e essa coisa com Hughes?
> Ele hesitou e rapidamente fechou o zíper da calça, balançando a cabeça e resmungando algo sobre "um acordo para a vice-presidência". Pude notar que não queria falar sobre aquilo, mas eu queria obter sua reação antes que ele e [o assessor de imprensa Dick] Dougherty pudessem apresentar juntos uma história.
> — Por que o senhor acha que ele fez aquilo? — perguntei.
> Ele estava lavando as mãos, fitando a pia.
> — Bem... — disse finalmente — acho que eu não deveria dizer isso, Hunter, mas honestamente não sei. Estou surpreso; estamos *todos* surpresos.

Aquilo era tudo o que Thompson conseguiria por enquanto; McGovern se retirou para a sala de jantar, enquanto Thompson era desviado para o bar por assessores de McGovern.

Muitos dos jornalistas "direitos" não eram avessos a tomar alguns drinques nas horas vagas — o almoço de dois martínis ainda sobrevivia, e bem —, mas para muitos deles o enorme apetite de Thompson por álcool e drogas era um pouco inconveniente demais; cheirava a coisa de hippie e não de jornalista. "Certamente havia pessoas que o desaprovavam", disse Nicholas von Hoffman, que cobria a campanha para o *Washington Post*, "mas acho que era um desdém mais pessoal do que profissional. Ele bebia e se drogava, e fazia muito alvoroço — fazia um bocado de barulho. Eu o admirava muito, mas não queria ficar associado demais a quebra de regras e coisas assim."

David Broder se encontrou pela primeira vez com Thompson no bar do Pfister Hotel, em Milwaukee, durante a campanha em Wisconsin, e o achou "selvagem e cativante", embora em encontros posteriores em outras cidades Broder não tivesse certeza sobre qual Thompson ele veria — o perspicaz adivinhador de agendas políticas ou o beberrão pouco coerente. "Eu jamais subestimaria a tendência selvagem de Hunter", disse Broder. "Ele simplesmente desaparecia de repente, perdia o avião da imprensa e mais tarde o encontrávamos na cidade seguinte."

Para os membros da campanha que se tornaram simpáticos a Thompson, essa tendência selvagem era exagerada, mas Thompson sabia fazer mais do que destruir as pontes com aqueles que o aproximavam dos candidatos. Thomas B. Morgan, que fazia uma pausa da escrita para trabalhar como assessor de imprensa do candidato democrata John Lindsay, nunca viu Thompson beber um drinque ao longo de muitas discussões tarde da noite. "Hunter sempre se comportava bem no ônibus da campanha, nas paradas", disse Morgan. "Ele nunca se levantava e dizia: 'Eu sou Hunter Thompson e vocês são um bando de merdas.' Descobri que podia contar com ele para ter a reportagem correta."

Para Thompson, a política era um esporte sangrento (ecos de Breslin e Mailer, que frequentemente usavam metáforas de esporte ao escreverem sobre política), e ele se divertiu com a arte do jogo das primárias fazendo apostas com Frank Mankiewicz e Morgan sobre quem ganharia e avaliando os candidatos como lutadores de boxe — quem fora jogado contra as cordas, quem apareceria com os dois punhos erguidos? "Quando Big Ed [Muskie] chegou à Flórida para A Blitz", escreveu Thompson mais tarde, ele parecia e agia como um homem que havia sido arrebentado. Observando-o em ação, lembrei-me da sensação nervosa de maldição frustrante no rosto de Floyd Patterson, quando ele fez a pesagem para sua segunda luta pelo título do campeonato com Sonny Liston em Las Vegas. Patterson estava tão obviamente enfraquecido, em sua cabeça, que eu não poderia fazer uma aposta nele — com *nenhuma* divergência — entre centenas de veteranos escritores de esportes que estavam nos bancos ao lado do ringue na noite da luta. ...

Floyd saiu de seu canto e virou cera na primeira vez que Liston o atingiu. Então, quando ainda faltava um minuto para o fim do primeiro *round*, Liston o esmurrou novamente, e Patterson caiu para a contagem. A luta acabara antes de eu tocar minha segunda cerveja.

Thompson tinha uma forte aversão a Muskie. Apesar das vitórias iniciais em Iowa e New Hampshire, a forte demonstração de McGovern como segundo lugar nos dois estados pareceu enfraquecer a determinação de Muskie. Para Thompson, ele parecia fraco e ineficiente, e agora estava se autodestruindo diante de seus olhos. Em New Hampshire, Muskie parecia chorar abertamente ao fazer um discurso defendendo a honra de sua mulher, um dia depois de o *Manchester Union Leader* publicar um artigo que a descrevia como emocionalmente instável. Homem que tinha desequilíbrios de psique durante o discurso e dizia a coisa errada na hora errada, Muskie era um concorrente que de maneira singular não trazia inspiração e se mostrava inadequado. "Quando Ed tentava esconder alguma coisa, todo mundo sabia que estava fazendo isso", disse Burl Bernard, gerente da campanha de Muskie. "Ele não era um ator muito bom." O que, refletiu Thompson, poderia explicar seu comportamento instável? Logo depois das primárias de Wisconsin, em abril — das quais McGovern saiu vitorioso, e Muskie, lutando por um impulso — Thompson apresentou uma potencial teoria:

Não muito tem sido escrito sobre o Efeito Ibogaína como um sério fator na Campanha Presidencial, mas perto do fim da disputa das primárias de Wisconsin — mais ou menos uma semana antes da votação — vazou a informação de que alguns dos principais assessores de Muskie haviam chamado um médico brasileiro que estaria tratando o candidato com "algum tipo de droga estranha" da qual ninguém no exército da imprensa jamais ouvira falar. ...

Imediatamente reconheci o Efeito Ibogaína — no colapso lacrimoso de Muskie no caminhão-plataforma em New Hampshire, nas ilusões e pensamentos alterados que caracterizaram sua campanha na Flórida e, finalmente, no estado de "raiva total" que tomou conta dele em Wisconsin.

Thompson estava se divertindo um pouco à custa de Muskie alegando que o senador do Maine talvez estivesse ingerindo um alucinógeno sul-americano conhecido por melhorar o desempenho sexual. "Até mesmo alguns repórteres que cobriam Muskie havia três ou quatro meses levaram aquilo a sério", disse Thompson. "Isso porque não sabem nada sobre drogas." O ex-editor-geral da *Rolling Stone* John Burks achou que a atuação de Thompson era irresponsável e imprudente, e que talvez estivesse perdida a indicação de Muskie. "Os repórteres acreditaram naquilo o suficiente para fazer perguntas sobre o assunto nas entrevistas coletivas", disse Burks. "Logo ele perderia primárias após primárias e estaria fora da disputa. Na minha opinião, Muskie era o único sujeito que poderia ter derrotado Nixon."

Thompson gostou de pensar que sua reportagem talvez tivesse favorecido a campanha de McGovern, que ele respeitava como político de princípios. Mas na verdade a reportagem não teve influência alguma; foi apenas um arranhão no longo ciclo de mídia da campanha, e passou com o tempo. Nenhum jornalista sério jamais acreditou realmente naquilo. Se muito, o colapso público de Muskie em New Hampshire contribuiu mais para sua queda do que o rumor sobre ibogaína. "Não acho que alguma coisa que Hunter escreveu tenha tido algum efeito substancial na campanha de Muskie", disse Burl Bernard. "Mas em determinado momento eu lhe disse: 'Hunter, você não está cobrindo a campanha, está tentando destruí-la.'" "Aquela coisa sobre Muskie foi ridícula", disse Frank Mankiewicz. "Todo mundo sabia que era ridícula. Mas ele realmente captou a essência de Muskie — o homem parecia narcotizado a maior parte do tempo."

Era puro jornalismo parcial feito com uma dissimulação que tendia ao absurdo, e aqueles que faziam esse jogo saíam mais facilmente do que aqueles que não faziam. Alguns entrevistados, como Mankiewicz, entenderam o espírito das coisas do escritor depois de algumas primárias. "Se Hunter fazia uma pergunta no campo da esquerda, eu lhe dava uma resposta ridícula." Thompson tinha mais respeito por sujeitos como Mankiewicz, que mantinham um saudável respeito pelo processo, mas ainda o consideravam um jogo, apenas mais uma adorável brincadeira americana que nunca levava a nada além de mediocridade e mentiras nos mais altos níveis do governo.

Como jornalistas que haviam participado de disputas por cargos públicos com plataformas bastante radicais, Thompson e Norman Mailer — que cobria a campanha para a *Life* — tinham pouca tolerância pelos políticos de maior destaque. Mas, embora a experiência de Mailer o tivesse convencido a se ater a suas forças, Thompson não havia desistira do proselitismo que vinha de dentro. Prendeu Mankiewicz em longas conversas em algumas ocasiões durante a campanha das primárias e o alfinetou nos pontos salientes de sua filosofia política de Poder Louco, mas Mankiewicz simplesmente deu de ombros — um sinal claro, pensou Thompson, da miopia no lado de McGovern.

Thompson teve sorte por Mankiewicz ser tão benevolente em relação a alguns de seus relatos mais espúrios, particularmente um incidente em New Hampshire em que Thompson alegou que Mankiewicz bateu nele na garagem do Wayfarer Hotel — uma armação aparentemente montada por Crouse, que informou Mankiewicz em troca de um emprego na Casa Branca. "Toda aquela conversa sobre eu persegui-lo com um ferro de desmontar pneus é patentemente falsa", disse Mankiewicz, "mas há um espírito de paixão batendo ali".

Jules Witcover — que cobria a campanha para o *Los Angeles Times* — via defeitos no trabalho impetuoso de Thompson, que considerava deliberadamente enganador e injusto com as pessoas. "Hunter era completamente maluco, um dervixe girando no meio do caminho", disse Witcover. "Eu entendia o que ele procurava e achava aquilo divertido, mas ele não interpretava as pessoas muito bem. Hunter lidava com o exagero, e não acho que tenha causado realmente algum dano real a Muskie ou a qualquer outra pessoa. Acima de tudo, ele era um animador."

Bob Semple — que cobria a campanha de Nixon para o *New York Times* — não se animava com aquilo. Semple e Thompson haviam tido uma relação casual quando cobriam Nixon em New Hampshire, dirigindo freneticamente de discurso para discurso, sobre gelo, com Don Irwin, do *Los Angeles Times*, a reboque, bicando uma garrafa de Jack Daniel's para se manterem aquecidos. "Temi pela minha vida naquele carro", disse Semple. "Nunca estive tão perto do criador." Semple chegou a conseguir uma credencial de imprensa para Thompson embarcar no avião da Casa Branca, depois de assegurar ao assessor de Nixon para assuntos internos, John Erlichman, que o escritor "não faria mal a uma pulga". (Erlichman estava convencido de que Thompson era um maníaco homicida.) Mas Semple se sentiu traído pela descrição que Thompson fez dele em sua reportagem "Fear and Loathing: The Fat City Blues", publicada na edição da *Rolling Stone* de 26 de outubro, particularmente devido a um trecho em que Thompson manifestava repulsa pela bajulação de repórteres que cobriam Nixon, entre eles Semple, que ficava "puxando o saco de Ron Ziegler (assessor de imprensa da Casa Branca)".

"Eu entendia que Hunter estivesse procurando verdades mais profundas, e que seu trabalho era em parte ficção . Mas aquilo realmente me irritou", disse Semple. "Eu saíra do meu caminho para ajudá-lo. Eu simplesmente não sabia o que ele tinha em mente."

Thompson só estava tentando continuar se divertindo, evitando o tédio soporífero de 23 primárias em cinco meses, de discursos políticos clichês, da comida horrível nos quartos sujos de hotel. Com ordem para enviar uma reportagem a cada duas semanas, falava abertamente em suas reportagens que não estava aguentando o peso de seu fardo.

"Eu estava ficando extremamente cansado de escrever sobre política", escreveu ele em "Fear and Loathing in California: Traditional Politics with a Vengeance", que saiu na edição da *Rolling Stone* de 6 de julho de 1972. "Meu cérebro virou um barril de vapor; meu corpo está se transformando em cera e gordura ruim, a impotência ronda; minhas unhas estão crescendo numa velocidade fantástica — estão virando garras; meu cortador de unha tamanho padrão já não serve, então carrego uma série de cortadores enormes e saio furtivamente toda noite, ao anoitecer, independentemente de onde estou, ... para cortar mais um quarto de uma polegada ou algo assim de todos os dez dedos."

Cada reportagem que Thompson fazia era um ritual doloroso e demorado de falsos inícios e construção fragmentada. Thompson agonizava num lide e o jogava no lixo, somente para sua mulher, Sandy, desamassar o papel e enviá-lo. Thompson tinha que transmitir cada página pelo telefax, que ele apelidara de "Mojo Wire" — uma engenhoca ultrapassada que a cada três minutos transmitia uma página para o papel térmico do outro lado. Invariavelmente, a cópia era enviada numa hora ingrata da manhã, e era tarefa de Charles Perry ficar por perto e recebê-la enquanto esta se movia pela linha telefônica.

"Eu tinha que esperar a chamada, que podia vir a qualquer hora", relembra Perry. As reportagens — frequentemente com 8 mil palavras ou mais — chegavam por partes, que Perry tinha que reunir de acordo com o sistema de inserções alfabético de Thompson. "Espalhávamos tudo em volta e organizávamos uma reportagem de um jeito ou de outro", disse Perry. "Hunter conseguia levar editores às lágrimas", disse David Felton. "Ele podia ser rápido e escrever três dias seguidos, produzindo um parágrafo por hora, e Charles Perry teria que ficar acordado por três dias seguidos para receber tudo, e tínhamos que consertar aquilo. E se ele não gostava do que você fazia, gritava com você."

Em suas reportagens, Thompson arrasava com todos os concorrentes democratas. Ed Muskie "falava como um fazendeiro com câncer terminal tentando fazer um empréstimo para a safra do ano seguinte"; Humphrey era "uma velha raposa política rasa, desprezível e irremediavelmente desonesta", um aproveitador sem princípios que não parecia ter consciência de que "sua logorreia não era levada a sério por ninguém, exceto Líderes Trabalhistas e negros de classe média". Apenas George McGovern dava a Thompson esperanças, embora fracas, de que um candidato decente pudesse emergir de um campo tão medíocre. Mas até mesmo Thompson admitia que o senador de Dakota do Sul era talvez tímido demais e sincero demais para ser levado a sério numa disputa nacional. "Multidões o desligam, em vez de ligá-lo", escreveu Thompson em sua matéria sobre as primárias de New Hampshire. "Falta a ele aquele senso de drama — aquele instinto de momento e orquestração que é o verdadeiro segredo do sucesso na política americana."

Norman Mailer tinha uma opinião menos generosa sobre McGovern. Compartilhava com Thompson a ideia de que ele era um político decente e com princípios, mas virtude não era o suficiente para apoiar aquele voto. Para Mailer, a ascensão de McGovern simbolizava a transformação do Partido Democrata, de um alambique de ideias vibrante e às vezes caótico, num repositório inativo de jargões que nada inspiravam. Na verdade, McGovern era tão sem graça quanto Nixon; projetava "a mesma falta de carisma que pode se provar mais poderosa do que o próprio carisma".

Em todo lugar para o qual se virava na convenção democrata em Miami, Mailer via dispersos remanescentes do movimento jovem que havia unido a esquerda nos anos 1960, crianças mimadas dos subúrbios aquietadas numa "inocência complacente totalmente próxima da arrogância". As paixões da convenção democrata de 1968 em Chicago — na qual um confronto de ideologias aconteceu numa luta de rua sangrenta entre a polícia do prefeito Daley e os manifestantes antiguerra — haviam morrido. A televisão firmara seu controle sobre o tom do acontecimento, deixando os manifestantes discordantes completamente fora do quadro, mas também induzindo uma aquiescência ao decoro apropriado. Se a TV não queria um circo, então não o teria. A nova classe de delegados profissionais asseguraria isso.

Na sede de McGovern, no Doral Hotel, Mailer se misturou aos aliados do candidato, "Phi Beta Kappas com rostos limpos e óculos de armação de tartaruga, sua presença representando uma clara afirmação de uma fisiologia que tinha pouco gosto por bebidas e muito gosto por boas notas", bem como "uma juventude suburbana de cabelos longos e um sentimento de tédio por esperar mais uma noite que algum vento de esquerda tribal tocasse o pelo de suas narinas". Mailer sentia uma saudade dolorosa das negociações de bastidores das convenções anteriores; uma convenção absolutamente benigna deixava pouca coisa para ele decifrar. Até mesmo Nixon o desapontava. A velha misantropia latente do presidente havia sido triturada e se transformado num mingau digerível. Agora ele era o perfeito presidente da TV, "um zangão manso com pontos ideológicos oscilantes" pregando uma política de dar à classe média direito "ao bolo", aqueles suplicantes de Zênite que estavam lá, nas salas de estar do país, aprovando tacitamente uma política que gastou na Guerra do Vietnã quase duas vezes mais do que gastou com o bem-estar social.

Embora estivesse desanimado com a falta de intrigas em Miami, Mailer não desprezou os outros candidatos tão rapidamente quanto Thompson, que os classificava como pouco mais do que pregoeiros ordinários. Na opinião de Thompson, a convenção democrata não passava de uma procissão de "tolos sem-vergonha que não viam mal algum em mendigar alguma exposição grátis na TV nacional indicando uns aos outros para vice-presidente". O tempo da convenção dedicado à retórica exaltada e à disputa pela escolha de um candidato à vice-presidência, na noite da escolha, foi tão grande, que McGovern só fez o discurso de aceitação às 3h30, hora em que a maior parte da audiência da TV já havia ido dormir. Quanto aos delegados, estavam tontos de bebidas e THC líquido administrado por um "maluco sorridente" que "dava doses grátis à qualquer pessoa que ainda tivesse força para pôr a língua para fora".

A cobertura de Mailer das duas convenções — que seria publicada em seu livro *St. George and the Godfather* — foi mais generosa e com mais nuances do que a de Thompson, e mais disposta a admitir que um vestígio de decência podia ser encontrado se alguém olhasse com bastante atenção. Era perda de tempo escrever sobre pessoas que não mereciam consideração, que não tinham algum tipo de complexidade latente para ser desencavada, e Mailer tinha total confiança em sua capacidade de separar o superego do id simplesmente ficando de lado com seu bloco de anotações.

Diferentemente de Thompson — que acreditava em números absolutos e no que estes revelavam —, para Mailer estatísticas não eram tão importantes quanto os métodos usados para conquistar e negociar poder. A escolha de um companheiro de chapa, por exemplo, era mais ou menos uma busca de um nome que fosse uma marca perfeita: "Reconheça que um homem chamado Proctor disputando a presidência procuraria um Gamble para o acompanhar." A eufonia nos cartazes, o som agradável de dois nomes quando combinados, era mais importante do que a compatibilidade política, e portanto McGovern — depois de ser rejeitado pelos gostos do prefeito de Boston, Kevin White; de Ted Kennedy; e do governador da Flórida, Ruben Askew ("um nome perfeito! Govern e Ask-You") — acomodou-se com Thomas Eagleton, senador do Missouri cujo nome "tinha conotações da águia [em inglês, *eagle*] americana, uma virtude firme, um algo mais discreto". Mas Eagleton provaria ser a ruína de McGovern quando se revelou que havia sido internado com exaustão nervosa e fizera tratamento de eletrochoque em duas ocasiões.

Ali estava a intriga, finalmente, mas Mailer foi cuidadoso para não chegar a nenhuma conclusão fácil sobre Eagleton, que havia concordado em lhe dar uma entrevista na tarde de sua renúncia. Ele aceitou o fato de que Eagleton talvez não tivesse pensando seriamente em seu passado quando seu nome estava sendo mencionado como indicado para a vice-presidência, tendo feito "uma recordação miserável, etapa por etapa" tantas vezes, que parara de se preocupar com isso. Ele era um personagem arruinado que poderia ter saído das páginas de um romance de F. Scott Fitzgerald. Mailer sustentou que as fortes características patrícias de Eagleton lhe davam uma leve semelhança com F. Scott Fitzgerald (seria Eagleton, assim como Jay Gatsby, um homem que aprendera a suprimir seu passado misterioso?). Mas quando Eagleton lhe respondeu dizendo que *O grande Gatsby* era um de seus livros favoritos, Mailer pôde sentir que o mendigo de votos profissional estava falsamente se aproveitando, e teve a percepção decepcionante de que os políticos "não eram mais grandiosos" do que ele próprio.

Thompson considerara Eagleton uma raposa política desde o início, e criticou McGovern por compartilhar a chapa com um político da velha guarda tão sem inspiração. O substituto de Eagleton, Sargent Shriver, ex-chefe da Peace Corps e contraparente de Kennedy, foi uma melhora apenas superficial, uma aposta segura que não inspirou ninguém. O impulso de McGovern estava sendo forçado por membros do partido arraigados; os agitadores liberais das primárias — que no último minuto haviam evitado um desafio parlamentar de um contingente anti-McGovern no solo da convenção, em julho — haviam dado lugar ao pragmatismo do partido, abrindo seu caminho inexorável para as velhas alianças minoria-e-sindicato que poderiam impulsioná-lo o suficiente para nivelar o campo de jogo com Nixon em novembro. O que começara como um renascimento do velho espírito de insurreição de Eugene McCarthy se transformara em negócio, como sempre. A hesitação de McGovern em relação ao destino de Eagleton, sua indecisão diante da primeira verdadeira crise da campanha, foi uma bandeira vermelha para Thompson, uma indicação da desorganização e da incompetência da equipe de McGovern. Nixon era muitas coisas, mas não era bobo: seu talento para manobras e estratégias políticas era napoleônico. As coisas de fato pareciam terrivelmente sombrias.

A ação — ou a falta dela — em torno da convenção republicana na semana de 18 de agosto foi uma metáfora apropriada do nível de energia reduzido da eleição de uma maneira geral. No Flamingo Park (perto do Fontainebleau Hotel, que servia como sede informal da imprensa), Thompson testemunhou um grupo de manifestantes tentando pateticamente criar um pouco de calor. "À exceção dos Veteranos do Vietnã contra a guerra, os manifestantes em Miami eram uma concentração inútil de *ego-junkies* ignorantes, de merda, cuja única conquista foi envergonhar toda a tradição dos protestos públicos", escreveu Thompson em "Nixon Bites the Bomb", publicado na edição da *Rolling Stone* de 28 de setembro. "Eles estavam irremediavelmente desorganizados, não tinham nenhum objetivo real para estarem ali e metade deles se achava tão desgastada por fumo, vinho e barbitúricos que não sabia dizer ao certo se estava fazendo confusão em Miami ou San Diego."

Thompson achou os aliados de Nixon muito mais eficientes como manifestantes e recrutadores. Pouco antes de sair a lista formal de indicados, o intrépido repórter da *Rolling Stone* foi surpreendido, quando estava a caminho do bar da imprensa livre, por um tumulto de jovens briguentos de Nixon. Aproveitando a oportunidade de se aproximar da barriga do monstro, Thompson se misturou ao grupo e se viu numa sala onde era preparada uma manifestação. Observou placas com slogans como "mais quatro anos" e "nenhum compromisso" deixadas sobre uma mesa, e escolheu uma delas para carregar na convenção: "lixeiros exigem tempo igual"

A artimanha funcionou bem, até que um dos manifestantes viu Ron Rosenbaum, do *Village Voice*, correndo na direção de Thompson na tentativa de não ser chutado para fora da sala de preparação.

> Ergui os olhos e dei de ombros, sabendo que meu disfarce havia sido descoberto. Em questão de segundos, eles estavam gritando para mim também.
> — Seu imbecil louco — gritei para Rosembaum. — Você me *dedurou*! Olha o que você fez!
> — Imprensa fora! — gritavam eles. — Fora! Vocês dois!
> Eu me levantei rapidamente e me encostei na parede, ainda xingando Rosenbaum.
> — Isso mesmo! — gritei. — Tirem esse imbecil daqui! Imprensa fora!

"Bem, não apontei para ele, e não acho que ele diria que fiz isso", disse Rosenbaum. "Essa parte foi modificada para ficar divertida, mas não nos desentendemos por causa daquilo. A reportagem foi simplesmente coerente com o gênero próprio do hunterismo, entre fato e ficção."

Thompson convenceu os seguidores de Nixon de que era apenas um político fracassado que disputara sem sucesso um cargo de xerife no Colorado e que agora queria ver como era estar dentro de uma campanha vencedora. Então alguém percebeu seu *button* de McGovern, preso em seu crachá da imprensa. Usando seu instinto finamente afiado para se livrar de situações complicadas, Thompson evitou a expulsão e entrou, com alguns milhares de membros da Juventude Nixon, no recinto da convenção, onde pôs um chapéu vermelho, branco e azul e carregou sua placa "lixeiros exigem tempo igual", para deleite dos telespectadores que acompanhavam aquele momento. Mas quando a multidão começou a gritar "Mais quatro anos", Thompson tirou o chapéu de plástico e escapuliu.

A reeleição de Nixon por uma diferença de votos recorde (ele recebeu mais de 60% dos votos nacionais) confirmou o que Thompson e Mailer haviam suspeitado o tempo todo: que Nixon atraía os piores instintos da massa, e McGovern era talvez honesto demais para lutar nas trincheiras com um combatente tão experiente e inescrupuloso. No artigo "Fear and Loathing: the Fat City Blues", Thompson escreveu: "Talvez este seja o ano em que finalmente ficaremos face a face com nós mesmos; em que enfim vamos simplesmente nos deitar e dizer isso — que de fato somos apenas uma nação de 220 milhões de vendedores de carros usados com todo o dinheiro que precisamos para comprar armas e nenhum escrúpulo de matar qualquer outra pessoa no mundo que tente nos deixar desconfortáveis."

Se muitos da imprensa dominante estavam decepcionados com o jornalismo parcial de Thompson, logo perceberam que seu trabalho agressivamente subjetivo estava mais perto da verdade do que os relatos factuais dos jornais de família e dos semanários de circulação em massa, que não esclareciam realmente nada disso. "Ele odiava a guerra no Vietnã com ardor", disse George McGovern. "E odiava a hipocrisia do sistema. Basicamente, acho que queria ver o país cumprir seus ideais. E queria que agíssemos melhor."

Watergate ainda era um rumor quando Nixon foi reeleito. Quando a invasão da sede nacional do Partido Democrata no Watergate Hotel aconteceu, em 17 de junho, o *New York Times* enterrou a história na página 50. Em 10 de outubro, o *Washington Post* publicou a reportagem de Bob Woodward e Carl Bernstein que revelou uma "campanha maciça de espionagem e sabotagem política em benefício da reeleição do presidente Nixon e dirigida por funcionários da Casa Branca e da Comissão para Reeleição do Presidente". Ainda assim, muitos jornais optaram por ignorar a história ou subestimar aquela cobertura; a incansável campanha do vice-presidente Spiro Agnew contra o *Post* — um jornal que ele classificou de órgão da elite liberal com uma agenda política — contribuiu bastante para silenciar ou assustar muitos órgãos da imprensa, levando-os a uma submissão.

Mas Thompson sabia das coisas para engolir as informações tendenciosas com as quais Agnew estava alimentando o exército da imprensa. Tinha uma desconfiança inata e absoluta em relação a Nixon, que ele considerava profundamente mau. Bem antes de o *Washington Post* publicar a reportagem sobre o envolvimento da equipe de Nixon em Watergate, Thompson escrevera uma reportagem para a *Rolling Stone* em que se declarara espantado com a ilusão maciça de uma população que votaria num homem tão constitucionalmente desonesto quanto Nixon. "'Sinistra' não é bem a palavra certa para uma situação em que um dos políticos mais consistentemente impopulares da história dos Estados Unidos de repente sobe como um foguete e alcança o status de Herói do Povo, enquanto seus assessores mais próximos estão sendo apanhados quase diariamente em atitudes de estilo nazista que teriam constrangido Martin Bormann."

Se os anos 1960 só começaram realmente com o assassinato de Kennedy, em 1963, então eles terminaram em 1972, quando a última ofensiva da esquerda contra Nixon irrompeu e desapareceu. Seria necessário um ato épico final de arrogância da parte de Nixon para que ele próprio fosse retirado da Casa Branca para sempre. Mas se para Thompson Watergate foi um doce reconhecimento, para Mailer foi uma séria advertência. "Richard Nixon é um dos grandes vilões americanos, mas *não* por ter tentado encobrir o escândalo", escreveu Mailer em 1976. "Ele é um vilão por causa dos 25 anos em que fez de tudo para assassinar a língua inglesa com uma margarina de hipocrisias — ele é um vilão porque tinha um carisma negativo". Embora seja verdade que Nixon tenha sido "horrível — com uma força maior do que ele mesmo", também foi um teste definitivo para a tolerância liberal. "Os liberais fracassaram. Se Richard Nixon estivesse sozinho na rua com um milhão de liberais não violentos em torno dele com porretes, eles teriam batido uns nos outros até a morte na correria para chegar a ele." A perfídia inábil de Nixon inflamara tanto a esquerda quanto a direita, e distorcera o discurso político, deixando-o irreconhecível: "Ele havia queimado um pouco mais a razão da existência."

13

VULGARIDADE À PORTA

Os colapsos ideológicos dos anos 1960 foram uma amarga decepção para Thompson, Mailer e todos os jornalistas que acreditavam realmente que poderiam testemunhar um grande despertar político nos Estados Unidos. Nixon foi reeleito, a Nova Esquerda se despedaçou e desapareceu, e Haight-Ashbury se tornou uma Disneylândia contracultural decadente. Havia uma nova revolução a caminho, mas direcionada para dentro, para o cultivo da própria personalidade, saúde mental e bem-estar físico. Chegava a era das sessões de encontros, do EST,* das terapias em grupo. Tom Wolfe chamou-a de o terceiro grande despertar americano, uma revolução natural surgida das experiências com drogas e com a vida em comunidade na década anterior. Em suma, a Década do Eu. "O que quer que o Terceiro Grande Despertar signifique", escreveu Wolfe em "The Me Decade and the Third Great Awakening", um artigo de 1976 para a *New York*, "para o bem ou para o mal, terá relação com esse luxo americano pós-Segunda Guerra Mundial sem precedentes: o luxo aproveitado por muitos milhões de pessoas medianas, que moram em si mesmas".

Foi uma boa notícia para Clay Felker e a *New York*. A revista — que havia se situado como um manual de conselhos práticos essencial para os

---

*Erhard Seminars Training: workshops de transformação pessoal criados por Werner H. Erhard e que se tornaram bastante populares nos Estados Unidos nos anos 1970. (N. do T.)

sobreviventes urbanos endinheirados — só fez se beneficiar de um movimento cultural voltado para a autorrealização, na medida em que essa tendência envolvia também a autorrealização *material*.

A *New York* passara por várias transformações em cinco anos, desde que Felker a estabelecera como uma publicação independente, sendo a mais significativa delas a dedicação aos *features* de serviços. Felker publicou reportagens que classificavam o melhor de tudo que Nova York tinha a oferecer: médicos, *pastrami*, mercearias em Chinatown, luminárias Tiffany, qualquer coisa. Aos membros de carteirinha da Década do Eu, a revista ofereceu dicas sobre as melhores aulas de ioga e de dança africana. Ao tornar a *New York* uma revista de estilo de vida, Felker criou um modelo editorial que seria recriado em periódicos regionais de todo o país; em 1976, haviam surgido mais de setenta imitadores no território nacional.

Muitos dos escritores que tinham criado a fama da *New York* haviam desertado ou encontrado lares com remunerações maiores. Gloria Steinem, cuja carreira de escritora política séria florescera na *New York*, dedicava-se determinadamente ao compromisso de lutar pelos direitos de procriação e representação política das mulheres, tendo feito campanha em defesa da bancada das mulheres na convenção democrata de 1972. Steinem ficou frustrada com a falta de interesse de Felker no movimento pela liberação das mulheres. Este foi um ponto cego curioso de Felker, que em sua época fez mais pelo avanço da causa das mulheres jornalistas do que qualquer outro editor. Quando Steinem propôs pela primeira vez escrever sobre a luta pelos direitos das mulheres, Felker sugeriu que a revista fizesse uma reportagem de capa sobre a necessidade de mais ajuda doméstica, agora que, em muitas famílias, tanto marido quanto mulher trabalhavam.

A *New York* acabou cobrindo questões femininas, mas Steinem considerava a revista equivocada — Steinem escrevia artigos pró-igualdade, enquanto Julie Baumgold e Gail Sheehy apresentavam a opinião oposta. O título de um artigo era, "Waking Up from Women's Liberation — Has It Been All It's Cracked Up to Be?"

Mas quando Steinem estava lutando intensamente para lançar uma revista feminina em 1971, Felker a ajudou. Depois de tentar durante meses obter fundos para iniciar a publicação com pouco sucesso, Steinem pediu ajuda a Felker. A solução dele foi publicar um extrato de trinta páginas da revista proposta na edição dupla de fim de ano da *New York* e depois fazer uma edição de pré-estreia da revista, com 130 páginas, para testá-la no mercado. A *New York* teria direito a toda a renda com anúncios, tanto no extrato quanto na edição de pré-estreia, e a metade do lucro desta nas bancas. Além disso, a *New York* não teria interesse algum em continuar no negócio. Assim, a *Ms.* nasceu, e Steinem estava a caminho de se tornar a face do movimento pela liberação das mulheres.

A produção de Tom Wolfe para a *New York* havia sido reduzida a uma gota. Em 1972, ele embarcou no projeto mais ambicioso de sua carreira até então — uma história do programa espacial dos EUA, de John Glenn às missões Apollo. *Os eleitos* — cuja dimensão histórica final Wolfe cortou consideravelmente — demorou sete anos para ser concluído, mas a *Rolling Stone*, e não a *New York*, publicaria três extratos do livro em 1973. O resto de seus artigos para grandes revistas nos anos 1970 sairia na *Esquire* e na *Rolling Stone*, à exceção de "The Me Decade".

Porém, nem tudo na *New York* era abobrinha. A revista ainda era capaz de produzir artigos incisivos sobre as maquinações de poder na prefeitura e nas salas de reunião de Wall Street, e seus melhores escritores conseguiam perceber as correntes culturais muito antes de a imprensa nacional alcançá-las. O artigo do colaborador Richard Goldstein de 8 de janeiro de 1973 sobre a Continental Baths e sua principal atração, Bette Midler, alertou os leitores da revista para a próspera subcultura gay que havia entre eles; e o artigo de Susana Duncan sobre anorexia nervosa, algumas semanas depois, foi um dos primeiros *faits divers* de destaque sobre distúrbios alimentares. Mas a *New York* já não reinventava o jornalismo de revista regional da maneira como fizera nos primeiros tempos. O jornalismo investigativo estava sendo substituído por um movimento em direção aos *faits divers* de serviços do tipo "Os Dez Mais" e por reportagens de estilo de vida mais leves. Capas banais como "200 Things You Can Buy for $1" e "The Sound of the Cornball Invasion", uma reportagem sobre música *country* na cidade, cuja capa mostrava Tony Randall com um sabugo de milho na orelha, eram a regra, e não a exceção. Porém, aquilo estava funcionando: a *New York* faturou 9,7 milhões de dólares com anúncios em 1973.

No início dos anos 1970, época em que o mercado de revistas em geral era frágil devido a uma recessão nacional, Felker e sua equipe se valeram de uma tradicional sedução utilizada nas vendas nas bancas: de repente, a capa passou a ser enfeitada por uma procissão de modelos femininos, mesmo quando o assunto não justificava isso. Uma reportagem sobre grafite, por exemplo, mostrava uma mulher atraente sendo pintada com tinta spray. Em fevereiro de 1973, a revista dedicou uma edição inteira a casais e pôs um roupão de banho vermelho extragrande sobre um homem e uma mulher nus, na capa.

Jimmy Breslin não queria participar da mudança da *New York* para os *faits divers* de serviços e estilo de vida e para o elitismo da *uptown*, pelos quais, na sua opinião, Clay Felker estava tão enamorado. "Felker nunca foi muito bem um editor, na minha opinião", disse ele. "Ele era bom em pegar ideias de outras pessoas, mas não muito mais que isso." Houve uma tímida tentativa de Breslin de fazer um motim editorial, em que o escritor, com ajuda do editor George Hirsch — que achava Felker extravagante demais com suas próprias contas de despesas — tentaram retomar o curso do jornalismo investigativo driblando Felker e assumindo o controle da revista por meio da comissão de diretores. Miseravelmente, o tiro saiu pela culatra quando a comissão demitiu Hirsch no inverno de 1971, deixando Breslin desamparado. Breslin se demitiu logo depois.

"Breslin não gosta de mim, mas há um bom motivo para tal", disse Felker. "Ele queria mudar a orientação da revista, e eu não fiz isso. Ele realmente queria que a *New York* fosse uma revista mais política. Queria saber por que estávamos fazendo reportagens sobre a vida em Manhattan e ignorando o que acontecia em East Brooklyn. Mas eu percebia que os anunciantes estavam comprando um público leitor responsivo, e eu podia oferecer isso a eles."

Sem a consciência moral de Breslin e o olhar satírico afiado de Wolfe, o Novo Jornalismo da *New York* estava agora sendo adulterado a serviço do sensacionalismo. Nas mãos habilidosas de jornalistas como Gail Sheehy ou Julie Baumgold, o Novo Jornalismo era uma ferramenta poderosa, mas tinha que ser utilizado com cuidado. Considerando a licença artística livre que Felker concedia, a tentação de embelezar os fatos podia ser tentadora.

A regra número um do Novo Jornalismo, conforme apresentada por Tom Wolfe, que publicou sua primeira antologia *The New Journalism* em 1973, era que, sempre que o estilo fluísse livremente, os fatos tinham que ser irrefutáveis. Do contrário, a técnica desmorona, e com ela sua legitimidade. Quando Hunter Thompson escreveu que Ed Muskie era viciado em ibogaína, a afirmação foi tão bizarra que entrou no reino da metáfora — uma punhalada swiftiana para elucidação do personagem. Porém, quando Sheehy fundiu personagens, e o editor sênior Aaron Latham escreveu sobre acontecimentos que não havia testemunhado pessoalmente, isso criou uma crise de credibilidade para a revista e pôs em xeque toda a aventura do Novo Jornalismo.

A tarefa mais ambiciosa de Sheehy na *New York* até hoje foi fazer uma análise extensa e detalhada da prostituição em Nova York — não apenas em Times Square e Hell's Kitchen, mas nas áreas reluzentes dos ricos, ao longo de Upper East Side e nas suítes de 500 dólares por noite do Waldorf-Astoria. Durante seis meses, Sheehy se misturou ao ambiente sórdido das prostitutas de rua e dos cafetões, ganhando aos poucos a confiança dos variados trabalhadores do sexo que encontrou caminhando pela Lexington Avenue nas horas de pico daquele trabalho — das 18h às 4h. De vez em quando, era acompanhada por seu cunhado, Bernie Sheehy, que posava de cliente ou de operador de *peep shows* (shows e exibições sexuais vistos por um buraco), facilitando assim o acesso de Sheehy a seus personagens. Com o passar do tempo, Sheehy ganhou a confiança de algumas prostitutas; chegou a ter a grande sorte de esconder seu gravador embaixo de camas de alguns hotéis baratos para registrar a atividade sísmica que transpirava ali. Entrevistou policiais e procuradores-assistentes também, e acompanhou advogados de prostituição, indo de tribunais criminais até seus bares favoritos.

"Redpants e Sugarman", a primeira das cinco partes de uma série, ocupou todo o espaço de *faits divers* da edição de 26 de julho de 1971, e foi mais sexualmente descritivo e existencialmente desolador do que qualquer coisa que a *New York* fizera antes. Até mesmo Walter Pincus, acionista da Aeneid Equities, empresa holding da *New York*, questionou o uso de tantos detalhes explícitos e imaginou se a revista estava comprometendo seu padrão ao publicar obscenidades. A reportagem tinha como foco Redpants, uma prostituta negra que Sheehy conhecera, e sua iniciação no negócio do sexo organizado. Sheehy descreve a transição de Redpants de aspirante a modelo de moda para a infâmia de ser estrela num reduto de meninas controladas pelo cafetão Sugarman, uma "figura voluptuosa de homem, radiantemente vestido", que mantinha suas garotas num prédio de apartamentos em Murray Hill, distrito de Manhattan.

Utilizando seu dom de *mise-en-scène* e construindo uma narrativa que prende a atenção, a partir de resmas de material colhido, Sheehy retirou a prostituição dos clichês dos filmes de TV e a elevou. Menos uma fábula de advertência do que um olhar sobre o modo como as meninas hipotecavam seu futuro valendo-se da economia próspera e de retorno rápido do sexo e dos pequenos furtos, "Redpants e Sugarman" não poupou nenhum detalhe. Sheehy se mostra presente em tudo, como na cena no Lindy Hotel, onde Redpants está prestes a transar com um cliente.

— São 7,75 dólares, cara.

O cliente preenche um cartão de registro. Já no meio da escada, o casal é interrompido por um grito do homem tatuado.

— Ei, vocês são marido e mulher?

Redpants dá uma risadinha.

— Isso.

Falando como um professor a um estudante novo, o homem aponta para o cartão de registro.

— Bem, você tem que pôr isso aqui, querida. — É claro, a proteção dele.

Nada no quarto da frente, a não ser uma luminária de vidro sobre a mesa e, estendida sob as janelas, como um descanso de mesa de plástico barato, a cama. Acima dela, cortinas estampadas de plástico. A fluorescência incomoda; do outro lado da rua há um bloco de janelas emoldurando excêntricos trabalhadores dos correios. Fixando-se naquelas janelas, ela morde as cortinas estampadas de plástico e lhe dá 15 minutos por 30 dólares.

A imprensa nacional destacou a série; a *Newsweek* chamou Sheehy de "Boswell das prostitutas" e elogiou sua reportagem vividamente detalhada. Tom Wolfe escreveu a Sheehy uma carta de admiração, observando que a reportagem "lhe dá uma experiência emocional tão rica, vinda de dentro da cabeça, como foi, mas também mais coisas para pensar do que todos os quilos de reportagens sobre prostituição anteriores".

Mas para alguns leitores atentos da série, particularmente da parte chamada "Redpants e Sugarman", os detalhes vívidos de Sheehy foram uma bandeira vermelha indicando que alguma coisa estava errada — havia um excesso de estatísticas não documentadas, de fontes anônimas e de monólogos interiores. De início, Sheehy dissimulou, alegando que "a verdadeira Redpants firmou um compromisso de me ver, mas as outras meninas disseram que a cortariam em pedaços se ela falasse". Os editores haviam deixado de publicar um termo de responsabilidade explicando que o personagem de Redpants na história era, na verdade, uma combinação de muitas prostitutas diferentes que Sheehy encontrara em sua pesquisa.

"Ninguém teve o bom senso de perceber que diabo nós estávamos fazendo", disse o ex-editor sênior Shelly Zalaznick. "Eu entendi o significado completo da palavra francesa *chagrin* — tive uma sensação de estupidez irremediável em relação àquela coisa toda." Zalaznick reconheceu que uma simples revelação teria eliminado a necessidade de defender a reportagem de Sheehy depois, mas admite que o artigo "era tão sedutor que você era engolido por ele, e isso suspendia qualquer desconfiança de qualquer tipo. Todo mundo leu o manuscrito, e alguém deveria ter pensado em checá-lo." O ex-editor sênior Jack Nessel, que editou o artigo, tem uma explicação mais pragmática para o lapso: "Havia realmente essa coisa de compor personagens na *New York* naquela época, a despeito de Adam Smith, e foi por isso que ninguém pensou naquilo."

Jack Nessel acha que a ânsia de Sheehy para agradar Felker teve um papel significativo. "Acho que Clay era apaixonado por Gail desde o início da relação profissional deles, e ela tinha uma vontade extrema de ser moldada por ele", disse Nessel. "Clay não era escritor — precisava de pessoas para implementar os textos para ele, para pôr suas ideias no papel — e Gail reunia as condições para isso. Eles jogaram com as necessidades um do outro. Nunca vi um homem ou mulher tão ambicioso quanto ela." (Felker e Sheehy se casaram em 1984.)

Para jornalistas tradicionais que depreciavam o Novo Jornalismo e viam suas maiores estrelas com ceticismo e uma pontada de inveja, a gafe de Sheehy foi o começo do fim do Novo Jornalismo. "O Novo Jornalismo está crescendo", escreveu o *Wall Street Journal*, "mas sua credibilidade está declinando." Era difícil discordar que, na ausência de uma revelação publicada ou de alguma explicação sobre os métodos de Sheehy, "Redpants and Sugarman" era o Novo Jornalismo que havia enlouquecido.

Sheehy não foi a única escritora da *New York* que teve seus métodos questionados durante a era pós-Breslin. Dois perfis feitos por Aaron Latham foram criticados por seus personagens por manipularem os fatos e não usarem a discrição editorial apropriada. Latham, um ex-editor da *Esquire*, tinha sido incumbido de escrever um perfil de Gay Talese. O escritor favorito de Harold Hayes já havia escrito dois best-sellers — *O reino e o poder*, uma história do *New York Times*, e *Honor Thy Father*, primeiro relato sobre o funcionamento interno da Máfia feito por alguém que estivera ali dentro, e que havia vendido 2,2 milhões de exemplares em brochura. A fama de Talese de ser o jornalista mais meticuloso dos EUA, e o que mergulhava mais profundamente, havia sido alimentada apenas pelos dois livros, e agora ele estava pesquisando para seu projeto mais ambicioso: uma história dos hábitos sexuais americanos, pela qual recebera 1,9 milhão de dólares da Doubleday como parte de um acordo para dois livros.

Um componente-chave da pesquisa de Talese envolvia o trabalho como gerente noturno em dois salões de massagem em Manhattan, o Middle Earth e o Fifth Season; Latham, à maneira própria do Novo Jornalismo, decidiu acompanhar Talese em suas andanças no verão de 1973. O artigo, "An Evening in the Nude with Gay Talese", chocou os leitores que consideravam Talese um perfeito cavalheiro, um escritor que raramente era fotografado sem terno e gravata. Ali estava Talese em várias fases do ato de se despir, envolvido com trabalhadoras do sexo em situações carregadas de erotismo.

> Amy estendeu a mão e segurou o pênis de Gay tão calmamente como se fosse um taco de bilhar. Estava pronta para fazer um jogo novo.
> — Vou arrancar isso — disse ela.
> — Adoro isso, adoro isso — disse ele. — Faça. Tenho sonhos com isso.

Tenho fantasias com isso.

Amy continuou a puxar com delicadeza, como se o anexo de Gay fosse a maçaneta de uma gaveta de cômoda relutante.

Gay brincou:

— Da próxima vez que eu trabalhar lá você poderá me acorrentar e depois me chicotear.

Amy disse:

— Eu bateria em você com uma cadeira.

Gay disse:

— Adoro cadeiras, principalmente Chippendale.

Talese achou que o artigo de Latham, embora preciso em termos factuais, não tinha a dignidade e a compaixão com que ele tratara o personagem da profissional do sexo. Mas Latham estava simplesmente seguindo o novo código de sensacionalismo da *New York*, pelo qual o Novo Jornalismo era explorado de maneira rude. Era o que Hunter Thompson havia reclamado em *Hell's Angels*, as "bobagens exageradas" da imprensa dominante ao recorrer a certas "disparidades em ênfase e contexto" para dar mais impacto a uma reportagem.

O perfil de Sally Quinn feito por Latham, publicado uma semana depois da reportagem de Talese, provocou uma indignação ainda maior de seu personagem. Quinn, na época com 32 anos, uma estrela em ascensão na seção Style do *Washington Post*, havia sido contratada recentemente para apresentar o programa matinal da CBS, de modo a criar um concorrente de peso para o *Today*, adversário de grande audiência da NBC, apresentado por Barbara Walters. O artigo, que foi capa da edição de 16 de julho de 1973, dava muita importância ao *sex appeal* de Quinn e sugeria que a escritora do *Washington Post* talvez estivesse explorando seus atributos femininos para avançar em sua carreira. O que não era necessariamente algo do qual Quinn pudesse reclamar: Latham, afinal de contas, tinha o direito de especular sobre os motivos dela.

Mas um trecho, em que Quinn alegadamente realizava uma "Pesquisa Gallup" sobre tamanhos de pênis em Washington, foi comentado com Clay Felker num jantar oferecido por Walter Pincus e sua mulher, Arin. Entretanto, supostamente havia sido Barbara Hower, anfitriã de Washington, e não Quinn, que medira os dotes sexuais de um homem em particular, e não de "todos os homens em Washington". Quinn era convidada da festa, mas alegou que as citações sobre sexo que Latham lhe atribuíra não eram corretas. "Nunca li nada assim, nem sobre uma estrela de cinema", disse Quinn, irada, ao *New York Times*. "E supostamente não é a revista *Screen*. É isso que me deixa chocada."

Tudo isso foi um bom negócio para a revista, que conseguia manter seu público leitor e uma saudável renda com anúncios no meio de uma crise fiscal na cidade de Nova York, em 1975. Isso tornou a revista um bem atraente para um jovem magnata australiano do meio jornalístico que pretendia estabelecer um posto avançado de mídia significativo na cidade mais importante do mundo.

Aos 45 anos, Rupert Murdoch havia construído um império de 100 milhões de dólares que se estendia de San Antonio a Sydney, em grande parte graças à força das manchetes chocantes e das mulheres seminuas de suas publicações em formato tabloide. Era dono de 11 revistas e 84 jornais, na maioria tabloides, incluindo o *New York Post*, que adquirira depois de convencer sua proprietária de 73 anos, Dorothy Schiff, a vendê-lo por 32,5 milhões de dólares, em novembro de 1976.

A aquisição do *New York Post* se tornaria uma das manobras mais astutas de Murdoch, e ele deveu isso a Felker, que o havia apresentado a Schiff. Como frequentemente acontece com alpinistas sociais ambiciosos, os dois entraram nos mesmos círculos sociais e, inevitavelmente, encontraram-se nos mesmos jantares, com seus cartões de lugar marcado convenientemente alinhados no mesmo lado da mesa. Felker e Murdoch haviam se conhecido em 1973 e firmado um relacionamento casual em que os melhores assuntos do negócio das publicações eram frequentemente conversados e discutidos. Felker invejava a excepcional perspicácia de Murdoch para os negócios, sua habilidade para comprar bens a preços de liquidação e aumentar seu império. Murdoch, por sua vez, desejava um pouco da bagagem cultural que Felker acumulara na *New York*. Mas, como qualquer pessoa no negócio das publicações sabia, era dificílimo conciliar esses dois impulsos num empreendimento, e as tendências opostas desses dois homens logo iriam convergir de uma maneira que nenhum deles poderia ter previsto.

Assim como Felker, Murdoch nascera para o negócio. Seu pai, Sir Keith Murdoch, era um famoso correspondente da Primeira Guerra Mundial que se tornara um dos mais famosos profissionais do jornalismo popular na Austrália. Sir Keith acabou se tornando diretor-gerente do Herald and Weekly Times, o maior grupo de jornais da Austrália. Mas uma posse significativa sobre a empresa foi algo que sempre permaneceu fora de seu alcance. Seus esforços para obter uma fatia maior foram bloqueados pelo consórcio de banqueiros e industriais que mantiveram com mãos de ferro o controle majoritário. Quando morreu, Sir Keith deixou de herança para seu filho e suas quatro filhas o *Adelaide News* e o *Sunday Mail*, os dois jornais de menor circulação do Herald and Weekly Times.

Rupert Murdoch chegou ao negócio dos jornais bem preparado e ansioso para mostrar sua força. Seu CV acadêmico era impecável: educação secundária na Geelong Grammar, uma das melhores escolas de internato da Austrália, e em seguida o Worcester College, em Oxford. Mas sua educação no negócio dos jornais fora intensa desde que ele era muito novo. "Cresci num lar editorial, na casa de um homem de jornal", disse Murdoch em 1989, "e acho que isso me entusiasmava. Eu via aquela vida de perto, e depois dos 10 ou 12 anos de idade, nunca considerei realmente nenhum outro tipo de vida".

Murdoch estava estudando em Oxford quando seu pai morreu, em 1953, e não perdeu tempo para assumir as operações diárias dos dois jornais. Começou como um administrador meticuloso e obsessivo, escrevendo reportagens, desenhando o leiaute e fazendo às pressas os títulos instigantes do *Adelaide News*. Mas o comando editorial não era o que lhe interessava. O objetivo era não terminar como seu pai, que crescera amargurado e frustrado com a falta de posse sobre a empresa que ajudara a construir. Dois jornais que lutavam para sobreviver não dariam a Murdoch o poder e o controle que ele desejava.

Então ele arrastou os dois jornais para a lama dos tabloides e obteve dois vencedores. Em seguida, fundiu o *Sunday Mail* com seu adversário mais formidável, o *Advertiser*, e, com os lucros, comprou o *Sunday Times* de Perth. No que se tornaria um procedimento operacional padrão para ele, demitiu praticamente toda a equipe do *Sunday Times* e reformulou o diário regional adormecido, transformando-o num enlameado parque de diversões editorial.

A partir daí, a empresa de Murdoch, News Corporation Limited, cresceu exponencialmente. Em 1965, ele apostou no *Australian*, o principal jornal nacional do país, cuja cobertura sóbria de política e finanças destoava muito de sua habitual receita de solvência. Demorou 15 anos para o *Australian* começar a dar lucro, porém o mais importante foi que o diário estabeleceu Murdoch, aos 34 anos, como um proprietário de jornais sério, a resposta australiana para Katharine Graham, do *Washington Post*.

Em 1968, Murdoch adquiriu o tabloide de maior circulação na Inglaterrra, o *News of the World*, numa feroz batalha de oferta de preços com o magnata das publicações Robert Maxwell. Nove meses depois, ele derrotou Maxwell novamente ao arrematar o tabloide *The Sun*, aumentando aos poucos o erotismo no diário. Murdoch publicou as primeiras fotos de mulheres nuas já exibidas num jornal londrino e textos eróticos populares, como *A máquina do amor*, de Jacqueline Susann, e *A mulher sensual*, de J. Em menos de um ano, a circulação do *Sun* saltou de 800 mil para 2 milhões, e o diário acabaria se tornando o jornal mais bem-sucedido do vasto império de mídia de Murdoch.

Apesar dos incontáveis triunfos nos negócios, Murdoch ainda desejava o tipo de prestígio que poderia advir da aquisição de um título de qualidade nos Estados Unidos. Centímetro por centímetro, ele começou a adquirir as ações que lhe dariam o controle majoritário da revista de Felker.

Felker era um editor respeitado e querido. Era talvez o maior editor de revista que a cidade já havia visto. Mas queria construir um império, talvez até levando sua ambição para além da *New York* e chegando a revistas nacionais. Em 1974, apesar da economia perigosa, a *New York* tinha 4 milhões de dólares no banco e nenhuma dívida. Era hora, pensou Felker, de a empresa aplicar aquele dinheiro em outro bem. Depois de convencer o Chemical Bank a lhe dar um empréstimo de 1 milhão de dólares, Felker fez uma oferta para comprar o *Village Voice*. Se os proprietários do *Village*

Voice aceitassem, Felker poderia colonizar o negócio das publicações semanais da cidade e controlar os dois guias culturais de maior credibilidade acima e abaixo da Fourteenth Street. O *Voice*, que ganhara fama de jornal de esquerda divulgador de escândalos, sempre mantivera uma firme independência em relação às reportagens de serviços — amistosas com os anunciantes —, que haviam se tornado a mercadoria da *New York*. Mas Felker insistiu que a autonomia editorial seria mantida. "Eles são apaixonados por algumas coisas, nós somos apaixonados por outras", disse ele à *Time*. "Eles podem trabalhar semana após semana num único assunto de um jeito que não podemos."

A comissão de diretores da *New York* rejeitou categoricamente a proposta de Felker. A revista estava operando com lucros — por que Felker queria agora impor uma dívida? Mas Felker estava tão desesperado para controlar o *Voice* que fez um acordo para uma fusão com os dois maiores acionistas do *Voice*, Carter Burden e Bartle Bull, embora isso significasse abrir mão da participação majoritária numa revista que ele passara dez anos cultivando e nutrindo até ela se tornar uma componente essencial da vida cívica da cidade. Quando o acordo foi consumado, em junho de 1974, Bull e Burden receberam 600 mil ações da New York Co. avaliadas em 800 mil dólares e uma parcela de 34% dos dois semanários, enquanto a participação de Felker caiu para 10%. Burden era agora o maior acionista, com 24%.

"Não previmos as consequências dessa decisão, o quanto ela nos deixaria fracos em termos de controle", disse Milton Glaser. "Acho que estávamos cegos pelo que poderia ter sido. Poderia ter sido maravilhoso se tivesse havido algum senso de objetivo comum."

Em vez de produzir respeito mútuo entre os dois títulos, a fusão gerou apenas desprezo. Muitos escritores do *Voice* ficaram irados, temendo que sua integridade ficasse comprometida com uma mudança para o jornalismo de *faits divers* inconsequente da revista. Editor-assistente do *Voice*, Jack Newfield começou a escrever manchetes zombeteiras para reportagens do *Voice-New York*, tais como "As receitas favoritas dos dez piores juízes bissexuais de Nova York".

Os temores da equipe do *Voice* eram válidos, mas ainda não se tinha um veredicto sobre se Felker faria alguma mudança substancial. A perda de controle por Felker, por outro lado, era absoluta. Para compensar, Felker propôs que a comissão lhe desse um aumento de salário de 50%. Seria, argumentou ele, uma recompensa apropriada para um editor e *publisher* que agora estava supervisionando dois semanários e lidando com um esquema de produção complicadíssimo. Membro da comissão, Alan Patricof negou; a *New York* não estava fazendo dinheiro suficiente para justificar o aumento, e agora que Felker assumira o *Voice*, ele inevitavelmente torraria mais dinheiro. Mas os outros membros da comissão rejeitaram o argumento de Patricof, embora com grande relutância, e Felker conseguiu o que queria.

Para a equipe do *Voice*, isso não funcionou muito bem. Logo depois de assumir como editor-chefe, Felker empreendeu uma reformulação do jornal em larga escala, que levou a uma mudança na imagem da *New York*. Milton Glaser foi recrutado para criar um *design* ousado, enquanto Felker demitia escritores e aceitava a renúncia de alguns outros. Ron Rosenbaum anunciou sua saída rasgando dramaticamente seu contracheque sobre a mesa de Felker.

Pela maneira como Rosenbaum e outros escritores decepcionados viam aquilo, Felker estava fazendo um motim ao estilo de Murdoch, jogando fora os épicos artigos investigativos que eram a especialidade do jornal em favor de perfis felinos de personalidades, murros incisivos e precisos contra políticos locais e reportagens que tocavam em temas como sexo, violência e celebridades. No fim do ano, Felker havia injetado 2 milhões de dólares no *Voice*, mas os resultados eram desanimadores. Os ganhos no primeiro trimestre de 1975 foram de 46 mil dólares, em contraste com os 255 mil dólares do ano anterior, e agora as perdas da *New York* aumentavam também: 151 mil dólares contra 97 mil dólares no primeiro trimestre de 1974. Patricof e seus companheiros membros da comissão Bob Towbin e Thomas Kempner estavam perdendo a paciência com os desperdícios de Felker, mas já não precisavam responder a ele, agora que a fusão havia criado um vácuo de poder no qual Burden e Bull eram os sócios controladores. Então Patricof tentou orquestrar uma jogada.

Carter Burden não era um homem bem preparado para as manobras calculadas de corretagem do poder corporativo. Descendente da fortuna dos Vanderbilt, educado na cultura embalsamada e endinheirada de Beverly

Hills, Burden era um proeminente diletante de bom coração na cidade, que impressionava levantadores de fundos famosos em sua propriedade em River House, com quadras de tênis internas e piscina aquecida privada — as festas eram alvos perfeitos para o ridículo do "Radical Chique". No outono de 1969, Burden, que havia trabalhado na campanha presidencial de Robert Kennedy, anunciou sua candidatura à câmara municipal pelo Quarto Distrito, e venceu com mais de 80% dos votos.

Felker não hesitou em retratar as ambições políticas de Burden com pequenas gozações que o diminuíam. A reportagem de capa de Julie Baumgold sobre Burden e sua mulher, Amanda, para a edição de 19 de janeiro de 1970 da *New York*, por pouco não abordou o ridículo, mas o toque wolfeiano de Baumgold era inconfundivelmente arrogante, desde o modo como os *buttons* de campanha de Burden haviam dado a sua mulher "picadas em seu Ungaro's" até a maneira como Baumgold descreveu Carter — filho de um homem rico que agora era comandante cívico de East Harlem — como um "estudante do segundo ano da Columbia Law, da fina flor de Beverly Hills", que se tornara agora inimigo de "tintas com chumbo e proprietários de terra".

A Camelot central de Burden não durou muito tempo. Em 1974, ele se divorciou de sua mulher, que havia tido um romance com Ted Kennedy, e sua carreira política desabou. Naquele ano, Burden registrou o mais baixo comparecimento à câmara municipal. "Burden era um sujeito insignificante, na minha opinião", disse Byron Dobell, ex-editor sênior da *New York*.

Patricof reconheceu em Burden um homem de recursos que desejava se tornar um homem com capital, e a aquisição do *Voice* com Bartle Bull, seu antigo colega de sala em Harvard, foi o primeiro movimento tímido para essa reinvenção. "Carter Burden era um homem muito bom que estava procurando um lugar na vida", disse Milton Glaser. "Tinha instintos decentes, mas não uma personalidade forte. Ele e Clay nutriam uma antipatia visceral um pelo outro." A fusão da *New York* consolidaria sua posição na capital mundial da mídia, mas com uma comissão de diretores rebelde e um editor-chefe ferozmente autônomo, com o qual ele já se desentendera, o caminho para ratificar seu status de magnata do mundo das publicações estava cheio de espinhos.

Patricof, que fizera fortuna dirigindo uma empresa de investimentos privada que encontrara sua mina de ouro em ferrovias, ração para animais e distribuição de carne, estava disposto a maximizar os lucros a curto prazo para manter o valor das ações da *New York* num nível confortavelmente lucrativo para os acionistas, mas a determinação de Felker para expandir o alcance de seu poder além da *New York* complicava as coisas. Desde que Patricof havia tentado diluir o poder de Felker requisitando que ele vendesse um percentual de suas ações a Jimmy Breslin, em 1971, os dois discordavam sobre praticamente todos os aspectos do orçamento operacional da revista; agora a situação estava se tornando insustentável.

Em abril de 1976, Felker estendeu seu alcance à Costa Oeste criando a *New West* como um equivalente da *New York* na Califórnia, mas havia ultrapassado seu custo inicial em quase 1 milhão de dólares. Grande parte desse dinheiro, percebeu Patricof, fora gasta de maneira frívola em contas de despesas exorbitantes da equipe executiva da *New West*, que passeava por L.A. em Alfa Romeos alugados. Felker estava convencido de que era dinheiro bem gasto, uma gentileza para bajular anunciantes num território virgem. Mas Patricof reclamou do custo excessivo e ventilou seu descontentamento com Burden.

Pressionado contra a parede, Felker tentou dar um golpe, procurando convencer Burden de que era do interesse da empresa retirar da comissão Patricof e Bob Towbin, membro fundador da comissão e crítico de Felker. Mas, sem controle sobre as ações, a proposta de Felker significava pouco para a comissão, e Patricof e Towbin permaneceram.

Num jogo de empurra, aquilo parecia uma comédia, com Patricof e Felker tentando manipular Burden um pelas costas do outro. Glaser se opunha veementemente a dar a Burden — que ele considerava fraco e ineficaz — mais poder do que ele já tinha, mas o negócio das publicações não era tão difícil; talvez Felker e o oficial-chefe das finanças, Ken Fadner, pudessem ensinar a ele o básico, recompensá-lo com um cargo editorial simbólico e ganhar um aliado no processo. Porém o desastre tutorial havia confirmado os temores de Glaser: Burden mal conseguia organizar sua mente em torno dos conceitos mais fundamentais, mas isso não o impediu de apresentar à empresa uma conta de comparecimento de um total de 8.725 dólares.

Evitando Burden, Patricof teve encontros clandestinos com todos os membros da comissão, tentando convencê-los de que os gastos irresponsáveis de Felker levariam a empresa à ruína. Ninguém se mexeu até o outono de 1976, quando Patricof tornou público seu descontentamento e começou a procurar ativamente um comprador para a empresa com o intuito de limpar definitivamente o livro de contabilidade.

Enquanto Patricof procurava um comprador, Felker tentava convencer Burden a vender suas ações para ele, mas Burden, que não sabia se pescava ou preparava a isca, recusava-se a responder. A conversa em Wall Street era menos ambivalente: se alguém abordasse Burden com o preço certo, talvez ele se dispusesse a vender. A empresa de investimentos em eletricidade White, Weld and Co. tinha o candidato perfeito: Rupert Murdoch, que acabara de comprar o *New York Post* e estava à procura de mais bens para aumentar sua participação no mercado americano.

Murdoch fora informado sobre a batalha mortal entre Felker e a comissão por seu banqueiro de investimentos, Stanley Shuman, e isso o agradou: uma comissão dividida contra si própria não pode se sustentar. Se ele conseguisse fazer acordos verbais com Towbin, Kempner e Patricof para comprar suas ações, poderia propor a Burden um preço e ganhar o controle. Felker ficaria fora de cena sem se pronunciar sobre o assunto.

O editor-chefe da *New York* não sabia nada sobre isso em 29 de novembro, um dia antes de Shuman procurar Patricof, quando se sentou com Murdoch para discutir o destino da *New York*. "O que você tem que fazer", Murdoch disse a ele, "é pegar um bocado de dinheiro emprestado para ter algo em torno de 51%, depois diminuir aos poucos durante dois ou três anos, apertar, economizar e pagar a dívida. Você terá 100%, e não terá que aceitar nenhuma porcaria de quem quer que seja."

Duas semanas depois, Murdoch chamou Felker a seu escritório na Third Avenue para discutir a compra da empresa por 6 dólares a ação, com a condição de que Felker poderia manter a propriedade da *New West* — isto é, se ele concordasse em comprá-la de Murdoch por 1 milhão de dólares. Dois dias depois, Felker telefonou para Murdoch para informá-lo de que não haveria acordo.

"A *New York* tinha um significado diferente para Clay do que tinha para mim", disse Milton Glaser, que continuara a dirigir a Push Pin Studios enquanto trabalhava na *New York*. "Era uma filha para ele e o centro de sua vida. Para mim, não era, embora eu adorasse a revista. Senti muito por Clay."

Felker se achava sob cerco. Murdoch estava se aproximando numa tomada de poder hostil, e Felker não tinha recursos financeiros para contê-la. A empresa só contava com mais um recurso à sua disposição: uma cláusula de direito de primeira recusa no acordo de acionistas que daria a Felker 15 dias para cobrir qualquer oferta de uma terceira parte pelas ações de Burden. Mas ele teria que agir rápido: as ações da *New York* estavam sendo negociadas intensamente, o que levantava suspeitas de que Murdoch já poderia estar manobrando para assumir o controle.

Felker procurou a assistência de seu amigo Felix Rohatyn, especialista em fusões e aquisições que fizera fortuna para sua firma, a Lazard Fréres. Rohatyn sugeriu que talvez a proprietária do *Washington Post*, Katharine Graham, pudesse se interessar em ajudá-lo. Rohatyn, Felker e Graham apresentaram uma oferta de 7 dólares por ação do estoque de Burden, com a qual o advogado de Burden, Peter Tufo, concordou em princípio. Parecia perfeito: Graham aumentaria o capital, e a empresa seria incorporada pelo *Washington Post*, com Felker mantendo o controle editorial completo.

Mas o que Felker não entendeu foi que Burden não estava preocupado com o dinheiro, e uma oferta alta não poderia reduzir seu desejo de se tornar um magnata da mídia. Murdoch entendeu instintivamente que algumas massagens cuidadosas no ego tornariam Burden submisso a ele, e então lhe ofereceu um emprego e um salário na *New York*, que seria remodelada depois que ele a assumisse. "Clay poderia ter sido um pouco mais diplomático com Burden, mas não tinha a menor paciência", disse o ex-colaborador Ken Auletta. "Mas esta era uma de suas qualidades mais estimadas — sua incapacidade de aguentar qualquer merda. Acho que o maior erro de Clay foi convidar para a comissão pessoas que se tornariam suas inimigas."

Burden já havia feito um acordo com Murdoch para vender tudo a ele por 8,25 dólares a ação enquanto Felker, Graham e Rohatyn sentados ansiosos no escritório de Graham na *Newsweek*, na véspera do ano-novo, esperavam Burden — que passava o feriado em Sun Valley, Idaho — para ratificar o acordo verbal que eles tinham feito um dia antes. Burden estava esquiando, disse-lhes Tufo, e não havia como falar com ele. Mas não havia neve em Idaho, e Burden não tinha comprado passagem aérea. Em vez disso, ele estava esperando Murdoch chegar em seu Gulfstream e lhe entregar um cheque de 3,5 milhões de dólares para obter o controle total da *New York*, da *New West* e do *Village Voice*.

No dia do ano-novo, Felker telefonou para seu advogado, Reginald Duff, e lhe disse para usar seu último recurso: a cláusula de direito de primeira recusa, que Burden violara ao fazer o acordo com Murdoch antes de considerar a oferta de Felker. O juiz Thomas P. Griesa concordou que Burden não havia cumprido os termos da cláusula e concedeu uma ordem de restrição temporária, proibindo a venda das ações.

Enquanto o dinheiro de Murdoch era mantido numa conta bloqueada, Felker lutava com unhas e dentes por sua empresa, recorrendo a todos os recursos que conseguia encontrar, inclusive a equipe da *New York*, que permanecera de fora enquanto Murdoch e Felker competiam pela revista querida. A batalha foi encampada; os aliados leais e dedicados de Felker contra os rudes colonizadores de mídia, uma batalha que se desenrolaria na imprensa e nos noticiários locais da TV. A revista *New York*, que em tempos difíceis se sustentara com reportagens escandalosas, era agora assunto de manchetes de tabloides.

Poucos colaboradores da *New York* tiveram a iniciativa de atuar como mediadores de facto entre a equipe da revista e a comissão de diretores. Os escritores de política Ken Auletta e Richard Reeves, que tinham experiência na arte de dialogar com o poder, reuniram-se com Patricof, Bob Towbin e Thomas Kempner, que lhes asseguraram que tinham o maior interesse na revista e ficariam felizes em se reunir com a equipe na próxima reunião da comissão para esclarecer as coisas. Para Byron Dobell, a tentativa de reconciliação da comissão foi apenas uma manobra estratégica, e talvez uma maneira de a comissão aliviar sua culpa por agir pelas costas de Felker. Se mantivessem Auletta e Reeves em cargos editoriais depois de Murdoch assumir o poder, a *New York* poderia não perder sua continuidade ou integridade editorial.

"Eu era tremendamente leal a Clay, e a comissão era o inimigo", disse Dobell. "Só achei que Auletta e Reeves não deveriam negociar com aquelas pessoas, como se pudessem permanecer depois. Foi algo terrivelmente ingênuo da parte deles." O ceticismo de Dobell foi confirmado em 2 de janeiro, quando Patricof e Kempner passaram suas ações para Murdoch. Towbin fez o mesmo logo depois, e Murdoch juntou tudo, pelo menos até a decisão final do juiz Griesa sobre a ordem de restrição temporária. "Os banqueiros de investimentos da minha comissão me traíram", disse Felker, "e Murdoch foi um sacana".

A única coisa saudável que surgiu dessa tomada de poder, de acordo com Felker, foi a tremenda demonstração de solidariedade que sua equipe demonstrou na ocasião da venda. "Os soldados realmente se juntaram quando Murdoch avançou", disse ele. "Para mim, foi muito encorajador."

Na manhã seguinte ao coquetel que Murdoch ofereceu em seu apartamento na Quinta Avenida para comemorar sua vitória, 125 funcionários e freelances se reuniram no escritório da *New York*, na Second Avenue. Como Felker e Glaser estavam presos em reuniões com advogados, Byron Dobell leu uma declaração que havia sido preparada por seu líder sitiado. "Apesar dos acontecimentos recentes", dizia um trecho, "pretendo lutar tanto quanto possível para impedir que o que todos nós construímos seja danificado." Era para ser um grito de guerra, mas teve um tom desesperado de SOS.

A equipe não sindicalizada planejava paralisar o trabalho se Murdoch tomasse a revista de Felker. A indignação aumentava, ganhando toques de histeria; começava a adquirir contornos de uma cruzada moral. "Clay tem sido muito bom para mim", disse Dobell a repórteres que haviam se aglomerado na sala de jantar do escritório para uma entrevista coletiva. "Penso nele como um irmão, e às vezes ele pode estar errado, mas sempre senti que precisava de Clay. Por isso minha paixão é tão grande. Quero salvar meu irmão." Ken Auletta fez uma observação mais precisa: "Protestamos por sermos tratados como pedaços de carne ou objetos — por sermos trocados e comercializados."

Mas a tripulação da *New York* não tinha nenhum recurso legal, sequer um mínimo de barganha, exceto sua doce retidão. Felker estava tentando apelar à simpatia da comissão, mas ninguém mais do que Murdoch sabia que os interesses financeiros sempre triunfam sobre as boas intenções. "Quando a coisa apertou, os investidores ficaram interessados em tirar seu dinheiro dali", disse Glaser. "Eles se comportaram como era de esperar. Clay achou que poderia fazê-los ver a importância de sua cruzada jornalística — que eles permaneceriam na comissão pelo bem do produto editorial —, mas por que cargas d'água alguém acharia que isso iria acontecer?"

Apesar das garantias de Tom Kempner de que os escritores teriam um papel significativo na reunião da comissão que formalizaria a venda das ações naquela noite, os subalternos da *New York* ficaram confinados a uma sala de espera adjacente à sala de reuniões do escritório do negociador trabalhista Ted Kheel. Enquanto os membros da equipe bebiam da garrafa de quase dois litros de Chivas Regal que Kheel providenciara, Auletta, Reeves e o escritor Steven Brill foram ao banheiro dos homens, onde depararam com Murdoch sentado na pia, informando sua estratégia a Towbin e Stanley Shuman. Todos eles se olharam nervosamente, e então Murdoch e sua equipe saíram, constrangidos, sem que nenhuma palavra fosse trocada entre eles. A dedicada indignação não adiantava mais; agora o roteiro estava sendo escrito por Murdoch.

Felker e Glaser entraram na sala de reuniões pouco depois das sete horas para encarar seus antagonistas. Alan Patricof gastou pouco tempo para transferir o equilíbrio de poder para Murdoch, propondo que Joan Glynn e James Q. Wilson, leais a Felker, fossem retirados da comissão, o que foi efetivado imediatamente. Nem bem Glynn e Wilson deixaram a sala, Patricof conduziu a votação nominal para o afastamento de Kheel como advogado da empresa. Towbin, Patricof, Tufo, Kempner, Bull e Burden ergueram as mãos. Kheel estava fora. Felker e Glaser estavam arrasados, mas fizeram o máximo para se manter controlados.

Agora o golpe de misericórdia estava à mão, e Patricof estava com sorte: "Proponho agora que ponhamos dois novos membros na comissão." Entram Murdoch e Shuman, que, sem cerimônia, sentaram-se nas cadeiras deixadas vagas por Glynn e Wilson. As procurações circularam pela mesa, e a reunião foi encerrada. Agora os acionistas se reuniriam privadamente.

Depois de um curto intervalo, Patricof entrou da sala na escritores e disse a Glaser que a comissão ouviria agora as reclamações dos representantes da *New York*. Brill, Dobell, Felker, Reeves, Auletta e Glaser entraram na sala de reuniões e atiraram sua munição verbal sobre aqueles que os atormentavam. Era só o que lhes restava.

Dobell repreendeu a comissão por usar o talento de Felker durante anos e depois retribuir-lhe com uma traição devastadora. Towbin defendeu veementemente seu comportamento, dizendo a Felker que havia telefonado para Felix Rohatyn para obter permissão para vender suas ações. "Bob", gritou Felker, "você é um mentiroso". Ken Auletta queria que Towbin explicasse por que lhe dissera que estava interessado em fazer negócio com o *Washington Post* e que não faria nada antes de se reunir com os escritores, quando na verdade já havia começado a negociar com Murdoch. Towbin não encontrou uma boa resposta para isso.

Mas foi Carter Burden quem suportou o peso da ira de Felker e Dobell. "Supostamente, Carter era um homem de virtudes cívicas", disse Dobell. "Achei que ele deveria ficar particularmente envergonhado, porque a revista *New York* era um bem para a cidade e, ao vendê-la para Murdoch, ele não estava agindo no interesse da cidade." Em determinado momento, Felker se levantou da cadeira para se dirigir a Burden, que o tempo todo esperava que quem quer que fosse o dono do negócio lhe desse um título apropriado no alto expediente da revista. "Ele [Murdoch] sabe quem você é", disse Felker. "Um diletante incompetente. Ninguém vai lhe dar o que você quer — um capacete com a marca 'editor'."

Nada disso pareceu intimidar Murdoch nem um pouco. Mesmo depois de Felker intimidar quase todo mundo na sala, Murdoch se voltou calmamente para ele e disse: "Clay, acho você um gênio editorial. Quero que fique e dirija a revista."

"Eu, assim como você", respondeu Felker, "sou um editor."

Felker ainda tinha uma carta na manga, ou pelo menos achou que tinha: a cláusula do direito de primeira recusa que Burden anulara. Mas Peter Tufo havia encontrado uma brecha no acordo. Se a empresa apresentasse uma perda acumulada durante quatro trimestres consecutivos, o direito de Felker de comprar as ações de Burden teria expirado em 31 de dezembro de 1976. As perdas da *New West* haviam chegado a isso. A vitória era de Murdoch.

A equipe cumpriu sua promessa de sair em massa quando Murdoch assumisse o poder, mas Felker queria assegurar que o novo proprietário da *New York* protegesse pelo menos os empregos de alguns membros veteranos da equipe, e Murdoch concordou, oferecendo contratos com dois anos de garantia a dez funcionários, bem como aos principais editores da *New York*, da *New West* e do *Voice*. Em troca, os advogados de Murdoch liberaram Felker de uma cláusula de não competição em seu contrato que o teria impedido de trabalhar para — ou lançar — qualquer outra publicação em Nova York ou Los Angeles, ou qualquer outro título nacional. Murdoch também concordou em pagar a ele a conta dos advogados, de 70 mil dólares, e lhe deu um ano para liquidar dívidas de 250 mil dólares da empresa.

Depois que esses contratos foram redigidos e todos os papéis assinados, Felker e Glaser voltaram para o escritório na Second Avenue, mas a equipe havia se reunido num restaurante do outro lado da rua, algumas pessoas com um resto de esperança de que Felker tivesse conseguido operar um milagre. Em vez disso, a cena ganhou características de um funeral. Com a voz embargada, Felker disse a seus soldados: "As ideias de Rupert Murdoch sobre amizade, sobre publicações e sobre pessoas são muito diferentes das minhas. Ele deveria saber que está desfazendo uma família, e faz isso por seu próprio risco."

Não restou ninguém para produzir a edição da *New York* daquela semana. Byron Dobell, convidado para assumir o cargo de Felker, demitiu-se, enquanto Ken Auletta exigiu que seu nome fosse retirado imediatamente do expediente da *New York*. Todos os outros principais editores e Glaser seguiram o exemplo de Auletta. Coube a Murdoch e a alguns diretores da News Ltd. finalizarem a produção. Murdoch editou a programação de filmes, enquanto homens de terno e gravata que nunca antes haviam visto uma prova de granel colaram leiautes e reportagens editadas.

Quando a fumaça se dissipou, Felker ganhou 750 mil dólares com a venda; Burden saiu com 4 milhões de dólares. James Brady, vice-presidente da News Ltd., assumiu como editor-chefe da *New York*. Murdoch demitiu imediatamente Marianne Partridge, editora do *Village Voice*, readmitida depois devido a protestos da equipe do jornal.

Quando Felker deixou a última reunião da equipe na Second Avenue, uma falange de repórteres o aguardava. Ele tentou abrir caminho no meio da aglomeração, mas as câmeras de TV o tinham sob suas lentes.

— Não pensei no que vou fazer em seguida — disse Felker. — Sou um jornalista e esta é a minha vida.

Alguém perguntou:

— Como foi o dia de hoje para você?

— Um dia terrível. Foi também o melhor dia da minha vida.

— Por que o melhor dia?

— Por causa do apoio e do amor que essas pessoas demonstraram a mim.

E então Clay Felker, que havia atemorizado políticos e feito matronas da sociedade enrubescerem, chorou publicamente.

EPÍLOGO

DEPOIS DO BAILE

Depois do golpe de Estado de Rupert Murdoch, Clay Felker sacudiu a poeira e começou de novo.

Ironicamente, ele se aventurou a voltar para a *Esquire*, revista que o havia posto para fora sem cerimônia 15 anos antes. Mas desde então muita coisa havia mudado. Harold Hayes, que transformara a *Esquire* na maior revista americana de assuntos de interesse geral dos anos 60, havia saído em 1973, depois de uma disputa com o presidente da comissão, John Smart. A administração da revista decidira, sem o consentimento de Hayes, que a *Esquire* faria testes de mercado numa tentativa de melhorar seu fraco desempenho, e que talvez até substituísse as capas de George Lois por *designs* mais óbvios de sua própria escolha. A administração queria impulsionar a venda com múltiplos títulos na capa, e não com aqueles títulos únicos, incisivos, que Lois e os editores haviam aperfeiçoado ao longo dos anos. Em suma, estavam à procura de um produto mais sexy, mais atraente, que sacrificaria o estilo em nome de um comercialismo mais grosseiro. Hayes não estava aceitando isso, e em 5 de abril apresentou sua carta de demissão à comissão. (Hayes morreu de tumor cerebral em 1989.)

Sem o pulso firme de Hayes, a vitalidade parecia se esvair da *Esquire*. A revista ficou sem foco e sem sua fatia do mercado, perdendo cerca de 5 milhões de dólares de 1975 a 1977. Em agosto de 1977, Felker a adquiriu com um investimento de Vere Harmsworth, o visconde de Rothemere, presidente da Associated Newspapers, gigante de publicações britânico, e recrutou seu antigo sócio Milton Glaser para trabalhar a seu lado.

Mas os instintos editoriais de Felker — tão precisos e afiados durante seu período na *New York* — abandonaram-no. Uma decisão fatal de aumentar a periodicidade da revista de mensal para quinzenal fez com que esta afundasse ainda mais no vermelho, e em maio de 1979 a participação majoritária da *Esquire* foi vendida a dois moradores do Tennessee de trinta e poucos anos chamados Christopher Whittle e Phillip Moffitt.

A partir daí, Felker passou por várias publicações (*Daily News*, *Manhattan Inc.*, *Adweek*, *U.S. News & World Report*), arriscou-se em um semanário alternativo chamado *East Side Express*, que vendeu em 1984, e chegou até a trabalhar como produtor na Twentieth Century Fox por um breve período, no início dos anos 1980. Mas a era Felker se tornara, por todas as suas intenções e propósitos, um fenômeno do passado.

No mesmo ano em que Felker perdeu a *New York* para Murdoch, Jann Wenner transferiu a *Rolling Stone* de São Francisco para Nova York, alterando irrevogavelmente o que Hunter Thompson chamava de "eixo do grande jornalismo. Minha atitude na época era: se não quebrou, não conserte. Mas Jann levou sua vida tão longe em outra direção que destruiu o monumento brilhante a si mesmo que havia construído".

De 1967 a 1977, a *Rolling Stone* exibiu estrelas do cinema em 17 capas. De 1977 a 1979, foram 22 capas desse tipo. Thompson continuou a colaborar com a revista, mas nenhum de seus trabalhos posteriores — que variaram muito em qualidade — conseguiu alcançar a grandeza ou o impacto das duas primeiras sagas *Medo e delírio* (uma exceção foi "The Banshee Screams for Buffalo Meat", um elogio a seu amigo Oscar Zeta Acosta, que desapareceu misteriosamente em Mazatlán, México, em junho de 1974).

Mil novecentos e setenta e sete foi também o ano do lançamento de *Guerra nas estrelas*, de George Lucas, um acontecimento que pôs o elenco do filme na capa da *Rolling Stone* de agosto. Parecia que havia sido assinado um contrato entre Hollywood e a Madison Avenue, e as revistas se tornariam agora órgãos oficiais das estrelas de cinema. As reportagens encolheram, e também as ideias. As abobrinhas já não eram desencorajadas por editores escrupulosos; agora, construíam as carreiras de escritores, e eram um grande atrativo para anunciantes.

A coisa simplesmente ficou feia para o Novo Jornalismo nos anos 1970, um processo acelerado pelo declínio das revistas de interesse geral. Então o que aconteceu? A televisão, principalmente, sugou os leitores e os dólares dos anunciantes, transformou a cultura das celebridades numa indústria próspera e assegurou o fim das revistas de variedades como *Life*, *Saturday Evening Post* e *Collier's* — revistas que haviam publicado Mailer, Didion, Hersey e muitos outros. A *Esquire*, a *New York* e a *Rolling Stone* já não eram leitura obrigatória para leitores engajados que mal podiam esperar pela chegada da nova edição em suas caixas de correio, ansiosos para descobrir o que Wolfe, Talese, Thompson e os outros haviam reservado para eles. Assim como os anos 1970 chegavam ao fim, terminava também a era de ouro do jornalismo americano.

Mas houve também um senso de exaustão física, de que todas as grandes histórias tinham sido contadas e não restava nada para escrever. Os últimos soldados americanos saíram de Saigon em 1975; a cultura dominante havia colonizado completamente a contracultura; e o movimento pela liberação das mulheres não era sexy o bastante para jornalistas homens cobrirem com o mesmo rigor e paixão que haviam reservado para as guerras.

Como Wolfe previu, o Novo Jornalismo — como grande movimento literário da era pós-guerra — morreu muito tempo atrás, mas sua influência está em toda parte. Antes uma rebelião da retaguarda, seus princípios são hoje tão aceitos que se tornaram praticamente invisíveis. A arte de contar histórias que são relatos está viva e bem; só está mais difusa agora, disseminada em livros, revistas, jornais e pela internet.

Há grandes repórteres imersivos, como Ted Conover, que se fez passar por oficial de disciplina na prisão Sing Sing e escreveu um livro premiado sobre isso chamado *Newjack*. Jon Krakauer acompanhou uma expedição ao Monte Everest em missão para a revista *Outside* e produziu uma narrativa clássica de não ficção, *No ar rarefeito*. Barbara Ehrenreich trabalhou como empregada doméstica e contou as histórias difíceis de suas colegas em *Miséria à americana — vivendo de subempregos nos Estados Unidos*.

Outros best-sellers como *O ladrão de orquídeas*, *Random Family*, *Moneyball* e *American Ground* — histórias fascinantes apoiadas em reportagens meticulosas, desenvolvimento pleno de personagens e excelente estilo de texto direto — são crias de *Despachos*, *O teste do ácido do refresco elétrico* e *Os exércitos da noite*. O diretor do programa de jornalismo de revista da Universidade de Nova York, Robert S. Boynton, entrevistou os autores desses e de outros recentes clássicos de não ficção para um livro de 2005 chamado *The New New Journalism*.

À exceção de Jimmy Breslin, que continuou a escrever uma coluna semanal até se aposentar do trabalho jornalístico, em novembro de 2004, os maiores praticantes do Novo Jornalismo foram em busca de outros objetivos. Tom Wolfe praticamente desistiu do jornalismo para se dedicar a romances como *A fogueira das vaidades* e *Eu sou Charlotte Simmons*. Michael Herr publicou apenas três pequenos títulos desde *Despachos*. Desde que publicou *A mulher do próximo*, seu livro de 1980 sobre os hábitos sexuais nos Estados Unidos, Gay Talese escreveu apenas mais um livro (*Unto the Sons*, uma saga de sua própria família ao longo de muitas gerações), e há dez anos trabalha no próximo livro. Uma coletânea de seus artigos para revistas chamada *The Gay Talese Reader* foi publicada em 2003. É uma leitura essencial. John Sack continuou a cruzar o planeta em busca de histórias sobre a máfia chinesa, o Holocausto e o massacre de My Lai até morrer de câncer em 2004. Joan Didion continua sendo um gigante do jornalismo e produzindo trabalhos impressionantes.

Norman Mailer também se afastou do jornalismo impresso, mas não abandonou a prática completamente. *A canção do carrasco*, seu épico sobre Gary Gilmore, assassino de Utah, foi o resultado final de centenas de horas de entrevistas conduzidas pelo escritor e seu parceiro, Lawrence Schiller. *A canção do carrasco* deu a Mailer seu segundo prêmio Pulitzer, em 1980.

Conforme os dias passaram, Hunter S. Thompson continuou a produzir esporadicamente bons trabalhos, particularmente durante seu breve período como colunista do *San Francisco Examiner* em meados dos anos 1980, quando investiu contra a maldade de vilões da era Reagan como George H. W. Bush, Oliver Stone, Jim Bakker, Ed Meese e o próprio Reagan. No final dos anos 1990, sua produção havia diminuído consideravelmente Ele já não escrevia com assiduidade para nenhuma publicação; em vez disso, havia uma coluna de esportes em ESPN.com que era um fórum realmente aberto ao que quer que viesse à sua mente. Apesar de alguns artigos ocasionais hilariantes, parecia um lugar estranho para Thompson. Algumas pessoas alegam que ele estava muito dependente de drogas para produzir outro livro significativo; outras alegaram que estava simplesmente deixando seu legado falar por si próprio e deixando o presente para pessoas mais jovens.

Thompson adorava falar sobre seus tempos de juventude, mas havia um tom triste, quase de lamento, em sua voz quando se discutia o passado. Dois anos antes de disparar uma arma em si mesmo, de maneira fatal, em 20 de fevereiro de 2005, ele resumiu tudo da seguinte maneira:

> Os anos 60 foram um tempo diferente, uma viagem. Eu olhava ao redor e via um monte de vozes intimidadoras ali, mas nunca tinha que pensar em agradá-las. Tive editores que me deixaram escrever o que eu queria, e eu trabalhei duro nisso. Não era nada mole, mas era uma época muito excitante, envolvente, para mim. Porém, demorei algum tempo para perceber que não vai voltar. Não em minha vida, nem na vida de mais ninguém.

NOTAS

INTRODUÇÃO

Pág. 9   "Vejam... estamos saindo uma vez por semana": Tom Wolfe, *Hooking Up* (Nova York: Farrar, Straus e Giroux, 2000), 250.

Pág. 9   "Zonggggggggggg!": Lillian Ross, "Red Mittens!", *The New Yorker*, 16 de março de 1965.

Pág. 10   "Se você diz a uma pessoa": *Hooking Up*, 251.

Pág. 11   "Enviou uma carta": Ibid, 253.

Pág. 11   "Eles têm uma compulsão nos escritórios da *New Yorker*": Ibid, 256.

Pág. 12   "A *New Yorker* sai uma vez por semana": Ibid, 278.

Pág. 13   Os trechos do contra-ataque de Dwight Mcdonald a "Múmias Minúsculas" foram extraídos de "Parajournalism, or Tom Wolfe & His Magic Writting Machine", *New York Review of Books*, 26 de agosto de 1965; e "Parajournalism II: Wolfe and The New Yorker", *New York Review of Book*, 3 de fevereiro de 1966.

1. LITERATURA RADICAL: ALGUMAS RAÍZES DE UMA REVOLUÇÃO

Pág. 20   "Na Nova York do início dos anos 1960": Tom Wolfe e E. W. Johnson, eds., *The New Journalism* (Nova York: Harper & Row, 1973), 47.

Pág. 20   Raízes do jornalismo impresso: Franklin Luther Mott, *American Journalism: A History*, 1690-1960 (Nova York: Macmillan, 1962); George Boyce, James Curran e Pauline Wingate, *Newspaper History from the Seventeenth Century to the Present Day* (Londres: Constable, 1978).

Pág. 21   "Há da mesma forma... uma grande vantagem": Jonathan Swift, *A Modest Proposal*, 1729.

Pág. 22   "Achamos que quase vimos o pequeno escritório sujo, de fundos": Charles Dickens, *Sketches by Boz*, extraído de *The Oxford Illustrated Dickens* (Oxford: Oxford University Press, 1957).

Pág. 23	Informações sobre Joseph Pulitzer: James McGrath Morris, *The Rose Man of Sing Sing* (Nova York: Fordham University Press, 2003); Kenneth T. Jackson, ed., *The Encyclopedia of New York City* (New Haven: Yale University Press, 1995), 1964.
Pág. 25	"Desci ao submundo de Londres": Jack London, *The People of Abyss*, Gutenberg Project e-book 1688 (1999, transcrito da edição de Thomas Nelson and Sons), disponível em www.gutenberg.org/etext/1688, 1.
Pág. 26	Informações biográficas sobre George Orwell: Bernard Crick, *George Orwell: A Life* (Harmondsworth: Penguin Books, 1980).
Pág. 27	"Havia ... uma atmosfera de desordem": *George Orwell, Down and Out in Paris and London* (Londres: Secker & Warburg, 1986).
Pág. 28	Na introdução da edição francesa do livro: Crick, *George Orwell*, 187.
Pág. 29	"A lata de cinco galões": A. J. Liebling, "The Foamy Fields", *The New Yorker Book of War Pieces* (Nova York: Schocken Books, 1988), 147.
Pág. 30	"Acho que desde o início eu tinha a ideia": Jonathan Dee, "Writers at Work: John Hersey", *Paris Review*, verão-outono de 1986.
Pág. 32	"O jornalista é sempre o mediador": Sybil Steinberg, ed., *Writing for Your Life: 92 Contemporary Authors Talk About the Art of Writing and the Job of Publishing* (Wainscott, N. Y.: Pushcart Press, 1992), 255.
Pág. 32	quando Kennedy se candidatou à Câmara dos Representantes: Ben Yagoda, *About Town: The New Yorker and the World It Made* (Nova York: Scribner, 2000), 184.
Pág. 33	Informações sobre as origens do livro *Hiroshima*: Ibid., 183-93.
Pág. 35	"Exatamente às 8h15 da manhã": John Hersey, "A Reporter at Large: Hiroshima", *The New Yorker*, 1º de novembro de 1946.
Pág. 35	"A senhora Nakamoto": Ibid.
Pág. 36	"Não acredito": Lillian Ross, *Reporting Back: Notes on Journalism* (Washington, D. C.: Counterpoint, 2002), 34.
Pág. 37	"Bogart concordou mexendo a cabeça": Lillian Ross, "Come In, Lassie!", *The New Yorker*, 21 de fevereiro de 1948.
Pág. 37	"'Come In, Lassie!' me ensinou a observar e esperar": Lillian Ross, Ibid, 34.
Pág. 38	"Quanto ao nosso velho artigo — que vão para o inferno!": James R. Mellow, *Hemingway: A Life Without Consequences* (Boston: Houghton Mifflin, 1992), 574.
Pág. 39	"Enquanto eu convivia com os personagens": Lillian Ross, *Here but Not Here* (Washington D. C.: Counterpoint, 1998), 90.
Pág. 39	"Huston como pessoa é quase interessante demais": Ibid., 90-91.
Pág. 40	"Eu fico no primeiro andar": Lillian Ross: *Picture: 50th Anniversary Edition* (Nova York: Da Capo Press, 2002), 23.
Pág. 42	Relato de Ross sobre Nicholas Schenck: *Here but Not Here*, 101-2.
Pág. 43	"Para mim, era tão estranho": Jane Howard, "How the 'Smart Rascal' Brought It Off", *Life*, 7 de janeiro de 1966.
Pág. 44	"Pessoas que não entendem o processo literário": Ibid.
Pág. 45	"Não era uma questão de eu *gostar*": Ibid.

Pág. 45 Usando como modelo *Hiroshima*, de John Hursey: Yagoda, *About Town*: 347.
Pág. 45 "Minha teoria": Howard, "'Smart Rascal'".
Pág. 46 "Durante a visita, Dewey parou diante da janela do andar de cima": Truman Capote, *In Cold Blood* (Nova York: Random House, 1965), 153.
Pág. 46 O verificador de fatos da *New Yorker* descobriu que Capote era o escritor mais preciso: Yagoda, *About Town*, 347.

2. A GRANDE REVISTA AMERICANA

Pág. 50 "O equivalente, em termos de publicação, a uma barraca de limonada": Robert J. Bliwise, "The Master of New York", *Duke Magazine*, setembro-outubro de 1996.
Pág. 50 Um dia, Carl chegou em casa: Ibid.
Pág. 53 As informações sobre Arnold Gingrich, fundador da *Esquire*, e a batalha de destruição entre Hayes, Ginzburg e Felker são extraídas de Arnold Gingrich, *Nothing but People: The Early Days at* Esquire (Nova York: Crown, 1971) e Carol Polsgrove, *It Wasn't Pretty, Folks, But Didn't We Have Fun?* Esquire *in the Sixties* (Nova York: W.W. Norton, 1995), bem como de entrevistas com Clay Felker e Ralph Ginzburg.
Pág. 55 "Durante quatro ou cinco anos, eu me debati": De um discurso de Harold Hayes a estudantes de Wake Forest, Arquivos da Universidade de Wake Forest, Winston-Salem, Carolina do Norte (doravante WFA).
Pág. 56 "Sua persistente recusa a aceitar uma abordagem comum": Harold Hayes, "Making a Modern Magazine", WFA.
Pág. 58 "O afastamento de Arnold do calor da atividade editorial do dia a dia"; "Eles vestiam o mesmo tipo de roupa": Harold Hayes, "Building a Magazine's Personality", de uma autobiografia não publicada, WFA.
Pág. 59 "nosso editor beberrão": Gingrich, *Nothing but People*, 207.
Pág. 59 "um teste de resistência no poder": Ibid, 205.
Pág. 62 "Passei a tarde inteira lendo aquelas coisas": Bliwise, "The Master of New York".
Pág. 64 "No início de seu ato": Thomas B. Morgan, "What Makes Sammy Jr. Run?" *Esquire*, outubro de 1959.
Pág. 65 "Bem, Dave, querido": Ibid.
Pág. 65 "Demora um tempo terrivelmente longo": Ibid.
Pág. 66 "Tive dificuldades para escrever sobre Brigitte": Thomas B. Morgan, *Self-Creations: 13 Impersonalities* (Nova York: Holt, Rinehart e Winston, 1965), 98.
Pág. 66 "Brigitte dava voltas e voltas em torno do carro": Thomas B. Morgan, "Brigitte Bardot: Problem Child", *Look*, 16 de agosto de 1960.
Pág. 67 "HORA: *De tarde*": Thomas B. Morgan, "David Susskind: Television's Newest Spectacular", *Esquire*, agosto de 1960.
Pág. 69 "Eu realmente acho que o livro divisor de águas foi *Advertisements*": Hilary Mills, *Mailer: A Biography* (Nova York: Empire Books, 1982), 194.
Pág. 70 "Ele tinha um bronzeado intenso, laranja-marrom": "os oito anos de Eisenhower": Norman Mailer, "Superman Comes to the Supermart", *Esquire*, novembro de 1960.

Pág. 72 "um jornalismo extremamente personalizado": Mills, *Mailer*, 195.

Pág. 74 "um controle mais ativo de todo o nosso material": memorando de Hayes para Gingrich, WFA.

Pág. 74-75 Detalhes do confronto Felker-Sahl podem ser encontrados em Polsgrove, *It Wasn't Pretty*.

Pág. 76 "a moda extravagante do *boulevardier* continental": Gay Talese, *Unto the Sons* (Nova York: Alfred A. Knopf, 1992), 6.

Pág. 77 300 colunas: Barbara Lounsberry, "Portrait of a (Non-Fiction) Artist", disponível em www.gaytalese.com.

Pág. 77 "Aprendi [com minha mãe]": Gay Talese, "Origins of a Nonfiction Writer", em Gay Talese e Barbara Lounsberry, *Writing Creative Nonfiction: The Literature of Reality* (Nova York: HarperCollins, 1996), 2.

Pág. 79 "Os esportes lidam com pessoas que perdem": Lounsberry, "Portrait of a (Non-Fiction) Writer".

Pág. 79 Enquanto os homens conversavam: Gay Talese, "Portrait of a Young Prize Fighter", *New York Times*, 12 de outubro de 1958.

Pág. 79 "Atualmente, estou tentando reunir": carta de Talese a Harold Hayes, 24 de fevereiro de 1960, WFA.

Pág. 80 "Nova York é uma cidade de coisas despercebidas": Gay Talese, "New York", *Esquire*, julho de 1960.

Pág. 80 um artigo que o jornalista do *Village Voice*: carta de Hentoff a Hayes, 18 de setembro de 1961, em WFA.

Pág. 81 "parecia estar envolvido": Talese, "The Soft Psyche of Joshua Logan", *Esquire*, abril de 1963.

Pág. 82 quando Talese a leu para Logan: Polsgrove, *It Wasn't Pretty*, 60-61.

Pág. 82 "Eu me tornara quase uma figura interior": Talese e Lounsberry, *Writing Creative Nonfiction*, 106.

Pág. 83 "Não é uma sensação ruim quando você é nocauteado": Gay Talese, "The Loser", *Esquire*, março de 1964.

Pág. 84 "*E então você sabe*": Ibid.

3. O REI JAMES E O HOMEM DO TERNO DE SORVETE

Pág. 85 A linhagem do *Herald Tribune*: Richard Kluger, *The Paper: The Life and Death of the New York* Herald Tribune (Nova York, Alfred A. Knopf, 1986).

Pág. 85 A história do *New York Herald Tribune* é recontada em detalhes extraordinários por Richard Kluger em seu livro *The Paper: The Life and Death of the New York Herald Tribune*. Todas as informações históricas são retiradas desse livro.

Pág. 91 "Cheguei lá e não conseguia encontrá-la em lugar nenhum": Jimmy Breslin, *The World of Jimmy Breslin* (Nova York: Viking, 1967), 19-20. Introdução a "The Reds".

Pág. 92 "manter todas as tempestades de minha vida afastadas": Jimmy Breslin, *I Want to Thank My Brain for Remembering Me* (Boston: Little, Brown, 1996), 24.

Pág. 92	"Sem Throneberry": Jimmy Breslin, "The Mets", *The World of Jimmy Breslin*, 17-18.
Pág. 93	"Eu nunca havia pensado em como se fazia uma coluna": Jimmy Breslin, *The World of Jimmy Breslin*, introdução, xv.
Pág. 94	"Isso é apuração de notícia": Jack Newfield, "An Interview with Jimmy Breslin", *Tikkun*, 23 de fevereiro de 2005.
Pág. 94	"eram um pouco mais pobres que alguns": Jimmy Breslin, *The World of Jimmy Breslin*, 31.
Pág. 95	"Marvin The Torch nunca conseguia manter suas mãos": Ibid., "Marvin The Torch", 34.
Pág. 95	"Sim, senhor?": Ibid., "Jerry the Booster", 42.
Pág. 96-97	"de uma forma que parecia uma bola de boliche": Tom Wolfe e E. W. Johnson, eds., *The New Journalism* (Nova York: Harper & Row, 1973); Tom Wolfe, "The New Journalism", 13.
Pág. 97	O editor de notícias da cidade do *New York Times*, A. M. Rosenthal: *Jimmy Breslin: The Art of Climbing Tenement Stairs*, documentário de rádio produzido por Jon Kalish para a KCRW.
Pág. 98	Num dia de março de 1964: David W. Dunlap, "If These Walls Could Publish...", *New York Times*, 25 de agosto de 2004.
Pág. 100	O chamado incomodou Malcolm Perry: Jimmy Breslin, "A Death in Emergency Room One", *The World of Jimmy Breslin*, 169.
Pág. 101	"O peso de um sujeito": "Keep Me Going", *Newsweek*, 6 de maio de 1963. Não assinado.
Pág. 102	Quando Pollard chegou à fila de garagens: Jimmy Breslin, "It's a Honor", *The World of Jimmy Breslin*, 177-80.
Pág. 103	"diferentes espectadores sugeriram": Toby Thompson, "The Evolution of Dandy Tom", *Vanity Fair*, outubro de 1987.
Pág. 105	"De todas as pessoas, Jack London era meu modelo": Elaine Dundy, "Tom Wolfe... But Exactly, Yes!" *Vogue*, 15 de abril de 1966.
Pág. 107	"Esse tem que ser o lugar!": Wolfe e Johnson, eds., *The New Journalism*; Tom Wolfe, "The New Journalism", 4.
Pág. 107	"fios elétricos", "lama industrial", "grande fábrica de tortas": Ibid.
Pág. 108	"Ainda sinto uma tremenda comichão": Joe David Bellamy, "Sitting Up with Tom Wolfe", *Writer's Digest*, 9 de novembro de 1974.
Pág. 108	"Tom Sawyer": Dundy, "Tom Wolfe... But Exactly... Yes!".
Pág. 109	"período de frio mau, perverso": Tom Wolfe, "Miserable Weather to Continue: Ships, Aircraft, Shores Battered", *New York Herald Tribune*, 8 de dezembro de 1962.
Pág. 109	"com olhos que pareciam ovos fritos": Tom Wolfe, "He Elevates Fraternities", *New York Herald Tribune*, 2 de dezembro de 1962.
Pág. 109	"Uma aluna esbelta": Tom Wolfe, "600 at NYU Stage Lusty Rent Strike", *New York Herald Tribune*, 13 de abril de 1962.
Pág. 110	"o habitual narrador de não ficção": Wolfe e Johnson, eds., Tom Wolfe, "The New Journalism", *The New Journalism*, 17.

Pág. 111	"Aquela ali na beira da calçada é Joan Morse": Wolfe, "The Saturday Route", *The Kandy-Kolored Tangerine-Flake Streamline Baby* (Nova York: Farrar, Straus and Giroux, 1965), 223.
Pág. 113	"Quando cheguei a Nova York, nos anos 60": Wolfe e Johnson, eds., Tom Wolfe, "The New Journalism", *The New Journalism*, 30.
Pág. 113	"Quando uma grande fama": Tom Wolfe, *The Pump House Gang* (Nova York: Farrar, Straus and Giroux, 1968; Bantam edition, 1978), 8.
Pág. 114	"É isso aí, garoto, ponha seu nome aí": Tom Wolfe, "The Marvelous Mouth", *Esquire*, outubro de 1963.
Pág. 115	"A melhor história de hoje é o automóvel": Emile Capouya, "True Facts and Artifacts", *Saturday Review*, 31 de julho de 1965.
Pág. 117	"Não me importo de observar": "*República* de Platão para adolescentes"; "São como Ilhéus do Leste"; "forma não de retângulo": Thomas K. Wolfe, "There Goes (VAROOM! VAROOM!) that Kandy-Kolored (THPHHHHHH) Tangerine-Flake Streamline Baby (RAHGHHHH) Around the Bend (BRUMMMMMMMMMMMMMMMM...)", *Esquire*, novembro de 1963.

4. TOM WOLFE EM ÁCIDO

Pág. 123	"aparecia de terno branco-sobre-branco": Elaine Dundy, "Tom Wolfe... But Exactly, Yes!", *Vogue*, 15 de abril de 1966.
Pág. 124	"loucas e irônicas": Tom Wolfe, *The Electric Kool-Acid Test* (Nova York: Farrar, Straus and Giroux, 1968), 4.
Pág. 124	"Antes um atleta tão valorizado": Ibid., 5.
Pág. 127	"punhos e antebraços grossos": Ibid, 7.
Pág. 128	"Apesar do ceticismo que eu trouxe para cá": Ibid., 7.
Pág. 128	"apenas na pobre e velha América dos anos 1960 de fórmica": Ibid., 31.
Pág. 130	"Suas faces eram pintadas em espirais Art Nouveau": Ibid., 391.
Pág. 130	"A primeira parte": Tom Wolfe, "The Author's Story", *New York Times Book Review*, 18 de agosto de 1968.
Pág. 131	"Até agora ninguém dentro ou fora da profissão médica": Wolfe, "Super-Hud Plays the Game of POWER", *New York World-Journal Tribune*, 5 de fevereiro de 1967.
Pág. 134	"Devo ao *National Observer* em Washington": Carta de Thompson a Wolfe, em Hunter S. Thompson, *The Proud Highway: Saga of a Desperate Southern Gentleman: The Fear and Loathing Letters, Volume 1* (Nova York: Villard, 1997), 524.
Pág. 135	"várias horas comendo": Hunter S. Thompson, *Hell's Angels: A Strange and Terrible Saga* (Nova York: Modern Library, 1999), 220.
Pág. 137	Certas vibrações do ônibus: Wolfe, *The Electric Kool-Aid Acid Test*, 110.
Pág. 137	*Um verdadeiro cartão de Natal*: Ibid., 55.
Pág. 138	*Milhas, Milhas, Milhas*: Ibid., 47.
Pág. 138	Uma loura de fora da cidade: Ibid., 176.

Pág. 139 "Certas passagens — como a do estupro grupal dos Hell's Angels": de uma entrevista enviada ao autor por Paul Krassner, usada com permissão de Krassner.
Pág. 139 "O teto está mexendo": Wolfe, *The Electric Kool-Aid Acid Test*, 40.
Pág. 139 Wolfe entrava num "transe controlado"; "Senti como se meu coração": Toby Thompson, "The Evolution of Dandy Tom", *Vanity Fair*, outubro de 1987.

5. O CENTRO NÃO CONSEGUE SEGURAR

Pág. 141 As informações biográficas sobre Joan Didion são extraídas de Joan Didion, *Where I Was From* (Nova York: Random House, 2003) e Michiko Kakutani, "Joan Didion: Staking Out California", *New York Times*, 10 de junho de 1979.
Pág. 142 "Eu escrevia histórias desde pequena": Linda Kuehl, "The Art of Fiction No.71: Joan Didion", *Paris Review*, outono-inverno de 1978.
Pág. 143 "Nada era irrevogável... o próprio sonho brilhante e perecível": Joan Didion, "Goodbye to All That", *Slouching Towards Bethlehem* (Nova York: Farrar, Straus and Giroux, 1990), 229-30.
Pág. 143 "o modo como os rios encrespavam": Didion, *Where I Was From*, 157.
Pág. 145 "paralisada pela convicção de que o mundo": Kakutani, "Joan Didion: Staking Out California".
Pág. 145 "A maioria das minhas frases fica à deriva, não termina": Kuehl, "The Art of Fiction".
Pág. 146 "Então eles tinham vindo... para ver Arthwell": Joan Didion, "How Can I Tell Them There's Nothing Left? *Saturday Evening Post*, May 7, 1966.
Pág. 147 "adolescentes escoavam de cidade para cidade despedaçada": Didion, "Slouching Towards Bethlehem", *Slouching Towards Bethlehem*, 84.
Pág. 147 "Debbie está pintando suas unhas": Ibid., 92.
Pág. 148 "usando um casaco de marinheiro": Ibid., 127.
Pág. 148 "Todo dia eu ia ao escritório [de Allene Tambey]: Kuehl, "The Art of Fiction".
Pág. 149 "Hathaway tirou o cigarro da boca": Joan Didion, "John Wayne: A Love Song", *Slouching Towards Bethlehem*, 34-35.
Pág. 149 "Joan Didion é uma das menos celebradas e mais talentosas escritoras": Dan Wakefield, "Places, People and Personalities", *New York Times Book Review*, 21 de julho de 1968.

6. MARGINAL DE MADRAS

Pág. 151 "O problema de Wolfe": Hunter S. Thompson, "Jacket Copy for *Fear & Loathing in Las Vegas: A Savage Journey to the Heart of the American Dream*", *The Great Shark Hunt: Strange Tales from a Strange Time* (Nova York: Rolling Stone Press/ Summit Books, 1979), 108.
Pág. 152 "Sempre me senti um sulista": E. Jean Carroll, *Hunter: The Strange and Savage Life of Hunter S. Thompson* (Nova York: Dutton, 1993), 25.

Pág. 152 "Eu tinha um grande apetite por aventuras": Hunter S. Thompson, *Kingdom of Fear: Loathsome Secrets of a Star-Crossed Child in the Final Days of the American Century* (Nova York: Simon & Schuster, 2003), 10.
Pág. 153 "Retroceda as páginas da história": Hunter S. Thompson, *The Proud Highway: Saga of a Desperate Southern Gentleman, 1955-1967 (The Fear and Loathing Letters, Volume 1)* (Nova York: Villard, 1997), 5.
Pág. 153 "Em suma, nós dois sabemos": Ibid., 10.
Pág. 154 "ninguém está se pendurando em mim": Ibid., 16.
Pág. 154 "Tudo isso": Ibid., 39.
Pág. 155 "atitude rebelde e superior": Ibid., 59.
Pág. 155 "Se esse caminho leva": Ibid., 76.
Pág. 156 "Você percebe que a luz do sol": Ibid., 112.
Pág. 157 "Que diabo, Hills": Ibid., 168.
Pág. 157 "Não foi tanto pelo dinheiro": Ibid., 272.
Pág. 158 "Vou escrever volumes maciços na América do Sul": Ibid., 312.
Pág. 158 "Como se viu": Hunter S. Thompson, "A Footloose American in a Smuggler's Den", *The Great Shark Hunt*, 347.
Pág. 159 "Tentei dirigir um táxi": Craig Vetter, "The *Playboy* Interview: Hunter S. Thompson", *Playboy*, novembro de 1974.
Pág. 160 "A meu ver": Thompson, *Proud Highways*, 489.
Pág. 161 "silenciosamente histérica durante cinco horas": Ibid., 494.
Pág. 162 "A diferença entre os Hell's Angels": Hunter S. Thompson, "Motorcycle Gangs: Losers and Outsiders", *The Nation*, 17 de maio de 1965.
Pág. 162 "A moral aqui": Thompson, *Proud Highway*, 529.
Pág. 165 "Por motivos que nunca ficaram claros": Hunter S. Thompson: *Hell's Angels: A Strange and Terrible Saga* (Nova York: Modern Library, 1999), 47.
Pág. 165 "Dormi demais": Ibid., 106.
Pág. 165 "agrupados em torno de uma caminhonete cinza": Ibid., 107.
Pág. 166 "Quando eu saía para viajar com eles": Vetter, "The *Playboy* Interview".
Pág. 166 "como ser apanhado por uma onda grande": Thompson, *Hell's Angels*, 135.
Pág. 167 "eu estava tão firmemente identificado": Ibid., 137.
Pág. 168 "se convenceu de que havia morrido": Ibid., 226.
Pág. 170 "Quando eu agarrei o sujeito": Vetter, "The *Playboy* Interview".
Pág. 171 "usando o espelho retrovisor": Ibid.
Pág. 171-172 Trechos de críticas: Richard M. Elman, *The New Republic*, 25 de fevereiro de 1967; Leo Litwak, *New York Times*, 29 de janeiro de 1967.
Pág. 173 "Não há muito o que discutir sobre fatos básicos": Thompson, *Hell's Angels*, 34.
Pág. 174 "Passando a primeira marcha": Ibid., 262.
Pág. 174 "Quase todos os melhores Angels": Thompson, *Proud Highway*, 618.

7. PARA O ABISMO

Pág. 177   "Os heróis existenciais": Hunter S. Thompson, *Hell's Angels: A Strange and Terrible Saga* (Nova York: Modern Library, 1999), 236.

Pág. 178   "Temos que enfrentá-los": William Prochnau, *Once upon a Distant War: David Halberstam, Neil Sheehan, Peter Arnett — Young War Correspondents and Their Early Vietnam Battles* (Nova York: Vintage, 1996), 11.

Pág. 178   "Não se podia acreditar em qualquer pessoa": Ibid., 22.

Pág. 181   "É claro que eu li [a reportagem de George Goodman]": Todas as citações de John Sack, bem como a história de *M*, são extraídas de transcrições de uma série de entrevistas de 1993, realizadas por Carol Polsgrove; as citações são usadas com permissão de Polsgrove.

Pág. 181   "A *Time* desta semana": Carta de John Sack para Harold Hayes, 25 de outubro de 1965, WFA.

Pág. 182   "combate com todas as suas insanidades": Ibid.

Pág. 182   "Jesus Cristo": Carta de Harold Hayes para Sack, 28 de outubro de 1965, WFA.

Pág. 182   "Essas seriam apenas as despesas": Sack para Hayes, 5 de novembro de 1965, WFA.

Pág. 183   "cartões IBM duros": John Sack, *M* (Londres: Corgi/Avon, 1986), 24.

Pág. 185   "o purista cuja sensibilidade": Ibid., 57.

Pág. 185   "Gente, todas as suas camisas cáqui": Ibid., 58.

Pág. 185   "os vietnamitas da vila": Ibid., 108.

Pág. 185   "matar, ferir ou capturar": Ibid., 123.

Pág. 186   "Na verdade": Ibid., 166.

Pág. 186   "Um sargento da cavalaria:" Ibid., 168.

Pág. 187   "rotarianos": Michael Herr, "Fort Dix: The New Army Game", *Holiday*, abril de 1966.

Pág. 187   "Mande toda e qualquer fotografia": Telegrama de Hayes para Sack, 16 de junho de 1966, WFA.

Pág. 190   "Você não entende sua reportagem": Transcrição de entrevista de Polsgrove.

Pág. 191   "Uma, duas, três": Sack, *M*, 11.

Pág. 192   "Os fuzileiros navais haviam lutado": Richard Tregaskis, *Guadalcanal Diary* (Nova York: Popular Library, 1962), 78.

Pág. 193   "Queimem, queimem, queimem": Sack, *M*, 134.

Pág. 194   "*Charlie tenta avançar furtivamente sobre mim*": Ibid., 183.

Pág. 194   Críticas a *M*: *Publishers Weekly*, não assinada; "Two Sides of Our Side", Neil Sheehan, *The New York Times*, 14 de maio de 1967; Leonard Kriegal, *The Nation*, 23 de outubro de 1967.

8. O INFERNO ENCHE O SACO

Pág. 196   "jornalismo mais elevado", "o melhor tipo de jornalismo", "descrições mais extensas": Carol Polsgrove, *It Wasn't Pretty, Folks, But Didn't We Have Fun? Esquire in the Sixties* (Nova York: W.W. Norton, 1995), 172.

Pág. 197	"Não tenho instintos de jornalista": Eric James Schroeder, *Vietnam, We've All Been There: Interviews with American Writers* (Westport, Connecticut: Praeger, 1992), 33.
Pág. 197	"O jornalismo convencional": Michael Herr, "The War Correspondent: A Reappraisal", *Esquire*, abril de 1970.
Pág. 197	"Como fato impressionante e inevitável": Polsgrove, *It Wasn't Pretty*, 172.
Pág. 198	"Esse lapso de quatro meses": Telegrama de Herr para Hayes, 15 de novembro de 1967, WFA.
Pág. 198	"Eu tinha 27 anos": Schroeder, *Vietnam*, 34.
Pág. 198	"A Tet mudou tudo aqui": Carta de Herr para Hayes, 5 de fevereiro de 1968, WFA.
Pág. 199	"passado por tantas vilas e cidades dizimadas": Ibid.
Pág. 199	"Onde não temos sido presunçosos": Ibid.
Pág. 200	"Existem dois Vietnãs": Carta de Herr para Hayes, 4 de maio de 1968, WFA.
Pág. 200	"gastos de 3 mil dólares por mês": Ibid.
Pág. 200	"Apesar de toda a conversa": Schroeder, *Vietnam*, 38.
Pág. 201	"Sabemos que há anos": Michael Herr, "Hell Sucks", *Esquire*, agosto de 1968.
Pág. 201	"tornou esta uma guerra completamente diferente": Ibid.
Pág. 201	"Ficou frio nos dez dias seguintes": Michael Herr, *Despacho no front* (Nova York: Vintage, 1991), 68.
Pág. 202	"Os olhos são azul-claros": Herr, "Hell Sucks".
Pág. 202	"Acho que a cobertura [da televisão]": Schroeder, *Vietnam*, 38.
Pág. 202	"relato de batalha extraordinariamente perceptivo": Polsgrove, *It Wasn't Pretty*, 176.
Pág. 203	"Ele é ficção": Carta de Herr para Hayes, 18 de maio de 1968, WFA.
Pág. 203	Logo depois da publicação de "Hell Sucks": Polsgrove, *It Wasn't Pretty*, 47.
Pág. 204	"Se todo o arame farpado": Michael Herr, *Dispatches* (Nova York: Vintage, 1991), 123.
Pág. 205	Herr testemunhou algumas cenas brutais: Ibid., 152.
Pág. 205	"Minha ligação com Nova York": Ibid., 101.
Pag. 205	"instinto centrífugo": Garry Wills: *Lead Time: A Journalist's Education* (Garden City, Nova York: Doubleday, 1983), xi.
Pág. 206	"Você não passa de mais um soldado idiota": Herr, "Khesanh", *Esquire*, setembro de 1969.
Pág. 207	"Eu digo a mim mesmo": Schroeder, *Vietnam*, 43.
Pág. 208	"Tudo... aconteceu": Ibid., 44.
Pág. 208	"colapso maciço": Ibid., 35.
Pág. 208	"Às vezes eu ficava louco de maneira bastante pública": Ibid., 40.
Pág. 209	"Tive problemas para me ajustar aos anos 1970": Thomas B. Morgan, "Reporters of the Lost War", *Esquire*, July 1984.
Pág. 209	"Já faz muito tempo": Herr, "High on War": manuscrito, Bentley Historical Library Archives, University of Michigan, Ann Arbor.

Pág. 209	"Simplesmente": C. D. B. Byran, "The Different War", *New York Times*, 20 de novembro de 1977.
Pág. 210	"porque eu não queria me tornar": Morgan, "Reporters of the Lost War".

9. A HISTÓRIA COMO ROMANCE, O ROMANCE COMO HISTÓRIA

Pág. 211	um anúncio assinado por 149 homens em idade de recrutamento: Nancy Zaroulis e Gerald Sullivan, *Who Spoke Up? American Protest Against the War in Vietnam, 1963-1975* (Garden City, Nova York: Doubleday, 1984), 20.
Pág. 211	Em 3 de julho de 1964 ... um grupo de manifestantes: Ibid., 20.
Pág. 212	Em 1967, a Bertrand Russel Peace Foundation: Dana Adams Schmidt, "Sartre, at the 'Tribunal', Terms Rusk a 'Mediocre Functionary'", *New York Times*, 5 de maio de 1967.
Pág. 213	Informações sobre Mailer, a marcha da CDV e a marcha ao Pentágono extraídas de Peter Manso, *Mailer: His Life and Times* (Nova York: Simon & Schuster, 1985) e Mary V. Dearborn, *Mailer* (Boston: Houghton Mifflin, 1999), bem como de entrevistas com David Dellinger, Edward de Grazia, Bob Kotlowitz e Midge Decter.
Pág. 214	"*enfant terrible* do mundo literário": Willie Morris, *New York Days* (Boston: Little, Brown, 1993), 211.
Pág. 214	"Mailer cresceu": Manso, *Mailer*, 454.
Pág. 214	"Ele havia passado anos demais": Norman Mailer, *The Armies of the Night: History as a Novel, The Novel as History* (Nova York: Plume, 1994), 8.
Pág. 215	"ajuda você a pensar melhor": Richard Copans e Stan Neumann, *Mailer on Mailer*, documentário da American Masters (Nova York: Thirteen/WNET, Reciprocal Films, Films d'Ici & France 2, 2000).
Pág. 216	"Ouça, Lyndon Johnson": Norman Mailer, *The Time of Our Time* (Nova York: Modern Library, 1999), 551.
Pág. 216	"Ele sabia que faria história política": Manso, *Mailer*, 408.
Pág. 217	"Três vivas, rapazes": Ibid.
Pág. 217	"um burocrata comunista": Mailer, *The Time of Our Time*, 553.
Pág. 217	"sob o jugo": Ibid., 540.
Pág. 218	"chegar o mais longe possível nas letras americanas": Seymour Krim, "Norman Mailer, Get Out of My Head!", *New York*, 21 de abril de 1969.
Pág. 218	"Mas acho que movimentar-se de uma atividade para outra": Paul Carroll, "The *Playboy* Interview: Norman Mailer", *Playboy*, janeiro de 1968.
Pág. 219	"me transmutar": Norman Mailer, *Pontifications* (Boston: Little, Brown, 1982), 176.
Pág. 220	"Mailer recebia essas notícias": Mailer, *Armies*, 9.
Pág. 221	"Estarei lá, Mitch": Ibid.
Pág. 222	"uma espécie de exaltação no ar": Manso, *Mailer*, 45.
Pág. 222	"Eu fiz xixi no chão": Mailer, *Armies*, 50.
Pág. 223	"Ele tinha 44 anos": Ibid., 78.
Pág. 223	"uma guerra obscena": Ibid., 79.

Pág. 224   "Imagine uma massa": Ibid., 178.
Pág. 224   "grande e vazia": Ibid., 119.
Pág. 225   "Seu judeu idiota": Ibid., 143.
Pág. 225   "Na prisão": Ibid., 165.
Pág. 225   "Ele foi mais maltratado do que qualquer outro na prisão": Manso, *Mailer*, 458.
Pág. 226   "havia uma parte de mim": Manso, *Mailer*, 461.
Pág. 227   "de muitas maneiras um gênio literário": Morris, *New York Days*, 211.
Pág. 227   "atingiria a raiz de tudo": Ibid., 214.
Pág. 228   "Acabamos de fechar o negócio": Ibid., 214-15.
Pág. 229   Considerando a ambiciosa dimensão: Manso, *Mailer*, 463.
Pág. 229   "foi escrito em meio a uma enorme depressão": Mailer, *Pontifications*, 152.
Pág. 230   "Eu me lembro de pensar na época": Norman Mailer, *The Spooky Art: Some Thoughts on Writing* (Nova York: Random House, 2003), 99.
Pág. 230   "Por um lado...": Mailer, *Pontifications*, 153.
Pág. 230   "verdadeiro protagonista": Ibid., 153.
Pág. 231   "O tipo de edição": Manso, *Mailer*, 462.
Pág. 231   "É maravilhoso.": Morris, *New York Days*, 217.
Pág. 232   "O que meu pai vai pensar?": Ibid., 219.
Pág. 233   "Mailer era um esnobe": Mailer, *Armies*, 14.
Pág. 233   "Lowell parecia muito infeliz": Ibid., 40.
Pág. 233   "O talento de Lowell era muito grande": Ibid., 45.
Pág. 234   "Os hippies estavam em grande número": Ibid., 91.
Pág. 234   "Se parece ruim, *é* ruim": Ibid., 25.
Pág. 234   "Ele não se identificava": Ibid., 68.
Pág. 234   "vinte gerações de esperanças enterradas": Ibid., 34.
Pág. 235   "O centro do cristianismo": Ibid., 188.
Pág. 235   "Para ter seu nome": Ibid., 206.
Pág. 236   "não muito diferente": Ibid., 213.
Pág. 236   "Alguma promessa de paz": Ibid., 214.
Pág. 236   "Todas aquelas pessoas": Morris, *New York Days*, 222.
Pág. 236   Críticas de *Os exércitos da noite*: Alan Trachtenberg, "Mailer on the Steps of the Pentagon", *The Nation*, 27 de maio de 1968; Henry S. Resnik, "Hand on the Pulse of America", *Saturday Review*, 4 de maio de 1968; Alfred Kazin, "The Trouble He's Seen", *New York Times*, 5 de maio de 1968.

10. O REI DE NOVA YORK

Pág. 239   Para Clay Felker: Peter Manso, *Mailer: His Life and Times* (Nova York: Simon & Schuster, 1985), 405.
Pág. 240   83% das leitoras: "About *New York*", declaração de publicação de George A. Hirsch, abril de 1968. De George Hirsch, arquivo pessoal.
Pág. 240   "Eu via o impacto da revista": Stuart W. Little, "How to Start a Magazine", *Saturday Review*, 14 de junho de 1969.

Pág. 240 "Os Beatles da ilustração": Seymour Chwast, *Push Pin Graphic: A Quarter Century of Innovative Design and Illustration* (São Francisco: Chronicle Books, 2004), 11.

Pág. 240-241 Informações sobre a fundação da *New York* extraídas das seguintes fontes: Gail Sheehy, "A Fistful of Dollars", *Rolling Stone*, 14 de junho de 1977; Little, "How to Start a Magazine"; entrevistas com Clay Felker, Jimmy Breslin, George Hirsch, Shelly Zalaznick, Milton Glaser, Pete Hamill, Gloria Steinem e Tom Wolfe.

Pág. 243 60 mil assinantes: George A. Hirsch, "A Report from the Publisher", de George Hirsch, arquivo particular.

Pág. 243 "Você é fisgado por essa cidade": "About *New York*", declaração editorial de Clay Felker.

Pág. 244 1.250 dólares por uma página em branco e preto: preço temporário, 1969. De George Hirsch, arquivo pessoal.

Pág. 244 "As pessoas aqui venceram esse desafio": Ruth A. Bower, "*New York* Announces Spring Rate Increase", boletim de imprensa, 11/7/69. De George Hirsch, arquivo pessoal.

Pág. 246 "Mulheres tinham lágrimas correndo em seus rostos": Gloria Steinem e Lloyd Weaver, "The City on the Eve of Destruction", *New York*, 22 de abril de 1968.

Pág. 247 "Cara, ele só é um pouquinho mais baixo": Ibid.

Pág. 247 "Ethel Kennedy conhece a vida a partir das balas": Gail Sheehy, "Ethel Kennedy and the Arithmetic of Life and Death", *New York*, 17 de junho de 1968.

Pág. 249 "Bem no início"; "Assalto armado não é um gracejo": Jimmy Breslin, "Bonnie and Clyde Revisited": *New York*, 8 de julho de 1968.

Pág. 249 A ideia surgiu numa reunião de pauta, em altas horas: Manso, *Mailer*, 498.

Pág. 250 por que Mailer estava encabeçando a chapa: Jimmy Breslin, "I Run to Win", *New York*, 5 de maio de 1969.

Pág. 250 "Eu queria empreender ações": Steven Marcus, "Norman Mailer", *Writers at Work: The Paris Review Interviews, 3rd Series* (Nova York: Penguin, 1979), 278.

Pág. 251 Informações sobre a campanha Mailer-Breslin: Manso, *Mailer*; Peter Manso, ed., *Running Against the Machine: The Mailer-Breslin Campaign* (Garden City, Nova York: Doubleday, 1969).

Pág. 251 "A situação da cidade de Nova York nesse momento": Breslin, "I Run to Win".

Pág. 252 "eu faria xixi nela": Jimmy Breslin, *I Want to Thank My Brain for Remembering Me* (Boston: Little, Brown, 1996), 121.

Pág. 253 "Depois que eu e Norman Mailer chegamos ao fim": Jimmy Breslin, "And Furthermore, I Promise", *New York*, 16 de junho de 1969.

Pág. 255 "Um ansioso mal-estar republicano": Julie Baumgold, "Going Private: Life in the Clean Machine", *New York*, 6 de janeiro de 1969.

Pág. 256 "Vamos mostrar a você como": anúncio da *New York*, 1969. De George Hirsch, arquivo pessoal.

Pág. 256 "Escrever é como atuar": *Uncommon Clay: Notes on a Brilliant Career*, programa para a abertura do Felker Magazine Center, na Universidade da Califórnia, em Berkeley, 1994.

Pág. 257   "As mulheres... tendem a ter um ponto de vista mais pessoal": "Making It", *Newsweek*, 27 de julho de 1970. Não assinado.

Pág. 258   Os trens de nível superior: Gail Sheehy, "The Tunnel Inspector and the Belle of the Bar Car", *New York*, 29 de abril de 1968.

Pág. 259   Com seu tipo alto, louro, de elite: Adam Smith, "Notes on the Great Buying Panic", *New York*, 6 de maio de 1968.

Pág. 261   A circulação da revista era de 145 mil: Memorando confidencial de George Hirsch para a equipe da *New York*. De George Hirsch, arquivo pessoal.

Pág. 263   "A festa foi feita": Tom Wolfe, nota de abertura em "Radical Chic", *New York*, 8 de junho de 1970.

Pág. 264   "Eles estavam lá": Charlotte Curtis, "Black Panther Party Is Debated at the Bernsteins'", *New York Times*, 15 de janeiro de 1970.

Pág. 265   um editorial do *Times*: *New York Times*, 16 de janeiro de 1970.

Pág. 265   "Ele podia ver a si mesmo, Leonard Bernstein" e todas as citações subsequentes: Tom Wolfe, "Radical-Chic: The Party at Lenny's", *New York*, 8 de junho de 1970.

Pág. 267   "Como americano e judeu": Meryle Secrest, *Leonard Bernstein: A Life* (Londres: Bloomsbury, 1995), 323.

11. VIAGENS SELVAGENS

Pág. 269   "Acho que é apenas razoável": Hunter S. Thompson, *The Great Shark Hunt: Strange Tales from a Strange Time* (Nova York: Rolling Stone Press/Summit Books, 1979), 191-92.

Pág. 270   "Você não entende!": Thompson, *The Great Shark Hunt*, 79.

Pág. 271   "Ele é um garoto francês de classe média bonitão": "The Temptation of Jean-Claude Killy", Ibid., 95.

Pág. 273   "Eis o artigo sobre Killy": Carta de Thompson para Hinckle, em Hunter S. Thompson, *Fear and Loathing in America: The Brutal Odyssey of an Outlaw Journalist: The Gonzo Letters, Volume II, 1968-1976* (Nova York: Simon & Schuster, 2000), 222.

Pág. 273   "uma conspiração de masturbadores anêmicos": Ibid., 223.

Pág. 278   "*flashbacks* sociofilosóficos": Ibid., 296.

Pág. 278   "Numa sociedade sulista estreita": "The Kentucky Derby Is Decadent and Depraved", Thompson, *The Great Shark Hunt*, 31.

Pág. 278   "Não muita energia naqueles rostos": Ibid., 34.

Pág. 279   "Estou pronto para *qualquer coisa*, por Deus!": Ibid., 25.

Pág. 279   "Que tumulto?": Ibid., 25.

Pág. 280   "O artigo é uma merda": Carta de Thompson para Bill Cardoso, em Thompson, *Fear and Loathing in America*, 295.

Pág. 280   "Querido Hunter": Tom Wolfe para Thompson, em Thompson, *Fear and Loathing in America*, 335.

Pág. 280   "talvez à fraca exceção": Thompson para Wolfe, em Thompson, *Fear and Loathing in America*, 338.

Pág. 282 "escrever cópias de panfletos [da Ford Motor Company]": Thompson para Jim Silberman, em Thompson, *Fear and Loathing in America*, 261.

Pág. 282 "Eu gostaria de poder explicar o atraso": Thompson para Jim Silberman, em Thompson, *Fear and Loathing in America*, 258.

Pág. 283 "um romance bem contemporâneo": Carta de Hunter Thompson para Jim Silberman, 13 de janeiro de 1970, Ibid., 267.

Pág. 283 "semificcional": Carta de Hunter Thompson para Jim Silberman, 13 de janeiro de 1970, Ibid., 268.

Pág. 284 Material biográfico sobre Jann Wenner extraído de Robert Sam Anson, *Gone Crazy and Back Again: The Rise and Fall of the* Rolling Stone *Generation* (Garden City, Nova York: Doubleday, 1981).

Pág. 289 "Acho que as drogas psicodélicas": Ilan Stavans, *Bandido: The Death and Resurrection of Oscar "Zeta" Acosta* (Evanston, Illinois: Northwestern University Press, 2003), 47.

Pág. 291 "Reconheci em Oscar": Yvette C. Doss, "The Lost Legend of the Real Dr. Gonzo", *Los Angeles Times*, 5 de junho de 1998.

Pág. 295 "Seu pedido foi a chave para uma enorme alucinação": Thompson para Tom Vanderschmidt, em Thompson, *Fear and Loathing in America*, 376.

Pág. 296 "Kerouac me ensinou": Douglas Brinkley, "The Art of Journalism I: Hunter S. Thompson", *Paris Review*, outono de 2000, 55.

Pág. 296 Certa madrugada: Lucian K. Truscott IV, "Fear and Earning", *New York Times*, 25 de fevereiro de 2005.

Pág. 297 "Estávamos em algum lugar perto de Barstow": Hunter S. Thompson, *Fear and Loathing in Las Vegas* (Nova York: Modern Library, 1996), 3.

Pág. 297 "clássica afirmação": Ibid., 18.

Pág. 297 "conjunto de retângulos cinza": Ibid., 22.

Pág. 297 "queimada e distanciada": Ibid., 23.

Pág. 298 "O sistema de som deles": Ibid., 138.

Pág. 298 "Todos aqueles malucos de ácido pateticamente ansiosos": Ibid., 178.

Pág. 299 "O que eu estava tentando obter": Thompson para Wolfe, 20 de abril de 1971, *Fear and Loathing in America*, 375.

Pág. 300 "Acho que o que você tem a fazer": Thompson para Wenner, em Thompson, *Fear and Loathing in America*, 392.

Pág. 300 "Tenho sido confundido com índio americano": Stavans, *Bandido*, 103.

12. DIVERSÃO COM DICK E GEORGE

Pág. 304 "Em 28 jornais": Hunter S. Thompson, *Fear and Loathing on the Campaign Trail '72* (São Francisco: Straight Arrow Books, 1973), 92.

Pág. 306 "Foi como se mudar": Theodore H. White, *The Making of the President 1960* (Nova York: Atheneum, 1961), 65.

Pág. 307 "Cheguei com a mesma atitude": Craig Vetter, "The *Playboy* Interview: Hunter S. Thompson", *Playboy*, novembro de 1974.

Pág. 308	"Digamos que... ah... detesto mencionar isso": Ibid., 73.
Pág. 309	"Quando Big Ed [Muskie] chegou": Ibid., 122-23.
Pág. 310	"Não muito tem sido escrito": Ibid., 151.
Pág. 311	"Até mesmo alguns repórteres": Vetter, "The *Playboy* Interview".
Pág. 313	"puxando o saco de Ron Zeigler (assessor de imprensa da Casa Branca)": Thompson, *Fear and Loathing on the Campaign Trail '72*, 403-4.
Pág. 313	"Eu estava ficando extremamente cansado": Ibid., 219.
Pág. 314	"uma velha raposa política rasa, desprezível": Ibid., 209.
Pág. 315	"a mesma falta de carisma": Norman Mailer, *St. George and the Godfather* (Nova York: Arbor House, 1983), 23.
Pág. 315	"inocência complacente": Ibid., 33.
Pág. 315	"Phi Beta Kappas": Ibid., 66.
Pág. 315	"um zangão manso": Ibid., 177.
Pág. 316	"tolos sem-vergonha": Thompson, *Fear and Loathing on the Campaign Trail '72*, 319.
Pág. 316	"maluco sorridente"... "estava dando": Ibid., 319.
Pág. 316	"Reconheça que um homem": Mailer, *St. George and the Godfather*, 75.
Pág. 317	"tinha conotações": Ibid., 76.
Pág. 318	"À exceção dos Veteranos do Vietnã"; "Eles estavam irremediavelmente desorganizados": Thompson, *Fear and Loathing on the Campaign Trail '72*, 382.
Pág. 319	"Eu ergui os olhos e dei de ombros": Ibid., 355.
Pág. 319	"Talvez este seja o ano": Ibid., 413-14.
Pág. 320	"campanha maciça": Timothy Crouse, *The Boys in the Bus* (Nova York: Ballantine, 1973), 306.
Pág. 320	"'Sinistra' não é bem a palavra certa": Thompson, *Fear and Loathing on the Campaign Trail '72*, 417-18.
Pág. 321	"Richard Nixon é um...": Mailer, "A Conversation Between Norman Mailer and John Ehrlichmann", *Chic*, dezembro de 1976.

13. VULGARIDADE À PORTA

Pág. 323	Informações sobre a tomada de poder da *New York* por Rupert Murdoch: Sheehy, "A Fistful of Dollars"; David Gelman (com Betsy Carter, Ann Ray Martin, Nancy Stadtman, Tony Clifton, Nicholas Proffitt e Ronald Kaye), "Press Lord Captures Gotham", *Newsweek*, 17 de janeiro de 1977; entrevistas com Clay Felker, Milton Glaser, Shelly Zalaznick, Pete Hamill, Ken Auletta, Jack Nessel e Byron Dobell.
Pág. 323	"O que quer que o Terceiro Grande Despertar": Tom Wolfe, "The Me Decade and the Third Great Awakening", *Mauve Gloves and Madmen, Clutter and Vine* (Nova York: Bantam, 1977), 144.
Pág. 324	mais de setenta imitadores: Gail Sheehy, "A Fistful of Dollars", *Rolling Stone*, 14 de julho de 1977.
Pág. 324	Felker a ajudou: Carolyn G. Heilbrun, *The Education of a Woman: The Life of Gloria Steinem* (Nova York: Dial Press, 1995), 217-19.

Pág. 327 De vez em quando, era acompanhada: "The Hooker's Boswell", *Newsweek*, 4 de dezembro de 1972.
Pág. 328 "figura voluptuosa de homem": Gail Sheehy, "Wide Open City, Part II: Redpants and Sugarman", *New York*, 26 de julho de 1971.
Pág. 328 "São 7,75 dólares, cara": Ibid.
Pág. 329 "lhe dá uma experiência emocional tão rica": Gail Sheehy, *Hustling: Prostitution in Our Wide-Open Society* (Nova York: Dell, 1973), 31.
Pág. 329 "a verdadeira Redpants firmou um compromisso": "The Hooker's Boswell."
Pág. 330 "O Novo Jornalismo está crescendo": Ibid.
Pág. 330 "Amy estendeu a mão e segurou": Aaron Latham, "An Evening in the Nude with Gay Talese", *New York*, 9 de julho de 1973.
Pág. 331 Mas um trecho: Aaron Latham, "Waking Up with Sally Quinn", *New York*, 1º de julho de 1973.
Pág. 332 "Nunca li nada assim": Mary Breasted, "Two Interviews and Their Aftermath", *New York Times*, 23 de julho de 1973.
Pág. 332 Informações biográficas sobre Rupert Murdoch: Gelman et al., "Press Lord Captures Gotham"; Jerome Tuccille, *Rupert Murdoch* (Nova York: Donald J. Fine, 1989).
Pág. 333 "Cresci num lar editorial": Tuccille, *Rupert Murdoch*, 11.
Pág. 335 "Eles são apaixonados por algumas coisas": "The Old Couple", *Time*, 17 de junho de 1974.
Pág. 335 600 mil ações: Ibid.
Pág. 335 "As Receitas Favoritas": Ibid.
Pág. 336 Os ganhos no primeiro trimestre de 1975: "The Voice of Felker", *Newsweek*, 23 de junho de 1975.
Pág. 337 "picadas em seu Ungaro's": Julie Baumgold, "Carterandamanda: Learning the *New York* Lesson", *New York*, 19 de janeiro de 1970.
Pág. 338 passeava por L.A. em Alfa Romeos alugados: Gelman et al., "Press Lord Captures Gotham".
Pág. 338 uma conta de comparecimento: Sheehy, "A Fistful of Dollars".
Pág. 339 "O que você tem que fazer": Ibid.
Pág. 342 "Apesar dos acontecimentos recentes": Ibid.
Pág. 342 "Clay tem sido muito bom para mim": Ibid.
Pág. 344 "Bob", gritou Felker: Ibid.
Pág. 344 "Ele [Murdoch] sabe quem você é": Ibid.
Pág. 344 "Clay, acho você um gênio editorial": Ibid.
Pág. 346 "Não tenho pensado no": Ibid.

EPÍLOGO: DEPOIS DO BAILE

Pág. 347 perdendo cerca de 5 milhões de dólares: N. R. Kleinfield, "Owners Still Gamble on *Esquire*", *New York Times*, 9 de abril de 1981.

BIBLIOGRAFIA

Acosta, Oscar Zeta. *The Autobiography of a Brown Buffalo* (Nova York: Vintage, 1989).
Anson, Robert Sam. *Gone Crazy and Back Again: The Rise and Fall of the* Rolling Stone *Generation* (Garden City, Nova York: Doubleday, 1981).
Barger, Ralph "Sonny": *Hell's Angel: The Life and Times of Sonny Barger and the Hell's Angels Motorcycle Club* (Nova York: William Morrow, 2000).
Baron, Herman. *Author Index to* Esquire, 1933-1973 (Metuchen, Nova Jersey: Scarecrow Press, 1976).
Bates, Milton J., Lawrence Lichty, Paul L. Miles, Ronald H. Spector e Marilyn Young, assessores. *Reporting Vietnam, Part One: American Journalism 1959-1969* e *Part Two: American Journalism 1969-1975* (Nova York: Library of America, 1998).
Bellows, Jim. *The Last Editor* (Kansas City, Mo.: Andrews McMeel, 2002).
Bernstein, Walter, et. al., colaboradores. The New Yorker *Book of War Pieces* (Nova York: Schocken Books, 1988), p. 147.
Boyce, George, James Curran e Pauline Wingate. *Newspaper History from the Seventeenth Century to Present Day* (Londres: Constable, 1978).
Boynton, Robert S. *The New Journalism: Conversations with America's Best Nonfiction Writers on Their Craft* (Nova York: Vintage, 2005).
Breslin, Jimmy. *The World of Jimmy Breslin* (Nova York: Viking, 1967).
———. *The Word According to Breslin* (Nova York: Ticknor and Fields, 1984).
———. *I Want to Thank My Brain for Remembering Me* (Boston: Little, Brown, 1996).
Capote, Truman. *In Cold Blood* (Nova York: Random House, 1965).
Carroll, E. Jean. *Hunter: The Strange and Savage Life of Hunter S. Thompson* (Nova York: Dutton, 1993).
Chwast, Seymour. *Push Pin Graphic: A Quarter Century of Innovative Design and Illustration* (São Francisco: Chronicle Books, 2004).

Clarke, Gerald. *Capote: A Biography* (Nova York: Simon & Schuster, 1988).
Crick, Bernard. *George Orwell: A Life* (Londres: Penguin Books, 1980).
Crouse, Timothy. *The Boys on the Bus* (Nova York: Ballantine Books, 1973).
Dearborn, Mary V. *Mailer* (Boston: Houghton Mifflin, 1999).
Dickens, Charles. *Sketches by Boz*, extraído de *The Oxford Illustrated Dickens* (Oxford: Oxford University Press, 1957).
Didion, Joan. *Slouching Towards Bethlehem* (Nova York: Farrar, Straus and Giroux, 1990).
———. *Where I Was From* (Nova York: Random House, 2003).
Dundy, Elaine. *Life Itself* (Londres: Virago, 2001).
Gingrich, Arnold. *Nothing but People: The Early Days at Esquire, a Personal History, 1928-1958* (Nova York: Crown, 1971).
Hamilton, Ian. *Robert Lowell: A Biography* (Nova York: Random House, 1982).
Heilbrun, Carolyn G. *The Education of a Woman: The Life of Gloria Steinem* (Nova York: Dial Press, 1995).
Herr, Michael. *Dispatches* (Nova York: Vintage, 1991).
Jackson, Kenneth T., ed. *The Encyclopedia of New York City* (New Haven, Connecticut: Yale University Press, 1995), p. 964.
Kerouac, Jack. *On the Road* (Nova York: Penguin, 1991).
Kerrane, Kevin, e Ben Yagoda, eds. *The Art of Fact: A Historical Anthology of Literary Journalism* (Nova York: Touchstone, 1997).
Kluger, Richard. *The Paper: The Life and Death of the New York Herald Tribune* (Nova York: Alfred A. Knopf, 1986).
London, Jack: *The People of the Abyss* (e-book 1688, transcrito da edição de Thomas Nelson and Sons, 2005). p.1.
Mailer, Norman. *Pontifications* (Boston: Little Brown, 1982).
———. *St. George and the Godfather* (Nova York: Arbor House, 1983).
———. *The Armies of the Night: History as a Novel, the Novel as History* (Nova York: Plume, 1995).
———. *The Time of Our Time* (Nova York: Modern Library, 1999).
———. *The Spooky Art: Some Thoughts on Writing* (Nova York: Random House, 2003).
Manso, Peter. *Mailer: His Life and Times* (Nova York: Simon & Schuster, 1985).
———. ed. *Running Against the Machine, A Grass Roots Race for the New York Mayoralty* (Garden City, Nova York: Doubleday, 1969).
Mellow, James R. *Hemingway: A Life Without Consequences* (Boston: Houghton Mifflin, 1992).
Mills, Hilary. *Mailer: A Biography* (Nova York: Empire Books, 1982).
Morgan, Thomas B. *Self-Creations: 13 Impersonalities* (Nova York: Holt, Rinehart and Winston, 1965).
Morris, James McGrath. *The Rose Man of Sing Sing: A True Tale of Life, Murder, and Redemption in the Age of Yellow Journalism* (Nova York: Fordham University Press, 2003).

Morris, Willie. *New York Days* (Boston: Little, Brown, 1993).

Mott, Franklin Luther. *American Journalism: A History, 1690-1960* (Nova York: Macmillan, 1962).

Orwell, George. *Down and Out in Paris and London* (Londres: Secker & Warburg, 1986).

Perry, Paul. *Fear and Loathing: The Strange and Terrible Saga of Hunter S. Thompson* (Nova York: Thunder's Mouth Press, 1992).

Plimpton, George, ed. *Writers at Work: The Paris Review Interviews, Third Series* (Nova York: Penguin Books, 1979).

Polsgrove Carol. *It Wasn't Pretty, Folks, But Didn't We Have Fun?* Esquire *in the Sixties* (Nova York: W.W. Norton, 1995).

Prochnau, William. *Once Upon a Distant War: David Halberstam, Neil Sheehan, Peter Arnett — Young War Correspondents and Their Early Vietnam Battles* (Nova York: Vintage, 1996).

Ross, Lillian. *Here But Not Here: A Love Story* (Washington, D.C.: Counterpoint, 1998).

——. *Picture: 50th Anniversary Edition* (Nova York: Da Capo Press, 2002).

——. *Reporting Back: Notes on Journalism* (Washington, D.C.: Counterpoint, 2002).

Sack, John. *M* (Londres: Corgi/Avon, 1986).

Schroeder, Eric James. *Vietnam: We've All Been There: Interviews with American Writers* (Westport, Connecticut: Praeger, 1992).

Secrest, Meryle. *Leonard Bernstein: A Life* (Londres: Bloomsbury, 1995).

Sheehy, Gail. *Hustling: Prostitution in Our Wide-Open Society* (Nova York: Dell, 1973).

Stavans, Ilan. *Bandido: The Death and Resurrection of Oscar "Zeta" Acosta* (Evanston, Illinois: Northwestern University Press, 2003).

Steinberg, Sybil, ed. *Writing Your Life: 92 Contemporary Authors Talk About the Art of Writing and the Job of Publishing* (Wainscott, Nova York: Pushcart Press, 1992).

Swift, Jonathan. *A Modest Proposal* (Londres, 1729).

Talese Gay. *Unto the Sons* (Nova York: Alfred A. Knopf, 1992).

——. and Barbara Lounsberry. *Writing Creative Nonfiction: The Literature of Reality* (Nova York: HarperCollins, 1996).

Thompson, Hunter S. *Fear and Loathing: On the Campaign Trail '72* (São Francisco: Straight Arrow Books, 1973).

——. *The Great Shark Hunt: Strange Tales from a Strange Time* (Nova York: Rolling Stone Press/Summit Books, 1979)

——. *Fear and Loathing in Las Vegas: A Savage Journey to the Heart of the American Dream* (Nova York: Warner Books, 1982).

——. *The Proud Highway: Saga of a Desperate Southern Gentleman, 1955-1967 (The Fear and Loathing Letters, Volume 1)* (Nova York: Villard, 1997).

——. *Hell's Angels: A Strange and Terrible Saga* (Nova York: Modern Library, 1999).

―――. *Fear and Loathing in America: The Brutal Odyssey of an Outlaw Journalist (The Gonzo Letters, Volume II, 1968-1976)* (Nova York: Simon & Schuster, 2000).
―――. *Kingdom of Fear: Loathsome Secrets of a Star-Crossed Child in the Final Days of the American Century* (Nova York: Simon & Schuster, 2003).
Tregaskis, Richard. *Guadalcanal Diary* (Nova York: Popular Library, 1962).
Tuccille, Jerome. *Rupert Murdoch* (Nova York: Donald J. Fine, 1989).
White, Theodore H. *The Making of the President, 1960* (Nova York: Atheneum, 1961).
Wills, Gary. *Lead Time: A Journalist's Education* (Garden City, Nova York: Doubleday, 1983).
Wolfe, Tom. *The Kandy-Kolored Tangerine-Flake Streamline Baby* (Nova York: Farrar, Straus and Giroux, 1965).
―――. *The Pump House Gang* (Nova York: Farrar, Straus and Giroux, 1965).
―――. *The Electric Kool-Aid Acid Test* (Nova York: Farrar, Straus and Giroux, 1968).
―――. *Mauve Gloves & Madmen, Clutter & Vine* (Nova York: Bantam Books, 1977).
―――. *Hooking Up* (Nova York: Farrar, Straus and Giroux, 2000).
Wolfe, Tom, e E. W. Johnson, eds. *The New Journalism* (Nova York: Harper & Row, 1973).
Yagoda, Ben. *About Town: The New Yorker and the World It Made* (Nova York: Scribner, 2000).
Zamiatin, Eugene. *We* (Nova York, Dutton, 1952).
Zaroulis, Nancy, e Gerald Sullivan. *Who Spoke Up? American Protest Against the War in Vietnam, 1963-1975* (Garden City, Nova York: Doubleday, 1984).

DOCUMENTÁRIOS DE TV E RÁDIO

Copans, Richard, e Stan Neumann. *Mailer on Mailer*, documentário da American Masters (Nova York: Thirteen/WNET, Reciprocal Films, Films d'Ici e France 2, 2000).
Kalish, John, produtor. *Jimmy Breslin: The Art of Climbing Tenement Stairs* (Santa Mônica: KCRW, 2004).
Pollak, Amanda e Steven Ives, produtores. Ives, Steven, diretor. Ferrari, Michelle, escritora. *Reporting America at War* (Washington, D.C.: Insignia Films e WETA, 2003).

ARQUIVOS

Harold Hayes Collection, Rare Book e Manuscripts Department, Z. Smith Reynolds Library, Wake Forest University, Winston-Salem, Carolina do Norte.
Esquire e Arnold Gingrich Collections, Michigan Historical Collections, Bentley Historical Library, University of Michigan, Ann Arbor.

ENTREVISTAS

Marco Acosta
Ken Auletta
Ken Babbs
Ralph "Sonny" Barger
Julie Baumgold
Jim Bellows
John Berendt
Burl Bernard
Patricia Bosworth
Stewart Brand
Jimmy Breslin
David Broder
Brock Bower
Bill Brown
Art Buchwald
David Burgin
John Burks
Midge Decter
Ed de Grazia
David Dellinger
Byron Dobell
Elaine Dundy
Clay Felker
David Felton
Tom Ferrell
Timothy Ferris
Marshall Fishwick
"Mouldy" Marvin Gibert
Ralph Ginzburg
Milton Glaser
George Goodman
Pete Hamill
Christopher Lehmann-Haupt
George Hirsch
Clifford Hope
David Horowitz
William Kennedy
Robert Kotlowitz
Michael Kramer
Paul Krassner
Zane Kesey
George Lois
Frank Mankiewicz
Martin Mayer
Charles McAtee
Ed McClanahan
Larry McMurtry
Thomas B. Morgan
Lynn Nesbit
Jack Nessel
Charles Perry
George Plimpton
Bert Prelutsky
Alan Rich
Hugh Rommey
Lillian Ross (via email)
Ron Rosenbaum
Mort Sahl
Lawrence Schiller
Robert Semple
Robert Sherrill
Jim Silberman
Ralph Steadman
Gloria Steinem
Gay Talese
Hunter S. Thompson
Nicholas von Hoffman
Dan Wakefield
Richard Wald
George Walker
Bernard Weinraub
Jann Wenner
Les Whitten
Jules Witcover
Tom Wolfe
Sheldon Zalaznick

AGRADECIMENTOS

Obrigado às seguintes pessoas por localizarem indivíduos relutantes, esquivos ou de algum modo indiferentes para serem entrevistados: Doug Brinkley, Fritz Clapp, Jim Bellows e Anita Thompson. Obrigado a Carol Polsgrove pela entrevista a John Sack. Sharon Snow, do arquivo de Harold Hayes, foi um exemplo de integridade e paciência. Obrigado a George Hirsch por todos os maravilhosos eflúvios da revista *New York* que ele enviou para mim. Roger Director é um sujeito decidido por me passar um incrível programa comemorativo do Felker Magazine Center, uma pepita de ouro que caiu no meu colo.

A excelente pesquisadora Kathrin Shorr suportou um bocado de trabalho chato sem reclamar, e quero agradecer a ela por toda a doce retidão. Em Nova York, Andy Gensler localizou alguns documentos cruciais que de outra maneira eu não conseguiria obter, a não ser que gastasse muito dinheiro em tarifas aéreas.

Meu agente, David McCormick, fez de tudo, como disse que faria, e sou eternamente grato a ele por isso. Meu primeiro editor, Doug Pepper, comprou o livro, e meu segundo editor, Chris Jackson, estimulou-o com empatia e percepções apuradas.

Obrigado como sempre a meu amigo Tom Hackett por seus conselhos, seus instintos editoriais afiados e sua amizade inabalável. Obrigado à família por afinidade pelos louvores e pelo *scotch-a-roos*: Lori, Timmy, Jean, Louis, Lisa, David, Marshall, Rae, Uriah e Madison.

Ilene, obrigado pelos telefonemas e pelas palavras encorajadoras. Pai e mãe, eu não teria conseguido sem o apoio de vocês. Sam e Ally, vocês são a luz da minha vida. Amo todos vocês.

Minha esposa, Lynn, meu mais sólido apoio, o que todo marido desejaria ter.

Finalmente, obrigado a Tom Wolfe, cujo trabalho antes de mais nada me inspirou a escrever este livro.

ÍNDICE

Acosta, Marco, 243, 249
Acosta, Oscar Zeta, 242-244, 245, 247, 248, 249, 252, 292
Adams, Carolyn "Mountain Girl", 110, 139
Adams, Henry, 191-192
Adler, Renata, 2
Agência Central de Inteligência (CIA), 228
Agnew, Spiro, 268
Alsop, Joseph e Stewart, 68, 74
Amis, Kingsley, 46
Apple, R. W. "Johnny", 256
Arnett, Peter, 170
Artistas da Consciência, 183-185
Askew, Ruben, 265
Auletta, Ken, 285, 286, 287, 288, 289

Babbs, Ken, 105, 138
Badillo, Herman, 209
Baez, Joan, 175
Baldwin, James, 10, 176
Bamberger, Fritz, 40, 42
Bangs, Lester, 238
Bardot, Brigitte, 50-51
Barger, Ralph "Sonny", 132, 133, 134, 135, 136, 137, 138, 139, 141-142, 144, 145
Barris, George, 93, 95
Barth, John, 9

Barthelme, Donald, 9
Baumgold, Julie, 212-213, 214, 219, 271, 273
   artigo de Burden, 282
   Going Private: Life in the Clean Machine", 212, 213
Baxter, Tiny, 137
Beatty, Warren, 207
Belafonte, Julie, 221
Bellows, Jim, 3, 70-71, 74, 89, 91, 97, 199, 207, 215
Bentley, Beverly, 190-191
Benton, Robert, 207
Berendt, John, 43, 45, 161, 162, 163
Bergquist, Laura, 42
Bernard, Burl, 259, 260
Bernard, Walter, 219
Bernstein, Carl, 268
Bernstein, Leonard e Felicia, 221, 222-224
Bibb, Porter, 127
Bigart, Homer, 68, 146
Birmingham, Frederic A., 39, 40, 42
Blackman, Inky, 86
Blatt, Leslie, 37
Blinder, Abe, 40
Bogart, Humphrey, 25
Bonnie e Clyde (filme), 207-208
Borges, Jorge Luis, 9

Bosworth, Patricia, 45, 214
Boynton, Robert S., 8, 293
Brady, James, 290
Brand, Stewart, 108
Breslin, Jimmy, 1, 6, 7, 72-82, 89, 204, 214-215, 217, 219, 223, 283, 293
  "A Death in Emergency Room One", 79-81
  "Bonnie and Clyde Revisited", 207-208
  campanha para prefeitura com Mailer, 208-211
  Can't Anyone Here Play This Game?, 72
  carreira de escritor de esportes, 73
  contratação do *New York Herald Tribune*, 72, 74
  escrevendo coluna, 74-78
  "Everybody' Crime", 81
  Felker e, 272-273
  "I Run to Win", 210
  "It's a Honor", 81-82
  "Jerry the Booster", 76-77
  "Marvin the Torch", 75-76
  preocupações com veracidade, 78-79, 81
  primeiros anos, 72-73
  problemas com prazo, 218
  transformação da *New York* em revista independente, 199-200, 201, 202
  Wolfe e, 74-75, 77, 90-91
Brill, Steven, 287, 288
Broder, David, 256, 258
Brodovitch, Alexey, 40
Bronfman, Edgar, 202
Brower, Brock, 45
Brown, Bill, 31, 34
Brown, Bob, 168
Brown, Jim, 206
Broyard, Anatole, 182
Bryan, C. D. B., 115, 174
Buchwald, Art, 78-79, 81
Buchwald, Joseph, 78-79
Bull, Bartle, 280, 282, 288

Burden, Carter, 280, 282-284, 285-286, 288-289, 290
Burgin, Dave, 91
Burks, John, 260
Butler, David, 226-227

Callen, Larry, 128
Campanha presidencial de 1972
  reportagens de Mailer sobre, 260, 263-265
  reportagens de Thompson sobre, 253-263, 265-268
Capote, Truman, 6, 123
  A sangue frio, 30-34
Capouya, Emile, 100
Cardoso, Bill, 234, 235
Carpenter, Don, 179
Carver, Lawton, 72
Cassady, Neal, 104, 106, 107
Catledge, Turner, 61
Cerf, Bennett, 202
Charlebois, Sandy, 190, 192
Charrier, Jacques, 50
Cheever, John, 46
Chomsky, Noam, 187, 187
Chwast, Seymour, 200
Claassen, Hal, 72
Clay, Cassius, 91-92
Clurman, Harold, 204
Clutter, Herbert, 30
Cockerill, John A., 13
Cohn, Roy, 48
Commentary, 188, 197
Companhia M, 150-160
Conniff, Frank, 147
Conover, Ted, 293
Cooper, Gary, 48
Costello, Frank, 63
Cowles, John, Jr., 189, 193
Cox, Don, 222
Crick, Bernard, 17
Crist, Judith, 89, 204

Crouse, Timothy, 254, 255, 261
Curtis, Charlotte, 221

D'Amato, Cus, 62
Davis, Sammy, Jr., 48-50
de Grazia, Ed, 183, 184-185, 187
Decter, Midge, 188, 189, 192-193, 194
Dellinger, David, 175, 182, 183, 185, 187-188, 190, 192
Denson, John, 69-70, 71, 86
Dewey, Alvin, 31, 33, 34
Dickens, Charles, 11, 17
　"Street Sketches", 11-12
Didion, Joan, 6, 116-123, 294
　estilo de escrever, 122
　"How Can I Tell them There's Nothing Left?", 119-121
　perfil de Wayne, 122-123
　Run River, 118
　Slouching Towards Bethlehem, 121-122, 123
Dietz, Howard, 30
DiMaggio, Joe, 37
Dobell, Byron, 58, 63, 91, 93-94, 218, 282, 286, 287, 288, 289
Donadio, Candida, 154, 156, 163
Dos Passos, John, 39
Dreiser, Theodore, 39
Duff, Reginald, 285
Dunaway, Faye, 207
Duncan, Susana, 272
Dundy, Elaine, 90, 105
Dunne, John Gregory, 118
Dylan, Bob, 200, 240

Eagleton, Thomas, 265
East Village Other, 212
Edwards, Joe, 237, 241
Ehrenreich, Barbara, 293
Elman, Richard, 142
Emblema rubro da coragem, O (filme), 27-30
Ephron, Nora, 214

Epstein, Joseph, 100
Erlichman, John, 261
Erpf, Armand, 202, 204, 218
Esquire, 8, 47, 49, 51, 52, 53, 56, 58, 62-63, 64, 66, 91-92, 93, 95, 96, 129, 225, 272, 293
　batalhas de influência dos editores, 43-46, 56-58
　cobertura da Guerra do Vietnã, 147-148, 149-150, 155, 156-157, 160, 161, 162, 163, 168, 173
　contratação de Felker, 38, 43
　contratação de Ginzburg, 42-43
　contratação de Hayes, 42, 43
　declínio nos anos 1970, 291-292
　história inicial, 38-40
　política para reconstruções de cenas e composições de textos, 168
Evans, W. S., 127

Faas, Horst, 155
Fadner, Ken, 283
Farrar, Straus and Giroux, 99, 123
Farrell, James T., 83
Felker, Clay, 8, 66, 97, 99, 219, 222, 277
　abordagem editorial, 44-45
　Baumgold e, 212
　Breslin e, 272-273
　campanha para prefeitura de Mailer e Breslin, 208, 209, 210
　caráter de "elite" da *New York*, 212, 214
　carreira em edição, decisão sobre, 38
　carreira pós-*New York*, 291-292
　compra da *New York* por Murdoch, 284-290
　conflito de poder na administração da *New York*, 281-284
　contratação do *New York Herald Tribune*, 71
　edição da *Esquire*, 38, 43-46, 56-58
　em Time-Life, 37-38
　escritoras, apoio a, 214-215

escritório da *New York*, 218
estilo jornalístico preferido de, 46-47
fusão da *New York* com o *Village Voice*, 280-281
Ginzburg e, 44
Glaser e, 201
Goodman e, 216, 217-218
Hayes e, 40, 95
Mailer e, 52, 53, 56, 199
Morgan e, 47-48
Murdoch e, 278
na Duke University, 36-37
New York como revista de estilo de vida, 270-271
primeiros anos, 35-36
sátiras de Wolfe à *New Yorker*, 1, 3, 4, 5
Sheehy e, 275-276
Steinem e, 271
transformação da *New York* em revista independente, 199-204, 224
Wolfe e, 89, 90, 95
Felton, David, 246-247, 250-251, 262
Ferrell, Tom, 148
Ferris, Timothy, 241, 251
Fischer, Carl, 222
Fischer, John, 189
Fishwick, Marshall, 83-84
Fitzgerald, F. Scott, 39, 265
Flynn, Sean, 173
Foster, George, 84
Freed, Arthur, 28
Friendly, Alfred, 85

García Márquez, Gabriel, 9
Gilbert, Ben, 85
Gilbert, Marvin, 135
Gingrich, Arnold, 38-40, 42, 44, 45, 46, 56-58, 147, 168
  Nothing but People, 42, 43-44
Ginsberg, Allen, 145

Ginzburg, Ralph, 40, 42-44, 45-46
  "An Unhurried View of Erotica", 42, 45, 46
Glaser, Milton, 200-201, 202, 203, 205, 219, 281, 282, 283, 284, 287, 288, 289, 291
Gleason, Ralph J., 238, 239-240
Glynn, Joan, 288
Goddard, Don, 230, 232, 233
Goldstein, Richard, 272
Gonzo, jornalismo, 7, 235, 248
Goodman, George (Adam Smith), 202, 204, 216-218
  "Notes on the Great Buying Panic", 217
  "Our Man in Saigon", 147
  The Bubble Makers, 216
  The Wheeler Dealers, 216
Goodman, Mitch, 182, 183
Goodman, Paul, 46, 184, 186
Gossage, Howard, 228
Gould, Jay, 13, 68
Graham, Katharine, 285
Greeley, Horace, 46, 67
Greene, Gael, 219
Gregory, Dick, 179
Griesa, Thomas P., 286
Grossman, Bob, 219
Guerra do Vietnã, 145-148, 161
  análise de Mailer sobre, 181-182
  reportagens de Herr sobre, 154, 162-174
  reportagens de Sack sobre, 149-160
Guinzburg, Tom, 99
Guralnick, Rob, 230
Gutwillig, Bob, 189

Halberstam, David, 147, 148, 221
Hamill, Pete, 56, 201, 209
Harnick, Sheldon, 221
Harper's, 188-190, 193-194, 197
Hathaway, Henry, 122, 123
Hawke, Jerry, 128
Hawkes, John, 9

Hayes, Harold, 8, 47, 53, 56, 92, 94, 97
abordagem editorial, 44, 45
cobertura da Guerra do Vietnã pela *Esquire*, 147-148, 149-150, 155, 156, 157, 160, 161, 162, 163, 168
edição da *Esquire*, 42, 43-46, 56-58
Felker e, 40, 95
Herr e, 162, 163, 164, 165, 168, 170, 172
na *Pageant*, 41
na Wake Forest University, 41
primeiros anos, 40-41
projeto de *Picture Week*, 41-42
Sack e, 149-150, 154, 155, 156
saída da *Esquire*, 291
Talese e, 62, 63, 65, 66
Hearst, William Randolph, 14
Hefner, Hugh, 227
Heinz, W. C., 73
Hell's Angels
Merry Pranksters e, 110, 114
Thompson e, 131-144, 145
Heller, Joseph, 10
Heller, Steven, 200
Hemingway, Ernest, 30, 39, 40, 122, 128
perfil de Ross de, 26-27
Hentoff, Nat, 63
Herr, Michael, 6, 19, 161-174, 293
Dispatches, 169-174
"Fort Dix: The New Army Game", 154
"Hell Sucks", 163-169
"High on War", 173-174
Sack e, 154
"The War Correspondent: A Reappraisal", 173
Hersey, John, 18-24
"Hiroshima", 21-24, 32
"Joe Is Home Now", 19-20
"Survival", 20-21
Hickock, Dick, 32
Hicks, Granville, 178
Hills, Rust, 44, 129

Hinckle, Warren, 161, 227-229, 232, 235, 236, 240
Hirsch, George, 202, 203, 213, 218, 272-273
Hoffman, Abbie, 176, 180, 182, 186
Holiday, 154, 162, 163
Holzer, Baby Jane, 97, 99
Homeyer, Eve, 237
Hope, Clifford, 31, 34
Howe, Irving, 52
Hower, Barbara, 277
Hughes, Harold, 257
Humphrey, Hubert, 182, 257, 263
Hunter, Charlayne, 2
Huston, John, 25, 27-28

Innes, Bruce, 246
Irwin, Don, 261

Jarvis, Birney, 132
Javits, Marion, 212
Johnson, E. W., 7
Johnson, Haynes, 256
Johnson, Junior, 97-98
Johnson, Lyndon, 55, 175, 178-179, 185

Kahn, Joseph, 228
Karnow, Stanley, 147
Kazin, Alfred, 180, 198
Keating, Edward, 227
Kempner, Thomas, 281, 286, 287, 288
Kempton, Murray, 228
Kennedy William, 129, 134, 251
Kennedy, Ethel, 206-207
Kennedy, John F., 146, 255, 256
artigo de Hersey sobre, 20-21
artigo de Mailer sobre, 53-56
assassinato de, 79-82
Kennedy, Robert, 206, 207
Kennedy, Ted, 48, 265, 282
Kentucky Derby, 229-235
Kerouac, Jack, 245-246, 248
Kerr, Walter, 89

Kesey, Ken, 145, 235, 239, 240
　Hell's Angels e, 138-139
　primeiros anos, 102-103
　Thompson e, 111
　Wolfe e, 101-102, 103-110, 114-115
Kheel, Ted, 287, 288
Kierkegaard, Sören, 248
Killy, Jean-Claude, 226-227, 228-229
King, Martin Luther King, Jr., 205-206
Kleinsorge, Wilhelm, 22
Kotlowitz, Bob, 189, 193
Krakauer, Jon, 293
Krassner, Paul, 114, 161, 179, 190
Kriegal, Leonard, 160
Kupferberg, Tuli, 187, 188

Landau, Jon, 238
Landon, Alf, 48
Lapham, Lewis, 86
Latham, Aaron, 273
　"An Evening in the Nude with Gay Talese", 276-277
　artigo de Quinn, 277
Leary, Timothy, 103, 109, 112, 240
Lee, Nelle Harper, 31
Lehmann-Haupt, Christopher, 109
Lehmann-Haupt, Sandy, 109-110, 112-113
Levine, David, 57
Lieber, Joel, 115
Liebling, A. J., 18
　"The Foamy Fields", 18
Life, 20, 37, 38
Lindsay, John, 204, 205, 206, 209, 211, 257
Lippmann, Walter, 68, 74
Liston, Sonny, 65
Litwak, Leo, 142
Lockard, T. Swift, 203
Loeb, John L., 202
Logan, Joshua, 63-64
Lois, George, 147-148, 156-157, 291
Lombardi, John, 242

London, Jack, 17, 84, 125
　O povo do abismo, 14-15, 16
Look, 47, 50
Lowell, Robert, 184, 186, 194-195
Luce, Henry, 37-38
Ludwig, Emil, 89
Lufkin, Dan, 202
Lynch, Thomas C., 131

Maas, Peter, 36-37, 38, 46, 57, 208, 209, 219
Macdonald, Dwight, 46, 184, 186, 194, 195
　sobre Wolfe, 5-6
Mailer, Norman, 6, 52-56, 58, 176-198, 294
　Advertisements for myself, 56, 237
　apelo do jornalismo para, 181
　artifício da "terceira pessoa como protagonista", 191-192, 194
　Barbary Shore, 181
　campanha para prefeitura com Breslin, 208-211
　Canibais e cristãos, 189
　experiência na prisão, 187-188, 196-197
　Felker e, 52, 53, 56, 199
　Maidstone (filme), 183
　movimento contra a guerra do Vietnã, envolvimento em, 176-181, 182-188
　"O Negro Branco", 52-53, 178, 181
　"O Super-Homem Vai ao Supermercado", 53-56, 177, 196
　Os exércitos da noite, 197-198, 209
　Os nus e os mortos, 52, 54, 177, 188
　Parque dos cervos, 177-178, 188
　Por que estamos no Vietnã?, 181-182, 189
　sobre Nixon, 268-269
　St. George and the Godfather, 260, 263-265
　"The Battle of the Pentagon", 197
　"The Mind of an Outlaw", 53
　"The Steps of the Pentagon", 182-183
　Um sonho americano, 181
Maisel, Jay, 203
Malaquois, Jean, 178

Mankiewicz, Frank, 256-257, 258, 260, 261
Marcus, Greil, 238
Marx, Karl, 178
Maxwell, Robert, 279
Mayer, Louis B., 27, 28-29
Mays, Willie, 37
McCarthy, Eugene, 206, 257, 265
McClanahan, Ed, 101, 104, 106, 108
McClure, Michael, 179
McCrary, Tex, 5, 69
McCullers, Carson, 60
McGovern, George, 257, 259, 260, 263, 264, 265-266, 267-268
McMurtry, Larry, 101
McNeil, Claudia, 64
McWilliams, Carey, 131, 132
Mehta, Ved, 4
Meredith, Scott, 189, 190
Merry Pranksters, 103, 104, 105-110, 112-114, 138-139, 239
Meyer, Matt, 201, 202
Mich, Daniel, 47
Middletown Daily Record, 129
Midler, Bette, 272
Miller, Lucille, 119-121
Minor, Dan, 156
Moffitt, Phillip, 292
Morgan, Ted, 86
Morgan, Thomas B., 47-52, 57, 58, 258
  perfil de Herr, 173, 174
  perfis de celebridades, 48-52
Morris Willie, 188-189, 190, 192-193, 194, 197
Movimento contra a Guerra do Vietnã, 145, 175-176
  envolvimento de Mailer, 176-181, 182-188
Ms., 271
Murdoch, Rupert, 277-280, 284-290
Muskie, Edmund, 257, 258-260, 263
Muste, A. J., 182

Nathan, George Jean, 45
Nation, The, 131, 133, 134
National Observer, 110, 130, 131
Nelson, Fred, 101
Nesbit, Lynn, 99-100
Nessel, Jack, 201, 204, 214, 218, 219, 275-276
New West, 283, 284, 285, 289
New York Herald Tribune, 1, 46, 175
  contratação de Breslin, 72, 74
  contratação de Felker, 71
  contratação de Wolfe, 86-87
  edição por Bellows, 70-71
  fechamento de, 199
  história ao longo de 1962, 67-70
  suplemento dominical *New York*, 89
New York Journal, 14
New York Post, 278
New York Times, 13, 14, 61, 221, 225, 268
New York World, 13, 14
New York, 1, 8, 90, 107, 217, 274, 293
  ambiente da redação, 218
  campanha para prefeitura de Mailer e Breslin, 208-210
  caráter de "elite", 211-214, 219
  colaboradoras, 214-215
  como revista de estilo de vida, 270-271, 272
  como suplemento dominical do *New York Herald Tribune*, 89
  compra de, por Murdoch, 277-278, 280, 284-290
  crise de credibilidade, 273, 275-277
  fusão com *Village Voice*, 280-281
  luta de poder por administração, 281-284
  saída de escritores da equipe, 271-272
  transformação em revista independente, 199-205, 218-219, 224
New Yorker, The, 18, 21, 22, 26, 30, 34, 35, 38
  textos satíricos de Wolfe sobre, 1-6
Newfield, Jack, 208-209, 281
Newhall, Scott, 227
Newman, David, 207

Newsweek, 6, 17, 23, 70, 143, 275
Nixon, Richard, 206, 253, 255
   avaliação de Mailer sobre, 268-269
   campanha presidencial de 1972, 257, 264, 266, 267
   entrevista de Thompson a, 225-226
   escândalo Watergate, 268
Novo Jornalismo, 6-8
   características salientes, 7
   colorir fatos e personagens para chegar a uma verdade maior, 17
   contribuição de Mailer, 55
   crise de credibilidade, 273, 257-277
   declínio em meados dos anos 1970, 292-293
   história de, 9-24
   influência hoje, 293
   reportagem de tabloide e, 12
   Veja também escritores e publicações específicos

O'Connor, Tom, 42
O'Hara, John, 60-61
O'Reilly, Jane, 214
O'Reilly, Tex, 68
Oates, Leonard, 237
Oliphant, Pat, 230
Orwell, George, 15
   Na pior em Paris e Londres, 16-17, 143
   1984, 88-89
   A caminho de Wigan, 15, 17

Pageant, 41, 225
Palazzo, Peter, 1, 3, 89
Panteras Negras, 221, 222-223
Parisian Review, 180
Parker, Dorothy, 46
Partridge, Marianne, 290
Patricof, Alan, 202, 281-282, 283, 284, 286, 288
Patterson, Floyd, 64-66, 259
Payson, Joan, 71, 72

Pearson, Norman Holmes, 84
Peet, Rogers, 38
Pegler, Westbrook, 73
Perry, Charles, 242, 244, 262
Perry, Malcolm Oliver, II, 79-81
Peters, C. F., 38
Picture Week, 41-42
Pincus, Walter, 274, 277
"Pirâmide invertida", técnica de reportagem, 13
Playboy, 226-227, 229
Podhoretz, Norman, 180, 188, 197
Pollard, Clifton, 81-82
Portis, Charles, 86
Powers, Bert, 70
Prelutsky, Bert, 207
Preminger, Otto, 221
Procaccino, Mario, 209
Pulitzer, Joseph, 12-13
Push Pin Studios, 200-201
Pyle, Ernie, 18

Quinn, Sally, 277

Ramparts, 161, 227-228, 240
Randall, Tony, 272
Random House, 134, 140, 142, 225, 247-248
Rather, Dan, 6, 155, 156
Realist, The, 161, 179
Reeves, Richard, 286, 287, 288
Reid, Helen Rogers, 68, 69
Reid, Ogden Mills, 68
Reid, Ogden Rogers, 69
Reid, Whitelaw, 69
Reinhardt, Gottfried, 27, 28
Resnik, Henry S., 197-198
Reston, James, 146
Reuther, Walter, 36
Rice, Grantland, 68
Rich, Alan, 89, 204
Ridley, Clifford, 130, 131
Rinzler, Alan, 252

Robbins, Henry, 99, 100, 101, 123
Robertson, Paul, 101
Robinson, Edward G., 25
Robinson, William, 68
Rockefeller, Nelson, 48
Rohatyn, Felix, 285, 288
Rolling Stone, 8, 238, 241-242, 244, 251, 253, 261, 262, 266, 268, 272, 292, 293
   fundação de, 240-241
Rosenbaum, Ron, 266-267, 281
Rosenthal, A. M., 78
Ross, Harold, 22-23
Ross, Lillian, 24-30, 48, 122, 206
   "Come In, Lassie!", 25-26
   Here but Not Here, 27
   "How Do You Like It Now, Gentlemen?", 26-27
   Production Numbe ¹512", 27-30
   "Red Mittens!", 1
   Reporting Back: Notes on Journalism, 25
Roth, Ed, 93, 95
Rousseau de Prienne, Anne, 155, 156
Rovere, Richard, 4, 58
Rubin, Jerry, 176-177, 178-179, 180, 182-183, 185, 188, 190, 192, 209
Ruffins, Reynold, 200
Rusk, Dean, 176

Sack, John, 6, 19, 148-160, 171, 172, 294
   Herr e, 154
   M, 157-160, 162
   Oh My God – We Hit a Little Girl", 150-157
Sahl, Mort, 58
Salazar, Ruben, 244
Salinger, J. D., 4
Salter, James, 229
Sartre, Jean-Paul, 176
Saturday Evening Post, 119, 121, 122, 123
Savio, Mario, 239
Scanlan's, 228, 229, 231, 234-235, 236
Scanlon, John, 247

Schaap, Dick, 86
Schary, Dore, 27, 28
Scheer, Robert, 227
Schenck, Nicholas B., 29-30
Schiff, Dorothy, 278
Schiller, Lawrence, 294
Schindelheim, Jane, 240
Searle, Ronald, 230
Secrest, Meryle, 224
Segunda Guerra Mundial, 19-24
Semonin, Paul, 130
Semple, Bob, 261-262
Severo, Richard, 228
Shaw, Irwin, 60-61
Shawn, William, 2, 3, 4, 5, 21, 22, 27, 29, 33, 34
Sheehan, Neil, 147, 160
Sheehy, Bernie, 273-274
Sheehy, Gail, 17, 214, 215-216, 218, 219, 271, 273
   "Ethel Kennedy and the Arithmetic of Life and Death", 206-207
   Felker e, 275-276
   "Redpants and Sugarman", 273-276
   "The Tunnel Inspector and the Belle of the Bar Car", 215
Sheppard, Eugenia, 201
Sherrill, Robert, 37, 97-98, 148, 157, 168
Shevelson, Harris, 41
Shir-Cliff, Bernard, 134
Shriver, Sargent, 265
Shuman, Stanley, 284, 287, 288
Silberman, Jim, 134, 141, 142, 225, 236, 237, 248
Silvers, Robert, 221
Simpson, O. J., 226
Smart, John, 40, 45, 291
Smith, Adam. *Veja* Goodman, George
Smith, Perry, 32
Smith, Red, 68
Snyder, Jerome, 200, 203
Solheim, Mike, 242, 243
Solomon, Dave, 44
Sondheim, Stephen, 204

Sorel, Edward, 200, 219
Spark, Muriel, 4
Spector, Phil, 90
Spellman, Francis Cardinal, 227
Spock, Benjamin, 186
Sports Illustrated, 245, 247
Springfield Union, 84-85
St. Louis Post-Dispatch, 12-13, 35
Steadman, Ralph, 138, 228, 230-232, 235-236, 251
Stegner, Wallace, 101, 102
Stein, Andrew, 220
Steinem, Gloria, 201, 202, 204, 208, 209, 214-215, 219, 223
   questões femininas, foco em, 271
   "The City on the Eve of Destruction", 205-206
Stengel, Casey, 37
Stern, Sol, 228, 240
Stone, Dana, 173
Stone, Robert, 101
Stovall, Walter, 1
Straus, Roger, 100
Streshinsky, Ted, 107
Strickling, Howard, 29
Styron, William, 46
Suarès, J. C., 230
Susskind, David, 51-52
Swift, Jonathan, 10-11, 15
   "A Modest Proposal", 11

Tague, Harold, 125
Talese, Gay, 6, 58-66, 72, 77, 293-294,
   Honor Thy Father, 276
   "New York", 62-63
   O reino e o poder, 276
   perfil de Latham de, 276-277
   "The Loser", 64-66
   "The Soft Psyche of Joshua Logan", 63-64
   Unto the sons, 59
   Wolfe e, 88, 91

Talmey, Allene, 118, 122
Thompson, Hunter S., 6, 7, 124-144, 225-238, 241-252, 253-269, 292
   "A Footloose American in a Smuggler's Den", 130
   Acosta e, 243-244
   artigo de Killy, 226-227, 228-229, 235
   artigo sobre Salazar, 244-245, 247
   aventura em Newport, 235-236
   campanha presidencial de 1972, 253-263, 265-268
   carreira de freelance, 129-131
   carreira militar, 126-127
   empregos em jornais e revistas, 127-129
   "Fear and Loathing in California: Traditional Politics with a Vengeance", 262
   "Fear and Loathing: The Fat City Blues", 261, 267
   Hell's Angels, 110, 111, 131-144, 145, 225, 238, 277
   Hinckle e, 228-229
   influência de Kerouac sobre, 245-246, 248
   Medo e delírio em Las Vegas, 245-252
   "morte do sonho americano", projeto, 236-237
   "Nixon Bites the Bomb", 266
   personagem de Raoul Duke, 237, 248-249
   "Presenting: The Richard Nixon Doll", 225-226
   primeiros anos, 125-126
   Reino do medo, 125
   "Security", 125-126
   Steadman e, 230-232, 235-236
   "The 'Hashbury' Is the Capital of the Hippies", 225
   "The Banshee Screams for Buffalo Meat", 292
   "The Battle of Aspen", 237, 241
   "The Cotton Candy Heart", 129
   "The Kentucky Derby Is Decadent and Depraved", 229-235

"The Motorcycle Gangs", 133
The Rum Diary, 129, 130, 131
últimos anos, 294
viagem à América do Sul, 130-131
Wenner e, 237-238, 241-242, 251-252
Wolfe e, 110-111, 124, 235, 251
Thompson, Jack, 127
Thompson, Sandy Conklin, 131, 133, 138
Thomson, Virgil, 68
Throneberry, Marv, 73
Tibeau, John, 243, 244
Time, 6, 17, 19, 128
Torres, José, 61-62, 190, 209
Towbin, Bob, 202, 281, 283, 286, 287, 288
Trachtenberg, Alan, 197
Tregaskis, Richard, 158
Truscott, Lucian K., IV, 248
Tufo, Peter, 285, 288, 289
Tyrrell, Gerald, 126

Van Anda, Carr, 13
Vanderschmidt, Tom, 245, 247
Village Voice, 52, 212, 285, 289, 290
  fusão com *New York*, 280-281
Vogue, 118, 122
von Hoffman, Nicholas, 258

Wakefield, Dan, 57-123
Wald, Richard, 71, 77, 78
Walker, George, 105, 106, 109
Wall Street Journal, 276
Wallace, George, 257
Wallace, Mike, 45
Walters, Barbara, 221
Warren, Robert Penn, 46
Washington Post, 85, 268, 285
Watergate, escândalo, 268
Waugh, Auberon, 228
Wayne, John, 51, 122-123
Weaver, Lloyd, 205-206

Weinraub, Bernie, 170
Weiss, Murray Michael "Buddy", 71, 78, 79, 86
Wenner, Jann, 8, 237-242, 247, 253, 254, 292
  em UC Berkeley, 239
  na *Ramparts*, 240
  primeiros anos, 238-239
  rock and roll, dedicação a, 239
  Rolling Stone, fundação da, 240-241
  Thompson e, 237-238, 241-242, 251-252
White, E. B., 4
White, Kevin, 265
White, Theodore H., 255-256
White, William, Jr., 202
Whitman, Walt, 198
Whitney, John Hay (Jock), 3, 69, 70, 72, 74
Whitten, Les, 85
Whittle, Christopher, 292
Wilder, Thornton, 21
Wills, Gary, 170
Wilson, James Q., 288
Winters, Shelley, 54
Witcover, Jules, 256, 261
Wolf, Henry, 40, 44
Wolfe, Thomas, 83
Wolfe, Tom, 7, 12, 82-96, 97-115, 116, 201, 202, 204, 219, 273, 293
  artigo de Ross sobre, 1
  Breslin e, 74-75, 77, 90-91
  contratação do *New York Herald Tribune*, 86-87
  estilo de texto, 87-89, 98-99, 112-115
  Felker e, 89, 90, 95
  Goodman e, 217-218
  influência sobre outros escritores, 213, 217
  início da carreira jornalística, 84-85
  "Kustom Kars", artigo, 93-95
  "Las Vegas", artigo, 98
  "Lost in the Whichy Thickets", 4
  LSD, experiência com, 115
  New Journalism, antologia, 7, 9-10, 91
  O teste do ácido do refresco elétrico, 101-102, 103-115, 124, 138

Os eleitos, 271-272
"Pequenas Múmias!", 1-4
primeiros anos, 82-83
Radical Chique e o terror dos RPs, 235
"Radical Chic: That Party at Lenny's", 219-224
roupas preferidas, 87
sátiras à *New Yorker*, 1-6
Sheehy e, 275
sobre Bellows, 71
status de celebridade, 100
Talese e, 88, 91
textos quando estudante, 83-84
"The Big League Complex", 100
"The Girl of the Year", 99
The Kandy-Kolored Tangerine-Flake Streamline Baby, 99-100, 110, 124, 213
"The Last American Hero Is Junior Johnson, Yes!", 97-98, 99

"The Marvelous Mouth", 91-92
"The Me Decade and the Third Great Awakening", 270
The Pump House Gang, 91, 115
"The Saturday Route", 89-90
Thompson e, 110-111, 124, 235, 251
Woodward, Bob, 268
Workman, Charlie, 78
Wright, Peggy, 25
Wynn, Dan, 210

Yeats, W. B., 122

Zalaznick, Sheldon "Shelly", 77, 79, 89, 95, 97, 208, 216, 218, 222, 275
Zamiatin, Eugene, 88-89
Zion, Sidney, 211, 228, 236, 244

Este livro foi composto na tipologia Minion,
em corpo 11,5/16, e impresso em
papel off-white 80g/m² no Sistema Cameron da
Divisão Gráfica da Distribuidora Record.